종교와 문화의 모자이크, 발칸

역사적 함의와 진실

김철민 지음

HUEBOOKs

이 저서는 2009년 정부(교육부)의 재원으로 한국연구재단 지원을 받아 수행된 연구임
(NRF-2009-812-B00039)

머리말

역사적으로 보았을 때, 선사시대 이래로 오늘날 발칸 유럽에는 수많은 여러 부족 민족들(일리리아인, 베네치아인, 다치아인, 트라키아인…)이 자신들의 고유한 문화를 지닌 부족 국가들을 형성하며 거주하여 왔었다. AD 1세기를 전후로 로마 제국의 지배하에 들어간 발칸유럽의 원주민들은 자신들만의 독특한 문화를 유지하면서도 점차 로마의 영향력 하에서 로마 문화에 융화되어 갔다. 고대 유럽의 기록이 주로 유럽 문화의 발상지인 그리스와 로마의 역사에서 비롯되었듯, 고대 발칸 유럽의 역사적 기록들은 주로 로마의 영향력 하에 있었던 이 지역내 역사들이 그 대부분을 차지하고 있다.

395년 로마제국이 동과 서로 분리된 이후 10세기까지 발칸 유럽 지역은 격동의 시기를 맞이하게 된다. 게르만족에 의한 서로마의 멸망, 스키타이와 아바르족, 훈족과 마자르족 등 아시아 유목 민족들의 유럽 침입 그리고 무엇보다도 오늘날 발칸 유럽 국가들의 주요 민족을 차지하고 있는 슬라브족의 이주와 정착이 이 시기 동안 이루어지게 되었다. 특히 이 지역의 민족들은 15세기 전까지 약 천년의 세월 동안 문화적으로는 동양(훈족과 마자르 족 등 아시아 유목 민족, 몽고, 오스만 터키)과 서양문화(독일, 합스부르크, 베네치아) 그리고 종교적으로는 가톨릭(서로마 교회, 로마 교회)과 정교(동로마 교회, 콘스탄티노플 교회)가 서로 복잡하게 혼재되는 특징을 보여 왔다. 이후 15세기를 전후로 소아시아로부터 유럽으로 진출하기 시작한 오스만 터키는 비록 17세기 제 2차 비엔나 전투(1683)이후 합스부르크 제국의 저지에 따라 더 이상의 유럽 진출을 이루지 못하였지만, 발칸 반도의 지배권을 더욱

더 공고히 해 나가기 시작하면서 이들 지역으로의 이슬람교가 급속히 확산되는 배경을 형성케 해주었다. 특히 오스만 터키의 발칸 지배는 러-터 전쟁이후 맺어진 1878년 산 스테파노 조약(3월)과 베를린 조약(6월)에 의해 이 지역 민족들이 독립하기 이전까지 지속되게 된다. 16세기를 전후로 대두된 종교 개혁의 여파에 따라 중부유럽이 신교(프로테스탄트)와 구교(가톨릭)의 갈등 속에 혼재되는 양상을 띤데 반해, 발칸유럽은 음식과 의복 등 거의 모든 생활 요소 속에 터키에 의한 동양적 문화 요소가 급속도로 확산되게 되었고, 종교적으론 기존의 크리스트교(가톨릭과 정교)외에도 이슬람교가 본격적으로 유입되어 발칸유럽 지역은 가톨릭, 정교 그리고 이슬람교가 서로 혼재되어 나타나는 배경을 형성하게 된다.

이러한 역사적 배경에 따라 발칸유럽은 세계 종교에 있어서 크게 3가지 종교, 즉 가톨릭, 정교, 이슬람이 그 독특한 문화와 어울려 매우 복잡하게 혼재된 특징을 지니고 있다. 세계 속에서도 종교간 문화 간 혼재와 복잡성이 매우 두드러지는 발칸유럽의 문화권을 종교적 분포도에 따라 분류해 본다면(50% 이상의 종교 분포도를 기준) 아래와 같이 대략 5개의 종교 문화권으로 분류할 수 있다.

1) 우선 역사적 동인에 따른 서로마제국(로마 교회), 이어 신성로마제국과 합스부르크 제국 그리고 오스트리아-헝가리 이중제국 하에서 자신들의 문화적 삶을 꽃피웠던 '슬로베니아와 크로아티아'는 '가톨릭 문

화권'으로 분류할 수 있다.

2) 또 하나의 대표적 문화권인 '정교 문화권'으로는 동로마 제국 당시 콘스탄티노플 교회의 교회 권을 바탕으로 형성된 이후 오스만 터키의 400-500년간 지배 속에서도 자신들의 종교와 문화를 지켜내었던 '세르비아', '몬테네그로', 그리고 '루마니아'와 '불가리아'를 들 수 있다.
3) 발칸 유럽 내 대표적 '이슬람 문화권'으로는 오스만 터키의 지배이후 기존의 크리스트교에서 이슬람교로 대거 전향하면서, 현재 발칸 유럽 내 새로운 민족분쟁의 단초중 하나를 제공하고 있는 '알바니아'를 들 수 있다.
4) '정교와 이슬람 혼재 문화권'으로는 '마케도니아'를 들 수 있으며,
5) 마지막으로, 발칸유럽의 대표적 3대 종교인 '가톨릭, 정교, 이슬람이 서로 복잡하게 혼재되어 있는 문화권'으로는 '작은 발칸유럽'이라 불리는 '보스니아-헤르체고비나'를 들 수 있다.

따라서 역사적 산물에 의해 형성된 발칸유럽의 문화적 양상과 현상들을 고려해 볼 때, 이 지역을 대표하는 한 마디는 '종교와 문화의 모자이크'란 표현이며, 이것은 발칸유럽을 이해하는 중요한 '문화 코드(Cultural Code)' 중 하나라 할 수 있을 것이다.

무엇보다도 발칸유럽이 종교와 문화의 모자이크 지역으로 불린 배경으로는 '크리스트교의 분열'과 '이슬람교의 도입'을 들 수 있다. 313년 밀라노 칙령을 통한 콘스탄티누스(Flavius Valerius Aurelius Constantinus, 272-337, 재위

306-337)의 크리스트교 인정과 이어 392년 테오도시우스(Flavius Theodosius Augustus, 347-395, 재위 379-395) 황제의 국교화 이후 비약적인 발전을 이루어 낸 크리스트교는, 역사적으로 보았을 때 500년 간격으로 크게 3차례에 걸쳐 분열이 일어나게 된다. 첫 분열은 5-6세기에 일어났는데, 당시 동, 서 로마의 분리 이후 서로마 제국이 멸망함에 따라 교회 주도권을 둘러싼 양대 지역(동, 서 로마) 교회 간, 즉 '로마 교회와 콘스탄티노플 교회간의 갈등 심화'를 들 수 있다. 두 번째 분열은 비잔틴 제국의 쇠락 속에 기울어져 가던 콘스탄티노플 교회(훗날, '정교'로 발전)와 프랑크(Frank) 제국의 비호아래 영향력을 확대하고 있던 로마 교회(훗날, '가톨릭'으로 발전)가 교회 주도권 다툼 속에 일어난 '1054년 교회 대분열'을 들 수 있다. 마지막으로 세 번째 분열은 서유럽에서 로마 교회를 모태로 발전한 가톨릭이 중세 유럽의 모든 세계를 장악하고 있던 시기, 면죄부 사건을 계기로 '16세기 종교개혁'이 일어남으로써 발생한 '신교와 구교로의 분열'을 들 수 있다. 발칸유럽은 항상 이러한 크리스트교 분열의 분열선상에 위치해 있었으며, 특히 14세기 이후 확대된 오스만 터키의 유럽 침공 그리고 이후 지역에 따라 400-500여 년간의 오스만 터키 지배가 이루어지면서, 이슬람 종교와 문화는 양대 크리스트교 문화(가톨릭과 정교)와 함께 발칸유럽 내에서 중요한 부분을 차지하게 되었던 것이다. 이후 발칸유럽은 역사적 전이와 그 발전 과정에 따라 가톨릭, 정교, 이슬람이 서로 복잡하게 혼재되어 가면서, 오늘날까지 이르게 되었고 그러한 역사적 잔재에 따라 유럽 내에서도 대표적 민족 분쟁 지역으로, 또 '종교와 문화의 모자이크'지역으로 남게 되었다.

이와 더불어 발칸유럽의 지정학적 중요성은 이 지역을 통상 '유럽의 관문'으로 지칭하게 하는 배경이 되었으며, 이 또한 발칸유럽을 이해하는 중요한 문화 코드 중 하나를 형성케 하고 있다.

우선 발칸유럽 지역의 지형학적 특징을 논하자면, '발칸(Balkan)'이란 지명은 중세 터키어로 '산맥'이라는 뜻을 지니고 있으며, 발칸 반도 북동부에 있는 '발칸산맥'이란 이름에서 유래한 것으로 알려지고 있다. 발칸유럽의 주된 산맥인 발칸산맥의 북쪽은 완만한 경사로 다뉴브(Danube) 강의 저지대에 이어져 있으나, 남쪽은 복잡한 모양을 이루는 여러 개의 산줄기가 그리스까지 뻗어 이어져 있다. 반면 발칸 반도의 북서부는 율리안 알프스 산맥의 연장선으로, 아드리아 해를 따라 그 산맥의 지류가 펼쳐지면서 험한 지세로 인해 해안지방과 내륙지방을 분리하면서 멀리 남쪽의 크레타 섬까지 이어지고 있다. 발칸 반도의 총 길이는 통상 동서로 1,300km, 남북으로 1,000km에 뻗어있으며, 북쪽으로는 다뉴브 강 하류와 사바(Sava) 강, 동쪽으로는 흑해, 남동쪽으로는 에게 해, 남쪽으로는 지중해, 남서쪽으로는 이오니아 해, 서쪽으로는 아드리아(Adria) 해와 경계를 이루고 있다.

이러한 지형학적 특징과 더불어, 발칸유럽의 지정학적 위치는 발칸유럽 민족들의 역사적 형성 고리와 종교 문화적 특징을 결정짓는 매우 중요한 요소를 차지해 왔다. 발칸 유럽은 유럽과 아시아 대륙을 연결하는 주요 통로에 위치해 있어, 오랜 시절부터 주요 열강들에 의해 그 지정학적 중요성이 인정되어 왔었다. 그 결과 발칸유럽은 고대 이래로 여러 민족들

의 전략적 요충지로서 유럽, 러시아, 소아시아 등 각각 열강들의 영향력을 확대하기 위한 각축장이 되어야만 했다. 역사적으로도 이 지역은 고대 시절부터 오랜 기간 동안 그리스와 페르시아 간 세력 싸움이 전개되어 왔으며, 동로마와 서로마 간의 분열선이 그어졌던 지역이기도 하다. 더불어 동로마 제국(훗날 비잔틴 제국)의 영향력 하에선 동로마 제국과 이슬람 제국 간의 갈등 선상에서 수많은 역사적 고통을 함께해야 했으며, 합스부르크 제국이 이 지역의 새로운 지배 세력으로 등장하려던 초기에는 유럽으로 세력을 확장하려는 오스만 터키 제국과 이를 막고 진정한 중부 유럽의 패권 국가가 되려는 합스부르크 제국 간의 주요 전쟁터중 하나로 전락해야만 했었다. 1699년 이후로는 합스부르크 제국과 오스만 터키 제국 간의 스렘스키 카를로브찌(Sremski Karlovci) 조약 합의에 따라, 양 제국 간 경계선이 발칸유럽을 중심으로 그어졌고, 이에 따라 세르비아인을 비롯한 발칸유럽내 여러 민족들은 비록 같은 민족이면서도 서로 다른 제국의 지배하에서 서로에게 총칼을 겨누는 역사적 아픔을 겪어야만 했었다.

19세기 민족주의 시대 이후로는 발칸유럽의 전략적, 지정학적 중요성을 인식하고 있던 러시아가 슬라브주의를 내걸며 부동항 획득 및 세력 확장을 위해 이 지역으로 진출을 강력히 추진하였고, 따라서 이를 막으려는 오스만 터키, 서구 열강들과의 싸움이 끊이지 않았었다. 특히 20세기 초 제 1차 세계 대전의 발단이 되기도 했던 오스트리아-헝가리 이중제국의 동진(東進)정책과 러시아 남진(南進)정책간의 충돌과 이해 다툼 또한 이 지역을 중심으로 첨예하게 전개되었다. 이처럼 유럽의 관문에 위치한 발칸유럽은 그 지정학적, 전략적 중요성에 따라 오랜 동안 주변 열강들의 세력 각축장이 되어 오게 된다.

이 외에도 이 지역은 발칸 토착세력들 간의 영토 경쟁이 치열하게 이어져 온 곳이기도 하다. 이러한 발칸 유럽내 민족들 간의 갈등과 영토 전쟁이 심화된 계기는 19세기 대두된 영토 확장에 바탕을 둔 '문화적 민족주의(Cultural Nationalism)'의 확대와 함께, 러시아-터키 간 전쟁이후 수립된 1878년 '베를린(Berlin) 조약'에 따른 발칸유럽 민족들의 독립 국가 건설이 함께한데서 비롯되었다 하겠다. 그 결과 19세기말부터 20세기 초 사이 발칸유럽은 주변 강대국들의 개입 외에도, 문화적 민족주의에 바탕을 두고 영토 확장을 추진해 나가려는 발칸 유럽내 민족들 간의 싸움으로 혼란의 시기를 맞이하게 된다. 특히 1912년과 1913년에 발생한 제 1,2차 발칸전쟁은 이후 1914년에 일어난 제 1차 세계대전의 전초전과 같은 의미를 안겨주었다고 할 수 있을 것이다. 제 2차 세계대전이후 발칸유럽은 독자적 혹은 소련의 지원 아래 사회주의 국가로 변모하였지만, 20세기 말에 들어와 발칸유럽 내 복잡한 문화적, 종교적 혼재와 사회주의 이념 쇠퇴에 따른 민족주의 성향 증대로 인해 세르비아니즘(Serbianism/ Srpskizam)을 비롯한 소(小)패권주의 성향의 진원지가 되기도 했다. 이후 이러한 소패권주의는 20세기말, 발칸유럽의 지정학적 중요성을 인식하고 있던 미국, 러시아 등 강대국들의 이해관계와 맞물려 유고 분쟁, 보스니아 내전 그리고 코소보 전쟁 등 대규모 유혈 분쟁으로 이어지게 된다.

이처럼, 발칸유럽은 다른 유럽 지역들과 달리 '가톨릭, 정교, 이슬람이

서로 혼재된 독특한 문화권', 유럽의 역사와 문화에 가장 중요한 영향을 미쳤던 '동·서로마의 분기점에 위치하였다는 역사적 배경' 그리고 '아시아와 유럽을 잇는 관문'에 위치한다는 지정학적 이유 등으로 다른 유럽지역들과는 달리 매우 독특한 종교, 문화적 양상을 보여 왔으며, 지난 2,000년을 거치며 조심스럽게 형성된 이러한 차별성이 오늘날 우리가 발칸유럽의 종교와 문화를 흥미롭게 바라보게 하는 매력이 되고 있다.

역사적 의미와 진실을 통해 발칸유럽의 종교와 문화사를 보다 깊게 분석하려고 한 이 책은 글의 내용과 구성상 크게 두 부분으로 이루어져 있다. 우선 제 1장부터 2장까지에는 발칸유럽이 왜 종교와 문화의 모자이크로 불리게 되었는지를 이해하기 위한 역사적 배경에 대한 전반적인 정리가 이루어질 것이다. 그리고 제 3장부터 7장까지는 종교와 문화적 특성에 맞추어 발칸유럽 국가를 총 5개 권역(I. 가톨릭 문화권, II. 정교 문화권, III. 이슬람 문화권, IV. 정교와 이슬람 혼재 문화권, V. 가톨릭, 정교, 이슬람 혼재 문화권)으로 나누고, 각 권역별 해당 국가들의 종교 문화적 특징과 사건별 사안들에 관한 내용들을 보다 심도 깊게 살펴보게 될 것이다. 특히, 각 국가별 종교와 문화적 특징과 사례 연구로 들어가는 제 3장부터는 내용 서두에 자리한 <역사적 함의와 진실을 읽는 키워드>라는 항목을 통해 해당 내용에 대한 전반적인 흐름과 내용 파악을 우선적으로 제공할 생각이다. 더불어 외래어 고유 명사의 경우, 본 책의 첫 단어에 영어 혹은 현지어 기록을 원칙으로 하였음을 밝히고자 한다.

끝으로 발칸유럽과 중부유럽을 아우르는 중동부유럽 지역을 매개체로, 다양한 학문 분야에서 동행하고 있는 학과 및 단과대 여러 교수님들에게 감사 인사를 드린다. 또한 이러한 결실들이 나올 수 있도록 저술 지원(인문저술출판지원)을 마다하지 않은 한국연구재단과 그 관계자 분들에게도 감사의 말씀을 전한다. 만약 동료 교수들과의 학문적 선의 경쟁 그리고 한국연구재단의 지원이 없었다면, 국제적 중요성에 비해 국내 연구에서 소외되어 있는 발칸유럽에 관한 인문 저술의 한 퍼즐은 완성되지 못했을 것이다. 또한 순수 인문학 저서의 불투명한 사업성에도 불구하고, 좋은 책이 될 수 있도록 정성을 쏟아준 한국외국어대학교 출판부에게도 감사를 드린다. 무엇보다도 책을 집필한다는 핑계로, 늦은 밤 여러 날을 공부방에 틀어 앉아 있던 가장을 이해해준 아내, 이제는 어엿하게 독립된 인격체로 훌쩍 성장해 버린 기연이와 정민이, 그리고 그저 아빠가 세상 최고인줄만 아는 사랑스런 늦둥이 유진이에게 고마움과 미안함을 함께 전한다.

2014년 4월 19일

왕산의 고즈넉한 봄의 기운과 바람의 노래를 음미하며
저자

CONTENTS 목 차

제 3장 가톨릭 문화권

제 4장 정교 문화권

제 6장 정교와 이슬람 혼재문화권

제 7장 가톨릭, 정교, 이슬람 혼재문화권

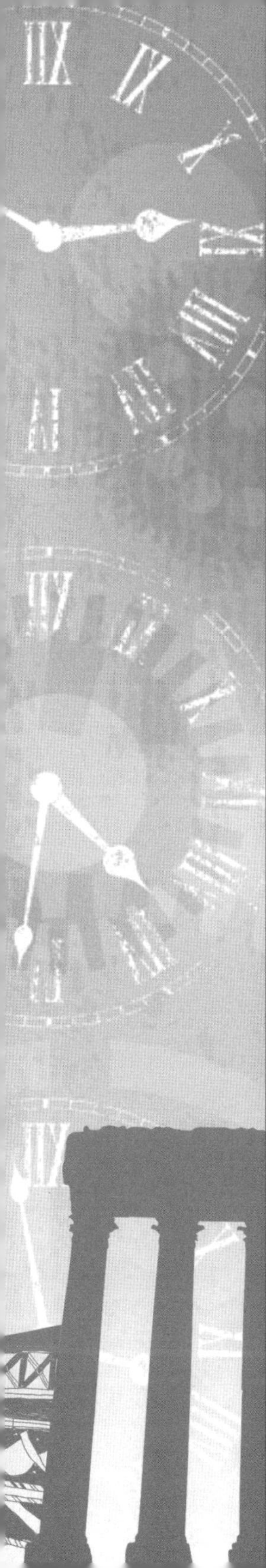

제 1 장

종교와 문화의 모자이크, 발칸유럽의 역사 개관(I)

1 고대 I(~BC 4C)
: 선사시대와 그리스 문화의 유입

오늘날 발칸유럽 지역에서 분산되어 발견되는 고대 유물들을 살펴볼 때, 이들 지역에는 적어도 호모 사피엔스의 출현 시기인 BC 44,000년 전 선사시대 때부터 대규모 인류가 거주하고 있었다는 흔적을 발견할 수 있다. 이들 선사 시대 인들의 정착 생활 징후는 사바 강과 다뉴브 강을 따라있는 파노니아(Panonia) 분지를 중심으로 흑해 및 에해 연안까지 이들의 흔적을 확인할 수 있으며, 티사(Tisa) 강을 따라 위치한 현재 헝가리 북쪽과 남쪽으로는 모라바(Morava) 지역까지 이들의 흔적들이 펴져있었다. 실제, 불가리아 드랴노보(Дряново) 인근의 바쵸 키로(Бачо Киро) 동굴 및 루마니아 아니나(Anina)의 유적들을 통해 호모 사피엔스 사피엔스가 이들 지역에 정착하였음을 확인할 수 있다. 또한 BC 40,000년 전에는 세련되지는 않지만 부서진 돌 조각들로 이루어진 돌 도구들을 사용하거나, 의사소통이 이루어지는 '구석기 혁명(Paleolithic Revolution)'을 맞이하기도 했다. 이 당시 구석기인들은 산, 계곡 그리고 평원에서 수렵활동을 한 것으로 추정되고 있다. BC 10,000년 무렵

중석기 시대가 오게 되는 데, 이 시기에는 무엇보다도 과거 단순한 돌 파편에서 벗어나 돌을 다루어 만든 원시적인 생활도구와 무기사용의 범위가 확대되고 지역 전체에 걸쳐 소규모 공동체 생활이 이루어졌음을 확인할 수 있다.

이어 BC 6,000년부터 신석기 시대가 도래하였고, 이를 대표하는 문화로는 BC 55,000-BC 45,000년 사이에 확대된 세르비아 지역 중심의 빈차(Vinča) 문화, BC 62,000-BC 55,000 사이의 불가리아의 카라노보(Karanovo) 문화와 BC 44,000-BC 41,000년 사이에 확대된 바르나(Varna) 문화권을 들 수 있다. 이 시기 동안 발칸유럽 지역에는 지역에 따라 농사가 시작되었고, BC 4,000년 무렵에는 발칸유럽 전 지역에 걸쳐 원시적인 농경생활이 시작되었다. 발칸유럽의 신석기 시대 거주자들은 이때부터 곡물을 심고 가축을 길렀으며, 낚시와 사냥 그리고 직물을 짜고 목재나 흙으로 집을 지었으며 도기와 연장을 만들어 사용하였다. 그러나 신석기 시대까지는 대규모 정착 생활을 한 유적은 이 지역에서 나타나지 않으며, 실질적인 대규모 정착 생활은 청동기 시대 때부터 시작되게 된다.

BC 1,800년 무렵부터 발칸 지역에선 구리가 사용된 청동기 문명이 시작되었으며, BC 1,300년 무렵에 들어와선 거의 대부분의 발칸유럽 지역에 청동기 문화가 도입되게 된다. 이러한 흔적들은 발칸유럽의 동부에선 오늘날 불가리아 지역인 트라키아 문명권에서 발달되었으며, 서부와 중부 지역에선 파노니안 평원지대, 카르파티아(Carpathia) 산맥 및 헝가리 내륙지역으로까지 그 문명권이 펼쳐져 있었다. 이 지역에서 청동기 시대의 시작은 인구의 빠른 증가와 함께 좀 더 발전된 농경과 수렵을 위한 대규모 정착생활로 이어졌다. 청동기의 활용으로 농경을 위한 다양한 종류의 생활 도구와 무기가 주조되기 시작하였으며, 다양한 생활 장신구 등이 주조되기도 했다. 특히, 이 무렵에는 채굴된 금과 은을 사용해 금속 세공인들은 좀 더 발달한 장식과 생활 도구를 만들었으며, 말을 이용한 4륜 경마차의 확대와 함께, 북유럽과 에게 해 연안으로 이어지는 새로운 무역로

들 또한 개발되게 된다.

BC 700년경에 들어와, 발칸 지역은 철기시대를 맞이하였으며, 대규모 정착생활이 급속도로 발달하게 된다. BC 700년부터 그리스는 새로운 무역로 개발을 위해 흑해 연안, 소아시아 연안, 아드리아 해의 달마티아(Dalmatia/ Dalmacija)와 남부 이탈리아 등에 식민 도시들을 수립하게 되는데, 실제 이 시기 동안 발칸유럽 지역의 원주민들은 고대 그리스 문명권하에서 일정 정도의 영향력을 받으며 성장하였다고 할 수 있다. 당시 그리스는 지중해 상권을 바탕으로 유럽 최고의 경제 강국이자 문화의 중심지였다. 그리스는 이를 기초로 아드리아 연안을 비롯한 지중해의 여러 지역에도 수많은 식민지 도시들을 두고 있었으며, 이에 따라 오늘날까지도 아드리아 해안을 따라 고대 그리스의 여러 유물들이 출토되고 있는 게 사실이다.

이 시기 그리스의 여러 도시들과 활발한 교역을 벌이며 성장한 발칸유럽 부족들로는 동부 지역에선 BC 500년경 불가리아 지역의 트라키안(Thracian) 부족과 루마니아 지역의 고대 다치안(Dacian) 부족 국가를 들 수 있으며, 서부 지역에선 BC 400년경부터 발전한 일리리안(Ilirian) 부족 국가를 들 수 있다. 이중 아드리아 해를 중심으로 무역활동에 적극적으로 참여하였던 부족으로써 일리리안 부족 국가를 들 수 있는데, 일리리안 부족은 오늘날 유고슬라비아 지역의 상당 부분과 알바니아가 포함 된, 즉 현재 마케도니아의 바르다르(Vardar)강 서쪽과 오흐리드(Ohrid) 호수의 북쪽에 자리를 잡고 있었다. 일리리안 명칭은 고대 그리스와 로마인에 의해 일반적인 통칭으로 사용되었지만, 실제에 있어선 오늘날 몬테네그로와 알바니아 국경 사이에 위치한 스카다르(Skadar, 현재 아드리아해를 따라 몬테네그로와 알바니아 경계선에 위치하고 있음) 호수에 주로 거주하였던 원주민들의 이름에서 따온 것이라 할 수 있다. 이 시기 동안 고대 그리스의 문화와 언어의 확대는 발칸유럽의 상당 부분에 절대적인 영향력을 미치고 있었으며, 추후 그리스의 전 지역을 장악하였던 알렉산더 대왕(Alexander the Great, BC

지도 1. 아르카이크 시기(Archaic period, BC 800- BC 480) 고대 그리스 도시국가들의 식민지 분포도

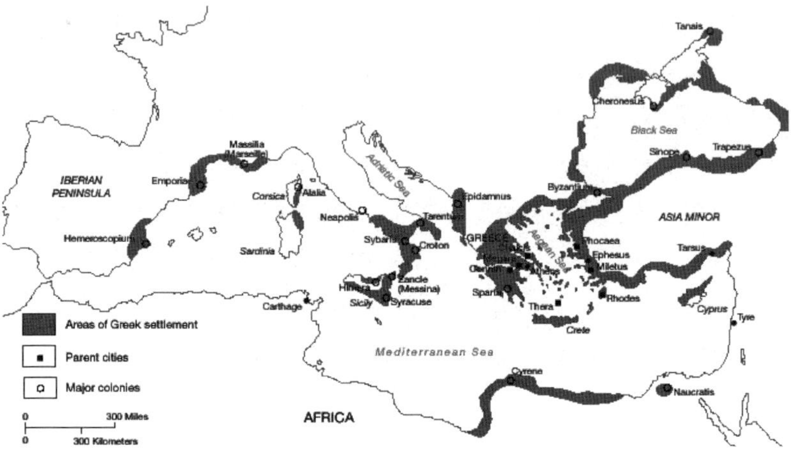

출처: http://en.wikipedia.org/wiki/File:Greek_Colonization.png

356-323, 재위 BC 336-323, 이집트 파라오 BC 332-323, 페르시아 왕 BC 330-323)의 마케도니아 또한 그리스의 영향권 하에 놓여 있었다. 하지만, 발칸유럽에서 그리스 문화와 문명의 흔적은 그리스 도시 국가들 간의 내분, 그리고 고대 로마 제국의 발칸유럽 원정과 정복에 따라 점차 사라지게 된다.

그리스는 페르시아와 가진 3차례의 전쟁(BC 499-450) 승리를 전후로, 그리스의 발칸유럽에서의 영향력은 최고의 정점에 이르렀다고 할 수 있다. 하지만, 고대 발칸유럽에 대한 그리스의 영향력 약화는 이후 전개된 그리스 도시 국가들 간의 내분에서 비롯되게 된다. 아테네가 이끄는 '델로스 동맹(Delian League)'과 스파르타의 '펠로폰네소스 동맹(Peloponnesian League)'간에 치러진 '펠로폰네소스 전쟁(Peloponnesian War, BC 431-404)'은 비록 스파르타의 승리로 끝났지만, 결과적으로 그리스 도시 국가들의 급격한 쇠퇴와 아테네 민주 공화정의 몰락을 가져왔다. 이러한 그리스의 혼란과 내분 그리고 도시 국가들의 몰락은 오랜 동안 그리스 도시 국가들에 의해 북쪽

의 이민족으로 취급받아왔던 고대 마케도니아의 급성장을 불러오게 된다. 필립 2세(Philip II, BC 382-336, 재위 BC 359-336) 시기 마케도니아는 발칸반도의 맹주 국가로 등장하게 되는 데, BC 358년 일리리안 부족과의 전투에서 승리한 이후 발칸의 서부 지역으로 그 세력을 확장할 수 있었고, 뒤이어 BC 356년에 들어와 오늘날 불가리아 서부의 트라키안 부족 지역까지 점령함으로써 발칸유럽의 맹주 국가로 급부상하게 된다. 마케도니아의 계속된 영토 및 세력 확대에 긴장한 그리스 도시 국가들은 서로 간의 동맹을 통해 대응책을 수립하고자 했다. 하지만, BC 338년 테베(Thebes)에서 치러진 전쟁에서 마케도니아가 승전함에 따라 그리스를 비롯한 발칸유럽의 상당 지역은 마케도니아의 영향력 하로 편입되게 된다. BC 337년, 필립 2세는 그리스 도시 국가들을 모아 '헬라스(Hellas) 동맹(일명 코린트 동맹, League of Corinth)'을 수립하였고, 동맹을 거절한 스파르타를 제외한 그리스 전 지역에 강력한 영향력을 끼칠 수 있었다. 하지만 BC 336년 필립 2세가 페르시아 원정을 준비하던 도중 암살되자, 20세의 아들 알렉산더가 왕위에 오르게 된다. 알렉산더는 아버지 암살을 계기로, 반란을 일으킨 그리스 도시 국가들을 완전히 복속시킨 후, BC 334년 페르시아 원정을 감행하였고, 이어 동양과 서양을 잇는 대제국을 건설해 나갔다. 하지만 BC 323년 알렉산더 대왕이 사망한 직후 마케도니아 제국은 붕괴되었으며, 이어 그리스 문명권의 발칸유럽 지역에 있어서의 영향력 또한 급격한 쇠퇴를 보이게 된다.

2 고대 II(BC 3C~AD 6C)
: 로마의 지배와 동·서로마의 분리

발칸유럽으로의 로마 진출은 그리스 도시국가들 및 마케도니아의 쇠락 속에 BC 3세기 이후 본격화 되게 된다. BC 3세기에 들어와, 로마는 점차 거대해져 가던 제국을 유지하기 위해서라도 철, 구리, 귀금속 및 대규모 농산물을 필요로 하였고, 이를 얻기 위해 발칸반도로의 세력 확장을 시작하였다. 이후로 로마 제국과 이 지역의 원주민이었던 일리리아인과의 마찰은 3세기 내내 이어졌다. 당시 일리리아인들은 아드리아 북부부터 알바니아 북부해안에 걸쳐 여러 해안 도시들을 중심으로 해상무역을 하고 있었고, 아드리아해의 서쪽 지역을 점령한 로마는 이후 일리리아인들의 해상무역을 무력화시킨 후 로마에 공물을 바치도록 강요하였다. 결국 로마와 일리리아인 사이의 해상 분쟁은 로마의 발칸 정벌을 본격적으로 시작하는 계기가 되었고, 시간이 흐름에 따라 아드리아 해상권은 서서히 로마로 편입되어 갔다. 또한 당시 로마는 마케도니아와의 전쟁을 빌미로 자주 일리리아 내륙지방으로 건너가야 했는데, 이때마다 일리리아인은 로마의 무차별한 공격에 시달려야

했다. BC 229년 로마 해군은 아드리아해 해상 무역권의 완전 장악을 위해 아드리아해를 건너 발칸 반도 깊숙이 진격하였고, 이것은 그리스 도시국가들의 쇠락이후 당시 크로아티아 북부지역부터 알바니아 북부까지 아드리아해를 따라 해상 무역의 주도권을 장악하고 있던 일리리안 부족과의 전투를 불가피하게 하였다.

로마는 BC 168년 오늘날 알바니아 북부 지역인 쉬코드라(Shkodër)[1]를 중심으로 끝까지 저항하던 일리리안 부족들을 마침내 복속하고, 이어 내륙의 파노니안 평원 지대를 정복함에 따라 발칸 반도의 동부지역을 손에 넣게 된다. 또한 동년에 로마군은 그리스 동북부 해안에 자리한 퓌드나(Pydna)에서의 전투 승리를 통해 끝까지 저항하던 마케도니아를 완전히 복속한 후 알렉산더의 유산들을 제거하였고, BC 146년에는 쇠락해가던 스파르타마저 복속하게 되면서 다뉴브 강 남부의 발칸반도의 대부분 지역을 로마 제국의 영향력 하로 편입하는 데 성공하게 된다. 특히, BC 40년 '삼두 정치(Tresviri)'체제 수립 이후 안토니우스의 영향력 하에 있었던 아드리아해와 발칸반도 지역에 대해, 옥타비아누스(Gaius Julius Caesar Octavianus, BC 63-AD 14, 재위 BC 27-AD 14)는 BC 35년에서 33년 무렵에 걸쳐 자신의 영향력을 점차 확대해 나갔다. BC 31년, 악티움 해전에서의 승리와 이집트 정복을 통해 삼두 정치를 마감한 옥타비아누스는 그 공로를 인정받아 BC 28년 로마 원로원으로부터 '아우구스투스(존엄자)'란 칭호를 받았고, 곧 이어 로마 제정시대가 시작된다. 이후 로마 제국의 건설과 함께 발칸 유럽에는 강력한 로마 속주들이 건설되기 시작하였다. 이에 따라 로마의 발칸반도 장악 속도 및 영향력은 더욱 확대되었고, AD 9년에는 세르비아와 불가리아에 거주하고 있었던 켈트족들이 로마군에 점령되었으며, 옥타비아누스 황제의 사망 시기인 AD 14년 이후로는 로마의 직접

---

1) 쉬코드라는 남슬라브어로 '스카다르'로 불리며, BC 3세기 중엽 일리리아 부족 국가의 수도가 된 이후로 발전을 거듭하다가, BC 168년 로마 제국에 의해 점령당한 이후로는 로마 제국 시절 동안 아드리아해를 잇는 주요한 상업과 무역 그리고 전략적 요충지로서 발전하게 된다.

지도 2. 옥타비아누스 시기 로마 제국의 영토와 발칸반도

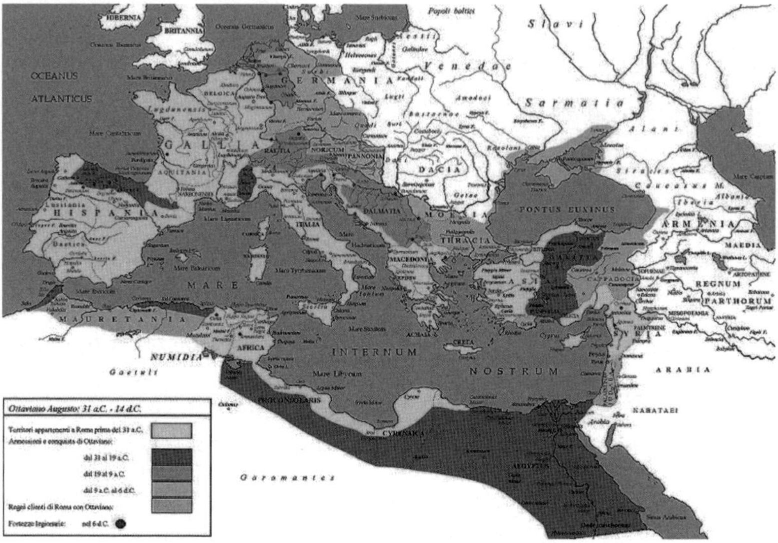

출처: http://en.wikipedia.org/wiki/File:Augusto_30aC_-_6dC_55%25CS_jpg.JPG

통치하로 편입되게 되었다. 다뉴브 강 남부의 발칸반도 대부분과 서부 발칸반도를 장악한 로마는 발칸 유럽의 실질적인 지배자가 되면서 사회, 경제, 문화적으로 많은 영향을 남기게 된다.

이처럼 발칸반도의 다뉴브 강 남부 지역이 일찍이 로마 제국의 영향력하로 편입된 데 반해, 강의 북쪽 지역 즉 오늘날 루마니아 지역은 로마 제국의 최대 영토 및 최대 전성기를 이룬 트라이아누스(Marcus Ulpius Nerva Traianus, 56-117, 재위 98-117) 황제시기에 들어와서야 로마에 복속되었다. 발칸반도의 다뉴브 강 북쪽에 자리한 오늘날 루마니아의 다치아 부족은 오래 동안 로마군의 계속된 공격을 잘 막아내었으나, 트라이아누스 로마 황제의 대규모 공격에 의해 101년 로마 제국의 보호령 하로 편입되어야 했다. 이후 다치아 왕국은 105년 왕국의 마지막 왕인 데체발(Decebal/ Decebalus/ Diurpaneus, 재위 87-106)을 중심으로 로마 제국의 영향력을 벗어나고자 하는

반란을 일으켰으나 결국 실패로 돌아갔고, 이후 다치아 왕국은 로마 제국의 속주로 편입되게 된다. 로마 제국의 속주로 편입된 이후 다치아에도 또한 수많은 토지와 농작지 개발을 위한 로마인의 이주가 이어졌고, 다치아인들의 로마화 또한 급속도로 확산되게 되었다.[2)]

로마 제국의 발칸 지역 점령 동안, 발칸유럽의 여러 원주민들은 로마의 다양한 문화 및 정치, 경제 제도를 받아들여야 했다. 로마는 방대해진 영토 관리의 효율성을 극대화하기 위해 새로운 도로를 건설하였으며, 당시 광물자원이 풍부하고, 아시아와 유럽을 잇는 전략적 중요지에 자리한 발칸유럽 지역에는 새롭게 길들이 개통되었다. 더불어, 아드리아해와 에게해를 따라 아시아와 아프리카를 잇는 교역로를 극대화하기 위한 여러 무역도시들이 크게 활성화되었으며, 발칸반도의 달마티아 지역에선 포도 및 올리브 재배가 크게 활성화 되었다. 새로운 광산들이 이 당시 개발되었으며, 로마 제국을 유지하던 노예제도의 활성화는 이러한 광물 자원의 수집을 원활하게 해주었다. 다뉴브 강을 따라서는 로마인들에게서 전래된 선진화된 농업 기법이 도입되어 번성하였고, 발칸유럽의 곳곳에는 공공 광장, 사원, 상수도 시설, 커다란 경기장과 목욕탕을 지닌 거대 도시들이 건설되었다. 당시 로마 제국은 그들의 광대한 영토 보존을 위해 점령지 주민들을 통해 병력을 충당하고자 했고, 이러한 조치는 발칸유럽 지역에 거주하고 있던 비(非)로마인 여러 원주민들에게 있어선 신분 상승의 기회로 다가오곤 했었다. 오랜 세기동안 이어진 발칸유럽으로의 로마문화 유입은 고유한 여러 토착 부족들의 문화와 언어의 소멸을 가져왔지만, 발칸 지역의 완전한 로마화에는 성공하지 못하였다.

그 배경에는 로마 국내의 여러 부패와 문제점들이 누적되고 계속된 경

2) 이러한 로마화는 271년 동고트족의 계속된 침략에 따라 아우렐리아누스(Lucius Domitius Aurelianus, 214/215-275, 재위 270-275) 황제의 명에 의해 로마 제국이 물러나기 전까지 약 170년 동안 이어졌고, 이러한 역사적 배경은 이후 19세기 민족주의 시대에 들어와 루마니아인들이 자신들 스스로를 로마인의 후예라 칭하면서 언어와 문자를 기존 슬라브어 키릴문자에서 라틴어 라틴 문자로 변경하고, 국호를 '로무니아'로 정하게 된 배경이 되게 된다. 김철민, 『역사와 인물로 동유럽 들여다보기』, (HUFS Books, 2011a).

제적 위기와 함께 무능한 군인황제들로 인한 혼란이 주요 요인으로 자리했다고 할 수 있다. 이러한 제국내 문제점들은 점차 제국의 약화를 불러왔으며, 특히 3세기 이후로 페르시아를 비롯해 고트(Goth)족, 반달(Vandal)족, 프랑크 족 등의 게르만족의 침략과 4세기 경 아시아에서 온 훈(Hun)족 등 계속되는 이민족들의 침입으로 인해 로마 제국은 커다란 어려움에 직면해 있었다. 당시 발칸 유럽 출신이었던 두 명의 황제는 제국의 생명을 연장시키기 위한 마지막 노력을 시도하게 된다. 우선 아드리아해 달마티아에서 태어난 디오클레티아누스(Gaius Aurelius Valerius Diocletianus Augustus, 244-311, 재위 285-305)황제는 군인황제 출신으로 점차 기울어져 가던 제국 통치의 효율성을 위해 자신을 비롯한 4명의 황제를 두는 '4두 정치 체제(테트라키아, Tetrarchia)'를 단행하는 등 새로운 권력 구조 개편과 함께 관료 제도를 새롭게 정비함으로써 제국의 부흥을 꾀하고자 하였다.[3)]

이것은 훗날 군인황제시기를 마감시킨 콘스탄티누스에 의한 로마 제국의 분열과 동로마 제국의 탄생을 낳는 역사적 배경을 형성케 하였다. 오늘날 세르비아 내륙 지역인 니쉬(Niš)에서 태어난 콘스탄티누스는 크리스트교 공인 및 콘스탄티노플로의 수도 천도 그리고 로마 제국의 재건과 부흥을 이룩한 업적을 지니고 있다. 독자적 황제를 꿈꾸었던 막센티우스(Marcus Aurelius Valerius Maxentius, 278-312, 재위 306-312)를 312년 격파한 서방의 정제 콘스탄티누스는 313년 당시 동방의 정제였던 리키니우스(Gaius Valerius Licinianus Licinius, 263-325, 재위 308-324)와의 '밀라노 칙령(313년)'을 통해 크리스트교를 로마의 정식 종교중 하나로 공인하였다. 이어 324년 리키니우스와의 결전에서 승리한 콘스탄티누스는 제국의 유일한 황제로 부상하였고, 이후 혼란의 시기 동안 분열되어있던 로마 제국을 하나로 다시 묶고 왕조계승의 원칙을 새롭게 설립할 수 있었다. 그는 또한 330년, 유럽과

---

3) 오랜 질병으로 고생하였던 디오클레티아누스는, 사후에 황제 권을 넘겨주었던 다른 황제들과 달리, 305년 5월 황제를 스스로 사임한 후 313년 사망할 때 까지 크로아티아 아드리아 해안에 자리한 스플리트(Split) 궁전에 들어가 여생을 마감하게 된다.

아시아의 새로운 경제적 중심지로 변모한 발칸유럽에 크리스트교 의식에 따른 새로운 수도, 비잔티움(Byzantium, 추후 콘스탄티노플(Constantinople, 오늘날 이스탄불(Istanbul))로 변경됨)을 건설하여 천도하는 등 로마의 중흥을 꾀하고자 했다. 이후 로마 시와 대등한 위치로 격상된 콘스탄티노플에는 로마 신전 건축이 불허되었고, 오직 크리스트교 교회 설립만이 인정됨에 따라, 이때 이후 크리스트교는 로마 전역에 급속한 확산과 발전을 이루게 된다.

발칸유럽의 종교 문화사에 있어, 가장 중요한 사건 중 하나로 인정되고 있는 밀라노 칙령에 따라, 크리스트교는 로마 제국의 보호와 여러 혜택을 통해 비약적인 발전을 이룰 수 있었다. 이후 예수를 신이 아닌 인간임을 주장한 아리우스파(Arianism)를 단죄하기 위해 콘스탄티누스가 소집한 최초의 크리스트교 공의회인 325년 '니케아 공의회(Council of Nicaea)'에서, 크리스트교 사제들은 성삼위(성부, 성자, 성령) 일체를 공인하는 '니케아 신조(Nicene Creed)'와 함께 크리스트교의 3대 교회로 로마, 알렉산드리아, 안디옥 교회를 확정짓고, 예루살렘 교회에게 3대 교회에 버금가는 권위를 부여하는 내용을 결정하게 된다. 이어 381년 소집된 제 1차 '콘스탄티노플 공의회(Council of Constantinople)'에선, 성삼위 일체를 확정짓고, 동시에 진정한 로마 제국의 뒤를 잇는 콘스탄티노플 교회를 로마 교회 다음 서열로 한다는 내용이 발표되었다.[4] 크리스트교의 4번째 공의회인 451년 '칼케돈 공의회(Council of Chalcedon)'에선 예수의 인성과 신성 모두를 인정하는 양성론의 확정과 함께 5개의 대주교 관구(로마, 콘스탄티노플, 알렉산드리아, 안디옥 그리고 예루살렘)를 그 순서에 따라 권위를 부여한다는 교회령이 확정 되게 된다.[5] 이러한 역사적 과정 속에 콘스탄티노플 교회는 395년 동, 서로마의

4) 하지만 콘스탄티노플 교회의 권위 부여에 대해 제 2 교회의 권위를 빼앗긴 알렉산드리아 교회의 반발이 이어졌고, 역사적으로도 로마 교회는 이러한 공의회 결정을 인정하지 않았다.

5) 오늘날 발칸유럽을 비롯해 유럽의 문화 형성에 있어 중요한 한 축을 차지하고 있는 크리스트교의 초기 문제들은 동·서 로마 지역내 각 대주교 관구의 사제들이 모여서 진행한 수차례의 공의회 등을 통해서 해결하여 갔다. 여러 논쟁들 중 현대 크리스트교에까지 그 영향을 미치고 있는 주요 논쟁들은 4세기의 '성삼위 일체 논쟁', 5세기 중엽에 일어난 '양성

분리 이후 서로마 제국의 멸망(476년), 그리고 이로 인한 로마 교회의 침체와 동로마 제국의 비호를 바탕으로 발칸 유럽을 중심으로 계속해서 성장을 지속시켜 나갈 수 있었다. 또한 이것은 로마 교회의 영향력이 미쳤던 중부유럽과는 달리, 훗날 발칸유럽에 정착하게 된 남슬라브족 및 여러 이민족들에게 콘스탄티노플 교회의 권위를 받아들이게 하는 역사적 배경을 형성케 했다.

크리스트교를 중심으로 로마 제국의 중흥을 이끌어나가고자 했던 콘스탄티누스의 노력에도 불구하고, 테오도시우스 황제 사후인 395년, 로마 제국은 마침내 동, 서 로마 제국으로 분할되게 된다. 테오도시우스 또한 로마의 중흥을 위해 여러모로 노력하여, 당시 로마를 위협하던 동고트족을 달래어 제국의 협조자로 만들었고, 392년 크리스트교를 국교화 함으로써 로마인들의 단합을 유도하고자 했었다. 하지만, 이탈리아에서 일어난 이교도들의 반란 진압 이후 테오도시우스가 사망하자, 로마 제국은 오늘날 세르비아 베오그라드(Beograd)의 인근 지역인 시르미움(Sirmium, 현재 스렘스카 미트로비짜(Sremska Mitrovica) 북부지역) 부근의 사바 강에서 다뉴브 강, 우나(Una) 강을 따라 내려가다가 몬테네그로와 알바니아 국경에 걸쳐 있는 스카다르 호수에 이르는 선을 따라 동과 서로 각각 분열되게 된다.

발칸유럽의 역사 그리고 종교, 문화사에 있어, 동·서로마의 분리는 중요한 의미를 지닌다. 동·서로마의 분리선은 이후 실질적인 유럽의 종교, 문화적 분할 선으로 이어졌고, 더 나아가 정치, 경제적 분열을 낳는 주요 배경을 형성하였다. 동·서로마의 경계선에 위치한 발칸 지역의 주민들은 역사적 흐름에 따라 점차 양 지역의 독특한 문화적 차이를 경험해야만 했으며, 종교적 이원화 및 갈등 또한 감내해야만 했었다. 실제, 동·서로마 제국

론과 단성론 논쟁', 그리고 '성상 사용 문제'를 둘러싼 8세기 말과 9세기 초사이의 교회 논쟁들을 들 수 있다. 이러한 교회 교리를 둘러싼 주요 논쟁들은 주로 각 대교구간의 주도권 싸움에서 기인하였고, 결과적으로 크리스트교 갈등과 분열의 배경을 제공해 주었다고 할 수 있다. 크리스트교가 발칸유럽의 민족들과 역사에 끼친 영향과 그 의미에 대해선 김철민, 『문화와 사회로 발칸유럽 들여다보기』, (HUFS Books, 2012) 제 2장 제 2절 "크리스트교의 역사와 발칸유럽의 전파" 부분을 참조.

지도 3. 동·서 로마 제국의 분리선상에 자리한 발칸유럽

출처 : http://clio.missouristate.edu/chuchiak/New%20Webpage%20Images/Rome%20Division.jpg

의 분리는 크리스트교의 분열에도 중대한 영향을 미쳤으며, 동·서교회의 분열(Schism, 1054년) 또한 이러한 정치적 분열에서 비롯되어 더 가속화 되었다고 할 수 있다. 희랍어와 라틴어가 서로 통용되는 등, 양대 지역(동·서로마)에 대한 선교 활동이 자유로웠던 초기 크리스트교 시기와는 달리, 동·서 로마 제국분리 이후 서로마 제국의 멸망은 양 지역 교회 간 교류의 단절 및 제례 의식의 이원화를 낳았다. 특히, 1054년 성삼위(성부, 성자, 성령) 논쟁을 둘러싼 로마 교황 레오 9세(Pope Leo IX, 1002-1054, 재임 1049-1054)와 콘스탄티노플의 미카엘 총대주교(Michael I Cerularius, 1000-1059, 재임 1043-1058) 간의 갈등이 서로 간의 파문으로 이어지면서 동·서교회의 대분열이 확정되게 된다. 이후, 발칸 유럽의 서쪽 지역은 로마 교회를 축으로 하는 로마 가톨릭(Catholic)의 영향력이 확대되었고, 동쪽 지역에선 비잔틴 제국의 영향과

콘스탄티노플 교회를 중심으로 한 정교(Orthodoxy)가 이 지역 민족들의 정체성 형성에 중요한 영향을 미치게 된다.[6] 뒤 이어 예루살렘 성지를 회복하겠다는 이유를 들어 로마 교황의 권위를 세우려 했던 십자군 원정 중, 1204년에 일어난 제 4차 십자군 원정대의 콘스탄티노플 점령과 약탈 그리고 라틴 제국(Latin Empire, 1204-1261)의 수립 및 이에 대한 로마 교황의 침묵은 더 이상 양대 교회가 화합 할 수 없는 상황으로까지 사태를 이끌게 하였다. 이것은 크리스트교의 한 축을 형성하였던 비잔틴 제국의 급격한 쇠퇴와 함께, 양대 교회 간의 불신과 분열의 골을 더욱 깊게 만들게 하였다고 할 수 있다.

결과적으로 종합하여 볼 때, 동·서로마의 분리선은 발칸 반도를, 문화적으로는 서방의 로마 문화 대(對) 비잔틴 문화, 가톨릭 대(對) 정교, 라틴(Latin)문자 지역 대(對) 키릴(Cyril/ Ćiril)문자 사용 지역으로 나뉘게 하였으며, 정치적으로는 프랑크 제국, 신성로마 제국, 합스부르크 제국 대(對) 동로마 제국, 비잔틴 제국, 오스만 터키 제국 간의 경계선을 형성케 하였다. 더불어, 이것의 역사적 유산은 20세기에 발생한 발칸 유럽 지역의 다양한 분쟁의 배경 및 민족 간 문화, 종교적 이질성의 역사적 주요 배경을 제공케 하였다.

역사적으로 평가해 보았을 때, 동·서 로마 제국의 분열은 이후 로마 제국의 국력 약화와 함께, 경제, 군사적 붕괴로 이어졌으며, 특히 4세기 말부터 5세기 말까지 훈족의 압박에 따른 게르만족의 대이동이 확대되면서 결국 476년 서로마의 몰락으로 이어지게 되었다. 271년 로마로부터 다치

6) 서유럽의 가톨릭교는 교황의 무오류를 바탕으로 교황을 교회 수장으로 하여 통합을 추진하였고, 성직자의 결혼을 금지하고 성상을 숭배하였으며, 앉아서 미사를 보고 성호 또한 이마(성부)와 가슴(성자)을 짚은 후 왼쪽 어깨에서 오른쪽 어깨로 긋게 하였다. 반면, 정교로 발전한 콘스탄티노플 교회와 그 영향 지역들은 비잔틴 제국의 황제를 수장으로 하면서, 콘스탄티노플, 알렉산드리아, 예루살렘, 안티오크, 모스크바 교회의 5명 총대주교가 동일한 서열에 자리하며, 로마 교황과 달리 이들 총대주교들이 인간적 오류를 범할 수 있음을 인정하고, 고위 성직자를 제외한 일반 사제들의 결혼을 허락하였으며, 성화는 숭배하지만 성상은 금지하고, 서서 미사를 보며, 성호를 이마와 가슴을 짚은 후 어깨 오른쪽에서 왼쪽으로 긋도록 하였다. 에드워드 기번 저, 배은숙 역, 『로마제국 쇠망사』, (도서출판 두리미디어, 2010), p. 249.

아 지역(오늘날 루마니아)을 빼앗은 동고트족은 로마의 약화를 틈타 점차 그 세력을 넓혀 나갔고, 4세기에 들어와서는 다뉴브 강을 넘어 서로마 및 동로마 내륙의 여러 도시들 그리고 5세기 말에는 아드리아해와 에게해 연안의 도시들까지 약탈하기 시작하였다. 또한 375년부터 469년 동로마 제국에 패망하기 전까지 약 100년간 유럽을 위협하였던 훈족은 훈 왕국을 건설한 아틸라(Attila, 406-453, 재위 434-453)와 함께 로마 제국들을 계속해서 괴롭혔다.

이러한 이민족들의 발칸 유럽 침공은 동로마 제국의 최대 전성기를 구축한 유스티니아누스 1세(Justinian I, 482-565, 재위 527-565)의 통치가 들어서면서 조금씩 약해지기 시작하였다. 이 시기 동안 동로마 제국은 반달 및 동고트족 정복 등을 통해 이민족들을 몰아내고 이탈리아와 북부 아프리카 지역을 탈환하였으며, 서고트 왕국의 왕위 분쟁을 이용하여 이베리아 남동부로까지 영토를 확장하는 등 과거 서로마의 상당 지역을 다시 편입하는 데 성공하게 된다. 또한 이후 페르시아와의 여러 차례 전쟁 승리와 보상금 지급에 따른 휴전 협정을 통해 동방으로의 세력 확장도 꾀할 수 있었다. 국력 확대를 바탕으로 유스티니아누스 황제는 자신을 국가 권력의 중심뿐만 아니라 교회의 정신적 구심점으로 승격시킴으로써 종교와 정치의 일치를 추구하였으며, 로마 제국의 정통성을 부여하는 유스티니아누스 법전 완성 및 발칸유럽의 고대 미학을 상징하는 대표적 크리스트교 건축물인 하기아 소피아(Hagia Sophia)를 콘스탄티노플에 완성하기도 하였다. 실제, 비잔틴 제국의 황제이자, 콘스탄티노플 교회의 수장이었던 유스티니아누스 황제는 정치, 종교적으로 다시 한 번 로마 제국을 부활시키고자 노력하였고, 탈환 한 서로마 지역들에는 로마 교회의 영향력을 대신하여 콘스탄티노플 교회의 영향력을 확대하는 데 주력하였다.[7] 하지만, 콘

7) 이처럼 비잔틴 제국에서의 교권과 세속권의 일치사상은 훗날 콘스탄티노플 교회 즉, 정교를 받아들인 발칸유럽 지역의 남슬라브족들에게 자신의 국가와 종교, 민족과 종교의 운명을 동일시여기는 의식을 심어주게 하였으며, 이는 한편으론 이들 지역에서 종교가 극단적 민족주의의 도구로 활용되는 부작용을 낳는 데 배경이 되었다고 할 수 있다.

지도 4. 유스티니아누스 1세 시기 동로마 제국의 영토

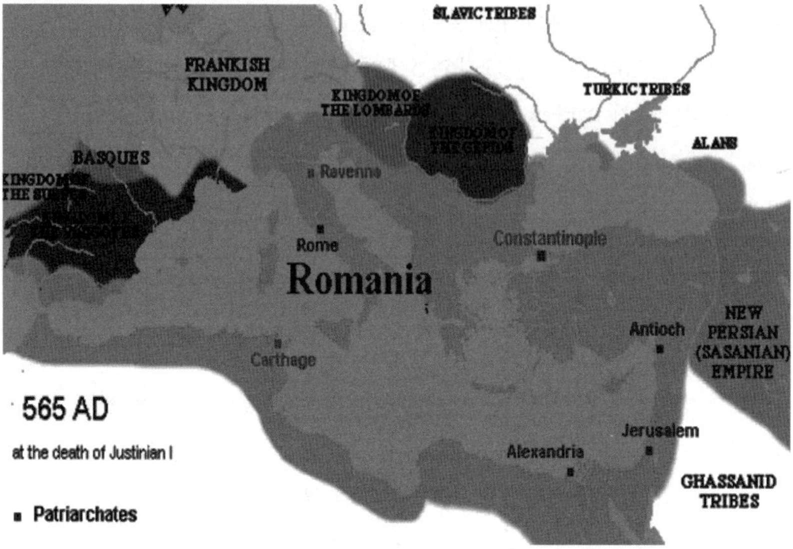

출처: http://www.uncp.edu/home/rwb/lecture_mid_civ.htm

스탄티노플 교회를 중심으로 비잔틴 제국 및 로마 제국을 중흥시키려 했던 유스티니아누스 황제의 노력은 6세기 중엽 이후로 대두된 아바르(Avar) 유목 민족의 침략과 사산조 페르시아의 반격, 그리고 6세기말과 7세기에 걸친 불가리아, 세르비아 등 남슬라브족의 발칸반도로의 이주 및 중세 왕국 수립은 동로마 제국의 쇠락과 함께 발칸 유럽에 있어서 제국의 영향력 축소로 이어지는 배경을 낳았다.

3 중세 I(7C~14C)
: 슬라브족의 이주와 남슬라브족 왕국들의 크리스트교화

6세기말과 7세기경, 로마 영토로의 게르만족 남진은 오랜 동안 게르만족들이 차지하고 있던 중부유럽 지역의 공백 상태를 불러왔으며, 더불어 아바르족의 침공은 발칸유럽을 차지하고 있던 동로마 제국의 약화를 불러왔다. 중부유럽의 게르만족 공백과 아바르족의 발칸유럽으로의 남진은 슬라브족의 대규모 이동을 불러왔다. 서슬라브족은 게르만족의 공백을 틈타 원 거주지인 러시아 시베리아 지역에서부터 중부유럽으로 이주해 현재의 폴란드, 체코, 슬로바키아 민족을 구성하게 되었고, 아바르족에 밀려 혹은 이들과 같이 발칸유럽으로 이주해 내려온 남슬라브족은 훗날 분화되어 불가리아인, 세르비아인, 크로아티아인, 슬로베니아인 등을 형성하게 된다.

원시 슬라브인들의 발원지를 둘러싼 논쟁이 여러 존재하지만, 대체적으로 북쪽과 동쪽으로는 서부 시베리아 지역에서부터 남쪽으로는 카르파티아 산맥까지 그리고 서쪽으로는 비슬라(Vistula) 강, 오데르(Oder) 강 그리고 엘바(Elba) 강까지 이르는 광대한 지역에 걸쳐 거주했었다고 주장되고 있다.[8] 슬라브족의 최초 이동은 BC 500년 경 고대 이란인의 한 분파인 스키타이(Scythai)족의 침략이 확대되면서 부터이며, 원시 슬라브족들은 이들을 피해 발트 해와 엘바 강 연안으로 이주를 시작하게 된다. 특히, 4세기 중엽 이후로 확대된 훈족의 유럽 침공은 고트족 및 게르만족의 대이동을 낳았으며, 유럽 북부의 일부 슬라브족들을 제외하고 상당수의 슬라브족들은 이러한 민족 간 대이동에 영향을 받아야만 했었다. 4세기에 들어와 게르만족들이 서로마 제국의 혼란을 틈타 로마 영토내로 이동하게 되자, 이들의 빈 공간은 슬라브족으로 채워지게 되었다. 이들 슬라브족들은 점차 엘바 강을 건너 중부유럽으로 그 세력을 확대하였으며, 9세기와 10세기를 거치며 자신들의 중세 왕국을 수립하면서 중부유럽의 패권 국가로 등장하게 된다.

반면, 6세기 중엽 이후로 발칸 유럽에서는 동로마 제국 유스티니아누스 황제의 공략으로 인해 고트족 등 게르만족들이 세력이 약화되어 있었고, 이 공백을 틈탄 일단의 슬라브족들이 다뉴브 강을 건너 남쪽으로 이주를 시작하고 있었다. 발칸반도로 이주한 슬라브인들은 점차 현재 슬로베니아 지역인 북부 아드리아 해안에서부터 흑해 연안까지 그 거주지를 확대시켜갔으며, 당시 강력한 군사력으로 동로마 제국과 서부의 프랑크 제국을 위협하고 있었던 아바르족과의 동맹을 바탕으로 세력을 확대해 나가기 시작하였다.[9] 아바르족의 침공은 동로마 제국(비잔틴 제국)의 발칸 지배를 급격히 약화시켰고, 이를 계기로 슬라브족은 이들 지역에 거주

8) Ferdinand Schevill, The History of the Balkan Peninsula, (New York: Arno Press and The New York Times, 1971), p. 73; 원시 슬라브족의 기원을 둘러싼 더 자세한 논쟁은 Francis Dvornik, *The Slavs: Their Early History and Civilization*, (Boston: American Academy of Arts and Sciences, 1959), pp. 3-13 참조.

9) 오늘날 헝가리 지역에 근거지를 둔 아바르족은 무자비한 공격을 통해 이탈리아 해안지역과 발칸의 전 지역 그리고 소아시의 일부 지역에까지 자신의 영역을 확장시켜 나갔다. 이때 당시 달마티아 및 이들 지역에 잔존해 있던 초기 크리스트교 문화의 상당수가 파괴되어 흔적이 사라지게 되었다. Donald M. Nicol, "Justian I and His Successors: AD. 527-610", Philip Whitting ed. *Byzantium: an introduction*, (Oxford: Basil Blackwell, 1981), pp. 31-34.

하여 왔던 원주민들을 산악지역으로 몰아내며 발칸의 새로운 주인공으로 등장하게 된다. 이 결과 8세기말에 이르러서는 발칸 반도의 대부분이 슬라브족에 의해 장악되었다. 또한 동·서 로마 분리선이라는 역사적 배경에 따라, 9세기 이후 발칸반도는 신성로마제국(Holy Roman Empire, 962-1806)이 이끄는 로마 가톨릭과 비잔틴 제국이 이끄는 정교 세력 간의 교세 확장을 둘러싼 치열한 세력 갈등 장으로 부각되었으며, 이러한 사실은 오랜 동안 로마 영향력 하에서 크리스트교를 중심으로 단결을 보여 왔던 이 지역 원주민 공동체들 간의 급격한 분열양상을 불러오게 하였다.

발칸유럽 지역에서의 크리스트교 분열은 이 지역을 중심으로 한 크리스트교 양대 교회, 즉 로마 교회와 콘스탄티노플 교회 간의 치열한 영향력 확대 싸움에서 비롯되었다. 6세기 중엽 유스티니아누스 황제 이후로 발칸유럽 지역 및 북아프리카를 비롯해 이베리아 남부, 이탈리아 등 서로마 일부 지역에까지 교세를 확장한 콘스탄티노플 교회는 이후 아바르족 및 사산조 페르시아의 침략 그리고 슬라브족의 계속된 남진에 따른 비잔틴 제국의 세력 약화로 더 이상의 교세 확장에 어려움을 겪고 있었다. 반면, 서로마 제국 멸망 이후로 콘스탄티노플 교회의 교세 확장과 로마 교황에 대한 영향력을 그저 지켜봐야만 했던 로마 교회는 무엇보다도 세속국가에 의한 교회 비호의 필요성을 절실히 느끼고 있었다. 이를 위해 로마 교황 레오 3세(Pope Saint Leo III, 750-816, 재위 795-816)는 여러 어려움을 이겨내고 스페인과 이탈리아 남부 일대를 제외한 서유럽을 거의 장악한 후 새로운 패권 국가로 등장하고 있던 프랑크 왕국의 샤를마뉴 대제(카롤루스, 카를 대제, Charlemagne, Charles the Great, 742-814, 왕 재위 768-814, 황제 재위 800-814)에게, 로마에서 황제 대관식(800년 크리스마스) 거행과 함께 로마 제국의 황제 칭호를 부여해 줌으로써 로마 교회의 세속적 지원을 보장받고자 하였다. 하지만, 당시까지도 과거 로마 제국의 영토 및 정신적 정통성을 계승한다는 측면에서, 서로마 제국의 상당 영토 및 크리스트교 신자들에 대한 영향권을 주장하고 있던 비잔틴 제국은 한 동안 자신의 허락 없이 단행된 로마 교황 레오 3세의 정치적 결탁을 비난하면서 샤를마뉴 황제를 인정하지 않으려 했다. 하지만, 당시 국내외를 둘러싼 여러 어려운 현실 속에서 계속된 전쟁에 대한 부담, 그리고 726년 비잔틴 제국의 황제인 레오 3세(Leo III, 685-741, 재위 717-741) 이후로 진행되었던 비잔틴 제국의 성상파괴에 대한 서로마 지역 교회들의 반발로 인해, 비잔틴 제국은 812년 샤를마뉴를 황제로 인정해야만 했었다.

성상 사용 논쟁은 동·서 교회 분열의 첫 출발점을 제공하였다고 할 수 있다. 성상 논쟁의 시작은 예수, 마리아, 성인 등을 그린 그림이나 조각상, 십자가상을 지칭하는 성상 앞에서 기도하거나 무릎을 꿇는 행위 그리고 등불이나 향을 피우는 교회 의식이 우상 숭배인가라는 논쟁에서 촉발되게 된다. 초기 교회는 신의 형상을 만드는 것을 금지한 모세의 율법에 기초하여 인간의 손으로 만들어진 성상 등을 일체 부정하였다. 하지만, 유럽 사회에서 교회의 영향력이 절대권을 가지게 됨에 따라 예배나 교회 장식은 점차 화려하게 되었다. 특히 성인의 유물과 그림, 조각상 등이 게르만 민족과 슬라브족 등 신을 잘 알지 못하는 자들과 이교도들의 교화에 효과적으로 활용됨에 따라, 6세기 이후로 성상 사용은 동·서 교회 모두에서 보편적으로 사용되게 된다.

하지만, 이러한 교회의 성상 사용 확대와 숭배 행위는 유대교도들은 물론 이슬람교도들에게도 우상 숭배라 비난받았으며, 원리적 교리에 충실하고자 했던 비잔틴 제국의 레오 3세는 콘스탄티노플과 그 속주들의 모든 교회에서 성상 사용과 숭배를 금지하였다. 그 결과 예수와 마리아, 성인들을 그리거나 조각한 수많은 크리스트교 초기의 성상과 성화들이 파괴되었으며, 이를 그린 벽화는 회반죽으로 발라지는 아픔을 겪어야 했었다. 이에 대해 비(非)크리스트교 지역인 프랑크 민족의 복음화에 주력하고 있던 로마 교황 그레고리오 2세(Pope Gregory II, 669-731, 재임 715-731)는 유령이나 악마를 상상하여 꾸며낸 고대 시절의 우상과 당시 크리스트교 신자들이 추모하는 성상과는 전혀 다른 것이라 주장하며, 이미 사도 시절부터

성상이 자연스럽게 사용되어 왔다는 말로 레오 3세의 성상 파괴 행위를 비판하였다.

로마 교회의 강력한 반발에도 불구하고, 성상 파괴 움직임이 계속되자 로마 교회의 그레고리오 3세(Pope Gregory III, 재임 731- 741)는 적어도 서방 교회에서 성상 사용 문제에 대한 최종 결정권은 비잔틴 제국의 황제가 아닌 로마 교회의 교황에게 있다는 점을 천명하며, 성상을 파괴하거나 이를 훼손하는 자들에 대해 파문을 단행할 것임을 공표하게 된다. 비잔틴 제국에 대한 로마 교회의 공개적인 도전은 이후 로마 교회가 프랑크 제국과 동맹을 체결하면서 서로 간의 후원 속에 관계 강화를 촉진시키는 계기를 만들어 주었다고 할 수 있다.[10] 비록 성상 파괴 논쟁이 843년에 열린 니케아 공의회에서 오직 하나님에 대한 경배와 숭배의 경우에 한해서만 성상을 사용할 수 있다는 결론을 내린 후 이를 둘러싼 갈등이 종결되었지만, 동·서 교회 간 약 120년 간 이어진 이 사건은 동·서 교회의 통합에 대한 진정성을 의심케 하였으며, 단순히 표피적 수준에서 양대 교회의 통합이 유지되어 왔다는 점을 보여준 사건이라 할 수 있다. 즉, 성상 사용을 둘러싼 하나의 문제에서 출발한 것으로 보였지만, 이것은 단순한 종교 문제를 뛰어넘어 서유럽에서 종교적 절대권을 행사하려는 로마 교회의 교황과 동·서 교회의 통합을 계속 유지한 채 여전히 영향력을 계속 유지하려 했던 비잔틴 제국 간의 힘의 대결에서 비롯된 것이었다.

성상 사용 논쟁을 거치며, 로마 교회는 서로마 제국의 멸망 이후 한 동안 콘스탄티노플 교회의 영향 하에 눌려 지냈던 거대한 그늘에서 벗어나, 본격적인 교세 확장 및 독자 행보를 할 수 있는 밑거름을 맞이하게 된다. 843년 프랑크 왕국의 삼국 분할(동, 서, 남) 이후에도, 로마 교회는 962년 오토 대제(Otto I, 912-973, 신성로마제국 재임 962-973)에 의해 수립된 신성로마제국 등 서유럽 왕국들의 후원 속에 유럽 내에서 로마 교회의 영향력을 확대해 나갈 수 있었으며, 이러한 교세 확장은 곧 이어 양대 교회 간의 접합

10) 에드워드 기번 저, 배은숙 역, op. cit., pp. 241-247 참조.

점에 자리한 발칸반도에서 심각한 갈등을 불러오게 하였다.

아바르족 침공에 따른 비잔틴 제국의 세력 약화와 크리스트교 분열에 따른 원주민 공동체들의 분열은 발칸유럽으로 진출하고자 했던 슬라브 민족들의 세력 확대와 중세 왕국의 건설에 일련의 긍정적인 영향을 미쳤다고 할 수 있다. 산악지대가 많은 발칸유럽의 특성상 이 지역으로 이주한 슬라브족은 광활한 평야 지역인 중부유럽으로 이주하였던 서슬라브족과 달리, 지역적인 고립으로 인해 점차 독자적인 부족을 형성하여갔고 다음 세대가 등장하기 이전에 이미 각 부족 공동체 간의 교류와 문화 전달이 상당 부분 단절되게 되었다. 이것은 곧 이어 관습, 언어, 정치 조직 간의 차이점 확대로 이어졌다. 이러한 단절과 차이점 확대는 곧 이어 남 슬라브 민족 간의 분화로 이어져 여러 세기를 거치면서 크게 불가리아족, 세르비아족, 크로아티아족 그리고 슬로베니아족이라는 4개의 남 슬라브족 공동체로 나누어지게 된다.

크리스트교가 발칸유럽의 남슬라브족들에게 전파되기 이전, 이들 슬라브족들은 가족 신으로서의 조상 및 농경민족의 특징에 따라 농업과 관련된 수호신인 태양, 대지, 천둥, 번개, 정령의 숲, 물 등을 숭배하는 등 원시 종교적 토템 신앙에 의존하고 있었다. 하지만, 당시 발칸유럽은 크리스트교 양대 교회의 분리선과 이를 비호하는 왕국들의 교세 및 영토 확장의 최전선에 위치해 있었다. 따라서 발칸유럽에 정착한 남슬라브족들은 본인의 의사와 상관없이 크리스트교 양대 교회들 그리고 이를 비호하는 제국들의 세력 변화에 따라 이들 교회들의 영향력 및 그 문화를 자연스럽게 받아들여만 했었다.

우선, 발칸유럽 내 남슬라브족들에게 크리스트교(콘스탄티노플 교회, 정교)가 전파된 계기는 863년 비잔틴 황제의 명에 따라, 오늘날 슬로바키아 지역인 모라비아 왕국(Great Moravia, 833-907)을 향해 크리스트교 포교와 행정 체계 수립을 위해 떠났던 키릴(Cyril/Ćiril, 826/ 827-869)과 메토디우스(Methodius/Metodije, 815-885) 형제 그리고 그 제자들에 의해서라 할 수 있다. 당시 가장 뛰어난 문법 학자중 하나인 키릴과 행정, 정치, 외교 분야에 능했던 메토디우스는 자신들이 고안한 슬라브 문자와 언어를 기초로 4대 복음서(마테, 마가, 누가, 요한)를 제작해 833년에 수립된 신생 모라비아 왕국에 크리스트교 가르침을 전파하였고, 비잔틴 제국의 선진화 된 행정 체계를 도입하고자 노력하였다. 하지만 이들의 노력은 894년 모라비아에서 일어난 권력 내분과 동프랑크 왕국의 견제, 특히 907년 아시아로부터 온 마자르족의 침공에 의해 왕국이 멸망함으로써, 바람을 이루지 못하게 된다. 이후, 발칸유럽으로 피신해 온 클리멘트(St. Clement, 840-916)와 나움(St. Naum, 830-910) 등 키릴과 메토디우스의 제자들은 제 1 불가리아 제국의 보리스 1세(Boris I, ? - 907, 재위 852-889)의 요청에 의해 오늘날 마케도니아 오흐리드에 교회를 설립하였고, 슬라브 문자(이후 '키릴 문자'로 불림)와 언어를 보급하고 발칸유럽의 남슬라브인들을 대상으로 크리스트교를 전파하는 데 주력하게 된다. 이에 따라, 크리스트교(정교)는 불가리아는 물론 세르비아와 여타 발칸 지역으로 확대되었고, 10세기 말(990년) 러시아인들의 정신적 고향이라 할 수 있는 오늘날 우크라이나의 키예프(Kiev) 공국에까지 전파됨으로써, 발칸유럽 및 러시아와 주변 국가들이 강력한 정교 국가가 되는 배경을 형성하였다.

반면, 발칸유럽 내 국가들 중 로마 교회의 신봉자로 프랑크 왕국에 속해있던 크로아티아와 슬로베니아 내륙 지역의 남슬라브인들은 9세기를 거치며 로마 교회의 영향력 하에서 가톨릭으로 개종하게 된다. 또한 지리적 험준함으로 인한 주변 지역과의 고립 그리고 크리스트교 양대 교회의 접합 점에 위치해 있는 관계로 잦은 교회 세력권 다툼에 시달려야 했던 보스니아내 남슬라브인들은 주변 발칸유럽의 슬라브족들에 비해 상대적으로 신앙심이 약하였고, 이에 따라 12세기 말 이후 양대 교회의 특징을 지닌 '보스니아 교회'를 설립해 신봉하기 시작하였다. 하지만, 양대 교회의 특징을 지녔던 보스니아 교회는 헝가리 등 주변 크리스트교 국가들에 의해 이단으로 치부되었으며, 그 결과 보스니아내 남슬라브인들은 양대 교회로부터의 계속된 압력과 시련을 견디어내야만 했었다. 이러한 점은 훗날 이슬람 국가인 오스만 터키의 발칸유럽 원정이 가속화되고, 1463년 보스니아가 터키 지배 하로 넘어간 이후, 발칸 유럽 내 다른 크리스트교 슬라브인들에 비해 보스니아내 슬라브인들이 보다 쉽게 이슬람교로 전향할 수 있었던 배경이 되게 된다.

발칸유럽으로 이주한 초기, 남슬라브 민족은 이처럼 비잔틴 제국과 프랑크 왕국의 영향 하에서 크리스트교와 여러 선진 문화를 받아들이며 발전을 추진해 나갔다.[11] 그리고 뒤 이은 아바르족의 발칸유럽 침략과 비잔틴 제국의 쇠퇴는 이들 남슬라브족들이 발칸유럽의 새로운 주도 세력으로 등장할 수 있게 하는 계기를 마련해 주게 된다.

발칸 반도에서 가장 먼저 강력한 중세 왕국을 건설한 남슬라브 민족은 불가리아인으로 비잔틴 제국을 압박하여 제 1불가리아 제국(681-1018)을 수립하게 된다.[12] 이후 바실 2세(Basil II, 958-1025, 재위 976-1025) 시기에 들어와서야 겨우 국력을 재정비한 비잔틴 제국은 1014년 불가리아 군을 대파하였고, 1018년에 들어와 제 1 불가리아 제국은 그 막을 내려야만 했었다. 하지만, 12세기 말에 들어와 제국 지배자들의 과도한 세금징수로 인해 민란(1185-1197)이 발생하였고, 이를 계기로 불가리아인들은 수도인 투르노보(Veliko Turnovo 혹은 Veliko Tarnovo)를 중심으로 제국을 다시 수립해 제 2 불가리아 제국(1185-1396/1422)을 세우게 된다. 이후, 13세기 몽고 타타르족의 공격, 그리고 14세기 헝가리와 세르비아의 침략에 따른 여러 어려움을 겪어

11) 발칸유럽 내 여러 민족들 특히 남슬라브족들에게 크리스트교가 전파된 이후 크리스트교는 기존의 남슬라브족 토착 신앙과 융화하여 발전하였고, 이후 남슬라브 중세 왕국들이 출현한 이후에도 국가 내 민중들을 단합시키고 왕국의 발전을 이루는데 주요 매개체로서 크리스트교가 장려되게 된다. 크리스트교와 남슬라브족 토착신앙과의 융화는 남슬라브족 내 민족 영웅들이나 성인들이 크리스트교 성인과 서로 혼재 되어 나타나는 독특한 특징을 보이거나, 크리스트교 방식에 따라 조상신을 모시는 특이한 양식으로 발전해 오늘날까지 이르고 있다.

12) 이슬람의 공격으로 국력이 소진되어 있던 비잔틴 황제 콘스탄틴 4세(Constantine IV, 652-685, 재위 668-685)는 679년 원시 불가르족의 공격에 제국 존립의 위협을 느껴야 했다. 그 결과 제국은 681년 모에시아 지역(오늘날 불가리아)을 점령하고 있던 원시 불가르족의 칸(Khan, 혹은 카간(Khagan)으로 불렸음)인 아스파루후(Asparukh, 재위 681-701)에게 중세 왕국 성립을 인정해 주어야만 했다. 김철민(2011a), op. cit., p. 307.

야만 했던, 불가리아는 1393년 투르노보가 오스만 터키에게 함락됨에 따라, 급격히 쇠락하였고 이후 1878년까지 약 500여 년간 터키의 지배를 받아야만 했었다.

발칸유럽의 남슬라브 민족 중 두 번째로 독립 왕국(925-1526, 1102년 자치권을 지닌 채 헝가리 하로 편입)을 건설한 민족은 크로아티아인으로, 10세기에 써진 비잔틴 제국의 기록에 따르자면, 크로아티아인들은 크게 5부족으로 나뉘어 7세기경 당시 비잔틴 제국의 영향력 하에 있던 아드리아 해안 지역에 정착했음을 확인할 수 있다.[13] 정착 초기 비잔틴 제국의 영향력 하에서 정교를 받아들였던 크로아티아인들은 8세기 이후로 세력이 약화해진 비잔틴 제국을 대신해, 로마 가톨릭의 프랑크 왕국 지배 하로 넘어가게 된다. 이후 샤를마뉴 대제 시기인 803년 크로아티아인들의 가톨릭 개종이 본격화 되었고, 아드리아 해안 도시인 닌(Nin)에 최초 크로아티아 가톨릭 교구가 수립되었다. 크로아티아 중세 왕국의 수립은 닌의 족장이었던 토미슬라브(Tomislav, ?-928, 영주 910-925, 왕 925-928)에 의해서였다. 당시 토미슬라브는 크리스트교 세계를 위협하며 세력을 확대하던 헝가리 마자르족의 공격을 잘 막아내었고, 이를 계기로 로마 교황으로부터 신임을 얻게 된다. 당시 발칸유럽에서 제 1 불가리아 제국의 세력 확대가 가속화되자, 923년 비잔틴 제국은 당시 로마 교황인 존 10세(John X, 재임 914-928)에게

13) Francis Dvornik, op. cit., p. 34; 일부 크로아티아 역사가들은 크로아티아인이 다른 남슬라브족들과는 달리 중앙아시아에서 세력을 형성하고 있던 샤르마냔(Sarmatian)인들의 일파였으며, 이들은 한때 북부 보헤미아와 폴란드 남부지역을 정복했었고, 이후 폴란드 크라코프(Krahow)근처에 당시 백크로아티아(Bela Hrvatska)라 불리던 나라를 건설하였다고 주장하고 있다. 더불어 크로아티아 민족이 발칸유럽으로 이주해 온 뒤 당시 이 지역의 다수 민족을 형성하고 있던 남슬라브 민족들과 섞이게 되면서, 슬라브 언어와 문화를 받아들이게 되었으며, 그 결과 점차 슬라브화 되었다고 말하고 있다. 이 외에도 크로아티아인을 뜻하는 '흐르바트(Hrvat)'란 용어의 기원을 아, 오늘날 아프카니스탄 지역의 헤라트(Herat)인근의 하라흐바티예(Harahvatije)란 페르시아 지방 이름의 유래를 근거로 이 지역에서 크로아티아 민족이 기원되었다는 설, 그리고 오늘날 이란내 한 부족의 명칭과 유사하다는 근거를 들어, 러시아에서 남슬라브족이 남하할 때, 이 지역에서 대규모 거주한 뒤 현재의 크로아티아 지역으로 이주해 들어왔다는 등의 여러 설이 존재하고 있다. 이에 대한 주장으로는 Neven Budak, *Prva stoljeća Hrvatske*, (Zagreb: Hrvatska sveučilišna naklada, 1994) 참조.

서로 연합하여 불가리아의 공격을 막아낼 것을 제안하였다. 이에 대해 존 10세는 그 동안 비잔틴 제국의 관할 하에 있던 달마티아 도시들의 관구들을 로마 교회에 귀속시킬 것을 요구하였고, 이에 비잔틴 황제는 달마티아 해양 도시들의 관할권을 토미슬라브에게 넘겨주어야만 했었다.[14] 924년 이웃한 라쉬카(Raška, 세르비아 중세 왕국의 전신) 공국이 불가리아 제국의 공격에 의해 무너진 후, 크로아티아는 불가리아 제국과의 본격적인 전쟁에 직면하게 된다. 이런 상황 속에서 로마 교황 존 10세는 925년 토미슬라브를 크로아티아 독립 왕국의 왕으로 임명하였고, 크로아티아는 927년 결정적인 승리 이후 독립 왕국으로써의 본격적인 기틀을 마련할 수 있게 되었다. 이후 크로아티아 중세 왕국은 한 동안 발전을 이루게 되지만, 즈보니미르(Dmitar Zvonimir, ?-1089, 영주 1064-1075, 왕 1075-1089)왕의 갑작스런 사망 이후, 권력 분쟁이 확대되면서 국력이 급격히 쇠락하였고, 마침내 1102년 헝가리 왕국의 영향력 하로 편입되는 상황에 이르게 되었다. 1526년 헝가리가 모하치(Mohács)전투에서의 패배로 오스만 터키에 의해 멸망함에 따라, 이후 일련의 어려운 시기를 거친 후 크로아티아 내륙지역은 합스부르크 제국의 지배 하로 들어가야 했으며, 달마티아 등 아드리아 해안의 상당 지역은 베네치아 공국의 영향력 하에 한 동안 편입되게 된다.

발칸반도에서 세 번째로 중세 독립 왕국(1217-1346)을 이룩한 남슬라브 민족은 세르비아인으로, 그 시작은 스테판 네마냐(Stefan Nemanja/ St. Simeon, 1113-1199 영주 재위 1166-1196) 시기 때부터로 거슬러 올라간다. 기록에 의한다면 세르비아인은 10세기 중엽이후부터 유럽에 소개되기 시작했으며, 당시 비잔틴 황제인 콘스탄틴 7세(Constantine VII, 905-959, 재위 913-920, 945-959) 시기에 그 존재 기록이 남아있다.[15] 여기서는 세르비아인들을 가리켜 '비(非)

---

14) 당시 비잔틴 제국은 921년부터 924년까지 이어진 제 1 불가리아 제국의 라쉬카 공국 침공으로 발칸반도에서 자신의 영향력을 급격히 상실해 가고 있었고, 따라서 오랫동안 영향권 하에 있었지만 상대적으로 멀리 떨어져 있던 달마티아 지역에까지 관심을 가질 수가 없었다.

15) 실제 콘스탄틴 7세는 비잔틴 제국은 물론 당시 발칸반도와 소아시아 등에 거주했던 여러 다양한 민족들의 역사, 문화를 이해하는 데 있어 매우 소중한 문헌들을 남긴 것으로 유명

크리스트교 민족이며, 주변 민족들로는 프랑크 왕국과 역시 비(非)크리스트교 민족인 크로아티아인등이 있다'라고 언급하고 있다. 또한 여기에는 세르비아인들을 가리켜 '고대부터 존재해온 부족들이며, 7세기 초 이후 로마제국의 영토인 발칸반도에 정착하게 되었다'라고 기록하고 있다.[16] 발칸 유럽에서 크리스트교가 계속 확대되는 가운데, 세르비아는 비잔틴 제국의 영향력 하에서 정교를 적극적으로 수용하였고, 1217년 네마냐의 아들인 스테판 네마니치(Stefan Nemanjić, 1196-1228, 대족장 1196-1217, 왕 1217-1228) 시기 정교에 기반한 세르비아 중세왕국을 선포하기에 이르렀다.[17] 이후, 세르비아는 세르비아인들 사이에 있어 역사상 가장 위대한 인물로 칭송받는 두샨(Stefan Uroš IV Dušan, 1308-1355, 왕 1331-1355, 황제 1346-1355) 시기에 들어와 안정된 정치력과 강력한 군사력을 바탕으로 발칸유럽 대부분을 장악하면서 역사상 최대의 전성기를 맞이하게 된다. 두샨은 불가리아와 헝가리, 크로아티아 왕국과의 싸움을 이용하여 영토를 계속 확장하여 갔고, 1342년에는 비잔틴 제국의 내분과 왕위 계승권 다툼을 이용하여 비잔틴을 공격해 서부 발칸 지역의 거의 대부분을 장악할 수 있었다. 이를 계기로 그는 1346년 4월 스코프예(Skopje, 오늘날 마케도니아 수도)에서 세르비아 대교구에 의해 '세르비아와 로마 제국의 황제'로 추대되었다. 하지만 발칸유럽에서의 두샨의 세력 확대는 비잔틴 제국이 이웃한 소아시아에서 오스

하다. 그가 남긴 기록물로는 궁중의 다양한 의식들을 묘사해 놓은 '의식(On Ceremonies, De Ceremoniis/ Περὶ τῆς Βασιλείου Τάξεως)', 제국 내부의 여러 조언과 방향이 담긴 행정 제도들과 외부 적들과의 전투 및 지리적 기원과 그 특징들을 기록해 놓은 '제국의 행정(On the Administration of the Empire, De Administrando Imperio/ Πρὸς τὸν ἴδιον υἱόν Ρωμανόν)', 성 테오파네스 사제의 여러 업적을 비롯해 제국의 사건들이 담긴 역사서인 '성 테오파네스(Theophanes the Confessor, De Thematibus/ Περὶ θεμάτων Άνατολῆς καὶ Δύσεως)', 그리고 그의 할아버지인 바실 1세(Basil I, 811-886, 재위 867-886)의 기록과 업적을 묘사한 '바실 1세(Vasil I, Vita Basilii/ Βίος Βασιλείου)' 등이 존재한다.

16) B. Ferjančić (ed.), *Vizantijski izvori za istoriju naroda Jugoslavije II*, (Beograd. 1959), pp. 58-60.

17) 1204년 제 4차 십자군의 콘스탄티노플 점령 및 라틴 제국의 수립은 발칸유럽 지역을 장악해 왔던 비잔틴 제국에게 커다란 시련으로 다가오게 된다. 하지만, 비잔틴의 영향력 하에 놓여 있었던 세르비아에게 이 사건은 중세 독립 왕국을 선포하고 훗날 제국으로 발전할 수 있는 기회를 제공하였다고 할 수 있다.

만 터키족을 용병으로 불러들이는 결과를 초래하게 된다. 그의 사망이후 세르비아는 여러 봉건 지역으로 쪼개져야만 했고, 결과적으로 1389년 코소보 전투에서의 패배와 함께 오스만 터키 하로 완전히 편입되는 아픔을 겪어야만 했다. 이후 세르비아는 1877년 러-터 전쟁의 결과 맺어진 산 스테파노(San Stefano, 1878. 3)와 베를린(1878. 6) 조약 때까지 오스만 터키의 지배를 받아들여야만 했었다.

보스니아 중세 왕국(1377-1463)은 이웃한 헝가리의 세력 확대와 세르비아의 틈바구니 속에서 한 동안 고전을 하다가 오스만 터키의 발칸 유럽으로 영향력 확대에 따라 이들 이웃 국가들이 세력이 약화된 것을 계기로 자신들의 독립 왕국을 구성할 수 있었다. 하지만, 양대 크리스트교 분리선에 자리하였던 보스니아내 남슬라브족은 양대 교회 간의 갈등과 대결, 그리고 이로 인한 빈번한 외세의 침입으로 크리스트교에 대한 신앙심이 약하였으며, 지배체제에 대한 불신이 높았다고 할 수 있다. 또한 양대 교회 분리선에 자리한 지정학적 위치와 지리적 험준함으로 인한 정통 크리스트교 보급의 어려움은 보스니아내 교회들이 주변 강대국들에 의해 이단으로 취급되는 결과를 낳게 하였다. 이처럼 보스니아 남슬라브족들의 양대 교회에 대한 불신과 크리스트교에 대한 성숙되지 못한 종교적 신앙심은 훗날 15세기 오스만 터키의 침공 당시 보스니아 중세 왕국이 다른 주변의 크리스트교 국가들에 비해 저항이 소극적이 된 배경이 되었으며, 오히려 보스니아 중세 왕국의 귀족들을 비롯해 상당 수 보스니아내 남슬라브족들이 오스만 터키가 약속해 준 기득권 유지를 위해 대규모로 이슬람 개종을 단행하게 되는 배경을 만들어 주게 된다. 이후 오스만 터키가 지배하였던 약 500여년의 세월 동안 보스니아에선 계속된 이슬람화가 이루어졌으며, 반면 크리스트교를 신봉하는 보스니아내 슬라브인들은 오스만 터키의 박해 속에서 제국의 독특한 종교정책인 밀레트(Millet) 제도에 의해 자신들의 종교를 완전히 잃지 않고 유지해 나갈 수 있었다.

4 중세 II(15C~17C)
: 외세 지배하의 발칸유럽과 제국주의 시대

지정학적으로 발칸반도는 유럽과 아시아를 잇는 십자로(Crossroad)에 자리하고 있으며, 문화사적으로는 고대 동, 서 로마의 분리선에 기초한 로마 교회(훗날 가톨릭으로 발전)와 콘스탄티노플 교회(훗날 정교로 발전) 간의 종교, 문화적 접합 점에 위치해 있었다. 15세기 이전까지 발칸유럽의 남슬라브족들이 크리스트교의 분열에 따른 가톨릭과 정교 간의 종교적 갈등을 주로 경험하였다면, 15세기 이후로는 이슬람 제국인 오스만 터키 제국의 발칸유럽 진출과 19세기말까지의 장기간 지배에 따라 기존의 가톨릭, 정교 외에도 이슬람교라는 이질적 종교의 유입과 정착으로 인해 혼돈의 시기를 맞이해야만 했었다. 특히, 로마제국의 정통성을 계승하고, 오랜 동안 발칸유럽의 민족들에게 정치, 경제, 사회, 문화적으로 커다란 영향을 끼쳐왔던 비잔틴 제국의 쇠락과 콘스탄티노플 점령에 따른 멸망은 서유럽 가톨릭 세력들에게는 물론 발칸반도에 거주하고 있던 남슬라브족들에게는 커다란 심리적 충격으로 다가오게 된다. 1453년 비잔틴 제국의 수도였던 콘스탄티노플이 오스만 터키의 화포 공

격에 무너진 것을 전후로, 발칸유럽의 정교 국가들은 이슬람 세력의 지배 하로 하나 둘씩 편입되어 갔으며, 이것은 오랜 동안 로마 교회와 더불어 크리스트교의 양대 축으로 인정되어 왔던 콘스탄티노플 교회와 정교권의 몰락으로 이어졌다.

이처럼 발칸유럽에서 콘스탄티노플 교회와 정교 국가들이 어려움에 직면해 있을 즈음, 로마 교회와 가톨릭은 상대적으로 서유럽에서 최대의 권위와 전성기를 구가하고 있었다. 하지만 11세기 말에서 15세기 중엽까지 총 8회 이상 이어진 십자군 원정의 실패와 타락은 교황권의 급격한 추락을 가져왔으며, 영국의 헨리 8세(Henry VIII, 1491-1547, 재위 1509-1547)에 의한 국교회 수립 등 유럽 내 절대 왕권의 도전을 불러오게 하였다. 로마 교회의 위기 속에 특히, 면죄부 사건에서 비롯된 16세기 루터(Martin Luther, 1483-1456)의 종교개혁 운동은 가톨릭 세계의 갈등으로 이어졌고, 신교와 구교 간의 수차례 종교 전쟁과 종교적 분열을 낳게 하였다.

중세 왕국의 수립과 발전을 통해 발칸유럽의 주인공으로 등장하였던 발칸유럽의 민족들은 15세기 이후로 제국주의 시기 동안엔 끊임없는 외세 침략과 제국들의 영토 전쟁으로 인해 생존을 둘러싼 심각한 위기를 맞이해야 했다. 그리고 그 결과 정치적으로는 크게 두 개의 세력권으로 쪼개져 자신의 삶을 연명하고 모색하는 처지에 이르게 된다. 첫 번째 세력권은 전통적인 가톨릭 문화권으로 프랑크 왕국, 신성 로마 제국에 이어 합스부르크 제국의 지배하에 놓이게 된 슬로베니아, 크로아티아 그리고 세르비아의 보이보디나 지방과 루마니아의 트란실바니아 지역을 들 수 있다. 두 번째 세력권은 1453년 비잔틴 제국의 멸망과 계속된 유럽 정복의 성공에 따라, 발칸유럽의 새로운 주인으로 등장한 오스만 터키와 이슬람 세력 하에 놓이게 된 지역들을 들 수 있다. 이들 지역에는 세르비아 본토와 남부, 보스니아-헤르체고비나, 불가리아, 마케도니아, 몬테네그로, 그리스, 불가리아, 카르파티아 산맥 동쪽의 루마니아 영토 등의 지역 등이 해당하였다.

합스부르크 제국과 발칸유럽 민족들 간의 긴밀한 인연은 1278년 합스부르크 제국과 보헤미아(Bohemia, 오늘날 체코) 왕국 간의 비엔나 근처 뒤른크루트(Dürnkrut) 전투 당시, 슬로베니아와 크로아티아 민족이 합스부르크를 지원하며 전쟁에 참여하면서 부터라 할 수 있다. 이 당시 보헤미아 왕국의 오타카 2세(Ottokar II, Přemysl Otakar II, 1233-1278, 재위 1253-1278)는 오랜 동안 이어진 신성로마 제국의 영향력에서 벗어나고자 노력하였다. 이에 더 나아가 오타카 2세는 몽고-타타르족의 침략(1241년)이후 국력이 급격하게 쇠약해진 헝가리를 1260년 정복하는 데 성공하였으며, 당시 헝가리의 영향력 하에 있던 크로아티아 등 발칸유럽에 대한 지배권을 확보함으로써 왕국의 최대 전성기를 누리게 된다. 이를 계기로 오타카 2세는 신성로마제국의 황제 권까지 획득 할 수 있는 기회를 맞이할 수 있었다.

하지만, 합스부르크 왕조의 루돌프 1세(Rudolph I, 1218-1291, 재위 1273-1291)가 오타카 2세를 대신하여 신성로마 제국 황제로 새롭게 등극하게 되면서, 보헤미아 왕국은 커다란 위기를 맞이해야만 했다. 신성로마제국과 보헤미아 간의 갈등과 충돌이 이어졌고, 마침내 1278년 뒤른크루트 전투에서 패전함에 따라 보헤미아 왕국은 이대 이후로 합스부르크 제국의 영향력 하로 편입되게 된다. 보헤미아 왕국의 몰락 이후 헝가리 왕국이 재수립되었고, 신성로마제국은 발칸반도로 진출하여 1374년 슬로베니아와 크로아티아 지역의 이스트라(Istra) 반도, 1384년 이탈리아 북부 지역과 오늘날 크로아티아의 북부 달마티아 등을 차지함으로써 발칸유럽의 새로운 지배 제국으로 등장하게 되었다. 뒤이어 오스만 터키의 계속되는 위협 속에 1437년 헝가리가 자신들의 왕위계승권을 당시 신성로마제국의 계승자가 된 합스부르크에게 스스로 넘김으로써, 헝가리 지배하에 있어 왔던 크로아티아에 대한 합스부르크 지배가 본격적으로 시작되게 되었다. 이에 따라 합스부르크 왕조는 오스트리아는 물론 백여 개의 게르만어권 연방들로 구성된 독일 신성로마 제국의 영토뿐만 아니라, 헝가리와 보헤미아, 북부 이탈리아 그리고 남슬라브 지역인 슬로베니아와 내륙 크로아티아를 장악하게 되었다.

반면, 비잔틴 제국이 세르비아 중세 왕국의 발칸 지역 장악 및 영향력 확대를 저지하기 위해 용병으로 요청한 오스만 터키는 세르비아 세력 제거 이후에도 본토로 귀환하지 않고 발칸유럽 전역으로 그 영향력을 확대해 나가고 있었다. 이러한 이슬람 세력의 계속된 발칸유럽 장악은 크리스트교 세계에 대한 로마 교황의 위기의식을 불러왔다. 로마 교황은 무력화된 비잔틴 제국을 대신해 중부유럽과 발칸유럽의 크리스트교 세력들을 규합하고 동시에 세르비아, 헝가리, 보스니아, 오늘날 루마니아의 왈라키아 군을 중심으로 새로운 십자군을 구성하여 1364년과 1371년 두 차례 불가리아에 자리한 마리짜(Marica)강에서 전투를 치렀지만, 오스만 터키군에게 대패를 당해야만 했었다. 이어 치른 1389년 코소보 전투에서도 크리스트교 연합군은 패배하였고, 그 결과 세르비아를 비롯한 발칸유럽의 상당 지역은 오스만 터키의 완전 지배 하로 넘어가게 된다.[18]

일부 역사 기록에 따르자면, 이처럼 발칸유럽의 크리스트교 연합군이 오스만 터키 군에게 패배한 이유에 대해선 터키군의 전략 전술 및 무기의 우수성 외에도 지나친 장기간의 전쟁에 따른 국력 소진과 함께 발칸유럽에 퍼진 페스트를 그 원인으로 내세우기도 한다. 실제, 14세기에서 15세기를 넘어가던 당시 발칸유럽은 오랜 기간 동안 지속된 서로 간의 싸움으로 국력이 이미 소진되어 있었고, 특히 14세기 무렵 유럽 전역에 퍼진 페스트로 인해 발칸유럽에서만 당시 인구의 1/2에 해당하는 약 450만명-600만명이 희생되었다고 기록되어 있다. 발칸유럽에서 서유럽에 비해 페스트가 보다 확대된 배경에 대해선, 발칸유럽 지역이 서유럽에 비해 날씨가 건조하고, 전염성이 강한 페스트에 대한 무지로 인해 더 많은 희생자가 발생했다고 알려지고 있다. 무엇보다도 계속된 전쟁과 페스트의 확산은 발칸유럽 지역에서의 출산율 저하와 농촌의 급격한 황폐화 그리고

---

18) Momir Jović & Kosta Radić, *Srpske zemlje i vladari*, (Beograd: Rodi “Vuk Karadžić”, 1989), pp. 72-75.

이에 따른 국경 지역의 급격한 붕괴를 낳게 된다.[19] 따라서 이후 계속되는 오스만 터키의 공격에 적절히 대응할 힘을 갖추지 못하게 된 발칸유럽 국가들은 오스만 터키의 집중적인 공격에 별 다른 저항을 하지 못하고 하나 둘씩 점령되는 상황에 처하게 되었으며, 세르비아를 포함하여 불가리아 또한 1393년 수도인 투르노보가 점령됨에 따라 발칸유럽의 상당 국가들은 오스만 터키의 조공 국가로 전락되어야만 했었다.

이후 오스만 터키는 1402년 중앙아시아의 티무르(Timurid, 1336-1405, 재위 1370-1405) 제국(1370-1507)과 가진 앙카라 전투에서의 패배로 잠시 주춤하였지만, 티무르의 사망과 제국의 퇴장이후 국력을 재정비할 수 있었고, 1437년부터는 다시 유럽 원정을 추진할 수 있게 된다. 15세기 유럽 원정동안 오스만 터키는 1444년 콘스탄티노플을 보호하고 비잔틴 제국을 지원하기 위해 출정한 헝가리 주축의 크리스트교 연합군인 바르나(Varna) 십자군을 대파한 후, 1453년엔 비잔틴 제국의 수도인 콘스탄티노플[20], 1459년엔 세르비아의 마지막 수도 스메데레보(Smederevo)를 점령하였고, 1461년 보스니아의 사라예보, 1463년 보스니아 중세 왕국, 1476년 루마니아의 왈라키아 공국, 1478년 알바니아 그리고 1493년엔 크로아티아 슬라보니아(Slavonia/ Slavonija) 지역을 장악하는 등 발칸 반도 내륙 깊숙이 진격해 들어가게 된다.

중세 왕국 수립 이후, 서기 1,000년에 가톨릭을 받아들인 이후로 왕국의 영토 확장과 발전을 거듭해 가던 헝가리는 13세기 몽고-타타르족의 공격과 이후 보헤미아 왕국의 침략으로 인해 한때 어려움을 겪기도 했지만, 오랜 동안 중부유럽의 슬로바키아를 비롯해 크로아티아와 세르비아

---

19) John R. Lampe, *Yugoslavia as History*, (Cambridge: Cambridge University Press, 1996), pp. 180-181.

20) 오스만 터키군은 당시 신무기인 소총과 엄청난 대포의 위력을 앞세워 콘스탄티노플의 견고한 방어조직을 무너트리는 데 성공하게 된다. 모하메드 2세(Mohamed II, 1432-1481, 재위 1451-1481)는 콘스탄티노플을 점령한 이후 이곳을 오스만 터키의 새로운 수도로 삼아, 유럽 원정을 계속 추진해 나갔다. 들루슈, 프레데리크 편, 윤승준 역, 『새 유럽의 역사』, (도서출판 까치, 1995), pp. 193-194.

의 보이보디나, 루마니아의 트란실바니아 등 발칸유럽의 상당 지역을 차지할 정도로 발칸유럽과 중부유럽의 패권 국가로써 그 위세를 떨치고 있었다. 하지만, 15세기 이후로 확대된 오스만 터키의 계속된 유럽 원정은 발칸유럽에 대한 헝가리의 종주권을 심각하게 위협하였고, 더 나아가 헝가리 존립 자체를 걱정해야할 상황에까지 이르게 하였다. 1512년 파노니아 평야 지대로 형성된 헝가리 남부 지역을 대신하여 발칸유럽으로부터 오스만 터키의 진격을 막아주던 최후 요새였던 베오그라드마저 오스만 터키에게 넘어간 후, 1526년 헝가리는 남부 모하치 평원 전투에서 약 20만 명의 오스만 터키 대군에게 대패하게 된다. 이에 따라 헝가리 왕국은 더 이상 왕국을 유지하기 어려운 상황에 처하였고, 뒤 이어 실질적인 몰락으로 이어지게 된다. 이후, 15세기부터 16세기까지 약 150년 동안 이어진 오스만 터키의 계속된 유럽 원정으로 인해, 헝가리 왕국은 대부분의 영토를 오스만 터키에게 빼앗기게 되었으며, 자신의 왕권과 남아있는 관할 지역을 이웃한 합스부르크 제국에게 넘겨주고 그 보호를 받는 처지에 놓여야만 했다.

발칸유럽과 서유럽, 중부유럽 사이의 최전선에 자리하고 있던 헝가리 왕국의 몰락에 따라, 서유럽과 중부유럽의 패권을 장악하고 있던 합스부르크 제국과 발칸유럽을 장악한 후 서유럽으로의 원정을 가속화 하고 있던 오스만 터키 제국간의 대결은 16세기에 들어와 불가피한 상태에 이르렀다. 헝가리 점령 초기 오스만 터키는 헝가리를 직접 통치하기보다는 루마니아의 공국들처럼 조공국가로 남겨두고자 하였다. 하지만, 합스부르크 제국의 헝가리 영토에 대한 욕심은 양 제국 간의 갈등으로 이어졌고, 양 제국은 1529년 제 1차 비엔나 전투를 치르게 된다. 하지만, 우기로 인해 오스만 터키의 비엔나 정복이 실패로 돌아간 후, 양 제국은 헝가리를 삼등분해 지배하는 협정(1547년)을 맺게 되었고, 이에 따라 헝가리의 중부와 발칸유럽의 트란실바니아 지역은 오스만 터키 지배 하로, 중부유럽의 보헤미아와 서부 헝가리, 발칸유럽의 크로아티아 지역은 합스부르크 제국에게 그 지배권이 인정되게 된다. 그리고 양 틈바구니 사이로 남은 일부 지역은 몰락한 헝가리 영토로 보존해 주어 양 제국간의 '완충지대(buffer zone)'로 설정되었다. 하지만, 헝가리 영토에 대한 합스부르크 제국의 지배 권 강화 의도를 계기로 오스만 터키는 1683년 제 2차 비엔나 공격을 감행하게 된다. 그러나, 제 2차 비엔나 전투에서도 또한 오스만 터키는 패배하였고, 이후 1699년 오스만 터키와 합스부르크 제국 간에는 서로 간의 국경선을 확정 짓는 스렘스키 카를로브찌 조약이 체결되게 된다.[21] 약 200년간 지속된 이 경계선에 따라 헝가리의 대부분 지역과 발칸유럽의 슬로베니아, 크로아티아, 세르비아의 보이보디나 지역은 합스부르크 제국의 지배 하로 편입되어야 했고, 경계선을 기준으로 하여 보스니아-헤르체고비나와 세르비아 본토 남부 지역의 발칸유럽은 오스만 터키의 지배 영역으로 확정되게 되었다.

유럽사적 측면에서 보았을 때, 스렘스키 카를로브찌 조약은 오스만 터키의 유럽 원정과 정복 사업이 그 끝을 맺었다는 것을 의미하고 있다. 또한 종교 문화사적 측면에 있어서도 양 제국의 지배 지역엔 일련의 상반된 차이점을 보이며 발전을 지속하게 된다. 합스부르크 지배 지역의 슬로베니아와 크로아티아 내륙지역에선 서유럽식 경제, 사회, 문화의 영향력이 계속해서 확대되어 갔으며, 가톨릭 문화권의 영향력이 보다 가속화되는 계기가 되었다. 하지만, 이에 반해 발칸유럽을 중심으로 오스만 터키 지배 지역에선 동양적인 터키 풍 경제, 사회, 문화 요소들이 유입되어 고착화되었으며, 오스만 터키의 지배 정책인 사회, 경제적 혜택에 따라 이슬람교가 급속도로 확대되는 배경이 되게 되었다. 특히, 동·서 로마 분기점과 양대 크리스트교의 접합 점에 위치해 있어 상대적으로 크리스트교에 대

21) 이에 대해 터너(Marcus Tanner)는 "1683년 제 2차 비엔나 전투의 결과 합스부르크 제국이 유럽의 진정한 수호자임을 전 유럽에 알리는 계기가 되었으며, 반면 오스만 터키는 이후 '유럽의 병자(Sick Man of Europe)'라는 오명을 얻게 되었다"고 평가하고 있다. Marcus Tanner, *Croatia: A Nation Forced in War*, (New Haven and London: Yale University Press, 1997), pp. 52-53.

한 신앙심이 약하였던 보스니아-헤르체고비나 지역의 슬라브인들과 알바니아인들의 대규모 이슬람 개종이 이 당시 이루어지게 된다.

무엇보다도 스렘스키 카를로브찌 조약은 발칸유럽의 민족들, 특히 세르비아와 크로아티아, 보스니아-헤르체고비나 지역의 남슬라브 민족들에게는 남다른 역사적 의미를 안겨주었다. 1683년 제 2차 비엔나 전투에서 오스만 터키 군을 물리친 이후, 합스부르크 제국은 우선적으로 오스만 터키의 유럽 침략에 대한 방어선을 구축하고, 이들 지역에 대한 지배체제를 새롭게 정비할 필요성을 느끼고 있었다. 이를 위해 합스부르크 제국은 국경 지역에 위치한 크로아티아 본토와 세르비아의 보이보디나 지방에 영향력을 행사해 왔던 헝가리를 비롯해 크로아티아 귀족 연합체의 권한을 약화시키고, 이를 대신해 국경 지역에 오스만 터키의 침략을 피해 이주한 세르비아인 등 남슬라브 정착촌 건설을 추진하였다. 당시 합스부르크 제국 국경 지역의 대규모 정착촌 건설은 다음과 같은 세 가지의 목적을 가지고 추진되게 된다. 첫째는 오스만 터키와의 잦은 전쟁으로 황폐해진 국경 지대를 복원하기 위한 일환으로 사업이 추진되었고, 두 번째로는 터키군의 공격을 1차적으로 방어할 방어 진지의 필요성과 이를 위한 새로운 방어 인력 보충, 그리고 마지막으로는 합스부르크 제국 내 각 지역으로 흩어져있는 세르비아 등 여러 소수 이민족들을 한군데로 모아 통제해야 할 필요성에 의해 정책적으로 이루어졌다고 할 수 있다.

이러한 목적으로, 합스부르크 제국은 국경 정착촌으로 모은 민족 집단들에게 종교적 자유와 토지개간 그리고 집과 세제혜택을 주는 등 일정 정도의 자치권을 허용해주는 대신에 경계선 지역의 방어임무를 맡기게 된다. 이후 맺어진 1699년 스렘스키 카를로브찌 조약은 발칸 지역을 동, 서로 가로지르는 오스만 터키 제국과 합스부르크 제국 간의 군사 경계선을 보다 명확하게 형성케 하였다. 합스부르크 제국에 의해 국경 지역에 정착하게 된 민족 집단들은 후에 국경수비대란 의미에서 그라니차르(graničar)로 불리게 되었으며, 이때 생긴 경계선은 전선이라는 의미의 '보이나 그라니짜(Vojna granica)'로 불려졌다.[22] 합스부르크 제국의 이주 정책은 오늘날 보스니아-헤르체고비나와 크로아티아, 세르비아 보이보디나 지역에서 나타나는 종교와 문화의 모자이크식 인종분포의 중요한 역사적 배경이 되었으며, 19세기 이후 이 지역에서 발생하는 다양한 민족문제의 원인을 제공하여 주었다. 특히 합스부르크 제국의 지배 지역 내에서 종교(세르비아 정교)적 자유와 서구교육을 받을 수 있었던 보이보디나 지역의 세르비아인들은 19세기 근대 세르비아 독립왕국 건설시기에 세르비아 민중들에게 세르비아의 자주성과 민족주의를 전파하는 역할을 담당하는 새로운 엘리트 그룹으로 성장하게 된다. 하지만, 또 다른 한편으로는 보스니아-헤르체고비나와 크로아티아 지역에 정착하게 된 세르비아인 그라니차르의 후손들은 훗날 사회주의 유고연방 해체시기 유고내전과 보스니아 내전에 적극적으로 가담함으로써 20세기 동유럽 민족분쟁의 주요 요소로 등장하게 되었다.

22) Ivan Božić, Sima Ćirković, Milorad Ekmečić and Vladimir Dedijer, *Istorija Jugoslavije*, (Beograd: Prosveta, 1973), pp. 183-184.

5 근대(18C~19C)
: 계몽전제주의에 대한 저항과 문화적 민족주의의 발흥

1) 합스부르크 제국 지배 지역

15세기 이후로 발칸유럽의 주요 지배 제국으로 등장한 합스부르크 제국과 오스만 터키 제국은 1683년 제2차 비엔나 전투에서의 오스만 터키의 패배와 양 제국간의 경계선을 규정지었던 1699년 스렘스키 카를로브찌 조약 수립 이후, 정치, 경제, 사회, 문화적으로 전혀 상반된 역사의 길을 가게 되었다. 이에 따라, 발칸유럽의 각 민족들 또한 자신을 지배하고 있던 제국의 행보와 발전에 맞추어 각자의 상반된 역사적 운명을 받아들여야만 했다.

18세기, 합스부르크 제국은 귀족들의 왕권 약화 시도에 따라 국력이 극도로 쇠약해진 폴란드를 러시아, 프러시아와 함께 세 차례 분할 과정을 통해 차지하였다. 이와 함께 제국의 영토는 체코와 슬로바키아 지역, 오늘날 루마니아의 트란실바니아, 세르비아 북부의 보이보디나 등을 포함한 헝가리 전 지역, 그리고 슬로베니아, 크로아티아 등 거의 모든 동유럽 지역들에까지 그 세력이 구축되게 된다. 즉, 13세기 신성로마제국의 황제 권을 노렸던 중세 보헤미아 왕국의 세력 확장을 물리치며 체코 지방과 슬로베니아 지역을 장악하게 된 합스부르크는 16세기 이후로 확대된 오스만 터키의 유럽 침공을 잘 막아내면서, 오스만 터키 침공으로 쇠락해진 헝가리와 그 영향력 하에 있던 크로아티아 내륙, 루마니아의 트란실바니아 지방 그리고 슬로바키아 지역을 새롭게 복속할 수 있었고, 18세기 근대에 들어와선 폴란드 분할에 참여하여 오스만 터키 하의 발칸반도 일부 지역과 러시아, 프로이센 지배 하의 폴란드 지역을 제외한 거의 대부분의 동유럽 지역을 차지하게 된다. 그 결과 합스부르크 제국은 기존의 게르만 문화 외에도 서슬라브(폴란드, 체코, 슬로바키아)와 남슬라브(슬로베니아, 크로아티아) 문화, 헝가리의 아시아 문화 그리고 루마니아의 라틴 문화 등 다양한 문화를 보유해야 했으며, 이에 따른 민족 간, 종교 간, 문화 간 복잡성이 매우 혼재된 제국으로 자리 잡게 되었다.[23] 이 당시, 합스부르크 제국의 지배하에 놓이게 된 발칸유럽의 남슬라브족인 크로아티아인과 슬로베니아인은 가톨릭 문화권에 속하였으며, 1699년 이후 형성된 경계선을 따라 남동쪽으로 펼쳐진 이슬람 국가인 오스만 터키 제국 하의 발칸유럽 지역의 남슬라브 민족들과는 전혀 상이한 사회, 문화, 정치, 경제적 삶을 살아가게 된다.

우선, 이전까지 아드리아 해안의 달마티아 도시들의 중개 무역과 문화 향상을 통해 발전을 이루어 왔던 크로아티아는 신대륙 발견과 오스만 터키의 위협 약화에 따라, 그 중심이 자그레브(Zagreb)등 내륙 지역으로 옮겨지게 된다. 이 당시 오스만 터키의 위협 약화는 터키 제국과의 국경 지역에 자리한 크로아티아 민족에게 안전과 평화의 기쁨을 안겨준 반면에, 다른 한편으로는 합스부르크 제국의 본격적인 중앙 권력 강화 및 직접 통치를 초래케 하였다. 17세기말 제국의 직접 통치에 반발하는 즈린스키(Zrinski)와 프란코판(Frankopan)의 봉기가 실패한 이후, 크로아티아인들은

23) 당시 동유럽의 상당 지역과 그 다양한 문화권을 장악하였던 합스부르크 제국의 다양한 특징들과 복잡한 내적 문제들에 대해선 이상협 외, 『합스부르크 제국의 다원성과 복잡성』, (다해, 2011) 참조.

점차 자신들의 남슬라브적 민족-문화 정체성(National-Cultural Identity)을 인식하기 시작했으며, 종교, 문화적으로 다소 상이하였던 세르비아인들과 언어(쉬토(Što) 방언)를 통한 문화적 연대 가능성을 확인하게 된다.[24] 경제적인 면에 있어서도 크로아티아는 중상주의 정책과 산업 혁명 등의 영향으로 발전을 이루어 나갔지만, 내면적으론 피지배 민족이 겪어야 했던 한계와 외국 자본의 수탈에 시달려야만 했다. 더불어, 이 당시 크로아티아인들은 오스트리아인, 헝가리인 등의 이주 증가로 인해 여러 외국인 지배 계급들에 의한 이질적 문화 요소, 특히 게르만 영향력 확대에 고민해야만 했었다. 18세기 중엽, 학교는 물론 행정 관청과 사법부에서 독일어는 공용어중 하나이자, 상류층 언어로 자리 잡혀 있었고, 이러한 게르만적 요소 증대는 크로아티아인들이 그들 스스로에게 민족-문화적 정체성을 되묻는 계기를 마련해 주었다.

하지만, 무엇보다도 크로아티아인들의 민족-문화 정체성 의식을 일깨워진 실질적 배경은 합스부르크 제국의 '계몽전제주의(Enlightened absolutism)'의 확대 시도와 이에 대한 크로아티아인들의 저항이었다고 할 수 있다. 17세기 이후로 서유럽에서 확대되고 있던 인간의 이성과 합리성, 과학에 대한 신뢰로 발현된 계몽주의는 18세기에 들어와 점차 시민 계급을 중심으로 구(舊)체제의 모순을 무너트리고 그 이상에 따른 새로운 질서 수립을 주장하는 혁명적 분위기로 발전해 갔다. 서유럽에 비해 자본주의 형성 및 시민 계급의 등장이 다소 늦었던 합스부르크 제국은 복잡한 민족 구성으로 이루어져 있던 제국의 문제점을 인식하고 있었고, 따라서 위로부터 미리 계몽사상을 받아들여 아래로부터의 개혁 의지와 혁명을 사전에 차단시키고자 노력하게 된다. 이처럼 18세기에 들어와 계몽적 사상을 받아들이되 전제주의 체제를 강력히 유지하려 했던 합스부르크 제국은 '계몽 전

24) 이것은 훗날 크로아티아의 류데비트 가이(Ljudevit Gaj)나 세르비아의 부크 카라쥐치(Vuk Karadžić)와 같은 문법, 언어학자들을 중심으로 언어적 통합 운동이 가능케 되는 배경을 형성하였다.

제주의'를 수립하였고, 그 지배하에 있던 동유럽 및 발칸유럽의 민족들 또한 이 시대를 맞이하게 되었다.

당시, 합스부르크 제국의 프란츠 1세(Francis I, 1708-1765, 재위 1745-1765)와 마리아 테레사는 프로이센의 프리드리히 2세(Frederick the Great, 1712-1786, 재위 1740-1786), 러시아의 예카테리나 2세(Catherine the Great, 1729-1796, 재위 1762-1796)와 더불어 계몽적 전제 군주로써 일련의 사회 개혁과 함께 정치, 경제적 근대화를 추진하여 강력한 근대 국가 체제를 수립하고자 하였다. 18세기 계몽전제주의 시기 동안, 합스부르크 제국은 동유럽의 여러 민족들로 구성되어 있던 제국의 문제점을 극복하기 위해 지배 민족들에 대한 '분열 지배(Divide and Rule) 정책'을 시행하게 된다. 이를 통해 제국은 지배 민족들 간의 연결을 약화시키고, 불신을 조장하고자 하였다. 크로아티아인들 또한 합스부르크 제국의 용인 속에 헝가리의 마자르화 정책에 따른 어려움을 겪어야 했으며, 헝가리는 크로아티아 지배권을 강화하기 위한 행정 구역 개편 등 여러 강압 정책들을 추진해 나갔다. 하지만 이에 대한 크로아티아인들의 불만은 대체로 제국에 의해 받아들여지지 않았고, 그 결과 19세기에 들어와 크로아티아인들은 민족적 문화 정체성 자각을 뛰어넘어 제국의 지배를 벗어나 자신들의 독립된 민족-국가를 수립하겠다는 의지를 확대시켜 나가게 되었다. 19세기 동안 크로아티아인들 사이에는 슬라브 의식이 증대되었으며, 이것은 훗날 역사가들 사이에 러시아 중심의 범슬라브주의의 일환이라는 비판에도 불구하고, 19세기 민족주의 시대에 대두된 '일리리즘 운동(Ilirian Movement/ Ilirksi pokret)'과 '유고슬라비즘(Yugoslavism/ Jugoslavizam)'의 이상에 큰 영향을 남겼다고 할 수 있다. 더불어, 제 1차 세계대전 이후에는 '세르비아-크로아티아-슬로베니아 왕국(The Kingdom of the Serbs, Croats and Slovenes/ Kraljevina Srba, Hrvata i Slovenaca)'과 같은 최초의 남슬라브 왕국 건설의 이념에 중요한 기초를 제공해 주게 된다.[25]

반면, 7세기경 발칸유럽에 정착한 이후로 프랑크 왕국, 신성로마제국

25) Marcus Tanner, op. cit., pp. 46-47.

그리고 합스부르크 제국 등 오랜 시기 동안 게르만 민족의 직접적인 영향권 하에서 민족 생존을 유지해왔던 슬로베니아인들은, 18세기 초까지도 크로아티아 등 다른 남슬라브족들에 비해 자체적인 민족-문화 정체성 확립에 다소 소극적인 입장을 보여 왔었다. 특히, 율리안 알프스의 험준한 산악지대가 50%가 넘는 지형적 특성상 슬로베니아인들은 서로 간의 의사소통 또한 다른 남슬라브족들에 비해 불리하였으며, 이에 따라 다양한 방언과 언어들로 인한 통일된 목소리를 지니지 못하고 있었다. 특히, 슬로베니아를 지배하고 있던 주변 국가들과 게르만어 등 지배 계층의 언어들은 슬로베니아어에 복합적인 부정적 영향을 미치고 있었다. 경제적인 면에 있어서도 18세기 이전까지 슬로베니아는 험준한 산악지형으로 인해 원시적 목축 산업 등 자연경제 수준을 벗어나지 못하는 등 매우 빈약하고 척박한 상태였다. 따라서 이웃한 합스부르크 제국과 이탈리아로의 이주가 빈번하였으며, 이것은 또한 슬로베니아인들의 민족 정체성을 약화시키는 요인이 되기도 하였다.

하지만, 18세기 중엽 이후로 주변 국가들로부터 확대된 도시화와 산업화는 중산층의 확대로 이어지게 되었으며, 합스부르크 제국의 계몽전제주의 하에서 발표된 농노제 폐지 등 다양한 경제 개혁 시도로 인해 점차 부를 축적해 나갈 수 있었다. 특히 19세기 중반 수에즈 운하 개통(1869년) 이후 지중해와 내륙을 잇는 상업, 경제적 중개 지점에 위치한 지경제적 요소를 바탕으로 슬로베니아 도시들은 발전을 거듭하게 되었으며, 이에 따른 경제적 부의 축적과 상공인 계급의 성장이 이루어지게 된다. 해안과 내륙을 잇는 계속된 철로 건설로 인해 슬로베니아는 합스부르크 제국 내에서 해외 수출입 시장을 위한 전초 기지 및 중개 무역 기지로 발전되게 되었다. 경제적 부의 확대에 따라 비엔나 혹은 파리로 유학을 갔다 돌아온 중산층의 자제들은 계몽주의와 민족주의에 열광하였으며, 당시 게르만화가 확대되고 있던 슬로베니아의 현실을 벗어나고자 노력하였다. 민족주의 사상 확대와 함께 슬로베니아어의 발전과 보급 노력이 이어졌으며,

18세기 말에는 슬로베니아어로 된 최초 신문(Lublanske novice) 또한 발간되는 등 민족 정체성 확대를 위한 노력이 확대되게 된다.

특히, 1804년 나폴레옹이 슬로베니아를 장악한 이후 류블랴나(Ljubljana)를 중심으로 '일리리아 속주(Illyrian Province/ Ilirinska pokrajna, 1809-1814)[26]'가 건설되었고, 이에 따라 언어를 통한 민족의식 자각 움직임과 사회, 문화적 자유가 찾아오기 시작하였다. 슬로베니아인들은 슬로베니아어의 공식 인정과 주요 요직들의 자민족 배치 등 슬로베니아인들의 민족 정체성과 자치를 존중하려는 프랑스식 개혁들을 기쁘게 받아들였다. 무엇보다도 19세기 민족주의 시대에 들어와 슬로베니아 지식인들은 크로아티아인, 세르비안인들 간의 남슬라브 연대 구축에 대한 이상을 이해하기 시작하였다. 자치주명에서도 확인할 수 있듯이, 프랑스 또한 과거 고대 로마가 이 지역을 지배하기 이전, 아드리아 연안과 오늘날 유고슬라비아 지역을 장악하였던 일리리안 부족의 기원에서 비롯된 '일리리아(Illyria)'라는 개념을 슬로베니아 지식인들에게 이해시키고자 했으며, 이를 통해 슬로베니아 인들과 일리리아 지방의 다른 남슬라브인들 간의 문화적 민족 정체성 의식을 강화하고자 하였다.[27] 이것은 이후 나폴레옹의 몰락과 함께 수립된 '비엔나(Vienna)체제'하에서도 계속 이어졌으며, 슬로베니아 지식인들이 1848년 2월 파리 혁명을 계기로 자치권을 지닌 '통일된 슬로베니아(United Slovenia/ Zedinjer Slovenija)'건설을 추진하는 배경이 되게 된다. 그리고 또한 제 1차 세계대전 이후 오스트리아 제국의 몰락과 함께 슬로베니아가 다른 남슬라브족인 세르비아인, 크로아티아인과 함께 최초의 남슬라브족 왕국을 수립하게 된 역사적 배경을 형성케 하였다.

---

26) 국제사적 관점에서 바라볼 때, 비록 일리리안 속주가 유럽 내에서 그 영토적 범위는 작았지만 나폴레옹의 유럽 전략에 있어선 매우 중요한 자리를 차지하고 있었다. 나폴레옹이 이 지역을 장악함에 따라 내륙 국가에 가까웠던 합스부르크 제국이 당시 유일하게 지니고 있었던 전략적 해양 요충지를 상실하게 되었기 때문이다.

27) Carole Rogel, "In the Beginning: The Slovene from the Seventh Century to 1945", Jill Benderly and Evan Kraft (eds.), *Independent Slovenia: Origins, Movements, Prospects*, (New York: St. Martin's press, 1994), pp. 6-7.

2) 오스만 터키 제국 지배 지역

합스부르크 제국 지배 하의 발칸유럽 민족들이 산업혁명이후 확대된 중산층과 경제적 부의 증대에 따라 형성된 상공업인 등 지식인 계층이 18세기 계몽전제주의에 대한 저항 및 민족주의 확대를 통해 자신들의 민족-문화 정체성을 구축해 나갔다면, 오스만 터키 제국 지배하의 발칸유럽 민족들은 이와는 다소 다른 형태의 역사적 길을 걸으며 제국 지배에 대한 저항 및 민족-문화 정체성을 구축해 나가게 된다.

서유럽, 합스부르크 제국의 지배 지역과 비교해 보았을 때, 적어도 17세기 중엽까지의 오스만 터키 제국 하의 발칸유럽 민족들은 각 지배 지역의 지방 자치권과 농노의 권한이 상대적으로 잘 보장되어 있었으며, 유럽의 다른 국가들 사이에서도 또한 유럽 내 가장 강력한 제국중 하나로 평가받았었다. 하지만 제 2차 비엔나 전투 패배와 스렘스키 카를로브찌 조약 수립이후, 오스만 터키는 더 이상 유럽으로의 영토 확장을 포기해야만 했었고, 18세기 이후로는 정치, 경제적인 면에서 유럽의 제국들 중 가장 낙후된 국가로 전락해 있었다. 합스부르크 제국을 포함해 서유럽 국가들이 산업 혁명과 르네상스를 거치며 형성된 자본과 기술력을 바탕으로, 전세계에 식민지 확보와 패권 장악을 전개하였던 데 반해, 오스만 터키 제국은 잦은 전쟁과 부패, 산업 혁명 미경험과 권력다툼으로 인해 세계 질서 속에서 세력 약화가 가속화되고 있었다. 당시까지도 오스만 터키의 경제적 특징은 상대 지역을 점령하면서 부를 축적해 나가는 약탈경제 특징과 함께 농, 목축업 국가의 한계를 벗어나지 못하고 있었다. 이에 따라, 산업혁명과 중상주의를 중시하였던 서유럽 제국들과의 경제적 격차가 계속 확대되어 갔고, 이것은 결국 서유럽과의 군사력 격차로 이어지게 된다.

특히, 토지제도의 변화와 농민 봉기의 급증은 오스만 터키 제국의 붕괴를 가속화 시켰는데, 17세기 중엽 이후로 더 이상의 영토 확대가 어려워진 오스만 터키는 이때 이후로 대규모 개인 경작지가 급속하게 증가하였고, 따라서 오랫동안 티마르(Timar) 제도에 기초한 공적 토지 제도가 붕괴되고 있었다. 제국의 영토팽창이 중단되자 지방 무슬림 지주들 간의 토지 소유를 둘러싼 갈등이 가속화 되었고, 사적 토지제도인 '치프틀리크(Çiftlik) 제도'의 확대 속에 토지 세습화가 인정되자, 무슬림 지주들의 크리스트교 농민들에 대한 착취는 보다 가중되게 된다. 오랫동안 서유럽의 농노들에 비해 상대적인 자유와 경제적 부를 누려왔던 오스만 터키하의 농민들은 점차 봉건적 농노로 전락되었고, 이것은 무슬림 지주들의 횡포와 수탈에 저항하는 농민 봉기 증대와 함께 오스만 터키 제국의 몰락을 가속화 시키는 요인으로 대두되게 된다.[28]

18세기부터 가속화 된 사적 경작지 확대와 무슬림 지주들의 착취는 18, 19세기에 일어난 크리스트교 농민봉기의 주된 요인이 되었다. 이후 중앙정부의 개입 그리고 저항 농민들에 대한 무슬림 지주들의 가혹한 탄압, 이에 저항하는 또 다른 농민 봉기의 확대 등이 반복되어 일어났으며, 이것은 발칸유럽 민족들의 터키 중앙정부에 대한 불신과 함께 보다 격렬한 저항을 낳았다. 기울어져 가던 제국을 일으켜 세우기 위해 시도된 술탄들의 여러 개혁 조치들이 실패로 끝난 19세기 중엽 이후, 발칸유럽의 민족들은 제국의 지배를 벗어나 새로운 민족-국가를 건설하기 위한 움직임을 시작하게 된다.

이중, 세르비아인을 비롯한 남슬라브족들은 오스만 터키의 직접적인 지배 하에서 자치국에서 독립국가로서의 길을 걷게 된다. 19세기말까지 오스만 터키 하에 있었던 세르비아의 경우, 오스만 터키의 약화 속에 자치국가에서 근대 독립 국가로 발전해 나갈 수 있었다. 제 1차 세계대전 발발이전까지 세르비아의 근대 역사는 시대적으로 크게 '혼란기(1830-1860)', '성숙기(1860-1882)'그리고 '독립기(1882-1914)'등 3단계로 구분 지어 설명 할 수 있다. 우선 '혼란기'동안, 세르비아는 '제 1, 2차 봉기(1804-1813/ 1815-1830)'를 통해 오스만 터키 제국의 직접 통치에서 벗어나, 자치국의 형태를 갖출

28) Ferdinand Schevill, op. cit., pp. 226-230.

수 있게 되었다. 당시 세르비아가 자치 국가를 수립할 수 있었던 역사적 배경에는 오스만 터키제국의 개혁 실패와 제국의 약화 그리고 지배 집단의 착취와 억압에 대한 사회적 저항에서 출발한 민중 운동이 민족주의와 결합한 데서 요인을 찾아볼 수 있다. 오스만 터키와 오스트리아 사이에서 운신의 폭이 좁았던 세르비아는 지배권을 둘러싼 갈등과 쿠데타로 몸살을 겪기도 했지만, 일리야 가라샤닌(Ilija Garašanin, 1812-1874, 수상 1861-1867)을 중심으로 영토적 민족주의에 기초한 세르비아니즘의 핵심 이론을 구축함으로써 이후 크로아티아와 보스니아, 몬테네그로 등 발칸유럽 곳곳에 흩어져 있던 세르비아인들의 민족 정체성을 구축하고 이들을 하나로 모으는데 성공하게 된다.[29]

'성숙기'동안 세르비아는 가라샤닌이 제시하였던 남슬라브족 통합에 기초한 '대(大)세르비아 국가'건설에 더욱 관심을 집중하였고, 이를 위한 외교력 및 군사력 강화에 노력을 기울였다. 이 당시 세르비아는 영토 내에서 오스만 터키 군을 완전히 밀어내었고, 1878년 3월 산 스테파노 조약에 의해 독립 국가를 인정받을 수 있게 되었다. 하지만, 동년 6월 오스트리아 요청에 따른 베를린 조약의 결과, 자신들이 희망하였던 보스니아 지역이 오스트리아에게로 넘어가고, 몬테네그로 또한 오스트리아의 요구에 따라 독립함으로써 이들 지역에 대한 영유권을 포기해야만 했다. 이후 세르비아는 발칸유럽으로의 세력을 확대하려는 오스트리아와의 계속된 갈등에 어려움을 겪게 된다. 결국 1914년 보스니아를 둘러싼 세르비아와

---

29) 가라샤닌은 1844년 이후 자신의 비망록을 통해 향후 세르비아 독립 국가 건설의 비전에 있어, 발칸유럽 대부분 지역을 차지하였던 중세 두샨 왕조때와 같은 '대(大) 세르비아 건설'을 국가 목표로 제시하였다. 그는 이를 위한 전략으로 우선 세르비아를 중심으로 같은 남슬라브족이자 세르비아인이 다수 거주하고 있는 크로아티아, 보스니아 그리고 몬테네그로 지역과의 연합을 추진할 것과, 두 번째로 당시 합스부르크 영토에 편입되어 있지만 세르비아인들이 다수 거주하고 있던 보이보디나 지역에 대한 세르비아 영토권을 회복해야 한다고 주장하였다. Fred Singleton, *A Short History of the Yugoslav Peoples*, (Cambridge: Cambridge Univ. Press, 1985), pp. 93-94; 실제 이러한 그의 주장은 받아들여져 1848년 프랑스 2월 혁명 당시, 합스부르그 제국내 크로아티아 독립문제가 제기되자, 세르비아 정부와 의회는 세르비아와의 연대를 조건으로 한 크로아티아의 독립을 지지하기도 했었다.

오스트리아 간의 세력 확대는 제 1차 세계대전으로 이어졌다. '독립기'동안 세르비아는 오스만 터키의 쇠락 속에 발칸유럽으로의 세력 확대에 관심을 보이던 오스트리아와 러시아를 이용하여 새로운 중흥 시기를 맞이하였으며, 제 1, 2차 발칸전쟁(1912년, 1913년)을 통해 대규모 영토 확장을 이루어 낼 수 있었다.

한편으로 18세기 오스만 터키의 쇠락이 가속화되던 시점, 불가리아에서도 또한 다른 발칸유럽의 민족들처럼 무질서한 치안과 행정, 포악한 관료들 그리고 무슬림 지주들의 착취와 탄압에 저항하는 일련의 농민 봉기들이 확대되고 있었다. 하지만, 지리적으로 터키 제국의 수도인 짜리그라드(Carigrad, 예전의 콘스탄티노플, 오늘날의 이스탄불)와 가깝게 위치한 이유로 인해 불가리아에서의 농민 봉기는 다른 지역들에 비해 대체로 빠르게 진압되었다고 할 수 있다. 키릴과 메토디우스 제자들의 활약에 의해 발칸유럽 지역에 문자와 종교(정교) 전파 선구자라는 긍지가 컸던 불가리아는 오스만 터키 제국의 종교 정책에 따라 독립 정교회가 해체된 채 그리스 정교 하로 귀속되어 문화적 자부심에 상처를 받아야만 했었다. 19세기에 들어와 발칸유럽을 둘러싸고 오스트리아, 러시아 등 주변 강대국들의 관심이 확대되고 민족주의가 전파되자, 이때 이후로 불가리아인들은 대규모 농민 봉기를 민족주의와 결합하여 터키로부터 벗어난 독립 국가 수립을 꿈꾸기 시작하였다. 1830년대부터 가속화 된 농민 봉기는 1850년대 들어와 더욱 확대되었으며, 1866년, 1867년, 1876년 등 수 차례 봉기를 이어가게 된다.

특히, 1876년 4월부터 일어난 불가리아 농민 봉기에선 약 3만여 명의 크리스트교 농민들이 잔인한 방법으로 처형되었으며, 오랜 동안 발칸유럽으로의 진출에 관심을 보여 왔던 러시아는 이를 빌미로 슬라브적 형제애와 크리스트교 수호를 위한다는 명분을 내걸며 1877년 5월 터키와의 전쟁에 돌입하게 되었다. 이어 터키의 패전 속에 1878년 3월 산스테파노 조약이 체결되었고, 불가리아는 러시아의 지원 속에 오늘날 루마니아 지역인 흑해 연안의 도부르자(Dobrudja) 지역과 불가리아 남부 지역에 해당하는 동(東)루멜리아(Eastern Rumelia) 지방을 합쳐 대(大)불가리아를 수립할 수 있었다. 하지만, 발칸유럽으로의 진출을 희망하고 있던 오스트리아의 견제 속에 체결된 베를린 조약(1878년 6월)에 의해 불가리아는 동루멜리아 지방을 터키에 귀속시킨 채 터키의 종주권이 인정되는 자치 공국의 형태로 남게 된다. 1885년 불가리아 공국과의 합병을 희망하는 동루멜리아에서의 불가리아인 봉기가 발생하자, 오스트리아의 반대에도 불구하고 러시아는 곧바로 이를 승인해 주게 된다. 이후 오스트리아의 지원을 받은 세르비아와의 전쟁에서 승리한 불가리아는 동루멜리아 지방을 완전히 병합하는 데 성공하였고, 1908년 독립 국가 선포이후 1909년 마침내 국제적인 승인을 받을 수 있었다.

오스만 터키의 종주권이 인정되는 가운데 자치 공국의 형태를 유지하여 왔던 루마니아인들은 18세기 오스만 터키의 쇠락 속에 주변 열강들로 하나 둘씩 편입되어가는 아픔을 겪어야만 했었다. 우선 루마니아의 트란실바니아 지역에는 1699년 스렘스키 카를로브찌 조약 이후 합스부르크 제국 하로 편입되면서 오스트리아의 영토 확장이 이어졌고, 18, 19세기에 들어와선 러시아의 남진정책에 따라 터키와 러시아의 공동 지배를 받아들여야 했을 정도로 민족 국가를 수립하기에는 매우 힘든 상태였었다. 당시, 루마니아인들은 북으로는 발칸유럽으로 계속된 남진 정책을 추진하고 있던 러시아인 등 동슬라브족으로부터, 그리고 서쪽과 남쪽으로는 남슬라브족인 세르비아인과 불가리아인 그리고 무엇보다도 트란실바니아를 차지하고 있었던 아시아 민족인 헝가리인 들에 의한 문화적 침탈 및 민족 동화 움직임에 고통을 겪어야만 했었다. 따라서 루마니아 지식인들은 민족의 단결과 고유한 민족, 문화 정체성 수립을 위해 노력하고자 했으며, 이를 위한 일환으로 주변 슬라브족, 아시아 민족과 대비되며 자신들만의 독특한 정체성을 구축하기 위한 작업을 서두르게 된다.

18세기말 이래로 프랑스와 이탈리아 등에서 수학하고 돌아 온 루마니아 지식인들은 과거 찬란했던 다치아 왕국의 전설을 노래했으며, 로마 제국의 지배 하로 들어간 이후에는 라틴어를 쓰고 로마 시민권을 지닌 '로마누스'로서(212년 획득), 그리고 로마 제국의 철군 이후에는 로마화 된 자부심을 가지고 자신들과 주변 '바르바루스' 인들과의 구별을 위해 스스로 로마인을 자처하며 이민족들의 침략에 저항하였던 자랑스러운 역사를 루마니아인들에게 각인시키려 노력하였다. 이러한 민족적 자부심 부여와 함께 루마니아 지식인들은 자신을 둘러싼 주변 민족으로의 민족적 동화를 막고, 주변 민족들과의 보다 명확한 구별을 위하여 라틴어에 기초한 근대 루마니아어를 수립하게 된다. 라틴주의의 확산에 따라, 루마니아에서는 오랜 동안 쓰여 왔던 키릴 문자가 라틴 문자로 대체되었으며, 학교에서는 그 동안 강요되어 왔던 그리스어 대신에 루마니아어가 가르쳐 지게 된다. 언어적 민족주의를 통해 19세기 중엽 이후로 루마니아인들은 주변 민족들과의 민족적 차별성을 꾀할 수 있었으며, 역사적 자부심과 함께 민족 단결을 유지해 갈 수 있었다. 특히, 프랑스 혁명 정신(자유, 평등, 박애)과 제국을 무너트리려 했던 나폴레옹의 유럽 원정 그리고 특히 1848년 파리 혁명 등으로 인해, 이 시기 루마니아인들은 문화, 사상, 언어, 정치, 경제 등 거의 모든 분야에서 프랑스에 매료되어 있었으며, 건축과 의상 등 여러 분야에서 프랑스를 모방하고자 하였다. 따라서 이 시기 루마니아의 수도인 부쿠레쉬티(București/ Bucharest)는 '동유럽 혹은 발칸 유럽의 파리'로 불리곤 하였다.

이 당시 루마니아인들은 터키의 영향력으로부터 벗어나 근대 독립 왕국을 희망하고 있었다. 하지만, 당시 전 세계 제국으로 성장한 영국은 '세력 균형(Balance of Power) 정책'에 따라 터키의 급격한 약화를 막으려 했고, 프랑스 또한 오스트리아와 러시아의 지나친 확대를 견제하기 위한 목적으로 터키와의 긴밀한 군사적 협력 관계를 구축하고 있었다. 반면, 러시아와 오스트리아는 발칸유럽으로의 영향력 확대를 위한 대결 구도에 몰입하고 있었다. 따라서, 19세기 중엽까지 루마니아의 독립 국가 수립은 매우 힘든 상황이었다. 이런 가운데, 1853년 러시아가 루마니아 지역을 장악하려 시도하자, 이에 반발한 터키와의 크림 전쟁(Crimean War, 1853-1855)이 발발하였고, 영국과 프랑스의 지원 속에 전쟁은 러시아의 패배로 막을 내리게 된다. 오랜 동안 루마니아인들을 괴롭혀 왔던 러시아의 패배는 루마니아인들에게 독립을 향한 새로운 희망을 안겨주었으며, 그 결과 1859년 왈라키아 공국과 몰도바 공국이 서로 연합한 루마니아 민족국가가 수립될 수 있게 되었다.

18세기이후 서유럽은 사회·경제·정치적 실체들의 변화, 발전들과 함께 민족주의의 도래를 맞이하고 있었으며, 사회계약과 일반의지(General will) 그리고 법, 자유, 평등에 기초한 중앙집권적 민족-국가를 수립하려던 시기였다. 반면 발칸유럽 지역은 나폴레옹 혁명전쟁이후 이 지역에 민족주의가 확산되고 있었던 19세기 중엽까지도 서유럽에서의 이러한 변화를 경험하지 못하고 있었다. 당시 발칸유럽 대부분 지역은 독립국가 혹은 지배국가로서 자신들의 민족-국가를 수립하고 있던 서유럽 상황과는 달리 여전히 오스트리아-헝가리 이중제국과 오스만 터키의 지배하에 놓여있었다. 따라서 서유럽의 민족주의가 과거에 대한 지나친 감정적 집착보다는 현재의 투쟁과 정치적 실체(Political Reality) 속에서 자신들의 민족-국가를 건설하려는 노력가운데 일어날 수 있었다면, 외세 하에 놓여 있던 발칸유럽에서의 민족주의는 자연스럽게 현재의 압박과 피지배 상태를 벗어나게 해 줄 메시아로서의 미래 '조국(Fatherland)'에 대한 이상을 창조하려는 움직임과 결부되어 나타나게 된다. 또한 거기에는 과거에 대한 신화와 선민의식이 결부됨으로써 이것이 훗날 정치적 실체로 이루어지기를 바라는 '문화적 민족주의(Cultural Nationalism)'가 팽배해지게 되었다.[30]

---

30) 민족정체성에 있어 민족(Nation)보다는 국가(State)에 대한 충성을 더 중요시 여기고, 더 나아가 민족과 국가를 동일시하여 민족-국가 개념이 쉽게 형성될 수 있었던 서유럽의 민족주의를 정치적 민족주의(Political nationalism)로 규정한다면, 국가(State)보다는 민족(Nation)에 대한 충성이 강하고 혹은 민족과 국가를 별개로 인정하고 있는 발칸유럽의 민족주의를 문화적 민족주의로 구분짓고자 한다. 정치적 민족주의와 문화적 민족주의에 대한 이해와 개념 정리는 김철민, "티토의 민족정책: 유고슬라비즘(Yugoslavism/Jugoslavizam)의 적용과 실패",『동유럽 연구』, Vol. 6, (한국외국어대학교 동유럽발칸연구소, 1997), pp. 157-163 참조.

또한 이 시기 동안, 발칸유럽은 민족주의 운동을 저지해 제국을 계속 유지하려는 지배 열강들과 이러한 민족주의를 이용해 자신들의 영향력을 발칸유럽에 확대하려는 다른 외부 열강들 간의 치열한 각축장으로 전락해 있었다. 이런 상황 속에서 제국 지배 하의 발칸유럽 민족들은 자신들의 민족-문화 정체성의 확산과 함께, 19세기 이후로 확대된 민족주의에 힘입어 독립된 민족-국가를 꿈꾸기 시작하였다. 무엇보다도 발칸유럽의 민족들은 오랜 외세 지배 하에서 잠들어 왔던 자신들의 민족-문화 정체성을 일깨우기 위해 구전으로만 전해 내려왔던 과거 중세 왕국의 영광, 영웅들의 충성과 모험담, 미래 국가에 대한 희망 등이 역사적으로 재현되기를 간절히 노래하였다. 더불어, 자신들이 스스로 규정한 선민의식을 확대하고자 노력했으며, 제국과의 싸움에서 민족 단결을 유도하기 위해 혈통, 종교, 언어 등 문화적 요소에 따라 '우리(We)'편과 '그들(They)'편을 분명히 하기 시작하였다.

합스부르크 제국 하의 발칸 유럽 민족들이 경제적 부와 발전에 따라 형성된 중산층 및 상공업인 등 신흥 지식인 계급을 중심으로 제국의 계몽 전제주의에 저항하면서 민족주의와 결합하며 독립된 민족-국가를 꿈꾸어 갔다면, 이 당시 오스만 터키 제국 하의 발칸유럽 민족들은 무슬림 지주들의 지나친 착취와 농민 학대에 대한 저항에서부터 비롯되어, 훗날 일련의 문화적 요소가 가미된 문화적 민족주의를 통해 그들의 민족-문화 정체성을 구축해 갔다는 특징을 지닌다고 하겠다.

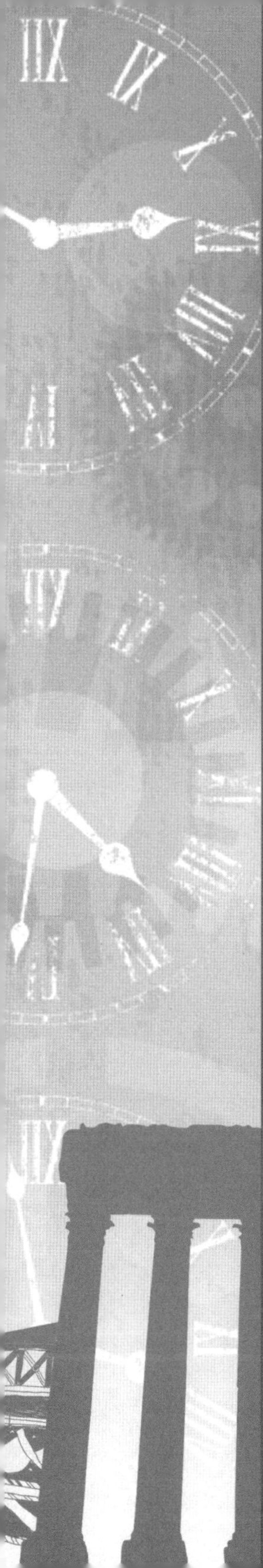

제 2 장

종교와 문화의 모자이크,
발칸유럽의 역사 개관(II)

1 현대 I(20C초~1944)
: 제 1, 2차 세계대전과 발칸유럽

1) 제 1차 세계대전의 배경과 역사적 의미

제 1, 2차 세계대전의 원인과 과정 그리고 그 의미를 둘러싼 일련의 논의와 연구는 그 동안 유럽사적 시각에서 그리고 세계사적 시각에서 많이 이루어져 왔으며, 이에 대한 학술적 분석 또한 다양한 연구 분야를 통해 제시되어 왔다. 하지만, 제 1차 세계대전의 발발지가 왜 발칸유럽이 되어야 했는지?, 그리고 제 2차 세계대전의 시작이 왜 독일의 폴란드 침공에서부터 비롯되어야 했는지? 에 대해, 동유럽사와 발칸유럽사의 시각에서 바라 본 심층적인 역사적 연구는 국내에서 그 동안 깊이 있게 다루어지지 못하여 왔었다.

제 1차 세계대전이 발칸유럽 내 지역 전쟁을 뛰어넘어 세계대전으로 확전될 수 있었던 역사적 배경을 발칸유럽사적 시각에 따라 통시적으로 분석해 볼 때, 우선, 15세기 이후로 발칸유럽을 실질적으로 지배하였던 오스만 터키가 18세기 이후에 들어와, 산업혁명과 르네상스 그리고 중상주의 정책을 추진하였던 서유럽 국가들에 비해, 점차 그 세력과 경제력, 군사력이 약화되었다는 점을 들 수 있다. 두 번 단계로는 오스만 터키의 세력 약화와 더딘 경제 발전, 군사력 약화는 중앙 정부의 약화 및 정치 발전의 미성숙에 따른 부패, 혼란으로 이어졌고, 이것은 곧 바로 지방 무슬림 지주들에 대한 통제력 상실을, 그리고 뒤 이어 무슬림 지주들의 크리스트교 농노들에 대한 착취와 이에 저항하는 농민 봉기의 확대로 이어졌다. 세 번째로는 발칸유럽 지역에서의 농민 봉기는 초기 무슬림 지주들의 착취와 지나친 폭정에 대한 저항에서 비롯된 사회 민란의 성격을 띠었지만, 19세기 발칸유럽으로 불어 닥친 민족주의 이념과 결합되면서 독립된 민족 국가 수립이라는 열망으로 이어지게 되었다. 그리고 이것은 당시 발칸유럽으로의 진출에 역점을 두고 있던 주변 열강들의 개입을 보다 쉽게 하였다. 네 번째 단계로는 오스만 터키의 쇠락과 발칸유럽 민족들에 대한 통제력 상실은 이 지역으로의 영향력 확대를 기도하고 있던 주변 열강들, 특히 오스트리아와 러시아의 관심을 불러일으켰으며, 이들 열강들은 터키의 지배로부터 벗어나려는 발칸유럽 민족들의 욕구를 자신들의 제국주의 팽창 정책과 연계시켜 나가기 시작하였다.[31] 마지막 다섯 번째로는 문화적, 영토적 민족주의에 젖어있던 발칸유럽의 민족들이 터키의 직접적인 지배로부터 벗어나기 시작한 19세기 중엽 이후로 세력 확대를 둘러싼 영토 전쟁에 본격적으로 돌입하였음을 들 수 있다. 그리고 이것은 20세기 초, 주변 열강들의 지원 속에 치러진 두 차례의 발칸전쟁(1912, 1913)으로 이어졌고, 발칸유럽에서의 민족 간 갈등 고조와 열강들의 개입은

31) 당시 오스트리아는 프로이센과의 전쟁에서 패한 이후, 1867년 독립하려던 헝가리를 설득시켜 외교와 국방권, 황제 계승권을 제외한 '오스트리아-헝가리 이중제국'을 수립할 수 있었다. 식민지 확대를 기초로 한 제국주의 정책이 만연하던 시절, 오스트리아는 서쪽으로는 프로이센과 프랑스, 북쪽으로는 러시아 그리고 남쪽으로는 이탈리아에 묶이어 그 활동 범위가 제한되어 있었으며, 마지막 남은 지역으로는 날로 쇠락해져 가던 동쪽의 오스만 터키가 그 대안으로 떠오르고 있었다. 러시아 또한 피터 대제(Peter the Great, 1672-1725, 재위 1682-1725) 시기 서쪽의 발틱해, 예카테리나 2세 시기엔 동쪽 태평양 해안에 이를 정도로 영토가 확장된 이후, 부동항(不凍港) 획득을 위한 남쪽 진출만이 남게 되었고, 이에 따라 크림 전쟁(1853-1856) 등 오스만 터키와의 여러 전쟁을 통해 발칸으로의 세력 확대를 추진하고 있었다. 따라서 식민지 확대를 위한 오스트리아의 동진(東進)정책과 러시아 남진(南進)정책의 충돌은 자연스러운 결과였다고 할 수 있다.

마침내 1914년 제 1차 세계대전의 역사적 배경을 낳게 하였다.

발칸유럽사적 시각에서 바라본, 제 1차 세계대전의 외면적인 역사적 요인과 시대적 진행은 위의 요약된 분석을 통해 확인할 수 있다. 이와 함께, 그 도화선이 된 사라예보 총격 사건 발생의 직접적인 원인은 남슬라브 민족주의 운동인 세르비아니즘을 비롯한 영토적, 문화적 민족주의의 확대와 그 충돌에서부터 비롯되었다고 할 수 있다.

19세기 중엽 세르비아 자치 공국의 일리야 가라샤닌에 의해 체계화 된 세르비아니즘은 세르비아 중세 왕국 당시 최대 영토를 차지하였던 두샨 왕의 영토적 당위성에 그 목적을 두고 있었으며, 이를 위해 제국의 지배 영역에 따라 발칸유럽 곳곳에 흩어져 있던 세르비아인들의 규합과 이를 통한 민족-국가 건설을 목표로 하고 있었다. 이중 1878년 베를린 조약에 따라 오스트리아의 영향력 하로 편입된 후 1908년에 강제 합병된 보스니아-헤르체고비나 지역은 세르비아니즘 구현의 첫 번째 전략 목표이기도 했다. 이에 따라, 발칸유럽 지역에서 소(小)패권주의를 지향하며 세르비아니즘을 구현하려 했던 세르비아 근대 왕국과 제국 내 세르비아니즘 이념의 확산을 막으며 발칸유럽으로의 진출을 서두르고자 했던 오스트리아 간에는 일련의 긴장과 갈등이 존재하게 된다. 이런 가운데 1912년 터키의 세력 약화이후 주인 없는 지역으로 전락하게 된 마케도니아 지역을 차지하기 위한 세르비아, 몬테네그로, 불가리아와 그리스간의 '발칸동맹'이 형성되었고, 이어 터키와의 '제 1차 발칸전쟁(1912. 10-1913. 5)'이 발발하였다. 오스트리아의 주도 아래 열린 런던(London) 회의 결과에 불만을 느낀 불가리아는 한 달 뒤 마케도니아 지역을 차지하기 위한 제 2차 발칸전쟁(1913. 6 -1913. 8)을 일으켰으나, 터키를 비롯한 발칸유럽 국가들에게 패배함으로써 상당량의 영토적 손실을 감내해야만 했었다.[32]

---

32) 제1차 발칸전쟁의 결과 불가리아는 최대 영토적 손실을 감내해야만 했다. 우선 루마니아에 도부르자와 실리스트리아(Silistria)지역을 양도해야 했고, 아드리아노플(Adrianople) 지역은 터키에게 그리고 에게해 연안일대는 그리스에 양보해야만 했다. 반면, 세르비아는 제 1, 2차 발칸전쟁을 통해 북부와 중부 마케도니아 지역의 대부분을 장악해 이

제 1, 2차 발칸전쟁이 발칸유럽의 민족들에게 남긴 역사적 유산은 매우 컸다. 전쟁 이후 터키는 발칸 지역에 대한 지배권을 거의 대부분 상실하게 된 반면, 발칸지역의 민족들은 이 전쟁을 통해 터키 영향력으로부터의 완전한 독립과 독자적인 민족 국가 수립이 가능케 되었다. 하지만 무엇보다도 발칸전쟁은 이 지역 각 민족들에게 잠재되어 있던 영토적, 문화적 민족주의 성향을 불러일으켰으며, 이것은 당시 러시아와 오스트리아 등 주변 열강의 개입과 맞물려 더욱 더 복잡한 양상으로 전개되게 된다. 발칸전쟁을 통해 영토와 민족구성 그리고 문화와 역사가 서로 복잡하게 얽혀있는 발칸 유럽 내 민족 갈등이 본격적으로 표면화되는 가운데, 열강들의 이해관계가 맞물리면서 1914년 6월의 사라예보 총격사건을 계기로 마침내 제 1차 세계대전이 발발하게 되었다.

1914년 6월 28일, 오스트리아 제국의 페르디난드(Franz Ferdinand, 1863-1914) 황태자 부처가 세르비아인들의 성령축일이자 1389년 코소보 전투 기념일인 '비도브단(St. Vitus's Day/ Vidovdan)'당일에 사라예보에서 열린 군 열병식에 참관하였다가 '젊은 보스니아(Young Bosnia/ Mlada Bosna)' 비밀 요원이었던 세르비아 청년 프린찌프(Gavrilo Princip, 1894-1918)에게 저격당하는 사건이 발생하였다. 이 사건은 발칸유럽의 세력 확대를 둘러싸고 오랫동안 갈등 관계에 있어 왔던 세르비아와 오스트리아의 관계를 급속히 냉각시켰으며, 이후 독일의 원조약속을 받아낸 오스트리아가 1914년 7월 28일 세르비아에 선전포고 하고, 러시아 및 서유럽 국가들의 참전함으로써 제 1차 세계대전이 시작되게 된다.[33]

전 마케도니아 지방의 38.4%를 차지하는 등 세르비아니즘 확대를 위한 첫 무대를 장식할 수 있게 되었다. Demetrius Andreas Floudas, "A Name for a Conflict or a conflict for a Name: an Analysis of Greece's Dispute with FYROM", *Journal of Political Military Sociology*, (Vol. 24, No. 2, 1996), p. 288; 역사적 배경에 기초한 마케도니아의 종교 문화적 특성과 오늘날까지 영향을 끼치고 있는 역사적 의미에 대해선 본 책 제 6장(정교와 이슬람 혼재 문화권)에서 '남슬라브 민족 정체성 수립을 둘러싼 갈등을 통해 마케도니아의 종교 문화사'를 살펴본 내용을 참조할 것.

33) 나이는 당시 오스트리아 작전본부 참모장인 콘라드(Conrad) 장군의 말을 인용해 "무엇보다도 오스트리아는 민족주의 압력으로 인해 제국이 해체되고, 그 결과 제국의 지위가

제 1차 세계대전은 연합국 측의 승리로 끝을 맺게 된다. 세계 대전의 불씨가 발칸유럽에서 시작된 만큼, 대전의 결과가 동유럽은 물론 발칸유럽의 민족들에게 남긴 의미 또한 매우 컸다. 비록 패전국에게만 적용되었지만 제 1차 세계 대전이후 국제 질서 수립 과정 속에서, 미국의 윌슨(Thomas Woodrow Wilson, 1856-1924, 재직 1913-1921) 대통령의 '민족자결주의'가 적용됨으로써 오랜 동안 외세의 지배를 받아 왔던 동유럽 및 발칸유럽의 민족들은 해체 및 연합이라는 다양한 과정을 거치며 자신들의 독립 국가를 수립할 수 있게 되었다. 특히, 중부유럽과 발칸유럽의 상당 지역을 오랜 동안 지배하여 왔던 오스트리아-헝가리 이중제국의 패전과 영토 해체는 이들 지역의 민족들에게 커다란 변화를 불러오게 하였다. 오스트리아의 지배를 받았던 슬로베니아인들은 헝가리의 지배를 받았던 크로아티아 그리고 19세기말 근대 왕국 수립 이후 영토적 팽창을 거듭해 왔던 세르비아 민족과 함께, 최초의 남슬라브족 통합 국가를 수립하게 된다(세르비아-크로아티아-슬로베니아 왕국). 오스트리아 지배 하의 체코인들 또한 헝가리 지배를 벗어난 슬로바키아인들과 함께 연합하여 체코슬로바키아 공화국을 수립하였으며, 폴란드는 120년간 이어진 삼국분할(러시아, 오스트리아, 프로이센)의 아픔을 극복하고 단일 국가를 수립하게 되었다. 1916년 연합국으로 돌아선 루마니아의 경우는 헝가리 하에 있던 트란실바니아 지역을 기존의 루마니아 공국과 합쳐 통일 루마니아를 수립하는 데 성공하였지만, 반면 지정학적으로 중요한 위치에 접해 있던 불가리아는 제 2차 발칸전쟁 때 상실한 영토를 회복하기 위해 구축군 편에 가담한 결과, 구축군의 패전과 수차례 발생한 내부 쿠데타로 인하여 남부 도부르쟈 등 일부 지역을 상실해야 하는 아픔을 겪기도 하였다.

상실될 것을 걱정했다. 오스트리아가 세르비아와의 전쟁을 결정한 이유는 세르비아의 테러리스트가 페르디난드 왕자를 암살했기 때문이 아니라, 세르비아를 약화시켜 세르비아가 발칸 슬라브 민족주의의 구심점이 되는 것을 막기 위해서였다"라고 당시 배경에 대해 서술하고 있다. 조지프 나이 저, 양준희 역,『국제분쟁의 이해: 이론과 역사』, (한울아카데미, 2000), pp. 114-115.

2) 양차 대전 사이의 발칸유럽

양차 대전 사이 발칸유럽의 특징을 정의한다면 한 마디로 '서유럽식 체제 도입 시도와 실패'라고 요약 지을 수 있다. 제 1차 세계대전 이전까지 오랜 시기 동안 여러 제국들의 지배 하에서 서로 상이한 정치, 경제, 사회, 문화 그리고 역사적 경험을 겪으며 살아왔던 발칸유럽의 민족들은, 대전이 끝난 이후 연합국의 지원 아래 통합과 연합 국가를 수립할 수 있었지만, 이를 운영하기 위한 정치, 경제적 미성숙으로 인하여 양차 대전 동안 혼란의 시기를 겪어야만 했었다. 대전 직후만 해도, 발칸유럽 대부분 국가들의 정치 제도는 연합국들의 지원 속에 서유럽식 제도가 도입되었다. 하지만 1929년 경제 대공황으로 인한 경제적 혼란과 서유럽 국가들의 지원 약화, 이후 확대된 인종적 민족주의인 파시즘, 나치즘의 등장과 독일의 정치, 경제적 예속 가속화, 그리고 무엇보다도 복잡하게 얽혀진 국내 여러 민족 간 갈등과 충돌로 인해 발칸유럽의 국가들은 다시 이전의 강력한 독재 왕국 시대로 회귀하였고, 이런 가운데 제 2차 세계대전을 맞이하게 된다.

우선, 최초의 남슬라브족 통합 국가를 수립하였던 '세르비아-크로아티아-슬로베니아 왕국'은 '종교와 문화의 모자이크'라는 별칭답게 왕국 수립 이후에도 민족 간 분쟁과 갈등이 끊이지 않았었다. 북부의 슬로베니아와 크로아티아는 동·서 로마의 분리 이후로 오랜 시기 동안 서로마 문화권에 속하며, 서유럽 제국의 지배 속에서 가톨릭의 전통과 문화를 익히며 살아왔었다. 더불어, 다른 발칸유럽 민족들에 비해 산업혁명을 일찍이 경험하였으며, 따라서 경제적인 발달 또한 다른 지역에 비해 높은 편이었다. 반면, 보스니아-헤르체고비나를 비롯해 세르비아, 마케도니아, 몬테네그로 지역이 포함된 남부 지역은 동·서 로마 분리 이후 동로마 문화권에서 정교를 받아들였으며, 이후 14-15세기를 거치며 오스만 터키의 지배 하에서 이슬람식 전통과 정치, 경제, 사회, 문화의 영향을 받아야 했었다. 따라서 제 1차 세계대전 이후 연합국의 요구에 의해, 비록 이들이 서로 연합한 통합 왕국을 수립하였음에도 불구하고, 왕국의 정치 운영과 경제 발전 방식의 혼란은 어쩌면 당연한 결과였다고 할 수 있다. 실제로, 왕국의 탄생을 바라보는 각 민족의 시각부터 서로 상이하였다. 세르비아는 남슬라브 통합국가 수립을 세르비아니즘에 기초한 대(大)세르비아 국가 건설의 구체화된 형태로 인식하고 왕국내 세르비아니즘 확산을 추진해 나간 반면, 슬로베니아인과 크로아티아인은 제 1차 세계대전 이후 확대되어가던 이웃 국가들의 영토침탈에 대항하기 위한 일시적인 보호막으로써의 왕국 존립만을 생각하고 있었다. 또한 전체적인 왕국 운영에 있어서도, 세르비아는 세르비아 왕조의 인정과 함께 세르비아가 주도하는 왕국 운영을 주장한 반면, 크로아티아인과 슬로베니아인은 왕국 설립 당시의 정신에 맞추어 각 민족들의 동등한 권리와 권력이 행사되어야 한다는 점을 강조하고 있었다. 따라서 통합 왕국이 수립된 이후에도, 왕국 내 민족들 간에는 왕국의 존립과 발전을 둘러싼 끊임없는 갈등과 대결이 이어져 왔으며, 그 결과 왕국 수립 초기 실시되었던 여러 서구적 제도들은 도입과 동시에 어려움을 겪어야만 했었다.

이후 경제대공황의 여파가 왕국의 정치, 경제적인 혼란을 더욱 부추기자, 세르비아의 알렉산다르 1세(Alexander I/Alekandar I Karađorević, 1888-1934, 재위 1921-1934)는 1929년 왕정 독재를 선언하며 왕국의 명칭을 '유고슬라비아 왕국(Kingdom of Yugoslavia)'으로 변경하게 된다. 다른 민족들의 반발과 혼란이 지속되는 가운 데, 발칸유럽에서의 독일의 영향력 확대를 막고자 프랑스를 방문했던 알렉산다르 1세가 1934년 10월 마르세유에서 크로아티아 극우 집단인 우스타샤(Ustaša) 요원에 의해 암상당하는 사건이 발생함으로써 유고슬라비아는 커다란 혼란에 봉착하게 되었다. 1938년 9월, 게르만 민족이 다수 거주하고 있던 체코의 슈데텐(Sudetes, 독일어 Sudeten, 체코어 Sudety) 지방을 독일로 편입시키기로 결정한 '뮌헨 협정(Munchen

Agreement)[34]' 이후, 동유럽에 대한 독일의 영향력이 크게 확대 되었고 이와 더불어 왕국 내 크로아티아인들의 분리 움직임 또한 점차 속도를 내고 있었다. 이런 상황 속에서 세르비아가 주도하고 있던 유고슬라비아 왕국은 1939년 8월 오늘날 크로아티아와 보스니아-헤르체고비나 지역이 포함된 '크로아티아 독립 국가(NDH, Nezavisna Država Hrvatska)'를 수립해 줌으로써 왕국의 분열을 막고자 노력했지만, 1939년 9월 제 2차 세계대전의 발발과 1941년 4월 독일의 세르비아 대공습 이후로 왕국은 주변 구축 군들에게 영토를 뺏기거나 예속되는 아픔을 견디어야만 했었다.[35]

양차 대전 사이 불가리아는 수차례 쿠데타 발생과 정치적 혼란으로 인하여 발칸유럽의 어느 국가들보다도 격동의 시기를 보내게 된다. 제 1차 세계대전 당시 구축군 편에 섰다는 이유로 인해 영토 상실은 물론 막대한 전쟁 배상금을 물어야 했던 불가리아는 서유럽 연합국에 대해 일련의 반감 의식이 상존해 있었다. 따라서 비록 군비 축소와 국제 평화, 그리고 남슬라브 연맹을 주장하며 국제 사회와의 협조를 강조하였던 농민당이 여당이 되었음에도 불구하고, 러시아 혁명에 영향을 받은 공산당, 사회당 등의 반(反)정부 활동들 또한 공식, 비공식적으로 활발히 이루어지고 있었다. 하지만, 1923년 극우 파시스트적 성향을 띠고 있던 '마케도니아 혁명 위원회(IMRO, Internal Macedonian revolutionary Organization)'와 군부가 쿠데타를 일으켜 정권을 장악하는 데 성공하게 되자, 불가리아는 친(親)독일 성향의 독재 정권이 수립되게 된다. 뒤 이어 1934년 친(親)소련 계열 정치가들에

34) 1938년 3월 오스트리아를 합병한 히틀러는 곧 이어 독일인들이 다수 거주하고 있던 체코의 슈데텐 영토 합병을 추진해 나갔다. 이에 대해 체코슬로바키아는 프랑스와의 군사 협정은 물론 소련의 스탈린과도 일련의 협력 조약을 맺으며, 히틀러의 야심을 대비하였다. 얼마 뒤 히틀러는 슈데텐에서의 체코슬로바키아 군대 퇴각을 요구하였고, 체코슬로바키아 정부는 독일과의 전면전에 대비한 총동원령을 내리게 된다. 하지만, 당시 영국과 프랑스는 독일군과의 전쟁 대비에 미흡한 상태였고, 따라서 체코슬로바키아를 제외한 채, 영국, 프랑스, 독일, 이탈리아 등이 1938년 9월 뮌헨에 모여 히틀러의 전쟁 재발 방지 약속을 조건으로 슈데텐 지방의 독일 합병을 승인하게 된다.

35) 당시 주변 구축군들에 의해 분열된 유고슬라비아 왕국의 영토에 대해선 Fred Singleton, op. cit., pp. 185-187 참조.

의한 쿠데타가 다시 발생하여, '마케도니아 혁명 위원회'의 해산과 함께 보리스 3세(Boris III, 1894-1943, 재위 1918-1943) 등 친(親)독일 세력들은 정치적 탄압과 시련을 견디어 내야만 했었다. 이후 정치적 혼란을 틈타 보리스 3세가 권력을 장악하는 데 성공하자, 그는 독일 경제, 정치와의 긴밀한 관계를 구축해 나갔고, 이어 제 2차 세계대전 당시 구축군편에 서게 되었다.

한편, 연합국을 지지한 결과 제 1차 세계대전 이후 인구와 영토가 2배 이상 확대되는 등 가장 큰 수혜를 입은 루마니아는 자유주의 정치 세력들의 권력 장악과 함께, 풍부한 천연 자원과 산업 발전 지대를 토대로 발전 가능성이 매우 높은 나라로 평가받았었다. 하지만, 경제적으로 농목축업 국가로써의 낮은 생산성, 트란실바니아 등 일부 지역에 편중되어 있던 산업 시설의 문제점, 그리고 정치적으로는 벨기에식의 민주주의 헌법에 비해 운영상의 미숙과 지나친 부패, 막후 정치들로 인해 정치적 혼란이 지속되고 있었다. 이것은 결국 1929년 경제 대공황 이후 집권한 카롤 2세(Carol II, 1893-1953, 재위 1930-1940)의 독선적 정치 운영과 정당 해체, 대중적 파시스트 운동인 '철위 부대(Iron Guard)'의 확대를 낳았고, 이로 인해 루마니아는 커다란 혼란과 상처를 경험해야만 했었다. 다른 발칸유럽 국가들에 비해 당시 루마니아의 파시스트 운동이 성공하였던 이유는 루마니아가 슬라브인들에게 둘러싸여 있는 소외감과 더불어, 위협적인 공산 국가인 소련의 팽창에 대한 두려움 때문이었다고 할 수 있다. 특히, 당시 대공황의 타격에 절망감에 빠져 있던 루마니아인들은 과거 부패한 정당들에서 돌아서서 철위 부대를 한 동안 지지하였으며, 카롤 왕 또한 이러한 군중 심리를 이용하여 권력 장악에 이용함으로써 양차 대전 동안 루마니아에서의 파시스트 운동이 확대되게 되었다.[36]

36) 이정희, 『동유럽사』, (대한교과서 주식회사, 2005), p. 427.

3) 제 2차 세계대전의 내용과 발칸유럽

프랑스와 영국의 무기력함을 드러낸 1938년 9월 뮌헨 협정의 결과를 지켜 본 발칸유럽 및 동유럽의 여러 국가들 사이에선 이제 더 이상 자신들의 국가적 안위를 서유럽 국가들에게 맡기기 어렵다는 인식이 확산되고 있었다. 게다가, 1939년 8월 독일과 소련 사이 맺어진 상호 불가침 조약은 서유럽은 물론 동유럽 국가들에게 커다란 충격으로 다가왔다. 이 조약에서 독일과 소련은 폴란드 분할 문제를 결정지었고, 더불어 발칸유럽에 있어 특히 루마니아 북부에 대한 소련의 영향력 확대가 일정 부분 인정되게 되었다. 독일의 히틀러는 동유럽 국가들의 단결을 저해하고 동유럽으로의 진출 및 지배를 보다 용이하게 하기 위해서 동유럽 국가들 간의 복잡한 소수 민족 문제와 영토적 갈등 문제를 활용하고자 하였다. 이 중 발칸유럽 지역은 고대부터 이어지는 역사적 배경으로 인해 오랜 시기 동안 서로 상이한 종교와 문화를 지닌 민족들이 제 1차 세계대전이후 한 국가 안에서 주도권을 둘러싼 갈등을 겪으며 지내오고 있었고, 따라서 독일의 주도면밀한 발칸유럽 민족 분열 전략은 일련의 성과를 이루어 낼 수 있었다.

더 이상의 영토 요구를 하지 않겠다는 약속을 저버리고, 독일은 1939년 1월, 제 1차 세계대전 이후 자유회랑지대로 설정되어 왔던 폴란드 북부 그단스크(Gdańsk, 독일에선 단치히(Danzig)로 불림)의 게르만 민족 거주지에 대한 할양을 요구하였다. 이 지역은 12세기부터 16세기 사이 중세 독일 기사단이 프러시아 국가를 수립하였던 곳으로, 독일의 영토적 팽창의 주요 핵심지역이기도 했다. 폴란드의 거부에 따라, 독일은 1939년 9월, 폴란드를 침공하였고, 이에 따라 제 2차 세계대전이 발발하게 된다.

제 2차 세계대전이 발발하게 되자, 발칸유럽의 각 국들은 각자의 주어진 전략적 목적에 따라 다양한 선택들을 하게 된다. 우선 발칸유럽에서 민족과 문화적으로 가장 복잡한 혼재지역이었던 유고슬라비아 왕국은 대전 초기까지만 해도 직접적인 전쟁 참여를 거부하고, 대신 왕국의 분열을 막기 위한 다양한 외교적 노력을 기울이고자 했다. 하지만, 1940년 6월을 전후로 자신의 강력한 지원국이었던 프랑스가 독일 하로 넘어가고, 왕국 남부의 알바니아가 이탈리아 하로, 또 서부와 북부의 오스트리아, 헝가리는 물론 동부의 루마니아, 불가리아마저 구축군에 가담하게 되자, 유고슬라비아 왕국은 지리적, 외교적으로 완전히 고립 상태에 처하게 되었다. 이에 다급해진 유고슬라비아 왕국은, 1917년 러시아 제국을 무너트리고 사회주의 국가를 수립했다는 이유로, 외교 관계 수립을 거절해 왔던 소련과의 외교 관계를 새롭게 수립하는 등 왕국의 유지를 위해 다방면의 노력을 기울이고자 했다. 1941년 3월 독일의 압력에 따라 유고슬라비아 왕국은 구축군 편입을 약속해야만 했었다. 하지만, 반(反)독일 시위의 확산 속에 세르비아 젊은 장교 중심의 군부 쿠데타가 발생하였고, 이어 4월 독일의 베오그라드 공습을 시작으로, 왕국은 독일 점령 하로 들어가게 된다.

대전 시작과 동시에 유고슬라비아 왕국은 구축군들의 보상 물로 전락하여, 여러 지역으로 분할, 점령당하게 된다. 우선 크로아티아, 달마티아, 보스니아-헤르체고비나 지역은 독일의 지원 하에 '크로아티아 독립국가'가 수립되었고, 이탈리아 점령 하에 들어간 몬테네그로에선 1941년 7월 형식적인 몬테네그로 왕국이 수립되나, 이탈리아와 운명을 같이하겠다는 성명서를 강요받아야 했다. 슬로베니아는, 우선 인구의 75%, 지역의 65%에 해당하는 북부지역은 독일로 병합되어 군수물자 보급과 함께 슬로베니아어 사용 금지 등 혹독한 게르만화 정책이 추진되었다. 반면 수도인 류블랴나를 포함한 남부지역은 이탈리아로 병합되었고, 헝가리와 국경을 이루고 있던 일부 지역은 헝가리 지배 하로 들어갔다. 마케도니아는 불가리아와 알바니아에 의해 양분되었다. 마케도니아 동부지역과 세르비아 남부지역을 장악한 불가리아는 자신들이 과거 발칸전쟁에서 잃었던 영토를 다시 회복했음을 천명하였다. 또한 마케도니아 서부지역과 코소보, 몬테네그로 일부 지역을 장악한 알바니아는 이들 지역에 알바니아인들이 다수 존재하고 있음을 내세워 그들 지배의 정당성을 주장하게 된다.[37]

유고슬라비아 지역에서 제 2차 세계대전의 양상은 다음과 같은 세 가지 형태로 복잡하게 전개된다. 우선, 독일·이태리 점령군 대(對) 유고 저항군, 두 번째, 세르비아 대(對) 크로아티아 극단적 민족주의자들 간의 갈등, 그리고 세 번째 티토(Josip Broz Tito, 1892-1980, 재직 1945-1980)를 중심으로 사회주의 체제를 수립하려는 파르티잔(Partizan)들과 세르비아 중심의 구(舊)왕정 체제 복구세력인 체트니크(Četnik)와의 싸움으로 나눌 수 있다.[38] 이중 세 번째 양상인 파르티잔과 체트니크 간의 싸움은 훗날 지배 체제를 둘러싼 치열한 각축전을 의미하고 있었다.

유고슬라비아 전역에는 구축군의 지배와 영토 분열에 대한 저항 운동이 전개되었는데, 우선 세르비아니즘에 기초를 둔 구(舊)체제 왕정복고 세력들은 런던 망명정부의 지원을 바라는 체트니크를 지지하였으며, 다른 한편으로는 과거 체제를 부정하고 새롭게 사회주의를 중심으로 민족 간의 '형제애와 단결(Brotherhood and Unity/ Bratstvo i Jedinstvo)'을 당 강령으로 한 티토하의 파르티잔 세력들이 주축을 이루고 있었다. 제 2차 세계대전 동안, 티토와 파르티잔 세력들은 총 8차례에 걸친 독일군의 대대적 진압을 극복하고, 체트니크와의 싸움에서 승리한 끝에, 결국 유고슬라비아 전 지역을 장악하는 데 성공하였다. 이어 각 민족의 역사와 문화적 특성을 고려한 세르비아, 크로아티아, 슬로베니아, 보스니아-헤르체고비나, 마케도니아, 몬테네그로 등 6개 공화국으로 일어진 사회주의 유고슬라비아 연방이 수립됨으로써 사회주의시기로 넘어가게 된다.

불가리아는 다른 발칸 유럽 국가들처럼 제 2차 세계대전 초기만 해도 중립적인 입장을 고수하려 노력하였다. 하지만, 서부 전선에서의 승리 속

37) Fred Singleton, op. cit., pp. 185-187.

38) 김철민, "보스니아 무슬림의 형성배경과 민족 정체성 확립에 관한 연구",『국제지역연구』, Vol. 3, No. 4, (한국외국어대학교 외국학종합연구센터, 1999c), p. 136.

에서도 영국과의 전투가 고착화된 1940년부터, 독일은 우크라이나의 곡창지대와 원유 지대를 확보하기 위한 소련 침공을 준비하고 있었고, 이를 위한 사전 작업을 위해 독일이 발칸유럽으로의 진격을 서두르게 되자 불가리아는 선택의 기로에 서게 되었다. 1940년 가을 불가리아는 독일군에 의해 점령당하였고, 이후로 구축군의 편에 설 것이 강요되어졌다. 당시 독일 입장에서 불가리아와 루마니아 등 발칸유럽은 소련 본토로의 서부 전선과 함께 우크라이나로의 진격을 위한 동부 전선의 후방을 안전하게 하기 위한 중요한 전략적 기지로 인식되어 있었다. 독일은 전통적으로 러시아와 가까웠던 불가리아를 구축군으로 편입시키기 위한 유화책으로 불가리아의 오랜 숙원이었던 남부 도브르쟈 지역을 루마니아로부터 넘겨주었다. 이에 대해 보리스 3세는 초기 중립적인 입장에서 벗어나, 1941년 3월 마침내 마케도니아 지역과 그리스 북부 지역의 획득을 목표로 독일 지지를 선언하게 된다. 이어 불가리아는 1941년 4월 구축군 가입을 거부하고 있던 유고슬라비아 왕국과 그리스 공격 때 독일군의 편에 서서 전쟁에 참여하였고, 1941년 6월 독일과 소련 간의 불가침 조약이 파기되고 독일의 소련 침공이 시작되자 전쟁 불(不)참여 선언에도 불구하고, 독일의 강요에 의해 경제 등 여러 방면에서 불가피하게 독일에 대한 지원 등 유대인 탄압 정책을 이어가야만 했었다.

대전 기간 초기 불가리아는 그들의 바람대로 영토적 확대를 이룰 수 있었으나, 1941년 12월 독일의 강요에 의해 영국과 미국에 선전포고를 하는 등, 독일의 불가리아 예속화가 강화됨에 따라 국민들의 불만 또한 함께 고조되어갔다. 이후 1941년-1942년 사이 독일군의 소련 침공이 난관에 봉착하고 동부 전선이 고착화되자, 공산당을 중심으로 한 불가리아 유격대가 결성되어 활동하게 된다. 이들은 불가리아 왕정과 독일군의 계속된 진압 노력에도 불구하고 험준한 산악 지대를 활용한 반(反)독일 항전을 계속해서 전개해 나갔다. 이런 가운데 히틀러를 만나고 돌아온 직후인 1943년 8월 보리스 3세가 의문스런 독살로 암살되고, 당시 6살인 시메

온 2세(Simeon II, 1937- , 재위 1943-1946)에게 왕위가 넘어가자 유격대의 활동은 더욱 힘을 얻게 되었다. 1943년 이후로 연합군의 공습이 확대되었고, 이후 유격대 활동의 강화 속에 중요 조직에 불가리아 국내 공산당 세력들이 주축을 이루게 되었다. 그리고 마침내 1944년 9월 소련군의 진군과 더불어 불가리아는 항복하였고 곧 바로 독일군에 대한 저항운동을 선언하게 된다. 이후 불가리아는 소련의 간섭이 확대되는 가운데 사회주의 국가로의 길을 가야 했었다.

루마니아 또한 1939년 9월 독일의 폴란드 침공으로 제 2차 세계대전이 발발하자, 과거 제 1차 세계대전의 경험을 살려 중립적 입장을 고수하고자 하였다. 하지만, 독일의 프랑스 점령과 1940년 6월 소련이 루마니아의 베사라비아(Bessarabia)와 북부 부코비나(Bukovina) 지역을 요구하자 루마니아는 친(親)독일적 입장으로 돌아서게 된다. 하지만, 권력 장악 이후 철위 부대를 탄압하며, 절대 권력을 구축하려 했던 카롤 왕은 독일의 요구에 따라 북부 트란실바니아를 헝가리에, 베사라비아와 북부 부코비나를 소련에, 남부 도부르쟈 지역은 불가리아에 양도해야만 했고, 국민들과 군부의 압력에 따라 퇴위를 강요받게 되었다. 이후, 루마니아는 1941년 6월 독·소 불가침 조약(1939년 8월)이 파기되자, 러시아가 장악하고 있던 베사라비아를 탈환하였지만, 1944년 8월 구축군에서 탈퇴를 선언하고 소련의 진군을 받아들였다. 이후 다시 소련에 넘겨주어 위성 국가인 몰도바(Moldova) 공화국이 수립되는 것을 지켜보아야만 했었다.

이처럼 제 2차 세계대전은 그 동안 영토적, 문화적 민족주의에 젖어 있던 발칸유럽 내 민족들에게 '사회주의'라는 새로운 정치적 이념을 도입하게 하는 계기를 마련해 주었다고 할 수 있다.

2 현대 II(1945-1989)
: 사회주의, 공산 체제하에서의 발칸유럽

제 2차 세계대전 당시인 1945년 2월 얄타 회담 등 여러 전후 처리를 둘러싼 미국, 영국과의 회담들을 통해, 소련은 폴란드의 동부 지역을 벨로루시와 우크라이나로 편입시킬 수 있었고, 대신 독일 소수 민족의 거주 지역이자 히틀러가 독일로의 편입을 강력히 주장하였던 그단스크 지역을 폴란드에 넘겨주는 등[39] 중부 유럽(체코, 슬로바키아, 폴란드, 헝가리)을 비롯한 발칸 지

39) 12세기까지 폴란드 북부 지역은 역사적으로 이교도들이었던 원시 프러시아족이 거주하던 지역이었다. 가톨릭 국가로 변모한 폴란드 왕국은, 십자군 운동에 실패해 유럽으로 돌아왔지만 여러 실전 경험을 지니고 있던 '독일 기사단(튜튼 기사단, Teutonic Knight)'에게 이 지역의 탈환을 요청하게 된다. 하지만, 독일 기사단은 50년에 걸친 잔인한 진압을 통해 이 지역을 탈환한 후로도 본토 독일로 돌아가지 않았고, 오히려, 프러시아 왕국을 수립하고 폴란드를 위협하는 상황에까지 이르게 된다. 비록 1519년에 들어와 폴란드가 완전히 복속하게 되지만, 이 지역은 훗날 현대사에 있어서 중요한 의미를 남겨주게 된다. 우선, 현대 폴란드-독일과의 역사적 관계 속에서, 제 2차 세계대전 당시 독일의 폴란드 침략의 명분이 되었으며, 당시 독일 기사단의 여러 상징물들은 영토 팽창과 게르만 민족주의를 꿈꾸던 히틀러와 나치의 장식으로 차용되기도 하였다. 그리고 제 2차 세계대전 이후에는 일부 지역을 점령한 소련군이 독일인들을 몰아내고, 새로운 군사 도시이자 발틱 함대의 주요 기지인 칼린그라드(Kalingrad)를 건설함으로써 오늘날까지도 국제 역학 구도의 균형에 있어 중요한 위치를 차지하고 있다. 김철민, op. cit., (2011a), pp. 84-88와 p. 104 참조

역에 대한 관할권을 확보할 수 있게 된다. 곧 이어 이들 점령 지역에는 소련의 주도하에 공산화가 진행되게 된다. 하지만, 유고슬라비아의 티토와 파르티잔 군을 중심으로 문화, 종교, 역사적 차이점으로 갈라져 있던 유고슬라비아내 민족들에게 민족 간 '형제애와 단결'이라는 당 강령을 강조하면서 독자적으로 공산화를 이루는데 성공하게 된다. 알바니아의 경우에 있어서도 티토의 지원을 통한 공산화가 이루어지는데, 이 과정에서 알바니아의 공산당 지도자 엔베르 호자는 알바니아 공산화의 대가로 알바니아인이 다수 거주하고 있던 코소보 지역을 유고슬라비아에 양보하였고, 이후 코소보 지역은 발칸유럽의 주요 분쟁지역으로 부각되게 된다. 반면 소련군에 의해 사회주의화가 된 루마니아와 불가리아는 서로 상이한 길을 걷게 된다. 루마니아는 역사상 근대 이후로 수차례의 러시아 침략과 영토적 분할을 경험해야 했으며, 이에 따라 소련식 사회주의와 소련 주도의 정책 추진에 거부감을 지니고 있었다. 이러한 배경은 훗날 루마니아의 자주적 외교 노선을 낳게 하였다. 불가리아의 경우는 전통적, 문화적, 역사적으로 같은 슬라브족인 러시아와의 친밀도가 무척이나 강하였으며, 이 결과 소련식 사회주의와 정책 추진에 대한 일방적 수용에 큰 저항이 존재하기가 어려웠다고 할 수 있다.

사회주의 시대, 소련과의 갈등이 구체화 된 사건들로는 우선 1948년 티토와 스탈린 간 발칸유럽 주도권을 둘러싸고 일어난 '코민포름 분쟁(Cominform Conflict)'과 비동맹 외교 정책의 수립, 그리고 1956년 후르시쵸프의 '사회주의 국제 분업(Socialist International Division of Labor)' 구상에 대한 루마니아의 반대 및 자주노선 수립을 들 수 있다.

제 2차 세계대전을 거치며 파르티잔 활동을 통해 티토와 공산당 지도부는 동유럽 내에서 유일하게 소련의 직접적인 도움 없이 독자적인 공산화를 성공한데 대한 강한 자부심을 지니고 있었다. 또한 이러한 독자적 공산화에 대한 자부심은 주변 발칸유럽은 물론 다른 동유럽 국가들에게도 일련의 상징적 의미로 다가서게 된다. 이러한 배경을 이해하고 있던 스스탈린은 1947년 9월 서부 폴란드 크라코노쉼(Krakonošim)에서 코민포름 결성이 결정되자, 그 본부를 다른 동유럽 국가들이 대부분 지지하였던 체코슬로바키아의 프라하 대신, 베오그라드로 결정하게 된다. 이러한 결정 배경은 당시 스탈린이 소련의 전략 기구로 활용되고 있던 코민포름을 최대한 활용해 유고슬라비아를 소련의 영향력 하에 계속 두려했던 전술에서 비롯되었다고 분석할 수 있다. 하지만 티토는 코민포름을 활용한 소련의 동유럽 지배 전략 의도에 쉽게 동의하지 않았고, 오히려 이러한 소련의 의도가 소련과 여타 다른 사회주의 국가들 간의 종속관계를 가져오게 할 것이라 우려하였다.[40]

스탈린의 바람과는 달리 티토는 발칸유럽 지역의 공산화에 있어 소련의 지시에서 벗어나 독자적인 행동들을 추진하게 되는 데, 대표적인 사건들로는 제 2차 세계대전 직후 오늘날 이탈리아 트리에스트(Trieste/ Trst) 지역의 영유권을 둘러싼 미국 등 연합국들과의 군사적 갈등과 독자적인 알바니아 공산화 지원 그리고 그리스에서의 공산 세력 폭동을 지원한 사건 등을 들 수 있다. 티토의 독자적인 행보는 이미 미국 등 서방 국가들과의 일련의 합의를 통해 유럽 내 '이해 영역'지역의 구분선을 책정하기로 했던 스탈린의 심기를 무척이나 상하게 하였으며, 특히 이러한 티토의 행보가 다른 동유럽 국가들에게 있어 환영받는 것에 심각한 우려를 가지게 되었다.[41]

티토의 입장에서도 트리에스트 문제를 둘러싼 소련의 방관적 자세는 소련의 유고슬라비아 지원 정책에 대한 의구심을 낳게 하였으며, 이것은 결과적으로 양측 간의 불신이 형성되는 기초를 제공하게 된다. 실제, 유고슬라비아 문헌에 따르자면, 유럽에서 전쟁이 끝난 직후인 1945년 5월

40) 김철민, "티토하의 유고슬라비아에 관한 연구(1): 코민포름 분쟁의(1948)의 배경과 그 영향",『동유럽연구』, Vol. 9. (한국외국어대학교 외국학 종합연구센터 동유럽·발칸연구소, 2000b), p. 207.

41) 당시 티토와 스탈린 간의 갈등의 양상에 대해선 Dušan Bilandžić and Radovan Vukadinović, *Osnovne društvene promjene u Jugoslaviji i svijetu. 1945-1973*, (Zagreb: školska knjiga, 1973), p. 42.

유고슬라비아 군대가 장악하고 있던 트리에스트에서 이탈리아와 유고슬라비아 사이에 첨예한 갈등이 발생했을 때, 소련은 티토의 간절한 지원 요청에도 불구하고 철저히 무관심한 자세를 보였으며, 이에 반해 서구는 분명한 자세로 이탈리아의 손을 들어주었다. 그 결과 1945년 5월 9일 베오그라드에서 치른 협상에 따라 트리에스트 외에도 슬로베니아의 율리얀 지방(Julijske pokrajne) 일부와 오늘날 크로아티아 영토인 이스트라 반도의 풀라(Pula)와 아드리아 북부 해안 지역들조차도 모두 미국 등 서유럽 연합국들의 통제 하에 들어가게 되었으며, 이 지역에는 단지 소수의 유고슬라비아 해군선박 순찰만이 허용되게 된다. 인종 구성 분포와 경제적 중요성 그리고 역사적 배경에 기초하여, 티토는 이러한 결정을 그대로 받아들일 수 없었고, 추후 1945년 6월 12일 가진 협상에 따라 트리에스트와 율리얀 일부 지역이 포함된 'A'지역은 이탈리아가, 나머지 'B'지역(이스트라 반도와 북부 아드리아 해안 지역)은 유고슬라비아가 차지하게 되었다. 트리에스트를 둘러싼 국경조정 문제와 갈등은 한국전쟁이 끝난 이후인 1954년까지도 계속해서 이어졌으며, 결국 이 문제로 인해 유고슬라비아는 1948년 코민포름 분쟁이후부터 1953년 한국전쟁 종결 때까지 추진해 왔던 친(親)서구 정책을 포기하고 제 3의 길을 모색하게 되는 중요한 배경을 형성케 하였다.[42] 더불어, 이 사건은 유고슬라비아 학자들과 지도부들이 2차 대전이후 강대국들에 의한 한반도 분할정책에 대해 긴밀한 관심과 이에 따른 연구를 하게 하는 계기가 되게 된다.[43]

결과적으로 티토의 독자 행보는 스탈린의 강력한 반발을 불러왔고, 마침내 1948년 코민포름으로부터 유고슬라비아가 강제 축출되는 사건으로 이어지게 되었다. 이후 동유럽 전역에서 소련의 정책에 적극적으로 찬성하지 않는 세력들에 대해 반(反)소련주의자, 티토주의자로 몰아세운 대

42) Branko Petranović, *Jugoslavija na razmeđu(1945-1950)*, (Podgorica: Crnogorska akademija nauka i umetsnosti, 1998), pp. 163-165.

43) 이에 대해선 Čol-Min Kim, *Jugoslavija i Korejski rat*, (Beograd: Univerzitet Beograda, 2002) 참조.

대적인 숙청 작업이 진행되게 된다. 이에 따라 계속된 외교, 경제적 고립과 소련 및 주변 동유럽 국가들의 군사적 위협 하에서, 유고슬라비아는 미국을 비롯한 서유럽 국가들과의 외교, 경제 관계 구축을 통한 새로운 활로를 모색해야만 했다. 마침내 1949년 10월 중국 공산화로 인한 미국과 서유럽 국가들의 사회주의 세력 확대에 대한 우려 증대와 1950년 6월에 발생한 '한국전쟁'을 계기로 유고슬라비아는 미국을 비롯한 서유럽의 대규모 경제, 군사 지원을 얻어내는데 성공하게 된다. 이후 유고슬라비아는 코민포름 분쟁과 한국전쟁의 경험을 기초로 당시 첨예한 냉전 체제하에서 어느 블록에도 속하지 않고 자국의 안전과 발전을 유지시키기 위한 방책으로 새로운 외교 노선인 '비동맹주의'를 창설하게 되었다.

한편 루마니아는 소련식 사회주의 그늘에서 벗어나 '자주노선'을 채택하기 위해 노력하였다. 루마니아가 자주노선을 선택하게 된 계기는 스탈린 사후 1956년 새로운 소련의 실권자로 등장한 후르시쵸프의 '사회주의 국제 분업' 구상에 있었다고 볼 수 있다. 서유럽은 미국의 마샬플랜을 통해 제 2차 세계대전의 피해를 극복하고 경제 발전을 지속해 나가고 있었으며, 1952년에는 오늘날 EU의 시발점인 '유럽석탄철강공동체(ECSC)'를 창설하였고, 이어 1957년에는 로마조약을 통해 '유럽경제공동체(EEC)'를 결성하는 등 서유럽 경제통합을 향해 박차를 가하고 있었다. 이에 자극을 받았던 후르시쵸프는 그 동안 '코메콘(COMECON)' 또는 '상호경제원조회의(CMEA)'를 통해 사회주의 국가들 간의 경제 교류를 확산해 가던 방식을 벗어나, 사회주의 국가 간 다자 간 협력 조정기능을 본격화하는 분업안을 통해 효율적 경제 협의체 구성에 대한 구상을 발표하게 된다. 소련이 주도한 '사회주의 국제 분업'구상은 동유럽 국가의 경제여건에 따라 특화산업부문을 배정하는 것이 주 골자였는데, 이에 따르자면 동유럽의 다른 공업 국가들에 비해 공업화 수준이 낮았던 루마니아는 농업 국가로 소련 및 다른 동유럽 국가들에게 원료 생산 기지로서의 역할을 수행해야만 했다. 루마니아는 이러한 소련의 제안을 거절하였고, 이때 이후 루마니아는 소련의 영향력에서 벗어나 특히 외교 분야에 있어서 자주 노선을 수립해 나가게 된다.

이러한 정책은 루마니아 국민들에게 크게 환영을 받았으며, 차우체스쿠(Nicolae Ceaușescu , 1918-1989, 재직 1965-1989)가 권력을 잡은 이후로 보다 구체화 되게 된다. 차우체스쿠는 1967년 서독과 외교적 관계를 수립하고, 동년에 아랍 국가들과의 '6일 전쟁(Six-day War)'에서 승리한 이스라엘과도 새롭게 외교적 관계를 구축하기 시작하였다. 이어 1968년 바르샤바 조약군(Warsaw Pact)의 체코 프라하 침공에 대해서도 비난하는 등 사회주의 블록 내에서 자주적인 목소리를 강화해 나갔다. 하지만, 차우체스쿠는 1970년대 말 이후 비밀경찰들을 활용한 공포 정치 확대와 함께 다뉴브 강 수로 공사 등 대규모 공사 프로젝트에 일반 시민들을 강제 동원하였고, 대규모 정착촌 건설과 급격한 집단 농장화 실시, 급진적 공업노선 정책 및 대외채무 급증으로 루마니아인들에게 비판과 공포의 대상이 되게 된다.[44]

반면, 유고슬라비아, 루마니아와 달리 전통적, 역사적으로 러시아와의 연결 고리가 강하였던 불가리아는 제 2차 세계 대전 당시부터 이미 게릴라 유격대의 주요 구성원과 활동에 공산당이 큰 역할을 담당하고 있었다. 제 2차 전쟁 초기 친독일 정책을 구사하였던 불가리아는 전쟁이 연합국의 승리로 끝나고 난 뒤 패전국이 되었고, 1944년 9월 소련군의 불가리아 진격과 함께 공산화의 길로 들어서게 된다. 권력 장악에 성공한 불가리아 공산당은 곧 바로 친독 인사들에 대한 대규모 숙청 작업을 단행하였고, 1946년 10월 의회 선거를 실시해 공산당 정권이 들어서게 되자, 이번엔 소련 반대파들에 대한 대규모 숙청 작업을 진행해 나갔다. 사회주의 체제 기간 동안 불가리아는 다른 동유럽 국가들에 비해 강력한 친(親)소련 정책을 표방하게 된다. 하지만, 고르바쵸프 집권 이후 계속된 개혁의 물결과 1989년 11월 베를린 장벽의 붕괴는 동유럽의 급격한 체제 전환을 불러왔고, 불가리아도 이러한 변혁의 물결 속에서 소련의 영향력에서 벗어

44) 김철민, op. cit., (2013), p. 308.

나 새로운 활로를 모색해야만 했었다. 그 결과 민주화 요구와 공산당 퇴진을 부르짖는 시위대의 확산 속에 35년간 불가리아를 통치해온 지브코프(Todor Hristov Zhivkov, 1911-1998, 서기장 재직 1954-1989)가 물러나야 했으며, 이로써 다른 동유럽 국가들과 더불어 불가리아는 민주화, 자유화의 길로 들어서게 되었다.

한편, 발칸유럽의 알바니아는 티토와 유고슬라비아 공산당의 군사적 지원을 바탕으로 공산화의 길로 들어서게 되었다. 제 2차 세계대전 당시 이미 알바니아 공산주의자들은 티토가 이끄는 파르티잔 및 공산당과 연합하여 독일, 이탈리아 항전을 전개하였던 경험을 지니고 있었다. 그리고 1941년 11월 알바니아 공산당 설립과 함께 엔베르 호자(Enver Hoxha, 1908-1985, 재임 1944-1985)가 당 서기장으로 임명되는 데 있어서도 유고슬라비아의 지원이 함께 하였다. 비록 제 2차 세계대전 기간 동안인 1943년 이탈리아의 항복이후에도 뒤 이어 독일군의 지배가 이어지지만, 1944년 알바니아 공산당은 알바니아의 대부분을 장악하는 데 성공하였고, 11월에는 수도인 티라나를 다시 수복하게 되면서 공산화의 길을 모색할 수 있게 된다.

티토는 1945년 알바니아 임시 정부와의 협상을 통해 코소보 지역을 유고슬라비아 영토로 하는 대신, 코소보에 대한 자치권 부여를 약속해 주었다. 이후 1946년 알바니아는 마침내 티토와 파르티잔의 지원에 따라 인민 공화국을 선포하게 되었고, 이후 한 동안 양국 간에는 밀월 관계가 지속되게 된다.[45] 하지만 1948년 코민포름 분쟁 이후, 유고슬라비아가 사회주의 블록에서 축출되자, 알바니아 정부는 과거 유고슬라비아와 맺었던 경제, 외교, 그리고 우호협력 조약 등 모든 정치적 관계를 단절하는 등 반(反) 유고슬라비아 캠페인에 적극적으로 동참하는 모습을 보였다. 1955년

---

45) T. Zavalani, "Albanian Nationalism", Peter F. Sugar and Ivo John Lederev (ed.), *Nationalism in Eastern Europe*, (Seattle and London: Univ. of Washington Press, 1994), pp. 90-91.

바르샤바 조약 기구의 회원국이 된 알바니아는 1960년 '중-소 분쟁'에 따라 등거리 외교를 시작하게 되지만, 1961년 후르시쵸프가 알바니아 해안 지역에 있어 소련의 전진 기지 설치를 요구하자 소련과의 외교 관계를 단절하였고, 이어 친(親) 중공으로 선회해 1965년과 1966년 중공의 문화 혁명에 적극적으로 동참하기도 했다. 심지어, 알바니아는 철저한 사회주의 이념 실천을 위해 1967년엔 세계 최초로 '무신교 국가'를 선포하기도 했으며, 그 결과 역사적 가치가 있는 수백 개의 모스크와 교회가 파괴되는 수난을 겪기도 하였다. 이후 1968년 소련의 체코 침공을 계기로 바르샤바 조약 기구에서 탈퇴한 알바니아는 소위 '핑퐁 외교'로 불린 미국 닉슨 대통령의 중공 방문 이후, 중공의 정책 노선을 강력히 비난하기도 했다. 사회주의의 기본 노선을 충실히 이행하고자 했던 엔베르 호자가 1985년 사망하자 그 직위는 알바니아의 두 번째 서기장인 라미즈 알리아(Ramiz TafëAlia, 1925-2011, 서기장 1985-1991, 대통령 1991-1992)에게로 승계되었지만, 1989년 이후 불어 닥친 동유럽 민주화에 의해 알바니아 또한 사회주의 시대의 종말을 맞이하게 된다.[46]

46) 김철민, op. cit., (2013), p. 350 참조.

3 현대 III(1990년대)
: 자본주의, 민주주의 체제로의 전환과 민족분쟁

제 2차 세계대전 이후 세계 국제 질서는 미국 및 서유럽 국가들을 중심으로 한 자본주의 블록(제 1세계)과 소련 및 중공, 동유럽 국가들을 중심으로 한 사회주의 블록(제 2세계) 간의 끊임없는 체제 경쟁의 한 가운데에 자리하게 된다. '냉전(Cold War)'으로 묘사되는 당시 국제 역학 구도 하에서 어느 블록 하로의 편입도 거부하는 국가들은 그들 스스로 '비동맹 정책(Non-alignment Policy)'을 구축하였고, 이들은 통상 이후 '제 3세계'로 불렸다. 핵무기 경쟁 및 여러 우주 전쟁을 통해 서로 간의 체재 경쟁을 지속하여 오던 미국과 소련 블록 간의 체재 경쟁의 균형추가 무너진 시기는 1980년 레이건 대통령(Ronald Wilson Reagan, 1911-2004, 재임 1981-1989)의 등장과 국제 분쟁 해결에 있어 현실주의적 전략 접근을 중시여기는 '매파'가 미 행정부를 장악하면서 부터라 할 수 있다. 이들은 미국의 경제력과 강력한 군사력을 바탕으로 인공위성을 통해 미국을 향하는 핵미사일의 공해상 격추를 목표로 한 실질적인 '우주 전쟁(Star Wars)'계획의 발표 등 소련과의 체제 경쟁을 더욱 더 가속화 시켜나갔

다. 하지만, 당시 소련은 1980년대 경제적 위기와 함께 블록 유지에 있어 심각한 문제점에 봉착해 있었다. 따라서 더 이상 미국 블록과의 체제 경쟁이 어렵다고 판단한 소련의 고르바쵸프(Mikhail Sergeyevich Gorbachev, 1931-, 서기장 재직 1985-1991)는 1985년 3월 당서기장으로 올라선 직후 사회주의 블록의 체질 개선을 목표로 페레스트로이카(Perestroika)와 글라스노스쯔(Glasnost)로 상징되는 개혁과 개방 정책을 선언해야만 했다. 하지만, 이것은 그 동안 소련과 동유럽 국가들 간의 관계를 유지해 왔던 정치, 경제, 외교 분야 등 여러 견고한 시스템들을 무너지게 하였으며, 이것은 결과적으로 동유럽의 민주화로의 전환과 소련의 해체를 불러오게 하였다.

소련은 동유럽 국가들에 대한 더 이상의 경제, 군사 지원과 국가 통제를 포기하였으며, 이것은 1989년 11월 사회주의 체제의 견고성으로 상징되던 베를린 장벽의 붕괴와 함께, 동유럽에서 사회주의 체제의 몰락과 공산당 일당 독재의 폐지 그리고 뒤 이은 다당제 선거에 따른 급격한 변화를 낳게 하였다. 이러한 변화 한 가운데에는 발칸유럽의 여러 국가들 또한 자리하고 있었다. 이중 사회주의 유고슬라비아 연방은 1980년 5월 티토의 사망이후 연방 내 문화적 민족주의의 급증과 민족 문제 가속화로 인해 연방 붕괴의 위기에 처해 있었다. 이런 가운데, 동유럽에서 확대되던 민주화, 자유화 움직임은 연방 내 각 공화국들 간의 연방 유지를 둘러싼 심각한 갈등과 함께 독립 과정상에서 기나긴 내전을 치루는 고통을 수반하게 된다.

1980년 5월 티토의 사망이후 유고슬라비아는 대내외로 여러 어려움에 직면해 있었다. 우선 대내적으론 문화적 민족주의에 기초한 여러 민족들의 권리 확대 요구와 시위가 계속해서 일어나고 있었고, 도입 초기 사회경제적 발전의 초석이 되었던 자주관리제도의 여러 문제점들이 노출되면서 민족 간, 지역 간 갈등이 확대되고 있었다. 대외적으론 회원 수의 증대와 회원국 간 노선 갈등, 국제 환경의 변화 그리고 무엇보다도 비동맹주의의 아버지로 불리던 티토의 사망으로 인해 비동맹 외교의 한계점이 드러나고 있었고, 이러한 점은 유고슬라비아에게 대외적인 위기감을 증폭시켰다. 이와 함께 동유럽의 민주화 움직임 확대 속에서 대내적으로 각 공화국과 민족별로 독립 움직임이 가속화되면서 유고슬라비아 연방은 해체의 길로 들어서야만 했었다. 특히, 1989년 베를린 장벽 붕괴로 상징되는 사회주의 체제의 몰락과 공산당 일당 독재의 폐지 그리고 뒤 이은 다당제 선거는 유고슬라비아 각 공화국내 연방 탈퇴를 전제로 한 민족주의 정치 지도자들과 민족주의 성향의 확대를 낳았다. 이런 상황 가운데 1991년 6월 슬로베니아와 크로아티아가 독립을 선언하였고, 뒤 이어 독립을 저지하고자 했던 세르비아와의 충돌로 유고내전이 발생하게 된다. 또한 특히 인구와 정치권력 면에서 연방내 두 번째 규모를 지니고 있던 크로아티아에서 크로아티아 정부와 세르비아 소수 민족 간의 내전 발발은 이웃하고 있던 보스니아에서의 내전 촉발로 이어져야 했다.

1990년 다당제 선거와 국민 총선을 통해 슬로베니아는 유고슬라비아 연방으로부터의 탈퇴와 사회주의 청산의 기틀을 마련하게 된다. 이어 슬로베니아의 밀란 쿠찬(Milan Kučan, 1941-, 재임 1991-2002) 대통령은 1991년 6월 25일 공식적으로 슬로베니아의 연방탈퇴를 선언하였고, 그 직후 독립을 인정하지 않던 연방군과의 10일 간 내전이 발생하게 된다. 하지만, EC의 중재와 세르비아의 퇴각 속에 슬로베니아는 독립 공화국 수립을 위한 새로운 헌법을 제정할 수 있었고, 1992년 5월 UN에 정식으로 가입할 수 있었다. 반면, 슬로베니아와 독립을 같이 선언한 크로아티아의 경우는 세르비아 본토와의 국경선에 자리한 이유와 함께 공화국내 세르비아 소수 민족이 다수 거주하고 있던 관계로 슬로베니아의 상황과는 다소 상이하게 진행되게 된다. 1990년 다당제 선거를 통해 당선된 프란요 투주만(Franjo Tuđman, 1922-1999, 재임 1990-1999)은 1991년 역시 국민투표를 통해 연방으로부터 독립을 선언하였지만, 슬로베니아 내전이 발발하자, 역시 크로아티아 내 세르비아 소수 민족들과의 내전에 돌입해야 했다. 통상 유고내전으로 불리는 크로아티아에서의 내전은 이웃 한 보스니아에서의 내전과 복잡하게 얽히게 되면서 혼전을 거듭하였고, 1995년 '데이턴 합의안(Dayton Agreement)'에 따라 보스니아와 함께 내전이 종식되게 된다.

1992년 보스니아 무슬림계와 정교도 세르비아계 그리고 가톨릭 크로아티아계가 복잡하게 혼재되어 있던 보스니아에서의 독립 선언은 이후 이를 반대하는 세르비아계의 공격으로 인해 보스니아 내전으로 이어졌다. 1990년 치러진 다당제 선거 결과, 세르비아가 주도하고 있던 연방으로부터의 독립을 강력히 희망하면서 가장 많은 인구수를 지니고 있던 보스니아 무슬림계 출신인 알리야 이제트베고비치(Alija Izetbegović, 1925-2003, 재임 1990-1996/ 공동 재임 1996-2000)가 대통령으로 당선되었다. 이후 세르비아계의 불참 속에 치른 1992년 3월 국민투표에서 연방 탈퇴가 확정되었고, 이후 약 3년 8개월간의 보스니아 내전이 시작되게 된다. 1995년 11월 데이턴 합의안에 따라 종결된 보스니아 내전은 약 20만명의 사상자, 110만명의 난민 그리고 약 400억 달러의 경제 손실을 안겨다 주었다.[47] 그리고 이 안에 따라 보스니아는 1국가 안에 2개의 행정 체제가 따로 존재하는 독특한 형태의 국가 구조를 지니게 된다. 합의안에 따라 보스니아-헤르체고비나 공화국은 그 안에 정교도 세르비아계의 '스르프스카(Srpska) 공화국(영토의 49%)', 그리고 보스니아 무슬림과 가톨릭 크로아티아계가 차지한 '보스니아-헤르체고비나 연방 (영토의 51%)' 라는 2체제의 정치 형태로서 등장하게 되었다. 또한 각 민족 계파간의 불신으로 중앙정부의 권한 및 관할권이 미미해 독립주권국가로써의 어려움이 다소 상존하고 있다 하겠다. 이후 보스니아는 내전으로 파괴된 도시와 마을을 재건하고, 경제 활성화 및 국제사회의 요구에 따른 난민 및 전범 처리 문제 해결에 주력하고 있

47) 여러 구성 민족들 중 가장 큰 피해를 입었던 민족은 오스만 터키 지배라는 역사적인 이유로 인해 세르비아인의 증오 대상이었던 보스니아 무슬림에게 집중되었다. 내전 이전 약 190여만 명을 차지하였던 보스니아 무슬림은 내전을 겪으면서 이중 약 60%가 강제 이주 혹은 난민으로 전락해야만 했으며, 특히 약 8,000명이 학살된 것으로 알려진 UN이 정한 안전지대(Safe Zone)인 스레브레니짜(Srebrenica) 지역을 포함해 보스니아 전역에서 최소 약 7만 명 이상이 학살당하는 비극을 맞기도 했다. 김철민, op. cit., (2011a), pp. 260-261.

다. 더불어, 서방의 경제재건 지원과 원조를 바탕으로 경제와 물가안정에 주력하면서, 실업률 축소와 난민정착을 위한 다양한 계획 또한 추진해 나가고 있다.

1990년대 들어와 세르비아는 유고슬라비아 연방 해체 당시 국제사회로부터 내전과 인종 학살의 주요 요인으로 낙인찍힘으로써 정치 외교적으로 국제적 외톨이는 물론 경제적으로도 오랜 동안의 금수조치에 따라 심각한 경제 후퇴와 고통을 감내해야만 했었다. 이러한 배경중 하나는 특히 1980년 티토의 사망과 이후 확대된 소(小)패권주의적인 세르비아 민족주의에 세르비아 민족들이 편승한데서 비롯되었다고 할 수 있을 것이다. 1980년 5월 티토의 사망 이후 그 동안 금기시되어 왔던 여러 민족주의 발언과 움직임들이 확대되는 가운데, 코소보내 알바니아 민족 분쟁 확대의 원인 조사차 내려 온 슬로보단 밀로쉐비치(Slobodan Milošević, 1941-2006, 사회주의 세르비아 대통령 1989-1991, 세르비아 대통령 1991-1997, 신유고연방 대통령 1997-2000)는 코소보에 대한 강력한 영토적 민족주의 발언으로 세르비아 민중들을 자극하였으며, 곧 바로 세르비아 민족의 주요 구심점으로 부상하게 된다. 이것은 사회주의 유고슬라비아 연방의 기능을 급속히 약화시켰고, 곧 이어 슬로베니아와 크로아티아의 연방 탈퇴와 함께, 보스니아 독립선언과 내전을 낳게 하였다. 이들 공화국들을 비롯해 마케도니아의 독립 또한 기정사실화 되는 가운데, 세르비아는 1992년 남아있는 몬테네그로와 함께 신유고 연방을 구성하게 된다. 하지만, 1995년 데이턴 합의안에 따른 유고 내전과 보스니아 내전 종결 이후에도 코소보에서의 알바니아 민족 탄압과 반(反)서방 정책을 고수한 결과, 1999년 세르비아는 NATO군에 의한 코소보 공습을 맞이해야만 했었다.[48] 79일간 이어진 공습으

48) 당시 세르비아는 코소보 지역의 평화 유지 활동을 위해 NATO군 파견을 요구한 미국의 주장에 대해, UN군으로 대체할 것을 제안하였지만, 이러한 제안은 미국에 의해 거부되게 된다. 이어 미국은 마지막 평화 제스처로 홀부르크 특사를 세르비아에 파견하였지만, 밀로쉐비치와의 협상이 별 다른 결실을 맺지 못하자 UN 안보리의 결의 없이 1999년 3월 23일 NATO군에게 코소보와 세르비아 본토에 대한 공습을 지시 내리게 된다. 김철민, 김원회,『또 하나의 유럽, 발칸유럽을 읽는 키워드』, (한국외국어대학교 출판부, 2009), p. 141.

로 인해 세르비아는 그 나마 남아있던 경제적 활력을 크게 상실해야 했으며, 이것은 2000년 10월 민중혁명에 의한 밀로쉐비치 축출로 이어지게 된다.

역사적, 전통적으로 세르비아와 밀접한 유대 관계를 지녀왔던 몬테네그로는 연방 붕괴과정에서 1992년 4월 세르비아와 함께 신유고 연방의 구성 공화국이 되었다. 하지만 유고 내전과 보스니아 내전 그리고 1999년엔 코소보 전쟁을 거치는 동안 몬테네그로는 세르비아와 함께 연방을 구성하고 있다는 이유로 국제 사회로부터 심각한 고립을 맞이해야 했으며, 정치적으로는 세르비아 민족들에게 이등 민족 취급을 그리고 경제적으로도 세르비아보다도 더한 고통과 어려운 현실에 처해야만 했었다. 그 결과 오랜 동안 밀로쉐비치의 정치적 동지로 인정받아 왔던 밀로 쥬카노비치(Milo Đukanović, 1962-, 재임 1998-2002)는 1999년 8월 세르비아의 영향력으로부터 벗어나 본격적으로 몬테네그로의 독립 문제를 추진해 나가게 된다.

1991년부터 격화된 연방 붕괴과정 속에서 마케도니아 또한 독립을 추진하여, 1991년 9월 국민투표를 통해 독립을 선포하게 된다. 하지만 독립국가로써 마케도니아의 국제적 인정 과정은 그리 순탄치 않았다고 할 수 있다. 그러한 배경에는 무엇보다도 EU 회원국이었던 그리스가 고대 마케도니아 제국에 대한 역사적 당위성과 정통성을 이유로 마케도니아 독립을 강력히 반발하였던 데서 찾아볼 수 있다. 1994년 양국의 군사적 대치 상황 속에 미국과 국제 사회의 개입이 이어졌고, UN의 중재안을 받아들인 결과 1995년 9월 마케도니아는 '구(舊)유고슬라비아의 마케도니아 공화국(FYROM: the Former Yugoslav Republic Of Macedonia/ BJRM: Bivša Jugoslovenska Republika Makedonija)'이란 이름으로 불리게 되었다. 하지만, 그리스는 여전히 마케도니아의 독립 국가 자체 및 고대 알렉산더 대왕의 여러 유산들을 둘러싸고 갈등 중에 있으며, 이에 대해 마케도니아 또한 그리스에 대한 보다 더 강한 반감과 함께 역사의식을 고취해 나가고 있는 중이다. 1990년대 동안 마케도니아는 그리스와의 갈등을 겪으면서, 전략적으로 미국과의 관계 강화에 주력하여 왔고 미국 또한 전략적 활용도를 이유로 마케도니아를 친미 국가로 만들기 위한 여러 노력을 기울이게 된다.[49] 이것은 실제 1999년 코소보 전쟁 당시 코소보와 이웃하고 있던 마케도니아가 미군의 전략적 기지로 활용되고, 훗날 NATO와의 군사 작전에 적극적으로 참여하는 결과로 이어졌다. 또한 코소보 문제 해결에 있어서도 미국과 국제 사회의 요청을 받아들여 약 36만 명의 코소보 난민들을 임시로 받아들임에 따라, 현재까지도 미국의 마케도니아에 대한 경제 및 외교적 지원의 밑거름이 되게 된다.

이처럼 사회주의 유고슬라비아는 1990년대 민주화 시기 동안 연방의 분열과 내전의 격화 등으로 인해 잃어버린 10년의 세월을 보냈다고 할 수 있다. 1992년 1월 독립을 선언한 마케도니아와 더불어 모두 6개의 개별 공화국(슬로베니아, 크로아티아, 보스니아-헤르체고비나, 세르비아, 몬테네그로, 마케도니아)으로 분리되었고, 2008년 2월 일방적으로 독립을 선언한 코소보가 만약 UN으로부터 독립을 인정받게 될 경우 유고슬라비아는 모두 7개의 나라로 나뉘는 상황에 이르게 될 것으로 보인다.

1989년 11월 6일 베를린 장벽의 개방과 동유럽의 체제 전환은 불가리아에게도 또한 커다란 변혁의 물길 한가운데에 자리하게 하였다. 1989년 10월 공산당 일당 독재 폐지와 민주화, 자유화 등 정치와 경제적 개혁을 요구하는 시위가 대규모로 발생하는 가운데, 35년간 불가리아를 통치해 온 지브코프가 1989년 11월 사퇴하게 된다. 이후 1990년 1월 선거에서 권력을 장악한 공산당 후신인 '불가리아 사회당(Bulgarian Socialist Party)'은 불가리아인들의 요구를 적극적으로 수용하여 스스로 탈(脫) 사회주의 노선을 천명하였으며, 공산당 독점과 지도적 역할 규정 조항을 삭제하였다. 이와

49) 대외적으론 그리스와의 갈등과 대내적으론 알바니아 소수 민족과의 갈등에 따라 국가 존립의 위기를 맞고 있는 마케도니아의 입장에서 미국과의 정치, 경제, 군사적 동맹관계는 매우 절실하고도 지속해야할 중요한 국가 전략이라고 할 수 있다. Zlatko Isaković, "Međunarodni položaj Makedonije", Momir Stojković & Ana Damian (eds.), *Savremeni procesi i odnosi na balkanu*, (Beograd: Gorograf, 1997), p. 386.

함께 다당제 선거 등 정치적 개혁과 자유 경쟁을 통한 시장경제체제 도입 등 개헌안을 추진해 나갈 것임을 공식 승인하게 된다. 이어 1991년 4월에는 헌법에 기초한 민주주의 국가로 체제 전환을 본격화 하였으며, 대통령제를 골자로 하는 개헌안이 승인되게 된다. 하지만 1990년대 불가리아는 급격한 정치, 경제적 체제 전환 속에서 사회, 경제적으로 엄청난 혼란과 시행착오를 감내해야만 했었다. 특히, 민주주의 개념 자체를 이해하지 못했던 정치가들에 의해 정치적 혼란이 계속해서 가중되고 있었고, 자본주의 개념 자체를 전혀 인식하지 못하였던 일반 민중들 또한 아무런 준비 없이 도입된 자본주의, 자유주의 체제로 인해 심각한 정신적 고통을 겪어야만 했다. 특히 자본주의 확대 속에 노멘클라투라(Nomenkulatura) 계층에 의한 부의 불균형 심화 문제는 계층 간의 심각한 갈등을 불러오게 하였다. 또한 개개인의 생활수준 또한 사회주의 시절에 비해 훨씬 더 떨어짐에 따라 사회 곳곳에서 갈등이 촉발되어야 했으며, 일반 국민들의 사회적 불만이 폭발하는 배경이 되게 된다.

불가리아와 마찬가지로 루마니아에게도 있어서 체제 전환이 진행되던 1990년대는 공포와 혼란으로 점쳐진 고통의 시기였다고 할 수 있다. 차우체스쿠의 폭정과 무분별한 사회주의식 경제 체제 강요는 특히 1985년 이후 루마니아에게 심각한 경제적 어려움을 안겨주었으며, 이러한 사회적 불만을 잠재우기 위한 독재 권력의 심화와 차우체스쿠의 민주화, 자유화에 대한 거부는 일반 국민들에게 심각한 공포 정치를 낳게 하였다. 베를린 장벽 붕괴 소식이 루마니아에도 전해지는 가운데, 1989년 12월 15일 트란실바니아의 티미소아라 지역에서 일어난 시위는 보안부대의 총격사건으로 이어졌고, 이 사건은 루마니아 전역에 걸쳐 일반 민중들의 차우체스쿠 퇴진과 함께 민주와에 대한 열기로 이어졌다. 특히, 1989년 12월 21일 이란을 방문하고 돌아 온 차우체스쿠가 대규모 관제데모대 앞에서조차 사회주의 체제 고수와 민주주의 체제로의 전환 거부를 공식화하자, 민중들의 저항이 이어졌고, 여기에 일반 군인들이 대거 합류하면서 내란으로 확대되게 된다. 민주화 열기가 가중되는 가운데, 12월 25일 차우체스쿠는 체포되었고, 이후 군법 재판 직후 총살형에 처해짐으로써 루마니아 또한 다른 동유럽 국가들처럼 민주화로의 길로 들어서게 되지만, 이후 불가리아와 유사한 시행착오 속에 정치, 경제, 사회적 혼란을 감수해야만 했었다.

1989년 이후로 확대되던 동유럽에서의 민주화, 자유화 열기는 알바니아에도 또한 커다란 사회적 동요를 일으키게 하였다. 1990년 1월에 들어와 알바니아 민중들은 공산당 일당 독재 포기를 요구하는 대규모 시위를 확대시켜 나갔지만, 알바니아 공산당은 북부에 자리한 쉬코드라를 비롯한 여러 도시들에 비상 계엄령을 선포하며 체제 전환 요구를 강력히 거부하였다. 하지만 1990년 7월 민주화를 요구하며 티라나 중심지에 모인 대규모 군중들이 서방의 여러 외국 대사관들로 몰려가 정치적 망명 및 알바니아 민주화를 위해 서방 국가들이 함께 동참해 줄 것을 요구하는 사태가 발생하였고, 이어 계속된 시위와 충돌이 이어지게 되자, 1990년 12월 알바니아 공산당은 다당제 선거를 수용해야만 했었다. 이어 1991년 3월과 4월에 다당제 선거가 실시되었지만, 공산당의 후신인 노동당이 67%의 지지로 다시 한 번 정권을 장악하게 되었다. 그러나, 여러 경제 개혁들이 실패하고 정치적 부패 문제가 대두되는 가운데, 대규모 식량 폭동의 여파로 1991년 8월 약 18,000여명의 알바니아인 보트 피플이 아드리아해를 건너 이탈리아로 망명하는 사건이 발생하게 되자 새로운 총선이 치러지게 된다. 1992년 3월과 4월에 치러진 선거에서 야당이었던 민주당이 압승하였고, 민주당 당수인 샬리 베리샤(Sali Ram Berisha, 1944-, 대통령 1992-1997, 수상 2005-)가 새로운 대통령으로 취임하게 된다. 이에 따라 48년간에 걸친 알바니아 공산 정권은 그 막을 내리게 되었고, 이후 1992년 9월엔 상당수 공산주의자들이 부패혐의로 체포되었다. 하지만 민주당 정부는 정치 자금 조성을 위해 1997년 피라미드식 투자 사업을 무리하게 추진하다 지불 능력이 막히게 되자 대규모 국민적 저항에 부딪혀야 했다.[50] 이와 함께 계속된 경제 피폐는 일반 국민들의 정권 타도라는 민중 정항을 낳았고, 그 결과 1997년 6월 조기 총선에서 야당 연합이 승리하게 되었다. 하지만, 1998년 9월 야당 지도자가 사망한 사건이 발생하자 곧 이어 격렬한 반정부 시위가 일어났고, 유혈 폭동 확대 속에 한 동안 혼란의 시기를 겪어야만 했었다.

50) 당시 피라미드 금융 회사들은 정부의 비호아래 연 600%의 높은 배당률을 약속하고 돈을 끌어 모았지만 지불 능력을 상실해 파산하였고, 이 결과 전체 국민의 2/3가 참여한 이 사기 사건에 당시 알바니아 GDP의 약 30%에 해당하는 10억 달러 이상의 피해를 보아야만 했다.

4 21세기(2000~오늘날)
: EU 가입 및 진정한 유럽을 향한 움직임

민주화, 자본주의로의 체제 전환 시기였던 1990년대가 발칸유럽 국가들에게 있어선 급격한 환경 변화와 체제 전환에 따른 고통과 어려움을 안겨주는 시기였다면, 21세기는 EU 가입을 통해 진정한 유럽 국가로의 도약을 준비해 나가는 시기라고 할 수 있다. 특히, 이 시기 동안 발칸유럽 국가들의 정치, 경제 등 모든 분야에 커다란 변화를 불러 온 두 가지 요소를 언급한다면, 그것은 바로 '군사적 분야에서의 NATO 가입'과 '정치, 경제, 사회 분야에 있어서 EU 가입'이라 할 수 있을 것이다.

NATO의 창설 배경이 사회주의 블록의 확산을 막기 위한 중요 전략적 매개체였다는 측면에서 NATO의 동진은 커다란 의미를 지니고 있다 하겠다. NATO는 1949년 처음 서방 12개국으로 출발하여 사회주의 체제의 군사 공동체인 바르샤바 조약기구의 대응 개념으로 그 역할을 다해 왔던 게 사실이다. 이후 동유럽 국가들의 체제 전환은 NATO의 확장에 결정적인 영향을 미쳤으며, 1999년 헝가리, 폴란드, 체코가 가입한 데 이어,

2004년 3월엔 슬로베니아, 루마니아, 불가리아 등 발칸유럽 국가들을 비롯해 7개국(슬로바키아, 에스토니아, 라트비아, 리투아니아)이 NATO에 가입하게 되었다. 그리고 2009년 4월에 들어와선 발칸유럽 국가들 중 크로아티아, 알바니아가 가입함에 따라 모두 28개국으로 늘어나게 되었다. 또한 마케도니아 또한 미국의 적극적 지원 속에 새로이 NATO 가입을 희망하고 있어 그 수는 계속 늘어날 전망이다. 이러한 발칸유럽을 비롯한 동유럽 국가들의 NATO 편입은 무엇보다도 과거 소련의 영향력과 보호 하에 있던 동유럽 국가들을 새롭게 미국의 영향력 하로 편입시키는 데 성공했다는 것을 의미한다 하겠다.

동유럽 국가들의 NATO 가입에 대해, 이를 반대하는 쪽에선 NATO의 경쟁 상대였던 바르샤바 조약기구가 해체된 마당에 NATO의 우산 속으로 들어가는 것은 미국이 치루고 있는 혹은 치르게 될 여러 국제분쟁 개입과 전쟁들의 뒷수습 역할에 이용될 뿐이라고 강력히 반대하고 있다. 또한 NATO의 전략개념이 지난 1999년 코소보 전쟁 이후로, 과거 방위 전략개념에서 바뀌어 UN군을 대신하여 분쟁 지역에 대한 적극적인 공격적 전략 개념으로 바뀐 관계로 앞으로 발생하게 될 미국 주도의 여러 분쟁들에서 희생이 불가피할 것이라 주장하고 있다. 하지만, 이에 반해 NATO 가입을 지지하는 입장에선, 발칸유럽을 비롯한 동유럽 국가들이 아직도 여전히 러시아를 비롯해 동유럽 지역으로의 영향력을 확대하려는 주변 강대국들의 틈바구니 속에 끼여 있는 상황 속에서 자국의 힘만으로 이를 막아낼 자체 방위 능력을 구축한다는 것은 현실적으로 상당한 어려움이 따른다고 주장하고 있다. 또한 무엇보다도 NATO의 우산 속에 들어감으로써 향후 발생하게 될지도 모를 유럽 내 분쟁과 일련의 전쟁에서 확실한 방어막을 구축하게 될 거라는 점을 강조하고 있다. 이와 함께 NATO의 가입을 통해 동유럽 각 국들이 자체적으로 부담해야 할 방위 예산을 절약할 수 있으며, 이를 시급하게 요구되고 있는 여러 국가 기간산업 투자와 경제발전에 활용될 수 있을 것이라는 실리적 판단을 내리고 있기도 하다.

이와 함께, 발칸유럽 국가들을 비롯한 동유럽 국가들에게 있어 가장 중요한 역사적 평가는 진정한 유럽인으로 재평가될 수 있는 EU 회원국 가입이라 할 수 있을 것이다. 1993년 6월 코펜하겐(Copenhagen) 정상 회담을 통해 EU는 동유럽으로의 확장을 위한 원칙과 기준을 결정짓게 된다. 이 당시 확정된 '코펜하겐 기준(Copenhagen Criteria/ EU Membership Criteria)'에 따르자면, 우선 '정치적 기준'으로 민주주의, 법의 집행, 인권, 소수 민족 보호 등이 필수 조건으로 요구되었고, '경제적 기준'으로는 시장 경제 존중, 유로존으로 가기 위한 '유로 기준 조건(EMU: Economic Monetary Union)'과 '환율 조정 메커니즘(ERM: Exchange Change Mechanism)'을 존중하고 이를 충족시켜 나가야 한다는 원칙이 적용되었다. 이와 함께 '법률적 협력'으로 EU 법 구성을 위한 법률 제정, 법 집행, 법원의 결정 등이 중요시 여겨졌으며, 특히 EU 가입 조건을 제시한 'EU acquis(Community acquis/ Acquis communautaire)'가 동유럽 국가들로의 EU 5차 확장(2004, 2007)때까진 31개 요소, 그리고 6차부턴 35개 요소의 합의가 요구되어지게 되었다. 이후 동유럽 국가들의 EU 가입을 위한 '사전 가입 전략(Pre-Accession Strategy)'등이 제시되었으며, 여기에선 첫째, EU 회원국 조건 충족을 위한 펀드 조성, 둘째, 기존 회원국들과의 통합 시장 협력 활동 그리고 마지막으로 다양한 분야에서의 파트너 십 구축을 위한 여러 협력과 지원 등이 제시되게 된다. 그리고 마침내 1997년 12월 '우루과이 라운드'를 대비하기 위한 유럽 농업 모델의 업데이트와 유럽 지역 간 경제적 차이를 최소화하기 위해 발표된 '어젠다 2,000(Agenda 2,000)'선언을 통해 EU의 동유럽 확장과 동유럽 국가들의 EU 가입을 위한 청사진(blueprint)이 제공되었으며, 21세기 EU 미래 발전을 위한 전략과 정책 구상 등이 본격화 될 수 있게 되었다.

이를 기초로 동유럽 국가들의 EU 가입 논의가 본격적으로 진행되게 되었고, 이러한 EU의 결정에 발칸유럽 국가들을 비롯해 동유럽 각 국들은 EU 가입을 위한 일련의 준비 작업에 들어가게 되었다. 그 결과 21세기에 들어와 체제 전환을 무사히 마친 발칸유럽 국가들의 경우 슬로베니아가 중부유럽의 폴란드, 체코, 슬로바키아, 헝가리 그리고 발틱 3개국(에스토니아, 리투아니아, 라트비아)과 함께 2004년 5월 EU 가입에 성공하였고, 2007년 1월엔 루마니아와 불가리아가 EU의 새로운 회원국에 성공리에 진입하게 된다. 또한 2013년 7월 크로아티아 또한 여러 어려운 역경들을 이겨내고 새롭게 EU에 가입하였다. 이와 함께, 2007년 1월 동유럽의 모범 국가로 불리는 슬로베니아는 동유럽 국가 중에선 가장 먼저 유로존에 가입하였으며, 이어 2009년엔 중부유럽의 슬로바키아 또한 유로존 가입을 확정짓는 등 21세기에 들어와 중부유럽 국가들과 더불어, 발칸유럽의 국가들 또한 진정한 유럽의 일원이 되기 위한 여러 수순을 밟아나가고 있다 하겠다.

동유럽 국가들의 EU 가입을 둘러싸고 초기 일부 국가와 전문가들에선 동유럽의 민주주의 역사와 경험 부족, 역사적인 배경에 따라 동유럽으로의 독일의 영향력 확대, 동유럽 노동자들의 대규모 이동에 따른 실업 문제 확대 등 다양한 사회 문제 야기 그리고 기존 EU 회원국들의 펀드 기금 확대 등 여러 부정적인 문제들이 발생하게 될 것이라 우려하는 목소리도 존재하였다. 반면에 동유럽의 EU 가입을 긍정적으로 바라보는 시각들에선, 우선 EU의 입장에서 동유럽으로의 EU 확대는 EU가 유럽 공동체의 진정한 대안이 될 수 있다는 자부심과 함께 역외 국가들과의 경쟁시 경제적 이득과 이익을 선점할 수 있을 것이라는 기대감 그리고 동유럽 사회 체제가 서유럽 식으로 변화하기를 기대하는 목소리가 존재하고 있었다. 이와 함께 동유럽에서도 EU로의 편입에 대한 긍정적인 목소리가 크게 대두되었는데, 그러한 배경에는 우선 EU로의 가입은 당시 체제 전환으로 인해 고통을 받고 있는 동유럽 국민들에게 희망과 미래를 향한 메시지를 제공할 수 있을 것이며, 과거 사회주의 경제 공동체인 코메콘의 해체 속에 서유럽 시장의 새로운 경제 공동체로의 편입이 경제 발전에 활력을 넣어 줄 것이라는 점 그리고 무엇보다도 자국 내 경제 발전을 위한 EU 역내 국가들의 투자 활성화를 기대할 수 있으리라는 점 등이 크게 환영을 받았다고 할 수 있다.

기존 EU에 가입한 발칸유럽의 여러 국가들 외에도 몬테네그로와 마케도니아 등은 오늘날 EU 가입 후보국으로써 EU 가입을 위한 준비에 박차를 가하고 있으며, 또한 세르비아와 보스니아-헤르체고비나 그리고 알바니아 또한 이 지역 평화와 안정을 기초로 EU 가입을 위한 여러 준비와 작업을 진행 중에 있는 상황이다. 이들 국가들은 무엇보다도 EU 가입을 통해 경제 발전과 발전된 경제, 사회, 문화 시스템의 도입을 강력히 희망하고 있으며, 향후 진정한 유럽 국가의 일원으로써 발전과 밝은 미래를 향해 달려가고 있는 중이다.

제 3 장

가톨릭 문화권

1 슬로베니아

: 게르만 제국의 지배 위에 핀 민족적 자주성

슬로베니아의 역사적 함의와 진실을 읽는 키워드

1991년 사회주의 유고슬라비아 연방으로부터 독립한 슬로베니아는 정치, 경제적 체제 전환의 성공을 바탕으로 2004년 5월 EU 가입, 2009년 1월 유로존에 가입하는 등 동유럽 국가들 중에서 가장 모범적이고도 모델 국가로 성장하고 있다.

역사적 진실을 통해 살펴볼 때, 슬로베니아는 중세 남슬라브족의 일파인 슬로베니아인들이 이곳에 정착한 이후부터 1991년 이전까지 독립 국가로써의 경험을 단 한 번도 가지지 못한 아픔을 겪은 민족이다. 그럼에도 불구하고, 오늘날 인구 200만 명에 해당하는 유럽 내에서도 작은 소국인 슬로베니아는 주변 강대국들의 계속된 간섭과 문화적 침투에도 불구하고 자신들만의 고유한 문화적, 민족적 정체성을 유지하기 위해 피나는 노력을 기울여 온 민족이기도 하다. 특히, 슬로베니아인들이 오랜 외세의 지배 속에서도 19세기 이후로 발전시킨 고유한 언어적 독자성을 바탕으로 자신들의 민족적 정체성과 전통을 유지, 발전시키고 왔다는 점에서 그 역사적 의미를 부여할 수 있을 것이다.

하지만, 이러한 긍정적 평가와는 별개로 오늘날 슬로베니아는 역사와 사회 그리고 문화 내부적 측면에 있어 자신들만의 독자적인 민족, 문화, 역사적 정체성 수립과 그 유지에 일련의 혼란과 어려움을 겪고 있는 게 사실이다. 그러한 이유는 유럽내 소수 민족이라는 현실적 어려움과 함께, 역사적으로 오랜 기간 동안 독립 국가의 틀을 갖추지 못한 채 오스트리아를 비롯한 주변 외세의 지배 하에서 이들의 사회, 문화적 영향을 받고 살아와야만 했던 역사적 배경에서 비롯된다 하겠다. 특히 2004년 EU 가입 이후, 슬로베니아는 인적 이동의 자유 속에 고급 인력 유출이 심각한 사회 문제들 중 하나로 대두되고 있다. 따라서 오늘날 슬로베니아 정부는 이를 방지하기 위한 일환으로 다양한 지원을 통해 민족 기원, 민족과 언어 정체성 수립에 기초한 새로운 역사 고찰과 민족의 뿌리 찾기 운동 등 슬로베니아 민족만의 고유한 역사 재평가 작업을 진행하고 있는 상황이다.

본 장에서는 오늘날 동유럽과 발칸유럽의 모범 국가이자 EU내 주요 회원국으로써 그 위상을 높여가고 있는 슬로베니아 민족이 오랜 외세 지배 속에서도 자신들만의 독특한 민족 문화와 민족 정체성을 잃지 않고 유지해 온 배경을 되짚어 보고, 그 역사적 함의와 진실에 대해 소개하고자 한다.

1) 생각하기

오늘날 슬로베니아(Sovenia/Slovenija)는 자본주의 체제로의 체제 전환에 성공한 동유럽 국가들 중 가장 안정되고 모범적인 모델국가로 발전하고 있으며, 2004년 5월 EU에 가입한 이후에도 계속해서 건실한 발전을 거듭해오고 있는 국가이다. 슬로베니아는 사회주의 유고슬라비아 연방으로부터 독립하기 이전 6개 공화국 중 가장 선진화되고 경제적 발전을 이루고 있던 공화국으로, 1980년 5월 티토의 사망을 계기로 본격적인 유럽을 향한 발걸음을 내딛을 수 있었다. 이후 1992년 연방 탈퇴를 거부하던 세르비아와의 시민전쟁을 승리로 이끌어낸 슬로베니아는 2004년 5월 폴란드, 체코, 슬로바키아, 헝가리 그리고 발틱 3국 등 다른 동유럽 국가들과 함께 EU 가입에 성공하였다. 또한 슬로베니아는 EU 가입 이후 짧은 기간 동안임에도 불구하고 비약적인 경제발전과 정치적 민주화를 토대로 동유럽 국가들 중 가장 먼저 유로존(Eurozone, 2007년 1월)에 가입하는 데 성공하게 된다.

20세기 말, 슬로베니아의 경제적 부흥과 성공은 무엇보다도 과거 오랜 기간 동안의 외세 지배와 외세 문화의 침투 속에서도 자신들의 고유한 문화적 가치와 민족적 정체성을 잃지 않으려 했던 슬로베니아인들의 역사적 삶이 그 기초가 되었다고 할 수 있을 것이다. 이러한 배경을 토대로, 본 장에서는 오랜 동안의 외세 지배 속에서도 슬로베니아 민족이 자신들의 고유한 문화와 민족 정체성을 어떻게 유지해 올 수 있었는지, 그리고 그 특징과 내용은 어떠했는지에 대해, 19세기 민족주의 시대를 중심으로 슬로베니아 민족의 정착 초기부터 19세기 시기까지의 역사적 함의와 그 내용들을 소개하고자 한다.

역사적 특징과 그 내용에 따라 고대부터 19세기까지의 슬로베니아 역사 시기를 구분해보자면 크게 3시기로 구분해 볼 수 있을 것이다. 첫째는 고대 슬로베니아 민족이 남슬라브족의 일파로써 슬로베니아 지역에 정착해 주변 게르만 민족의 영향력 하에서 자신들의 정체성을 유지해 가려

했던 역사적 시기를 들 수 있다. 두 번째로는 중세 오스만 터키와의 전투를 통해 유럽을 지켜 낸 공로를 인정받은 이후로 유럽의 새로운 강대국으로 떠 오른 합스부르크 제국 하 지배시기를 들 수 있을 것이다. 그리고 마지막으로는 19세기 동유럽과 발칸유럽으로의 민족주의 도래 속에 그 세력과 영향력을 급격히 상실해가던 합스부르크 제국을 바라보던 슬로베니아인들의 고민과 선택을 강요받던 시기 등으로 나누어 볼 수 있을 것이다. 6-7세기를 거치며 슬로베니아 민족은 발칸 유럽에 정착한 이후, 중세와 근대시기를 거치며 프랑크 제국, 신성로마 제국, 합스부르크 제국 그리고 오스트리아 제국의 지배를 받아야 했으며, 이러한 지배 민족들은 슬로베니아인들의 삶과 문화에 커다란 영향을 미쳤다고 할 수 있다. 하지만, 이러한 게르만 제국들의 영향 하에서도 슬로베니아인들은 자신들의 고유한 슬라브적 전통 문화와 민족 정체성을 유지하고자 노력하여 왔다. 슬로베니아 민족의 민족의식 고취 및 문화 정체성 형성에 중요한 영향을 미쳤던 시기는 19세기 민족주의 시기로써, 19세기 초 슬로베니아는 나폴레옹의 도움으로 형성된 일리리아 속주 하에서 민족주의를 직접 경험할 수 있었고, 이후 전개된 1848년 파리 혁명과 오스트리아 제국의 쇠락을 경험하면서 독자적 언어를 바탕으로 한 자신들만의 고유한 민족 문화를 수립하는 데 성공하게 된다. 이러한 역사적 배경은 이후 슬로베니아인들이 오랜 동안의 외세 지배와 소수 민족의 한계를 극복하고 자신들만의 민족-국가를 수립하고 이를 발전시킬 수 있는 중요한 밑거름을 제공하게 되었다고 할 수 있다.

외세 지배하에 있던 다른 동유럽 및 발칸유럽의 민족들이 자신들의 민족, 문화 정체성을 인식해 가던 시점인 19세기 당시 슬로베니아인들 또한 그 어느 민족들보다 민족주의 사상에 대한 열망에 휩싸여 있었다. 18세기말 프랑스 대혁명과 미국 독립전쟁에서부터 시작된 민족주의 이념은 나폴레옹의 유럽 원정을 계기로 19세기에 들어와선 슬로베니아를 비롯해 합스부르크 제국이 지배하고 있던 동유럽 전역으로 확대되게 된다. 당시 민족주의 사상은 동유럽 지역의 제국내 여러 소수민족들에게 독립 및 민족-국가(Nation-State) 수립에 대한 열망을 일깨워 주었으며, 이것은 또한 발칸반도의 또 다른 이웃인 오스만 터키 지배하의 동유럽 피지배 민족들에게도 독립된 민족 국가 수립에 대한 의지를 북돋아 주게 된다.

당시 슬로베니아의 경우, 19세기 초 프랑스의 짧은 지배에도 불구하고 과거 합스부르크 제국 지배 기간 동안엔 맛보지 못했던 자치권 수립 및 다양한 개혁들을 경험할 수 있었고, 이것은 슬로베니아 지식인들을 중심으로 민족주의 이념에 대한 확신과 함께 남슬라브족 통합 운동인 '일리리아 운동(Ilirian Movemnet/ Iliriski pokret)'의 확산 필요성을 일깨워주는 데 크게 일조하게 된다. 하지만, 과거 역사 속에서 단 한 번도 독립 국가로써의 맛을 느껴보지 못했던 슬로베니아 민중들의 상당수는 지배 제국으로부터 벗어나 남슬라브족 통합 국가 혹은 자신들의 민족-국가를 수립하는 데 적극적이지 못하였고, 오히려 지배 제국인 합스부르크 제국에 대한 충성도가 다른 제국 지배 하의 피지배 민족들에 비해 오히려 높은 성향을 드러내고 있었다. 이러한 배경의 요인으로는 첫째, 제국과의 밀접한 경제적 연결 고리와 함께 소수 민족의 한계를 분명히 인식하고 있었던데 서 비롯되었다고 분석할 수 있다. 두 번째로는 무엇보다도 당시 극도로 혼란해진 유럽 정세 속에서 약소 민족이었던 슬로베니아인들은 자신들을 둘러싼 다른 강대국들의 침략 위협에 있어, 오스트리아가 보호국으로 더 나을 것이라는 인식을 하였던 것으로 추론할 수 있다.

하지만, 이런 가운데서도 서유럽에서 발칸유럽으로의 민족주의 전파의 한 가운데에 자리하게 된 슬로베니아인들은 민족주의 시대를 맞이하여 자신들의 독자적 언어를 개발하고, 떠한 자신들의 고유한 문화적, 민족적 정체성을 유지, 발전시키려는 노력을 게을리 하지 않았다. 무엇보다도 제국을 이탈해 나가려는 것을 막으려는 제국의 식민지 정책과 슬로베니아와 함께 남슬라브족 통합 국가를 수립하기를 원했던 주변 남슬라브족들의 요청 속에서 슬로베니아 지식인들은 제국내 곳곳에 흩어져 있던 슬로베니아인들을 하나로 통합하고, 이들에게 현실적 대안인 '통일된 슬로베니아'를 향한 꿈을 전파하는 데 노력하였다고 할 수 있다. 비록 제국으로부터의 독립이라는 강력한 이상을 밀어붙이지는 못했지만, 민족들 간의 통합과 통일을 향한 노력과 그 결실은 무엇보다도 유럽내 소수 민족이자 약소민족이었던 슬로베니아인들이 오늘날까지도 자신들의 고유한 언어 및 문화를 바탕으로 민족 정체성을 유지할 수 있게 된 결정적 기여를 제공하게 된 것이다.

2) 슬로베니아 민족의 발칸유럽 정착과 발전

슬로베니아인들의 역사 속에서 프랑크 제국, 신성로마 제국 그리고 합스부르크 제국으로 이어지는 게르만 제국들은 항상 지배 민족으로 자리하여 왔으며, 이들의 지배에 따른 가톨릭의 수용 또한 분리하여 논하기 어려운 부분이라 하겠다. 6-7세기를 거치며 슬로베니아인들은 오늘날 발칸유럽의 북부에 정착하기 시작하였다. 세르비아인, 불가리아인, 크로아티아인 등과 더불어 남슬라브족의 일파인 슬로베니아인들의 이주와 정착 배경은 다른 슬라브족들의 이주 및 정착 배경과 비슷하게 진행되었다고 할 수 있다. 그 요인으로는 크게 첫째, 로마 제국의 분열 이후 게르만족의 로마 영내 진입으로 인한 게르만 원시 거주지의 공백과 슬라브족의 이동, 둘째, 훈족, 아바르족 등 아시아 유목 민족의 유럽 침공 당시 이들의 침략을 피해 혹은 이들과 함께 이동하여 정착 등으로 나누어 볼 수 있다. 슬로베니아인들은 대략 기원 후 6-7세기에 걸쳐 율리안 알프스(Julian Alps) 산악지대와 아드리아 북부 연안을 중심으로 한 지역에 자신들의 정착촌을 건설하기 시작하였다.

원시 슬라브인들의 발원지를 둘러싼 논쟁은 크게 3가지의 학설을 중심으로 학자들 사이에 오랜 동안 논의되어져 왔으며, 오늘날까지도 그 논쟁이 이어지고 있다. 주요 논쟁 내용의 첫 번째는 일부 언어학자들을 중심으로 한 학설인데, 이들은 원시 슬라브인들의 발원지가 오데사(Odessa) 인근의 다뉴브 강 유역이며 슬라브어가 게르만어에 영향을 받았다고 주장하고 있다.[51] 두 번째는 일부 고고학자들을 중심으로 제기된 학설로, 이들은 세르비아인을 포함해 원시 슬라브인들은 석기시대이후로 현재 러시아 키에프(Kiev)의 북쪽에 위치하고 있는 프리페트(Pripet)강 유역의 습지를 중심으로 정착촌을 형성하여 왔다고 주장하고 있다. 이것은 특히 과거 독일 나치에 동조했던 민족적 편견을 지닌 학자들을 중심으로 슬라브족이 습한 늪지 문화를 기초로 이루어진 낮은 문화권임을 암시하고 있다.[52] 그리고 세 번째로는 원시 슬라브인들의 거주지가 이전에 알려진 것과는 달리 프리페트 강으로부터 남쪽으로는 카르파티아 산맥까지 그리고 서쪽으로는 비슬라 강, 오데르 강 그리고 엘바 강까지 이르는 광대한 지역에 걸쳐 거주했었다는 주장이 대두되게 된다.[53]

유럽을 침공한 후 급격히 소멸한 아시아 유목민족들과는 달리 농경민족의 특성을 지니고 있던 슬로베니아인들 및 남슬라브족들은 자신들이 정착한 지역을 중심으로 느리지만 매우 단단하게 그들의 정착 지역을 확산시켜 나갔다. 발칸반도의 험준한 산악지대와 아드리아 해로 인해 폐쇄적이고 좁은 지리적인 특성에 따라 남슬라브족들은 각자의 독자적 관습 및 문화권을 형성해 가게 된다. 이중 율리안 알프스 산악 지역에 정착하게 된 슬로베니아인들은 더욱 더 험준한 산악 지대 특성으로 인해 소수 민족임에도 불구하고 서로가 개별적인 방언과 독자 문화를 형성해 가야만 했었다.

7세기 한 동안 사모(Samo) 공국[54]의 지배를 받기도 했던 슬로베니아인

51) Francis R. Preveden, *A History of the Croatian Peoples I*, (New York: Philosophical Library, 1955).

52) 이정희, op. cit.에서 소개

53) Ferdinand Schevill, op. cit.

54) 623년 프랑크 왕국 부근의 슬라브인들은 프랑크 귀족인 사모를 중심으로 당시 이 지역

들은 크리스트교를 받아들이기 전만 해도, 다른 중부유럽 및 발칸 반도에 정착한 슬라브족들처럼 원시 거주지에서부터 믿어왔던 내세, 영혼의 존재에 대한 믿음 그리고 천체나 자연숭배 사상이 매우 강하였다. 하지만 8세기 후반 비잔틴 제국 하의 콘스탄티노플 교회(훗날 정교로 발전)에 의해 초기 크리스트교가 도입되고, 이후 비잔틴 제국의 세력 약화와 함께 프랑크 제국의 확대로 인해 점차 로마 가톨릭 교회(훗날 가톨릭으로 발전)의 영향력 하에서 가톨릭을 받아들이게 된다. 특히, 샤를마뉴 대제 시기, 프랑크 제국의 지배 하로 들어간 슬로베니아인들은 이때 이후로 서유럽의 정치, 종교, 문화, 제도적 영향 하로 편입되었고, 962년 설립된 신성로마 제국 하에서 농노 상태로 자신들의 삶을 꾸려나가야 했었다.

슬로베니아 지역은 그 역사적 특징에 따라 전통적인 카르니올라(Carniola/ Kranjsko) 지방 외에도 고리지아(Gorizia/ Gorica), 이스트라(Istria/ Istra), 카린티아(Carinthia/ Kokoško), 스티리아(Styria/ Štajersko) 등으로 나뉘어져 있다.[55] 슬로베니아 역사학자들의 주장에 따르자면 초기 슬로베니아인들의 정착 지역은 현재 슬로베니아 공화국 지역 보다 훨씬 넓어 오늘날 오스트리아 남부와 이탈리아 북동부 지역을 가로지르는 영토까지 해당하였다고 말하고 있다. 그러나 이웃한 신성로마 제국과 뒤 이은 합스부르크 제국의 계속된 지배 정책에 따라 점진적인 축소 과정이 수 세기에 걸쳐 일어났고, 이에 따라 19세기 민족주의 시대가 들어선 이후로 특히 양차 세계대전을 거치게 되면서 오늘날과 유사한 지역들로 한정되게 되었다

을 장악하고 있던 아시아 유목민족인 아바르족에게 반란을 일으켰고, 이후 627년부터 658년까지 슬로베니아인들은 사모 지배자 밑에서 느슨한 정치적 공동체를 구성하였다고 알려지고 있다. 사모 공국은 한때 서쪽으로는 독일 남부지방의 작센(Saxony), 북으로는 오늘날 체코와 슬로바키아 지역인 보헤미아와 모라비아 지방부터 남으로는 아드리아해 연안까지의 광대한 영토를 차지하였던 것으로 알려지고 있다. 하지만, 659년 사모가 사망한 후 분열하였고 이후 이들 슬로베니아인들은 독일 남부의 바바리안(Bavarian), 그리고 이후에는 프랑크 제국의 정치적 지배하에 놓이게 되었다. John K. Cox, *Slovenia: Evolving loyalties*, (London and New York: Routledge, 2005), pp. 1-2.

55) Carole Rogel, op. cit., p. 4.

고 주장하고 있다.[56] 실제, 오스트리아, 이탈리아 등 외세의 지배가 계속 이어지면서 슬로베니아인들은 수세기 동안 다른 언어권의 이웃들과 함께 거주하며 살아와야 했었다. 이에 따라 오늘날 슬로베니아내는 물론 인근 지역들에서 고대와 중세 슬로베니아 지명 및 방언들이 다수 발견되고 있으며, 언어학자들을 중심으로 이들 지역에서의 언어적 혼용과 방언적 특성들이 자주 연구되어 지고 있다. 이를 통해 우리는 슬로베니아인들이 6-7세기를 거치며 발칸유럽 서부로 이주해 넓은 지역에 걸쳐 정착하였음을 확인할 수 있다.

그럼에도 불구하고, 정착 이후부터 20세기 말까지 슬로베니아인들은 다른 남슬라브족들처럼 독립된 단일 국가를 이룩하지 못하였다. 이에 대한 원인들은 지정학적, 문화적, 언어적 요인과 더불어, 정치, 경제적인 여러 요소가 복합적으로 자리한데서 기인한다 하겠다. 험준한 율리안 알프스 산악지대, 내륙과 해안 지역을 관통하는 지리적 특징을 지니고 있는 슬로베니아는, 동시에 역사적으로도 서유럽의 발칸유럽 진출을 위한, 그리고 동양 세력의 서유럽 진출을 위한 관문이자 교두보라는 지정학적 위치를 자리해 왔었다. 따라서, 이에 따른 주변 강대국들의 침략과 오랜 지배를 견디어야만 했었다. 슬로베니아는 또한 문화적으로도 주변의 이탈리아 문화와 오스트리아 등 게르만 문화 사이의 접합 점에 자리해 있었던 까닭에, 음식, 의복, 결혼과 출생, 풍습 및 축제 등 여러 문화적 요소들에 있어 기존의 슬라브족 전통 위에 여러 외세 문화들이 복합적으로 혼재되는 특성을 지니게 되었다고 할 수 있다. 언어적으로도 슬로베니아인들은 오랜 기간 동안의 외세, 즉 오스트리아와 이탈리아의 지배를 받았던 배경으로 민족주의 이념이 활성화 된 이후인 19세기말까지도 지배 계층들은

56) 실제, 이에 대한 근거들은 주변의 오스트리아 남부와 이탈리아 동부 지역의 마을 명칭이나 방언에 있어 슬로베니아어가 차용되고 있음을 통해 확인할 수 있으며, 또한 1807년 독일 남부에서 발견된 고대 슬라브어로 기록된 브리진스킨(Brižinski) 기념비 등에도 그 흔적들이 남아 있다. Janko Kos (et al.), *Zbornik Brižinski sponeniki*, (Ljubljana: Inštitut za Slovensko Literaturo in Literarne Vedi-SAZU, 1996), p. 32.

게르만어와 이탈리아어를 쓰는 데 더 충실하였다. 이후 지방 의회에서 슬로베니아어 사용이 공식화되고, 대중적 언어 교육이 활성화 된 이후에서야 비로소 슬로베니아어가 주요 언어로 사용되었지만, 이후에도 한 동안 지역적 분포와 지배 계층에 따라 이탈리아어와 게르만어가 혼용되어 쓰이곤 했었다. 더불어, 외세의 빈번한 침략과 오랜 시기 동안의 지배는 슬로베니아인들의 정치 체제와 경제적 특징에도 커다란 영향을 미쳤으며, 이러한 요소들이 역사적 상황에 따라 서로 복잡하게 얽히면서 다른 발칸유럽의 국가들처럼 남슬라브적 요소를 갖춘 그들만의 독립된 민족 국가가 수립되지 못하였다고 할 수 있다.

3. 게르만 제국의 지배와 슬로베니아인들의 문화 정체성 찾기

6-7세기에 걸쳐 이주하여 발칸반도 북서부에 정착한 슬로베니아인들은 한 동안 중부유럽을 장악하였던 아바르족의 지배로부터 벗어나게 되지만, 8세기 중엽에 들어와 프랑크 제국의 샤를마뉴 대제의 영향력 하로 편입되게 되었다. 이후 슬로베니아인들은 오토 대제 시기인 962년 신성로마 제국의 등장과 함께 그 지배 하로 복속되었고, 뒤 이어 1278년 이후에는 오스트리아의 합스부르크 제국 지배 하로 넘어가게 된다. 합스부르크 제국의 슬로베니아 지배는 제 1차 세계대전에서 오스트리아가 패배한 후 최초의 남슬라브족 통합 국가인 '세르비아-크로아티아-슬로베니아 왕국'이 수립될 때까지 이어지게 된다. 8세기부터 20세기 초까지 이어진 게르만족의 지배는 종교적으로도 자연스럽게 슬로베니아인들 간에 가톨릭의 확산을 불러왔다. 특히 합스부르크 제국과의 인연과 오랜 지배는 슬로베니아인들의 문화와 사회 그리고 정치, 경제에 깊은 영향을 남기게 된다.

합스부르크 제국의 지배 초기부터 16세기까지의 역사적 특징을 한 마디로 요약하라면 '오스만 터키의 위협과 침략'그리고 '농민 반란(Jacquerie)

및 종교 개혁(Reformation)운동에 따른 게르만 지배 귀족에 대한 저항'이라 할 수 있을 것이다. 14세기 말 이후 확대된 오스만 터키의 발칸유럽 원정은 세르비아인, 불가리아인, 크로아티아인을 비롯해 슬로베니아인들의 삶과 역사에도 또한 시련과 공포를 안겨주게 된다. 1402년 티무르 제국과의 앙카라 전투에서 패한 이후 한 동안 유럽원정을 중단해야만 했던 오스만 터키는 티무르 제국의 몰락이후 전열을 재정비할 수 있었다. 그리고 마침내 1453년 콘스탄티노플 함락과 함께 비잔틴 제국을 무너트린 오스만 터키는 보스니아와 크로아티아를 넘어 15세기 중엽(1469-1483, 1570년 이후 약화됨)부터는 슬로베니아 본토에까지 침략의 범위를 넓혀가게 된다. 이러한 위협은 1683년 제 2차 비엔나 전투에서 합스부르크 제국이 오스만 터키군을 물리치고 양측 간 스렘스키 카를로브찌 조약(1699년)이 맺어지기 전까지 이어졌다.[57]

오스만 터키의 유럽 침공과 위협의 장기화는 슬로베니아 농지의 황폐화와 함께 심각한 물가 상승을 불러왔다. 하지만, 합스부르크 지배 귀족들은 군사력 증강을 빌미로 한 잦은 세금 수탈로 슬로베니아 농민들을 괴롭혔고, 이것은 결국 1478년부터 1573년 까지 수차례 농민 반란 배경이 되게 된다. 이중 1515년 5개월 동안 이어진 농민반란에는 약 8만 여명의 농민이 가담하는 등 슬로베니아인들의 합스부르크 지배 귀족에 대한 불만은 크게 증대되었다고 할 수 있다. 특히 이러한 농민 반란들이 1517년 로마 교황청의 면죄부 판매에 대한 루터의 반박문 및 종교 개혁 운동과 맞물리면서 게르만 지배 귀족들 그리고 이를 비호했던 가톨릭 교황청에 대한 분노 표출이 자연스럽게 이어지게 되었다.[58]

오스만 터키의 위협과 게르만 지배 귀족들의 경제적 수탈에 따른 농민

57) 16세기 당시 오스만 터키는 티무르 제국에서 넘어 온 화포 등 선진 무기체계를 바탕으로 1526년 모하치 전투에서 승리하는 등 헝가리를 유린하고 있었다. 하지만, 유럽 국가들은 16세기 종교 전쟁의 여파로 인해 단결된 힘을 발휘하기 어려웠었고, 이에 따라 슬로베니아인들은 스스로의 자구책 차원에서 험준한 알프스 산악지대를 활용한 고지대로 피신해 저항을 이어가게 된다.

58) John K., Cox, op. cit., pp. 2-3.

반란으로 인해 사회적 혼란이 지속되는 가운데, 16세기 확대된 종교개혁 운동은 슬로베니아인들의 자아의식 확대와 문화 정체성 유지의 필요성을 느끼게 해주었다고 할 수 있다. 이러한 대표적인 예는 1550년 슬로베니아 문어의 창시자이자 가톨릭 사제였던 프리모즈 투르바르(Primož Trubar, 1508-1586)의 업적을 들 수 있는 데, 그는 마틴 루터의 신약 성경을 슬로베니아어로 번역하여 슬로베니아인들에게 지배 계층이 선호하던 가톨릭 신앙과는 다른 종교적 믿음을 보여주려 노력하였다. 그는 이어 교리 문답 집인 '아베쩨다리움(Abecedarium)'을 최초로 출판하였지만, 슬로베니아 일반 민중들의 의사와는 달리 이것은 제국의 반대와 가톨릭 세력들의 저항을 불러와야만 했었다.[59)]

16세기 확대된 지배 게르만 귀족들에 대한 농민반란에서 출발하여 종교개혁으로 이어진 여파는 17세기 동안 슬로베니아를 종교 개혁 세력과 반(反)종교 개혁 세력 간의 치열한 다툼과 혼란의 장으로 만들었다고 할 수 있다. 슬로베니아에서의 종교 개혁 움직임은 열렬한 가톨릭 신자였던 페르디난드 2세(Ferdinand II, 1578-1637; 신성로마제국 독일왕 1619-1637, 보헤미아 왕 1617-1637, 헝가리와 크로아티아 왕 1618-1637)가 1619년 신성로마제국의 황제로 취임하게 되면서 커다란 도전을 맞이하게 된다. 제국의 황제 취임 전인 1617년 보헤미아의 왕에 오른 페르디난드 2세는 개신교도에 대한 대대적 탄압을 단행하였고, 이에 분노한 개신교들이 프라하 궁에 쳐들어와 황제 고문관들을 왕국 밖으로 투척해 버리는 사건과 함께 30년 종교 전쟁을 낳았다. 개신교 세력들과의 전쟁에서 승리한 페르디난드 2세는 이후 1627년 '신(新)영지 조례법'을 만들어 개신교도들의 재산권 박탈과 추방을 정당화 하였고, 뒤 이어 그는 1628년, 보헤미아를 비롯한 자신이 속한 제국의 모든 영토 내에 있는 모든 개신교도들에게 가톨릭교로 종교를 개종할 것인지, 아니면 모든 재산권을 포기한 채 제국 밖으로 추방당할 것인지 중 하나

59) *Zgodovina Slovencev*, (ljubljana : Cankarjeva založba), pp. 258-260; Carole Rogel, op. cit., p. 5에서 재인용.

를 택할 것을 요구하는 등 반(反) 종교 개혁을 강력히 추진해 나갔다. 이에 따라 슬로베니아에서의 종교 개혁운동과 게르만 지배 귀족에 대한 저항 운동은 실패로 마감하게 된다.

그럼에도 불구하고, 슬로베니아 일부 지식인들을 중심으로 16세기 이후 확대된 언어를 통한 자신들의 문화적 자기 정체성 유지 노력은 계속해서 이어졌고, 이것은 종교적 신념을 떠나 일부 예수회 사제들이 일반 민중들에 대한 종교적 확대 차원에서 슬로베니아어 설교 및 찬송가 작곡 그리고 슬로베니아어 성서 간행본을 낳는 데 일조하게 된다. 비록, 제국 유학을 선택한 상당수 슬로베니아 지주 계층의 자제들이 게르만 어와 이탈리아어를 배우고 즐겨 썼지만, 이들 중 일부는 자신들의 고유한 문화를 지속해 나가려 노력하기도 하였다. 이중 과학자인 야네즈 바이카르드 발바소르(Janez Vajkard Valvasor, 1641-1693)를 들 수 있는 데, 그는 비록 게르만어로 써졌지만 1689년 슬로베니아 역사와 문화를 소개하는 '카르니올라 공국의 영광(The Glory of the Duchy of Carniola)'이란 백과사전을 편찬함으로써 해외에 슬로베니아 민족의 독자성과 문화 정체성을 소개하기도 하였다. 하지만, 당시까지도 슬로베니아어는 험준한 산악지대라는 특성상 통일성을 지니지 못하고 있었고, 지역 별로 큰 차이점을 보이고 있었다. 19세기 민족주의 시대에 들어와 언어가 민족 문화 형성의 주요한 구심체가 되기 이전, 슬로베니아를 지배하던 국가들과 지배 계층의 언어들, 즉 게르만 어와 이탈리아어 또한 슬로베니아어에 복합적으로 영향을 미쳤다고 할 수 있다. 경제적인 면에 있어서도 슬로베니아 경제는 영토의 50%가 험준한 산악지대라는 특성에 따라 원시성에 가까운 자연경제 수준을 벗어나지 못하고 있었다. 이러한 언어적 통일에 대한 필요성 인식 확대 그리고 현대적 산업 경제로의 경제적 특징 변화는 18세기 계몽주의(Enlightenment) 시대를 맞이하게 되면서 조금씩 변모하기 시작하였다.

18세기 해양 무역의 중요성이 확대되는 가운데 합스부르크 제국의 중요한 해양 진출로였던 슬로베니아의 중요성이 보다 확대되었고, 이것은 자연스럽게 슬로베니아의 도시화와 산업화 확대를 불러오게 된다. 특히, 18세기 유럽의 산업혁명의 여파는 주변의 독일, 오스트리아, 이탈리아를 거쳐 슬로베니아에 까지 확대되었고, 이것은 슬로베니아 지역 경제의 활성화에 커다란 기여를 하게 되었다고 볼 수 있다. 당시, 유럽의 산업 혁명은 새로운 신대륙들의 개척과 개발, 원료 확보 그리고 공산품 수출 시장 확대라는 연결고리에 바탕을 두고 있었고, 이에 따라 내륙 국가였던 합스부르크 제국에게 있어 슬로베니아를 관통하는 해양통로는 전략적으로 커다란 의미를 지니고 있었다. 제국의 수도인 비엔나에서 슬로베니아의 주요 도시들을 거쳐 오늘날 이탈리아의 주요 무역항인 트르스트로 이어지는 새로운 상업 루트가 개발되었고, 이것은 이들 간의 중간 교역로에 자리하고 있었던 슬로베니아의 마리보르(Maribor)와 류블랴나 등 슬로베니아 도시 발전에 커다란 동력을 제공하였다. 이들 도시들을 거치며, 제국의 내륙지역에서 생산된 각종 공산품들이 수출되었고, 아시아 및 아프리카에서 들여오는 다양한 외제품 및 원자재들 또한 이들 도시들을 거쳐 제국 깊숙이 반입되게 된다. 이러한 상업 루트의 활성화를 위해 제국은 1849년 수도 비엔나에서 류블랴나까지 이어지는 철도를 건설하였고, 이후 1857년엔 트르스트 항구까지 철로를 연장 개통하였다. 당시 진행된 제국의 내륙과 해안을 잇는 철로 및 도로 개발은 무엇보다도 슬로베니아가 오늘날까지도 동유럽의 중요한 중개 무역 국가로서 발전하고 경제적 부흥을 유지하는 데 중요한 역사적 배경을 제공했다 하겠다.

18세기 계몽주의 시대, 슬로베니아 농민들은 합스부르크 제국의 요세프 2세(Joseph II, 1741-1790, 재위 1764-1790)가 1782년 공표한 '농노제 폐지령'및 다양한 개혁 정책에 힘입어 경제, 문화적 중흥 기를 맞이할 수 있게 된다. 당시 합스부르크 제국의 계몽주의 정책에 따라 슬로베니아어로 된 다양한 번역서 제작 및 수도원 농지, 공장과 수산업 등의 관할권이 슬로베니아 현지인들에게 허락되었고, 이것은 또한 슬로베니아인들에게 경제적 부를 축적할 수 있는 기반을 형성케 해주었다.[60] 경제적 부의 축적 결과 슬로베니아 중산층 자제들의 서유럽 유학이 유행처럼 확대되었고, 서유럽에서 번지고 있던 민족주의에 심취한 이들은 자신들의 고유한 문화 및 민족 정체성에 대한 고민을 안은 채 고국으로 돌아오게 된다.

이처럼, 경제적 부의 축적과 계몽주의 철학에 따른 자유화는 슬로베니아 지식인 계층의 양성으로 이어졌고, 이것은 또한 게르만 제국의 지배하에서 사라져 가고 있던 자신들의 민족, 문화 정체성에 대한 고민을 낳게 하였다. 따라서 슬로베니아 민족, 문화 정체성의 수립에 관심을 가지고 있던 이들 지식인들 중 상당수는 일반인들에 대한 언어, 역사 교육과 고유한 문화적 발굴에 대한 사회적 참여를 서두르고자 했다. 계몽주의 정책에 따라 1774년 제국 하에 있던 피지배 식민지인들에 대한 초등 교육이 허용되자, 슬로베니아 지식인들은 독일어와 이탈리아어의 굴레에서 벗어나 슬로베니아어 교육을 강화하고자 했다. 이를 통해 이들은 당시 제국 내 확대되고 있던 게르만화로부터 자신들의 민족 정체성을 유지하고자 했다.

1768년, 마르코 포홀린(Marko Pohlin, 1735-1801)에 의해 슬로베니아어 문법서인 '카르니올라 문법책(Carniolan Grammar)'이 제작되었고, 1791년 안톤 토마쥐 린하르트(Anton Tomaž Linhart, 1756-1795)는 비록 독일어로 썼지만 슬로베니아 역사서를 제작하면서 그 속에 슬로베니아인들을 최초로 하나의 단일 민족으로 기술하기도 했다.[61] 블라쥐 쿠메르데이(Blaž Kumerdej, 1738-1805)는 합스부르크 가문의 마지막 황제였던 마리아 테레사(Maria Theresa/독일어 Maria Theresia, 1717-1780, 신성로마제국 1745-1765, 헝가리, 크로아티아, 보헤미아 왕 1740-1780) 시기 슬로베니아 초등학교 체제를 새롭게 구축하는 데 공을 세웠다. 그리고 1797년에는 발렌틴 보드니크(Valentin Vodnik, 1758-1819)가 프랑스 혁

60) 1 James Gow & Cathie Carmichael, Slovenia and the *Slovenes: A Small State and the New Europe*, (London : Hurst & Company, 2000), p. 17.

61) Ian D. Armour, *A History of Eastern Europe, 1740-1918*, (New York: Hodder Arnold, 2006), p. 59.

명에서 영감을 받은 민족주의의 시대적 정신과 남슬라브족 통합 정신이 가미된 '일리리아의 부활(Illyria Resurrected/ Ilirija oživljena)'이란 시를 발표하였고, 1797년부터 1800년까지 슬로베니아어로 된 최초 신문(Lublanske novice)을 발간하는 등 슬로베니아 지식인들은 자신들의 민족 정체성을 유지하고 이를 알리기 위한 노력들을 전개해 나가게 된다.[62]

4) 19세기 민족주의 시대, 슬로베니아의 독자적 민족 문화 정체성 수립 노력

민족주의는 미국의 독립전쟁(1775-1781)과 프랑스 혁명(1789)에 그 사상적 토대를 두고 발전하였으며, 19세기에 들어와서는 나폴레옹 전쟁의 여파에 따라 동유럽과 발칸유럽 전역으로 확산되게 된다. 민족주의가 슬로베니아인들에게 영향을 미치기 시작한 시기는 19세기 초, 나폴레옹 지배를 받게 된 이후 이 지역에 일리리아 속주(1809-1814)가 건설된 이후부터라 할 수 있다. 나폴레옹은 1804년 새롭게 탈바꿈한 오스트리아 제국과의 전쟁에서 승리한 후 슬로베니아를 장악하였고(1806년 신성로마제국 해체), 이스트라 반도, 북부 달마티아, 류블랴나 등 슬로베니아 내륙 일부를 합쳐 '일리리아 속주'를 건설하게 된다. 19세기 나폴레옹의 점령과 이로 인한 민족주의 의식 확대는 18세기 이후 상공업 발전과 부의 축적, 그리고 이를 통한 지식인들의 문화적 자기 정체성 찾기 노력에서 벗어나, 점차 슬로베니아어를 통한 민족의식과 문화 정체성 자각 및 수립 움직임으로 발전되어 갔다.

이 기간 동안 프랑스는 슬로베니아인들의 민족 문화 정체성을 존중하는 차원에서 여러 공식 석상에서 프랑스어와 함께 슬로베니아어 사용을 공식 인정하였고, 슬로베니아어에 기초한 학교 설립 및 교육 지원 그리고 자치주 운영에 있어 슬로베니아인들을 주요 직책에 임명하는 정책을 단

62) John K., Cox, op. cit., p. 8.

행하게 된다. 더불어, 프랑스는 슬로베니아인과 크로아티아인, 세르비아인 등 다른 남슬라브 민족들 간의 연대 구축 및 공통의 민족 정체성 찾기에도 많은 노력을 투자하였는데, 이를 통해 남슬라브족 통합 운동의 이념적 기초를 제공하고자 했다.[63] 이러한 프랑스의 슬로베니아 지배 정책은 '정복자'로서가 아닌 '해방자'로서의 이미지를 굳히고자 했던 프랑스의 전략적 의도에서 비롯되었다고 할 수 있다. 또한 제국 내 소수 민족들의 민족주의 의식 확산에 따라 당시 중부 유럽내 여러 서슬라브족 외에도 발칸 유럽의 남슬라브족들을 지배하고 있던 오스트리아 제국의 분열을 위한 프랑스의 전략에서 출발하였다고 할 수 있다. 프랑스에 의해 형성된 일리리아 개념은 훗날 남슬라브 여러 민족들의 통합 국가사상에 중요한 영향을 미쳤으며, 실제 제 1차 세계대전이후 최초의 남슬라브족 통합 국가인 '세르비아-크로아티아-슬로베니아 왕국'의 수립으로까지 이어지게 된다.

하지만, 1812년 나폴레옹의 러시아 원정 실패와 1813년 라이프치히 전투에서의 대패는 나폴레옹의 몰락을 불러왔고, 이에 따라 슬로베니아는 다시 오스트리아 제국의 지배 하로 넘어가게 되었다. 오스트리아는 일리리아 자치주 하에서 단행된 모든 개혁안들을 철폐하였고, 1815년 빈회의 결정에 따라 슬로베니아를 비롯한 제국 내 모든 지배 지역의 행정 체제와 사회 질서를 프랑스 지배 이전 상태로 되돌리려 하였다.

그러나, 이미 민족주의를 맛본 슬로베니아 지식인들은 민족과 문화 정체성 수립에 보다 많은 관심을 지니게 되었고, 제국 내 여러 지역으로 흩어져 있던 민족 통합을 위한 차원에서라도 독자적인 슬로베니아어 정체성 확립에도 많은 노력을 기울여 나가려 했다. 이러한 노력은 예르네이 코피타르(Jernej Kopitar, 1780-1844)가 슬로베니아의 다양한 지역 방언들을 기초

63) 실제, 일리리아라는 속주 이름은 과거 고대 로마가 이 지역을 지배하기 이전, 아드리아 연안과 오늘날 유고슬라비아 상당 지역을 장악하였던 일리리안 부족의 기원에서 비롯된 것이었다. 프랑스는 일리리아라는 개념을 슬로베니아 지식인들에게 이해시키고자 했으며, 이를 통해 슬로베니아 인들과 다른 남슬라브인들 간의 국가 정체성 의식을 강화하고자 하였다. Carole Rogel, op. cit., pp. 6-7.

로 1808년 슬로베니아어 문법책을 저술하는 결실로 이어지게 된다. 제국의 행정 관료이자 역사학자인 그는 같은 슬로베니아인 출신으로 비엔나 대학의 총장을 역임하였던 프란쯔 미클로쉬취(Franc Miklošič, 1813-1891)와 함께 친(親)오스트리아적 성향의 '오스트로슬라비즘(Austroslavism)'의 신봉자였다. 실제, 이들은 오스트리아 제국의 발전을 위해 헌신한 슬라브인들로, 슬라브인들이 제국 내에서 헝가리인에 이어 3번째의 영향력을 지니며 제국과 공존할 수 있음을 역설하기도 하였다. 그들의 이런 생각은 1830년부터 제작된 잡지(Kranjska Čbelica)등을 통해서 슬로베니아 대중들에게 전달되기도 하였으며, 실제 약소민족으로서 강대국들의 틈바구니 속에서 선택의 어려움을 겪어야만 했던 슬로베니아인들에게 일련의 지침을 안겨주는 데 일조하였다고 할 수 있다.[64] 비록 제국 내에서라는 불가피한 전제가 달려 있었지만, 그럼에도 불구하고 슬로베니아 민족과 독자적 문화 정체성을 수립하려 했던 이들의 노력은 오늘날까지도 인구 200여만 명에 불과한 슬로베니아인들이 자신들의 고유 언어를 계속 유지하고 발전시키는 데 커다란 밑거름을 제공하였다는 데 그 의미를 둘 수 있을 것이다. 실제 이에 대해 이보 바나쯔(Ivo Banac)는 "슬로베니아인들이 오랜 세기 동안 이어진 외세 지배라는 여러 장애물들을 이겨내고, 19세기 언어를 중심으로 민족적 자각을 일으킨 것은 겉으로 보았을 때 거의 불가사의적인 사건이었다"라고 평가할 정도로 그 역사적 의미는 매우 컸다고 할 수있다.[65]

19세기는 민족주의 시대와 더불어 낭만주의(Romanticism) 시대이기도 하였다. 민족주의와 함께 낭만주의에 젖은 슬로베니아 지식인들은 민족어 개발과 문화 정체성 발굴에 보다 앞장서려 하였다. 하지만, 이들은 세르비아와 크로아티아 언어학자들 사이에 진행되고 있던 공통의 남슬라브어 개발(세르보크로아티어, Srpskohrvatski jezik)과 적용에는 그리 적극적이지 않았으

64) James Gow & Cathie Carmichael, op. cit., pp. 18-19.

65) Ivo Banac, *National Question in Yugoslavia: Origins, History, Politics*, (New York: Cornell Univ. Press, 1984), p. 45.

며, 이것은 훗날 슬로베니아어가 다른 남슬라브어에 비해 보다 독자적인 언어가 된 역사적 배경을 형성했다 하겠다.[66] 당시 남슬라브 언어학자들의 공통된 관심사와 함께 시대적 흐름에 맞추어 슬로베니아 내 지식인들 사이에서도 수적으로 열세인 독자적인 자국어 사용을 포기하고, 남슬라브족 간의 통합 및 정치, 문화적 연대에 바탕 한 남슬라브어 통합에 동조하는 움직임들이 존재하고 있었다. 이중 대표적인 인물로는 발렌틴 보드니크를 들 수 있는 데, 그는 '일리리아의 부활(Illyria Resurrected/ Ilirija oživljena)'이란 시를 통해 일리리아 운동, 즉 남슬라브족 통합 운동에 슬로베니아인들의 적극적인 가담이 필요하다는 점을 역설했던 일물이기도 하다.

하지만, 이 시기 슬로베니아 작가들 중 가장 위대한 인물 중 하나이자 낭만주의 시인인 프란체 프레쉐렌(France Prešeren, 1800-1849)는 이러한 보드니크의 주장에 반대 입장을 분명히 하였다. 그는 슬로베니아 각 지에 흩어져 있던 방언을 보편화하고 표준화된 언어로 바꾸기 위한 작업을 시도하였다. 이에 따라 1840년대에 들어와 슬로베니아인들은 표준화 작업에 성공하였고, 그 결과 최초의 공식적인 자국어가 탄생할 수 있게 되었다. 또한 그는 슬로베니아 문어의 창시자이자 아버지로 불리는 프리모즈 투르바르의 전통을 이어받아 슬로베니아어의 독자성을 키우기 위해 노력하였다.[67] 언어적 독립을 바탕으로 슬로베니아만의 독자적 민족 문화 정체성을 수립하고자 했던 프리쉐렌의 의지는 이후 독자적 슬로베니아어 교육 활성화에 헌신한 안톤 마틴 슬롬쉐크(Anton Martin Slomšek, 1800-1862) 주교와 슬로베니아어로 된 최초의 신문(Agricultural and Handicraft News/ Kmetijske in rokodelske novine)을 발간한 야네즈 블라이바이스(Janez Blajvajs, Janez Bleiweis, 1808-1881)에게로 이어지게 된다.[68] 더불어, 19세기 후반 야네즈 에반겔리스트 크레크(Janez Evangelist Krek, 1865-1917)를 중심으로 한 슬로베니아 민족

---

66) Leopoldina Plut-Pregelj and Carole Rogel, *Historical Dictionary of Slovenia*, (Plymouth, UK: The Scarecrow Press, Inc., 2007), p. xliv.

67) James Gow & Cathie Carmichael, op. cit., p. 20.

68) Carole Rogel, op. cit., p. 7.

의식 고취와 이에 따른 사회 운동들이 일어났는데 큰 영향을 미쳤다.[69]

19세기 중반 유럽의 빈체제에 대한 저항으로 시작된 1848년 2월 파리 혁명은 서유럽은 물론 제국의 식민지하에서 신음하던 동유럽 전체 민족들에게 민족적 자각심과 함께 민 문화 정체성의 수립이 얼마나 절실히 필요한지를 일깨워준 역사적 사건이었다고 할 수 있다. 18세기 계몽주의 시절 민족, 문화 정체성 유지에 대한 고민, 그리고 19세기 초중반을 거치며 독자적인 민족 문화 정체성 구축을 위한 실질적 행동들을 전개해 가던 슬로베니아인들은 파리 혁명 이후에 들어와선 고도의 자치권을 지닌 '통일된 슬로베니아(United Slovenia/ Zedinjer Slovenija)'에 대한 열망을 오스트리아 제국에게 공개적으로 요청하기 시작하였다.

이러한 공개적 요청 내용은 우선, 제국 내 여러 지역으로 흩어져 있던 슬로베니아인들을 한데 모아 고도의 자치권을 지닌 하나의 행정 구역을 설립해 줄 것 그리고 두 번째로는 행정 관청과 학교 등에서 슬로베니아어의 공식 사용을 허용해 줄 것 등을 요구하였다.[70] 이러한 슬로베니아 지식인들의 요청은 당시 이탈리아와 독일에선 전개되고 있던 각 민족별 통일 국가 수립 운동에서 영향을 받았던 것으로 보인다. 하지만, 이러한 요구사항에는 크로아티아와 세르비아 등 주변 다른 남슬라브족들처럼 제국의 그늘로부터 벗어나 자신들만의 독립된 민족-국가를 수립해 나가겠다는 강력한 의지는 보이지 않았다고 할 수 있다. 이러한 배경에는 혼돈의 시기 동안 유럽 내 약소민족으로서 오스트리아를 대신할 제국에 대한 선택권이 그들에게 주어지지 않았다는 점과 함께, 발칸유럽으로의 이주 및 정착 이후 단 한 번도 자체적인 민족 국가를 구성해 본 적이 없었다는 두려움, 그리고 남슬라브족들과의 통합이 이루어질 경우 3등 민족이 되어야만 하는 현실적 어려움 등이 슬로베니아 지식인들로 하여금, '독립된

---

69) Stane Granda and Barbar Satej (eds.), *Slovenija 1848-1998*, (Ljubljana: Zveza Zgodovinskih Društev Slovenije, 1998), pp. 216-222.

70) Leopoldina Plut-Pregelj and Carole Rogel, op. cit., p. xliv.

슬로베니아' 대신, 제국 내 고도의 자치권을 가진 '통일된 슬로베니아'를 요구하게 하였다고 분석할 수 있다.

비록 러시아 제국의 개입에 따라 실패하였지만, 결과적으로 보았을 때 유럽 전역을 휩쓸었던 1848년 혁명은 슬로베니아를 비롯한 제국 전역에서 농노제가 사라지게 하는 결실을 거두었고, 슬로베니아의 경우 80-90%가 초등 교육 이상을 이수하는 높은 교육열로 이어졌다. 높은 교육열과 슬로베니아 언어에 대한 열정은 이후 '성 헤르마고라스 협회(Society of St. Hermagoras/ Mohorjeva družba, 1851년 설립)', '슬로베니아 독서회(Slovene reading societies/ Čitalnice, 1860년대부터 확대)' 그리고 1864년 문학협회인 '마티짜 슬로베니아'등 다양한 문화 및 학술 연구소들의 설립으로 이어졌다. 또한 1880년대 이후 부에 대한 열망에 따라 수많은 남슬라브인들이 신개척지인 미국 등 전 세계로 이민하는 붐을 일게 하였는데, 실제 사회주의 유고슬라비아 연방을 완성한 티토 또한 자신의 전기 전집을 통해, 이 당시 트르스트 항구를 통해 뉴욕으로 떠나는 배를 타고 백만장자가 되는 꿈을 꾸었던 자신의 모습을 상상하기도 했음을 고백하기도 했다.[71]

파리 혁명의 실패가 확실해지고 난 후, 1851년 수립된 '신(新)절대주의(Neoabsolutism)'원칙에 따라 오스트리아 제국은 슬로베니아를 비롯해 다시 한 번 제국 내 모든 식민지에 대해 예전의 강압 정책들을 표방해 나갔다. 하지만, 오스트리아 제국은 과거와 같은 강력한 국력을 보여주지 못했고, 그 결과 1859년 롬바르디아 지방, 1861년엔 베네치아를 이탈리아에 상실해야 했으며, 특히 1866년 프로이센에 대한 군사적 패배와 1867년 오스트리아-헝가리 이중제국의 수립은 슬로베니아인들로 하여금 제국이 더 이상 자신들의 방패막이 될 수 없을 것이라는 위기감을 팽배하게 하였다.

---

71) Nebojša Tomašević, *Tito, ilustrovana biografija*, (Beograd: Jugoslovenska revija, 1980).

5) 남슬라브족 통합 운동(유고슬라비아주의)과 슬로베니아의 자주성

1866년 프로이센과의 전투에서 패한 오스트리아 제국은 이를 이용해 독립하려던 제국내 가장 큰 소수 민족인 헝가리를 설득하면서 동시에, 제국내 여러 피지배 민족들의 독립 욕구를 무마시켜야 하는 어려움에 봉착하게 된다. 그리고 마침내 1867년 오스트리아와 헝가리 간의 대타협이 이루어졌고, 그 결과 '오스트리아-헝가리 이중제국(Dual Monarchy)'이 탄생되게 된다. 19세기 중반이후로 이어진 이탈리아와 프로이센에 대한 오스트리아 제국의 영토 상실은 편입된 지역들에 흩어져 살고 있던 슬로베니아인들이 다른 국가의 소수 민족으로 전락하고, 수적 약화가 이루어짐에 따라 민족 정체성을 유지하고 단결하는 데 더 큰 시련을 안겨주었다.[72] 이런 상황 속에서 오스트리아 제국내의 다른 피지배 민족들에 비해, 제국에 대한 저항과 독립 운동에 소극적이었던 슬로베니아인 사이에서 조차도 제국의 붕괴가 임박했다는 인식이 확산되게 되었다. 이것은 또한 잠시 수면 아래 잠재워 왔던 통일된 슬로베니아에 대한 꿈을 부활시키는 계기를 마련해 주었다고 할 수 있다. 오스트리아의 반대 속에서도 1868년 이후로 통일된 슬로베니아를 부르짖는 대규모 집회들이 연 이어 개최되었고, 일부 지식인들의 경우 크로아티아인과 세르비아인등 다른 남슬라브인들과의 연대를 본격적으로 추진하려는 움직임 또한 확대되고 있었다. 하지만 민족 수나 규모면에서 다른 남슬라브 민족들과의 연대에 소극적인 입장을 표명하고 있던 대다수 슬로베니아인들의 당시 상황을 고려할 때, 이러한 연대 움직임 의사 표시는 '통일된 슬로베니아'를 위한 제국에 대한 압박

---

72) 실제, 1866년 당시 이탈리아는 오스트리아 제국으로부터 새롭게 병합하게 된 트르스트 지역에 거주하고 있던 슬로베니아인들(약 27,000명)을 자국내 여러 지역으로 강제 이주시켰으며, 이중 제국 내 헝가리 영토로 편입된 슬로베니아인들 또한 45,000명에 달하였다. 이 수치는 오스트리아의 인구 조사에 따라 19세기 후반 당시 수도인 류블랴나 인구가 4만 명, 그리고 1860년대에 전체 슬로베니아인이 110만명, 1910년 130만 명에 불과했다는 점과 비교했을 때, 굉장히 많은 인구수라 할 수 있다(참고로, 제국 내에서 최초로 인구조사를 실시했던 1754년에는 75만 명이었음). Carole Rogel, op. cit., pp. 9-10.

수단으로 활용하고자 했던 것이 아닌가라고 추측해 볼 수 있다.

19세기 후반 슬로베니아 지식인들의 노력과 전략이 결실을 맺게 되는데, 오스트리아 제국은 1879년 이후로 슬로베니아내 정부기관과 학교에서 슬로베니아어 사용 및 문화 수업을 가르치는 것을 허용하는 정책을 단행해야만 했었다. 1869년 중등학교가 설립되었으며, 1890년대 들어와서는 쩰례에 고등학교(gimnazija)가 설립되게 된다.[73] 정치적 성과도 계속 이어져, 1883년 이후 카르리올라 의회는 슬로베니아인 들에 의해서만 구성되기 시작했고, 1888년 이후부터는 류블랴나 시장에 슬로베니아인 출신이 업무를 수행할 수 있게 되었다. 더불어 1907년에 들어와 선거권 개선이 이루어짐에 따라 슬로베니아인 출신의 정치가들이 대거 정치 일선에 등장할 수 있는 계기가 마련되게 되었다.

1890년대 이후 오스트리아 제국의 유화 정책에 따라 세 개의 정당들이 슬로베니아에 수립되게 된다. 그 중 하나는 류블랴나를 중심으로 지식인과 기업인들이 주축이 되어 결성한 '민족 진보당(National Progressive Party, 1891년 창립)'으로, 이 정당은 게르만주의 확산 경계와 함께 범슬라브주의(Pan-Slavist) 이념을 강조하였다. 두 번째 정당으로는 '슬로베니아 인민당(Sovene People's Party)'으로, 이 정당은 가톨릭 보수 색채를 바탕으로 남슬라브족들과의 관계 강화의 중요성을 인지하면서도, 독일로의 편입시 발생할 게르만 화 확대로 인해 민족적 이익 차원에서라도 오스트리아 제국과의 관계 강화가 필요하다는 점을 강조하였다. 세 번째 정당으로는 트르스트 등 항구와 도시 지역의 노동자들에게 인기가 높았던 '남슬라브 사회민주당(Yugoslav Social Democratic Party, 1896년 창립)'을 들 수 있다. 다른 정당들에 비해 다소 진보적 성향을 지녔던 이 정당은 민족주의 요소 위에 오스트리아-막시스트 사회주의 이념을 기치로 내걸었으며, 최종적으론 남슬라브족 연대에 따른 사회주의 국가 수립을 목적으로 하고 있었다.[74]

---

73) John K. Cox, op. cit., p. 15.

74) Carole Rogel, op. cit., pp. 9-12.

1908년 10월, 오스트리아의 보스니아-헤르체고비나 합병 소식은 서유럽은 발칸유럽 그리고 슬로베니아인들에게도 또한 민족적 자아 및 정체성 연대가 필요하다는 인식을 확대시켜준 계기가 되게 된다. 오스트리아 정부는 제국 내에서 남슬라브족 간의 연대를 분열시키려는 다양한 정책들을 구사하였지만, 이것은 오히려 슬로베니아 정치인들과 지식인들에게 남슬라브 민족 간의 통합 필요성이 절실하다는 점을 인식시켜준 계기가 되게 된다. 19세기말 오스트리아 제국의 위기감이 증대되면서, 슬로베니아에선, 제국 하에서의 통일된 슬로베니아 건설의 필요성이 역설되던 과거와 달리, 점차 남슬라브 문화와 정치적 통일에 대한 목소리가 힘을 얻기 시작하였다. 이에 따라 슬로베니아인들은 남슬라브족 통합을 기치로 내건 '유고슬라비아주의(Yugoslavism/ Jugoslavizam)'의 이념과 그 이상에 크게 동요되었다고 할 수 있다. 19세기 이래로 불어 닥친 민족주의 이념과 자신들을 둘러싼 국제적 상황, 소수 민족의 한계와 오스트리아 제국의 쇠약은 결국 슬로베니아인들에게 제국의 그늘에서 벗어나 '통일된 슬로베니아'가 아닌 그들만의 길을 가도록 요구하였다. 그 결과 슬로베니아인들은 마지막 남은 대안으로 남슬라브족 통합 운동에 관심을 보일 수밖에 없었으며, 이것은 결국 제 1차 세계대전이후 '세르비아-크로아티아-슬로베니아 왕국'의 수립으로 이어지게 되었다고 할 수 있다.

6) 정리하기

5-6세기를 거치며 발칸유럽에 들어와 정착하게 된 슬로베니아인들은 그들이 정착한 지역의 자연적 험준함과 지정학적 위치로 인해 불가리아, 세르비아 등 다른 남슬라브족들과 달리 강력한 중세 왕국을 건설하지 못하였고, 프랑크 제국과 신성로마제국 그리고 그 뒤를 잇는 합스부르크 제국과 오스트리아 제국 등 게르만 제국의 지배를 받으며 살아야 했다. 하

지만, 슬로베니아인들은 이러한 역사적 약점과 소수 민족이라는 한계에도 불구하고, 자신들의 고유 언어를 계속 유지, 발전시키려 노력했다고 할 수 있다. 그리고 이를 바탕으로 게르만 제국의 사회와 문화에 일방적으로 동화되지 않은 채 그들만의 문화와 민족 정체성을 새롭게 발전시켜 왔으며, 오히려 18세기 이후론 독자적인 언어 정체성을 중심으로 자신들만의 독특한 민족 문화적 정체성을 유지 발전시켜 나갈 수 있었다.

18세기 이전까지 슬로베니아인들은 오스만 터키의 군사적 위협과 침략 그리고 농민 반란과 종교 개혁 운동을 겪어가면서 자신들의 문화적 정체성에 눈을 뜰 수 있었다. 특히, 17세기 종교 개혁 세력과 반(反)종교 개혁 운동 세력 간의 갈등선상의 한 가운데 자리하면서 한 동안 게르만 지배 계층의 소유물로 인정되어 왔던 게르만 문화와 언어, 라틴어에서 벗어나 자신들의 민족어의 뿌리를 둔 여러 활동들을 전개해 나갔다는 점에 있어서 역사적 의미가 매우 컸다고 할 수 있다. 이것은 18세기 계몽주의 시대, 급속한 경제 발전 속에 중산층의 증대와 지식인들의 확대에 따라 슬로베니아인들이 그들 스스로 독자적인 언어 수립과 슬로베니아 역사책과 문법책 편찬 및 민족시 애창 등 민족 문화 정체성을 수립하는 데 중요한 계기를 마련해 주었다.

특히, 슬로베니아인들의 독자적인 언어를 바탕으로 한 민족 문화 정체성을 확립하게 된 결정적 시기는 바로 19세기 민족주의 시대와 나폴레옹의 지배라 할 수 있을 것이다. 19세기 초 나폴레옹 유럽 원정과 오스트리아 제국의 패배 결과 슬로베니아는 류블랴나를 중심으로 한 일리리아 속주로 편입되었고, 비록 짧은 기간이었지만 민족 문화의 정체성 확립의 필요성에 대한 인식을 분명히 확인할 수 있었던 시기라 할 수 있다. 당시 오랫동안 오스트리아 제국의 지배 하에서 그들의 민족적, 문화적 정체성을 제대로 인정받지 못한 채 살아와야 했던 슬로베니아 민중들은 점차 자신들이 누구인지에 대한 눈을 뜨기 시작하였고, 이에 맞는 요구를 제국에게 요청해 가기 시작하였다. 특히, 제국 내에서 고도의 자치권을 지닌 '통일된 슬로베니아'를 향한 민족주의 열망은 1848년 파리 혁명을 계기로 보다 급속히 확산되게 되었지만, 오스트리아 제국의 방해와 제국의 쇠락을 지켜보면서 세르비아인, 크로아티아인인 등 다른 남슬라브족들과의 연대를 통한 남슬라브족 통합 국가로의 꿈을 추진해 갈 수 밖에 없었다. 19세기를 거쳐 오면서 슬로베니아 지식인들은 언어적 통일 등 문화적 통합 발굴 움직임을 연대해 나가려는 일리리아주의와 유고슬라비아 주의 등 남슬라브족 통합 운동 주의자들의 요구를 조심스럽지만 단호하게 뿌리쳐 왔다. 그 결과 제 1차 세계대전이후 수립된 최초의 남슬라브족 통합 왕국 하에서도 그리고 20세기를 거치며 오늘날까지도 비록 소수 민족이라는 한계에도 불구하고 자신들의 고유한 언어와 독자적인 민족 문화 정체성을 수립해 나갈 수 있었다고 할 수 있다.

2 크로아티아
: 슬라브적 자기 문화 이해와 민족 정체성 구축

크로아티아의 역사적 함의와 진실을 읽는 키워드

역사적 의미와 사실로 들여다볼 때, 크로아티아는 10세기 초부터 12세기 초까지 중세 독립 왕국을 구성하였던 짧은 기간을 제외하고는 지역과 시기별로 계속해서 여러 외세의 지배를 받아들여야 했으며, 이에 따라 지배 민족의 문화적 강요를 수시로 경험해야만 했었다. 그럼에도 불구하고 오늘날 확인할 수 있듯이 크로아티아인들은 오랜 동안의 외세 국가들의 지배 문화 속에서도 자신들의 민족 문화 정체성을 유지하려는 노력을 게을리 하지 않아왔다.

중세 크로아티아 왕국은 오랜 동안 비잔틴 제국의 영향력 하에 있던 달마티아 지역의 해양 도시들이 10세기 초 불가리아 제국의 공격에 따른 비잔틴 제국의 쇠락과 로마 교황의 지원에 따라 925년 토미슬라브에 의해 수립되게 된다. 이후 크로아티아 왕국은 로마 교황의 비호아래 발칸 유럽 내 강력한 가톨릭 국가로 발전하게 된다. 하지만, 1102년 후계 왕 계승에 따른 일련의 어려움으로 인해 헝가리에게로 왕위 계승권이 넘어간 이후로, 크로아티아인들은 역사적 시기와 지리적 상황에 따라 헝가리, 베네치아, 오스만 터키, 보헤미아 등의 지배를 받아들여야만 했었다. 15세기 이후로 다시 헝가리 영향력 하로 편입된 크로아티아는 오스만 터키의 유럽 침공이 구체화되게 되면서부터는 헝가리 중세 왕국의 몰락과 함께 합스부르크 제국의 지배를 받아들여야 했으며, 18세기 중엽 이후 특히 19세기 민족주의 시대로는 헝가리의 영향력 하로 편입되어야 했었다.

미국 독립 전쟁과 프랑스 혁명을 계기로 일어난 민족주의는 19세기에 들어와서는 나폴레옹 유럽 원정을 통해 크로아티아를 비롯한 전 유럽으로 확산되게 된다. 민족주의가 도래할 당시 크로아티아는 합스부르크, 헝가리를 비롯한 외세 지배 하에서 지역적, 민족적 그리고 문화적으로 서로 분열된 상태에 처해있었다. 이러한 현실 속에서 민족주의의 영향을 받았던 크로아티아의 지식인들은 크로아티아의 정치적 통합과 민족간 단결을 유도하기 위해 가장 광범위하게 펼쳐져 있던 쉬토(Štokavski)방언을 중심으로 언어적 통합운동을 우선 전개하게 된다. 이 운동은 이후 외세 지배를 벗어나 자신들의 민족-국가(Nation-State)를 수립하기 위한 '일리리아주의'로 발전하게 되었다. 이후 1848년에 일어난 2월 파리 혁명과 여러 역사적 중요 사건들을 거치면서 일리리아주의는 점차 남슬라브족 통합운동인 '유고슬라비주의'로 발전하게 된다.

본 장에선 크로아티아내 사회, 문화, 정치, 경제적으로 수많은 영향을 미쳤고, 그 흔적들을 오늘날까지도 남기고 있는 헝가리와 합스부르크 제국 시기를 중심으로, 오랜 동안의 외세 지배 하에서도 크로아티아인들이 어떻게 문화적 자기 이해를 구축하고자 해왔는지, 그리고 이들 지배 세력과의 충돌과 저항을 통해 자신들의 고유한 민족 문화 정체성을 어떻게 발전시키려 해 왔는지에 대해 분석하고자 한다.

1) 생각하기

서기 925년 닌의 족장인 토미슬라브에 의해 최초의 크로아티아 중세 왕국을 수립한 이후 크로아티아는 발전을 거듭하게 되지만, 1102년 이후 헝가리 하로 왕권이 넘어감에 따라, 헝가리 등 여러 외세의 지배 하에서 19세기 민족주의 시대를 맞이하게 된다. 크로아티아인들은 민족주의 시대가 오기 이전까지 이스트라 반도는 오스트리아의, 아드리아(Adria/Jadranski) 연안의 달마티아 지역은 이탈리아 베네치아의 영향력 하에서, 북부 크로아티아와 세르비아인이 다수 거주하고 있던 동, 서 슬라보니아 지역은 헝가리의 지배 하에서, 그리고 아드리아 해안의 남부에 자리한 두브로브니크(Dubrovnik) 지역은 중세 해양 무역 국가인 라구사(Ragusa) 공국의 지배 하에서 세르비아인과 오스만 터키, 베네치아와 수많은 문화적 교류를 지니며 19세기를 맞이하게 된다.

실제, 중세 왕국의 몰락이후 오랜 세월동안 외세의 지배를 견디어 내야 했던 동유럽 여러 국가들 중에서도, 지역별, 시대별로 오스트리아, 헝가리, 베네치아, 오스만 터키, 세르비아 등 다양한 외세의 영향력 하에 놓여 있던 여러 지역들을 언어적 통일과 고유한 민족 문화 정체성을 바탕으로 독자적인 민족 국가를 수립한 크로아티아의 자주성에 대해 동유럽을 연구하는 학자들은 많은 관심을 보이고 있는 게 사실이다. 또한 1990년대 사회주의 유고슬라비아 연방 붕괴과정 중에서 장기간의 내전을 통해 힘겹게 독립 국가를 수립하게 된 크로아티아는 현재까지 자신들의 민족 기원이 되는 고대부터 현대까지의 역사 조명에 대한 독자적 연구와 새로운 고증 작업을 활발히 전개하고 있다. 과거 사회주의 시절 동안 민족주의 연구 및 표방을 금기시했던 유고슬라비아 연방 하에서 크로아티아는 자 민족 역사에 대한 독자적 연구 및 분석 작업이 사실상 불가능하였었다. 그러나 사회주의 유고슬라비아 연방의 해체 그리고 1991년 독립 선포이후 시작된 유고내전을 겪으면서 크로아티아 정부는 크로아티아 민족주의 부활 및 자 민족에 대한 의식 확대의 필요성을 절실히 느끼게 된다. 이에 따라 크로아티아는 크로아티아 민족의 독자성과 우수성을 발굴하고, 이를 민족들에게 고취시키기 위한 일환으로 고대 역사 속에서 크로아티아인들이 어떻게 발칸유럽에 정착하여 자신들의 문화와 사회를 꽃피웠고, 이후 계속된 외세의 위협에 저항해가며 중세 독립 왕국을 건설하고 왕국의 발전을 어떻게 이루어 낼 수 있었는지에 대한 연구가 활발히 이루어지게 된다. 또한 현재 정부의 적극적 지원 속에 고대 크로아티아 지역의 문화적 우수성과 중세 왕국의 발전에 대한 연구가 점차 다양한 학문 분야와 연계되면서 발전해 나감에 따라, 이를 기초로 한 크로아티아 민족의 기원과 민족 정체성에 대한 연구 또한 활발히 일어나고 있다. 더불어 이러한 연구는 단순히 고고학적 혹은 인류학적 분야의 연구를 넘어서 예술, 문학, 언어, 역사, 종교 그리고 지정학적 관점에 따른 연구와 함께 민족주의와 같은 정신적, 이념적 연구로까지 확대, 발전되어 현재에 이르고 있다.

슬라브적 자기 문화 이해와 민족 정체성 구축의 역사 과정이라는 측면에서 크로아티아 역사는 다음과 같은 네 가지 시기로 나누어 볼 수 있을 것이다. 첫 번째 시기는 크로아티아인들의 발칸유럽 정착과 가톨릭 수용을 들 수 있으며, 두 번째 시기는 헝가리 지배 하의 크로아티아로 오스만 터키의 위협과 헝가리의 지배 속에서도 자신들의 문화적 자기 이해를 구축해 가려던 크로아티아인들의 모습 시기를, 세 번째 시기에는 오스만 터키의 헝가리 침공에 따른 헝가리 왕국의 몰락에 따라 합스부르크 제국하로 넘어가게 된 크로아티아가 게르만적 문화 침투를 어떻게 이해하고 이를 대처해 갔는지를 살펴보게 될 것이다, 그리고 마지막으로 네 번째 시기에는 19세기 민족주의 시대를 맞이하면서 그 동안 축적되어 온 문화적 자기 이해를 바탕으로 자신들의 민족 문화 정체성을 어떻게 구축해 갔는지를 확인할 수 있을 것이다.

우선, 고대 크로아티아에 대한 역사적 고증 내용을 바탕으로 살펴보았을 때, 크로아티아인들은 다른 남슬라브족들의 발칸유럽 정착 때와 유사한 6-7세기를 거치며 발칸유럽 정착에 성공하게 된다. 더불어 9세기 크리스트교(가톨릭)를 수용하게 되면서 본격적으로 유럽의 일원으로 등장함은 물론 국가적 틀을 마련할 수 있게 되었다고 할 수 있다. 925년 독립 왕국을 건설하게 된 크로아티아는 11세기 동안 슬라브 문언과 문화의 발전을 이루어내면서 왕국의 발전을 모색하게 된다. 하지만, 12세기부터 15세기까지 크로아티아 내륙 지방은 헝가리 아르파드(Arpad) 왕조 하에서 자치권을 보유한 채 봉건제도를 겪어야만 했었다. 반면 아드리아 해안 지역, 그 중에서도 두브로브니크 공국은 베네치아 공국의 영향 속에서 중개 무역을 바탕으로 한 경제적 부의 축적과 문화적 발전을 꾀할 수 있었다. 하지만, 15세기에 들어서면서부터 크로아티아는 유럽 침공을 구체화하기 시작했던 오스만 터키 제국의 위협속에, 내륙에선 헝가리의 지배권이 약화되었고, 반면 해상에선 지중해 해상 무역 권을 계속 유지하려던 베네치아 공국과의 경쟁 관계 속에서 일련의 어려움을 겪어야만 했었다.

크로아티아는 지리적으로 고대 동·서로마의 분기점, 가톨릭과 정교 문화의 교차점 그리고 중세에는 합스부르크 제국과 오스만 터키 제국간의 경계선, 서구 문화와 동양 문화의 접합 점에 위치해 있었다. 1102년 이후 크로아티아의 실질적 지배자였던 헝가리는 15세기 오스만 터키의 계속된 유럽 원정과 공격에 따라 자신의 왕권과 크로아티아를 포함한 전체 국토의 지배권을 이웃한 합스부르크 제국에게 넘겨주고 그 보호를 받는 처지에 놓이게 된다. 이후 오스만 터키의 제 1차, 2차 비엔나 공격을 모두 승리로 이끈 합스부르크 제국은 '유럽의 수호자'란 별칭과 함께 유럽의 새로운 강대국으로 부상하게 되었다. 1699년 합스부르크 제국과 오스만 터키간에 맺은 '스렘스키 카를로브찌 조약'은 오스만 터키의 유럽 원정과 정복사업이 그 끝을 맺었다는 것을 의미하였다. 더불어, 이것은 크로아티아인들에게 있어서도 오스만 터키의 실질적인 위협에서 벗어나, 자신들의 문화와 삶 그리고 역사를 되돌아 볼 수 있는 계기를 마련해 주었다고 할 수 있다. 18세기 계몽주의와 자유주의 사상의 확산 속에 크로아티아 지식인들은 외세 지배 하에서 잠시 잊어버렸던 크로아티아인들의 역사를 다시 노래하기 시작하였고, 합스부르크 제국의 게르만 문화 그리고 헝가리 문화와는 또 다른 크로아티아인들만의 문화적 정체성을 일깨우려는 노력들을 다각적으로 기울이게 된다.

더불어 크로아티아인들의 문화 정체성의 중요성과 이에 대한 인식 확대는 이후 19세기 민족주의 시대에 들어와 자신들의 역사, 문화에 대한 자기이해 확대와 민족주의 의식 증대에 중요한 영향을 끼치게 되었다. 18세기말 서유럽에서 시작된 민족주의는 19세기 중엽 이후에는 당시 여러 제국들 지배하에 놓여 있던 중부유럽과 발칸유럽 전역으로 확대되게 된다.[75] 이러한 민족주의 여파로 인해 크로아티아는 당시 합스부르크 제국(1866년 이후 오스트리아-헝가리 이중제국으로 변경)하에서 민족의 권리와 독립을 추구하기 위한 여러 움직임을 전개하여 갔다. 이러한 움직임의 대표적인 사례로는 크게 두 가지를 들 수 있는데, 그것은 19세기 초 크로아티아의 언어 개혁을 통해 크로아티아 내 민족 통합을 주도해 나가려 했던 '일리리아주의'와 19세기 중엽 파리 2월 혁명을 계기로 이전의 일리리아 운동을 확장해 남슬라브 민족의 통합을 구체화하려 했던 '유고슬라비아주의'라 말할 수 있다.

19세기 초 당시 크로아티아는 오랫동안 오스트리아의 영향을 받고 있던 북부 크로아티아, 세르비아인이 다수 거주하면서 헝가리의 강력한 영향력 하에 있던 슬라보니아, 경제·문화적인 면에서 이태리의 영향력을 벗어나지 못하고 있던 달마티아와 이스트라 지방 그리고 상대적으로 경제·문화적 소외지역으로 헝가리의 지배를 받고 있던 크로아티아 내륙 지방

---

75) 민족과 민족주의에 대한 이론에 대해서는 Lian Greenfeld, *Nationalism: Five Roads to Modernity*, (Cambridge: Havard Univ. Press, 1993); Anthony D. Smith, *Theories of Nationalism*, (London: A Torchbook Library, 1971); John Breuilly, *Nationalism and State*, (Manchester: Manchester Univ. Press, 1985)를 그리고 발칸유럽에서 나타나는 민족주의 양태에 대해서는 Peter F. Sugar & Ivo J. Lederer (eds.), *Nationalism in Eastern Europe*, (Seattle & London: Univ of Washington Press, 1994); Hans Kohn, *The Idea of Nationalism: A Study in its Origins and Background*, (New York: Macmillan, 1961)을 기초로 했다.

등으로 나뉘어져 있었다. 이러한 현실 속에서 19세기 당시 유럽에서 팽배해 있던 민족주의 사상에 영향을 받은 크로아티아 지식인들은 크로아티아의 통합과 크로아티아인들의 민족 정체성 구축을 위해선 무엇보다도 언어적 통일과 개혁이 필요하다는 인식을 지니고 있었다. 이에 따라 크로아티아 대부분 지역에서 쓰이고 있던 쉬토 방언을 기초로 언어 개혁을 토대로 한 일리리아 운동에 돌입하게 되었고, 이러한 운동의 결과 이전까지 크로아티아에서 보편적 언어로 상용되고 있던 헝가리어와 이태리어 그리고 게르만어를 대신해 크로아티아어가 자리를 잡게 된다. 또한 이러한 언어 개혁을 토대로 출발한 일리리아 운동은 곧 이어 크로아티아 전 지역의 정치적 통합 운동으로 확대되게 되었다.

19세기 중엽에 들어와 크로아티아는 당시 급격하게 변화하고 있는 국제 정세에 영향을 받게 된다. 특히 1848년 2월에 있었던 파리 혁명과 뒤이은 제국내 헝가리 반란과 진압은 당시 크로아티아의 통합과 민족 정체성 확립에 관심을 지니고 있던 크로아티아 지식인들 사이에 일리리아 운동을 확대해 남슬라브족 통합 국가건설을 전제로 한 유고슬라비아주의 운동으로의 발전이 필요하다는 인식을 확산시켜 주었다. 이러한 유고슬라비아주의는 1850년 크로아티아와 세르비아 언어학자들 간에 맺은 '비엔나 어문 협약(književni dogovor)'을 통해 통일된 표준어로 세르보크로아티아어를 탄생시켰다. 또한 일리리아 운동의 효과가 본격적으로 나타나기 시작한 1870년대 이후 유고슬라비아주의는 달마티아, 이스트라 그리고 슬라보니아 지방 내에 크로아티아 정치적 통합이 가시화되면서부터 본격적인 발전의 기초를 마련하게 된다. 이와 함께 1878년 베를린 조약에 따른 오스트리아의 보스니아 병합(1908년 완전 합병)과 오스만 제국의 쇠퇴에 따라 오랫동안 자치 지역으로 남겨져 있던 '전선(보이나 그라니짜 지역)'이 1881년 크로아티아 영내로 편입되게 되면서 크로아티아인들과 세르비아인들 사이에는 오랜 시기동안 끊어져 왔던 서로 간 인적 교류와 정치적 유대관계가 보다 더 활발히 이루어지게 되었고, 이에 따라 양 민족을 중심으로 남슬라브족 통합국가에 대한 이상도 확산되어 갔다.

2) 크로아티아 민족의 발칸유럽 정착과 가톨릭 수용

크로아티아인을 비롯해 6-7세기를 거치며 발칸유럽에 정착하기 시작한 남슬라브족들은 비록 그 민족적 기원은 같이했으나, 발칸유럽의 역사적 진행에 따라 정치, 경제, 사회, 문화, 종교 등 모든 측면에서 서로 이질적인 2가지 양태를 보이게 된다. 이중 하나는 콘스탄티노플 교회(훗날 정교로 발전)의 비잔틴 제국과 14세기 이후 확대된 오스만 터키의 영향력 하에 있던 세르비아인, 불가리아인을 비롯한 정교 문화권이고, 또 다른 하나는 로마 교회(훗날 가톨릭으로 발전)를 신봉한 프랑크 제국과 이후 합스부르크 제국 하에서 서유럽 및 가톨릭 문화권에 편입된 크로아티아인과 슬로베니아인을 들 수 있다.

크로아티아인들이 정착하기 이전 이 지역은 로마의 영향력 하에 있었고, 그 이전에는 해안가를 중심으로 그리스인과 일리리아인들이 자신들의 영역을 확보하고 있었다. BC 2세기에 들어와 로마인들은 이 지역의 원주민들을 정복하였고, 마침내 BC 168년엔 일리리아 왕국의 마지막 수도인 스카다르 지역을 점령함으로써 북부 아드리아해에 위치한 이스트라 반도를 비롯해 현재의 크로아티아 해안 지역을 완전히 장악하게 된다. 디오클레티아누스 로마 황제의 궁전이 자리한 스플리트(Split, 로마 시절 Salona), 크로아티아 중세 왕국의 발원지인 닌(Nin, 로마 시절 Aenora), 대표적인 해양도시인 자다르(Zadar, 로마 시절 Jadera)등은 로마의 지배 이후로 상업과 무역도시이자 전략상 주요 요새로 크게 발전하게 된다.[76]

395년 로마가 분열되고, 뒤 이어 게르만족의 침략으로 서로마 제국이 붕괴된 이후, 동·서로마 제국을 비롯해 당시까지만 해도 초기 기도교의

76) Ivo Goldstein, *Croatia, a History*, (London: Hurst & Company, 1999), p. 11.

여러 유산들이 남아있었던 크로아티아 아드리아해의 해안 도시들은 게르만족의 일파인 고트족, 롬바르드족 외에도 아시아의 유목민족인 아바르족과 훈족 등의 계속된 약탈과 침략을 받아야만 했다. 535년 비잔틴 제국이 고트족에 패한 이후 크로아티아의 지배권은 게르만족과 아시아 유목민족에게 넘겨주어야만 했다.[77] 하지만, 로마 제국의 영향력 쇠퇴와 세력 공백은 훗날 아시아 유목민족들을 피해서 혹은 이들과 함께 로마 제국 영토내로 넘어 들어왔던 크로아티아 등 남슬라브족들의 정착지 건설과 세력권 형성을 보다 용이하게 해준 배경에 되게 된다.

농경민족의 특성을 지니고 있던 남슬라브족들은 매우 느린 속도로 발칸 지역으로 이주해 들어오기 시작했지만, 정착한 이후에는 인구수의 증대를 바탕으로 점차 그 거주지를 확대시켜 나갔다. 실제, 비잔틴 역사가들의 기록과 연대기에 따르더라도 비잔틴 제국의 유스티니아누스 황제 시기인 517년 슬라브족들은 다뉴브 강을 건넌 후 마케도니아(Macedonia, 오늘날 남동부 세르비아, 마케도니아와 불가리아), 에피루스(Epirus, 오늘날 북서부 그리스와 알바니아 지역)등 발칸유럽 전역에 정착하기 시작하였고, 536년엔 일리리쿰(Illyricum, 오늘날 세르비아와 보스니아) 및 크로아티아 해안 지역인 달마티아에 들어와 살로나(Salona, 스플리트) 지역을 완전히 장악하였다고 전하고 있다. 이후 크로아티아인을 비롯해 남슬라브족들이 549, 550, 559년에 걸쳐 여러 차례 이들 지역에 쳐들어와 마침내 그들의 정착촌을 형성하게 되었다고 기록하고 있다.[78] 또한 비록 세르비아의 역사적 시각과는 차이가 있지만, 네레트바인(Neretvani) 혹은 빠간인(Pagani)으로 불리던 부족이 오늘날 크로아티아 달마티아 해안 지대와 브라츠(Brač), 흐바르(Hvar), 코르출라(Korčula)등의 섬 등에서 거주하였고 이들을 크로아티아인으로 불렀으며, 7세기 비잔틴 제국의 헤라클리우스(Heraclius, 575-641, 재위 610-641) 황제가 비잔틴 제국에 침략한 아바르족을 몰아내기 위해 크로아티아인을 비잔틴

77) Donald M. Nicol, op. cit., pp. 31-34.

78) Francis Dvornik, op. cit., pp. 34-36.

군에 편입시켰다는 내용이 담겨져 있기도 하다. 이와 함께, 630년 무렵 크로아티아인들이 비잔틴제국의 도움을 받아, 달마티아에서 치른 세르비아 부족 중심의 남슬라브 연합세력을 물리쳤다는 기록 또한 남겨져 있기도 하다.[79] 이렇게 정착에 성공한 크로아티아 지역에 정착한 남슬라브족들은 지형적 조건에 따라 크게 5부족으로 나뉘어 사바 강과 드라바(Drava) 강 사이의 현 슬라보니아 지방과 아드리아 해안가인 달마티아지역 등에 정착촌을 형성하기 시작하였다.[80]

크로아티아란 지명은 여러 세기에 걸쳐 아드리아 해안지역을 중심으로 불린 것으로 보인다. 크로아티아 역사가들에 따르자면, 발칸유럽에 정착한 이후 크로아티아인들은 내륙으로는 파노니아 평원에서부터 보스니아(Bosnia/ Bosna)와 헤르체고비나(Herzegovina/ Hercegovina) 지방까지, 그리고 남으로는 몬테네그로(Motenegro/ 쯔르나 고라, Crna Gora) 지역에 걸쳐 주거지를 형성하였다고 주장하고 있다. 이에 대해 세르비아 역사학자들은 비잔틴 제국의 기록을 근거로 7세기 경 세르비아인들이 이미 발칸유럽의 상당 지역을 차지하였으며, 9세기말에 들어와선 아드리아 해안 지역에서부터 내륙의 사바 강까지의 지역에 해당하는 달마티아 대부분 지역을 정복하였다고 주장하고 있다.[81]

고대시절 그리스, 로마, 이후 비잔틴 제국의 영향력 하에 있었던 크로아티아는 이후 역사적으로 바이킹족인 노르만인, 헝가리인, 이탈리아의 베네치아 세력과 오스만 터키간의, 그리고 뒤 이어 오스트리아인, 독일인과 프랑스인 등 다양한 외국 세력의 영향 하에 놓이게 된다. 따라서 이러한 지배 세력의 역학 관계에 따라 크로아티아 지역은 다양한 지역적 분화와

---

79) Franjo Šanjek, *Crkva i Kršćanstvo u Hrvata, srednji vijek*, (Zagreb: Kršćanska sadašnjost, 1993), p. 42; A. P. Vlasto, *The Entry of the Slavs into Christendom*, (Cambridge: At the University Press, 1970). p. 187.

80) Ivan Božić, Sima Ćirković, Milorad Ekmečić and Vladimir Dedijer, op. cit., pp. 18-19.

81) Miloš Blagojević, "On the National Identity of the Serbs in the Middle Ages", Radovan Samardžić and Milan Duškov (eds.), *Serbs in European Civilization*, (Serbian Academy of Sciences and Arts; Institute for Balkan Studies, 1993), pp. 22-23.

사회, 문화적 차이가 나타났고, 그러한 특징에 따라 크게 세 개의 지역으로 나눌 수 있을 것이다. 이들 지역은 우선 수도인 자그레브를 포함해 전통적으로 크로아티아라 불렸던 내륙 지역과 헝가리, 세르비아 보이보디나와 경계를 이루며 독특한 문화권을 형성한 슬라보니아 지방 그리고 험준한 디나르 알프스(Dinarski Alpe) 산맥의 영향으로 내륙과 다른 역사, 문화적 경험을 해야 했던 아드리아 해안지역인 달마티아 지역 등이다.

발칸유럽에 정착한 크로아티아인들은 한 동안 비잔틴 제국의 유스티니아누스 황제의 영향력 하에 놓여 있었고, 따라서 이 지역에는 로마 교회보다는 콘스탄티노플 교회의 세력이 더 크게 작용하였었다. 하지만 8세기경에 들어와 비잔틴 제국의 국력이 약화되고, 반면에 로마 교회는 프랑크 제국의 지원 속에 세력이 크게 확대되자 크로아티아 상당 지역은 로마 교회의 영향력 하로 조금씩 편입되기 시작하였다. 특히, 8세기말 아바르족과의 여러 전투(791년, 795-796년)에서 프랑크 제국이 승리한 이후 크로아티아 내륙 지역의 상당 부분은 프랑크 제국과 로마 교회 지배 하로 들어가게 된다.[82] 특히, 803년 최초의 크리스트교 황제로 신성로마제국의 칭호를 얻게 된 프랑크 제국의 카를 대제(샤를마뉴 Charlemagne, 카를 1세 Charles the Great, 742-814, 왕 768-814, 황제 800-814)의 지배 하에서 대부분의 크로아티아인들은 로마교회의 영향 하에서 크리스트교로 개종하였다. 이후, 내륙 지역에 이어 아드리아해의 닌에도 또한 최초 로마 교회 교구가 수립되었지만, 적어도 9세기 말까지 달마티아 지역 내 크로아티아인들은 비잔틴 제국과 콘스탄티노플 교회의 영향력 하에 놓여 있었다.[83]

아드리아해는 고대 때부터 그 지정학적 중요성이 크게 부각되어 온 곳으로, 이 지역의 해상권, 무역 권을 둘러싼 강대국들 간의 세력 경쟁과 전쟁이 반복되어 나타났으며, 그 한가운데에는 항상 크로아티아가 자리해 있었다. 9세기 동안 로마 교회를 확장하려는 프랑크 제국과 기존 콘스탄

82) Preveden, Francis R., op. cit., pp. 102-103.

83) A. P. Vlasto, op. cit., p. 192, pp. 195-196.

티노플 교회의 영향력을 빼앗기지 않으려는 비잔틴 제국과의 힘겨루기가 크로아티아 해안 지역을 중심으로 전개되었지만, 823년 이 지역의 관할권을 둘러싼 전쟁에서 비잔틴 제국이 신성로마제국에게 대패함에 따라 아드리아 해안의 상당 지역은 점차 신성로마제국의 영향력 하로 편입되게 되었다. 특히, 843년 프랑크 제국이 세 조각(동, 서, 남 프랑크로 오늘날 독일, 프랑스, 북부 이탈리아의 전신임)으로 분열되고 혼란해진 틈을 이용해, 비잔틴 제국과의 우호 관계를 새롭게 구축하려 했던 대족장 즈데슬라브(Zdeslav, 재위 878-879)가 사망한 이후, 크로아티아 내륙지역에 대한 비잔틴과 콘스탄티노플 교회의 세력 확대는 더 이상 이루어지지 못하였고, 로마 교회의 영향력이 보다 확대되게 된다.[84] 당시 크리스트교의 보급과 확대는 성서 제작을 위한 문자의 보급과 함께 이루어졌는데, 크로아티아는 한 동안 키릴과 메토디우스가 863년 성서를 슬라브 언어로 번역하기 위해 고안한 문자체인 글라골리짜(Glagolica)를 사용하였다. 이 문자는 비잔틴 제국과 콘스탄티노플 교회 영향권 지역에서 통용되던 상징 성어였다. 하지만, 925년 스플리트에서 열린 교회 회의에서 아드리아해를 포함한 크로아티아 지역에서 교회 예배 시 슬라브어와 글라고리짜 사용을 금지할 것이 선포되었고, 이를 대신해 로마 교회 권에서 사용되던 라틴어와 그 문자만을 사용하도록 요구되었다.

국가의 수립과 민족의 운명 그리고 발전에 있어 크리스트교 수용은 크로아티아인들의 삶과 문화에 매우 깊은 영향을 미쳤다. 크로아티아 최초 중세 독립 국가는 925년 아드리아해 닌의 족장이었던 토미슬라브에 의해 수립되게 된다. 토미슬라브는 당시 불가리아 제국의 위협으로 날로 약화되고 있던 비잔틴 제국의 상황과 로마 교회의 교황인 존 10세의 교세 확장 욕구를 이용하여 독립 왕국을 선포할 수 있었다.[85] 로마 교회 전파에

84) Francis Dvornik, op. cit., p. 124.

85) Radislav Katičić, *Uz početke hrvtskih početaka*, (Split: književni krug, 1993), p. 67; Ivan Božić, Sima Ćirković, Milorad Ekmečić and Vladimir Dedijer, op. cit., pp. 36-37.

대한 토미슬라브의 의지는 그가 죽은 뒤에도 여러 왕들에게 그대로 이어져, 트르피미르 2세(Trpimir II, 재위 928-935)와 크레시미르(Kresimir, 재위 935-945) 시기에 들어와선 영토 확장과 더불어 로마 교회가 더욱 확대될 수 있었다.

크로아티아 중세 왕국의 절정은 11세기 후반인 뻬타르 크레시미르 4세(Petar Kresmir IV, 재위 1058-1075)시기였다. 아드리아해와 달마티아의 지배권을 둘러싼 베네치아 공국과의 갈등 속에 크로아티아 왕국은 이 지역으로의 영향력 확대를 다시 추진하던 비잔틴 제국과의 싸움을 잘 이겨내며 점차 영토를 확장해 나갈 수 있었다. 1054년 종교 대분열 선언이 일어난 이후, 바이킹들의 비잔틴 도시들에 대한 약탈과 공격이 시작되었고, 이로 인해 비잔틴 제국은 심각하게 국력이 약화되게 된다. 또한 1069년 이후로 시작된 셀주크 터키(Seljuk Turkey)족들의 계속된 군사 공격 또한 비잔틴 제국의 어려움을 확대시키고 있었다. 이러한 대외적인 어려움은 달마티아 지역들에 대한 비잔틴 제국의 영향력을 급속히 감속시켰다고 볼 수 있으며, 그 결과 11세기말에 들어와 크로아티아는 아드리아해와 달마티아 지역의 지배권을 완전히 장악할 수 있게 된다.[86]

실제 이 당시 크로아티아는 영토적 확장과 국력 신장을 토대로, 문언과 문화의 발전을 통한 중세 왕국의 면모를 보다 확실히 구축해 나갈 수 있었다. 과거 비잔틴 제국의 영향력 하에 있던 아드리아해 연안과 달마티아 지역은 비록 삶의 방식과 경제생활의 일부 면에 있어 차이가 존재하였지만, 이 시기에 들어와 기존 원주민이었던 비잔틴 제국 인들과 새로운 지배자로 등장한 크로아티아인들 사이의 문화적, 민족적 이질감은 점차 사라지게 된다. 아드리아해와 달마티아 해안에 위치한 여러 해양 도시들은 고대이래로 지중해 그리고 로마와 콘스탄티노플을 연결하는 혹은 아시아와 유럽을 잇는 매우 중요한 경제적, 지정학적 위치를 차지하여 왔으며, 크레시미르 시기에 있어서도 그러한 영향력은 계속 남아있었다. 또한 이후에 들어와서도 아드리아해와 그 연안 도시들은 유럽 십자군들의 예루

86) Francis Dvornik, op. cit., pp. 137-138.

살렘 성지 수복을 위한 주요 교통로로서 역할을 수행하였으며, 이에 따라 그 부를 계속 축적해 나갈 수 있었다. 점차 상공업, 중개 무역을 기반으로 한 신흥 부자와 이를 통한 시민 계급들이 형성되기 시작하였고, 이들은 점점 가치가 오르는 땅을 구매함으로써, 그들의 부를 축적해 나갔다. 농민들은 자신들이 경작할 수 있는 토지를 계속 확대해 나갔고, 그 결과 인구수 증가와 함께 새로운 수도원들이 새롭게 건립되게 된다.

하지만, 크레시미르 4세의 죽음이후 왕위 후계자가 없는 가운데 혼란기를 맞이하게 된 크로아티아는 1075년 포사비나(Posavina)지역의 반이자 강력한 로마 교회 신봉자였던 드미타르 즈보니미르를 새로운 왕으로 추대하게 된다. 즈보니미르는 당시 중부유럽의 강력한 가톨릭 국가였던 헝가리의 라디슬라우스(László/ Ladislaus, 1040-1095, 재위 1077-1095)왕의 여동생이자 자신의 부인인 옐레나 리예파(Jelena Lijepa)의 도움으로 로마교황과 접촉하여 크로아티아 왕위를 약속받을 수 있었다.[87] 즈보르미르 시기에 들어와 크로아티아는 기존 비잔틴 제국과 남슬라브족의 문화와 더불어, 로마 교황청의 강력한 지원 속에 새로운 서유럽 문화를 받아들였으며, 중세 봉건체제의 토대를 강력히 구축하는 계기를 마련하게 된다. 로마 교회의 영향력 증대에 따라 수립된 교회와 수도원들에서 당시 크로아티아의 가톨릭 사제들은 문자와 문화의 보급에 주요 선구자적 역할을 수행하였다.[88]

한편, 11세기 말 비잔틴 제국은 경제적, 군사적 중요 지역이었던 소아시아 지역을 셀주크 터키에게 빼앗기고 황제가 포로가 되는 등 심각한 존립 위기를 맞이하고 있었다. 이에 따라 1081년에 황제로 등극한 알렉시우스 1세 코메노스(Alexious I Commenos, 1059-1118, 재위 1081-1118)는 제국의 부흥을 다짐하면서 로마 교황인 우르반 2세(Urban II, 1042-1099, 재임 1088-1099)에게 군사적 도움을 요청하였다. 곧 이어 십자군 결성 소식이 전해졌고, 이에 대해 즈보르미르는 1089년 교황의 요청에 따라 유럽 국가들 가운데 가장

87) Ivan Božić, Sima Ćirković, Milorad Ekmečić and Vladimir Dedijer, op. cit., pp. 42-43.
88) Franjo Šanjek, op. cit., p. 89.

먼저 십자군 원정을 추진하게 된다. 하지만 엄청난 국력 소모와 재정 파탄을 불러 올 수 있는 십자군 운동에 크로아티아의 반들과 귀족들은 강력히 반대하였고, 그 결과 이들의 봉기로 인해 즈보르미르가 암살되는 상황에 이르렀다. 즈보르미르의 갑작스런 죽음으로 크로아티아는 엄청난 혼란 속에 빠지게 되는 데, 그러한 이유는 즈보르미르의 뒤를 이어 왕으로 선출된 스트예판 2세(Stjepan II, 1089-1090/1091)가 곧 죽게 되자, 과거 크레시미르 4세 때처럼 왕권계승자가 부재한 상황 속에서 왕위계승을 둘러싼 귀족들 간의 치열한 파벌싸움이 발생하였기 때문이다. 혼란을 수습하고자 즈보르미르의 처인 옐레나 리예파는 자신의 오빠인 헝가리 왕 라디슬라우스를 크로아티아의 왕위 후보로 내세웠고, 크로아티아 귀족들의 권리와 자치권 그리고 영토를 보장해 준다는 라디슬라우스의 약속에 따라 1091년 라디슬라우스는 크로아티아의 새로운 왕으로 추대되었고, 이때 이후로 크로아티아는 헝가리의 지배 영향력 하로 편입되게 된다.

3) 헝가리 지배 하의 크로아티아: 문화적 자기 이해를 향한 노력

1095년, 헝가리의 왕이자 크로아티아의 왕이었던 라디슬라우스가 사망하자, 그의 동생인 아르파드 왕조의 칼만(Koloman/Kálmán, 1074-1116, 헝가리 왕 1095-1116, 크로아티아-달마티아 왕 1102-1116)이 그 뒤를 이어 새로운 왕으로 추대되게 된다. 1102년 칼만은 헝가리 왕에 이어 달마티아와 크로아티아의 왕위에 즉위한 후, 크로아티아 귀족들에게 자치권을 존중할 것과 모든 중요 결정을 반과 귀족들의 자치의회(Sabor)에 일임할 것임을 약속하였다. 크로아티아 귀족들의 동의 속에 이때부터 헝가리왕은 자동적으로 크로아티아의 왕으로 인정받게 되었고, 그 결과 아르파드 왕조는 크로아티아의 실질적 왕권과 권리를 넘겨받을 수 있게 되었다.

하지만 이 당시 역사적 상황을 둘러싼 크로아티아와 헝가리 역사가들 간의 논쟁이 존재하고 있는 것도 사실이다. 칼만 이후 헝가리는, 1차 세계대전 종식 전까지 크로아티아에 대한 배타적 종주권을 행사하였는데, 헝가리의 역사가들은 1102년 이후 크로아티아가 헝가리로 완전한 병합되었다고 주장하고 있는데 반해, 크로아티아 역사가들은 헝가리와 크로아티아는 단순히 정치적 연합관계였으며, 헝가리의 영향력 하에서도 크로아티아는 독자적인 정치권과 경제권을 계속 유지하였다고 주장하고 있다.[89] 또 하나의 역사적 의미는 이때 이후로 크로아티아는 세르비아를 비롯해 다른 남슬라브 민족들과 멀어져 헝가리를 비롯한 중부유럽과 서유럽의 문화권으로 편입되게 된다는 점을 들 수 있다. 이후로 크로아티아는 세르비아와 역사적, 문화적 그리고 종교적으로 서로 다른 길을 가게 되었고, 시간이 지나면서 두 민족의 민족성과 가치관의 차이는 점점 벌어지게 되었다. 이것은 양 민족이 훗날 최초의 통일된 남슬라브 왕국 하에서, 양차 대전 사이와 제 2차 세계대전 이후 수립된 사회주의 유고 연방 하에서, 그리고 1990년대 연방붕괴과정에서 보였던 여러 민족 갈등과 내전을 확대시키는 데 중요한 요소 중 하나를 차지하게 된다.

12세기 이후로 아드리아해에 있어 비잔틴 제국의 영향력은 완전히 소멸하였고, 아드리아해를 둘러싼 베네치아와의 싸움 속에 크로아티아 지역은 헝가리 아르파드 왕조 하에서 그 지배권 확대가 강력하게 추진되게 된다. 한편, 아드리아해에 대한 영향력 확보는 매우 중요한 의미를 지니고 있었는데, 그 이유는 이 지역이 비잔틴과 소아시아 그리고 동부 지중해로의 주요 통로라는 측면에서 중요한 지정학적 위치를 차지하고 있었기 때문이다. 헝가리 또한 이 점을 분명히 인식하고 있었고, 해안과 달마티아 연안 도시들에 대한 직접적인 지배권을 희망하였으나, 내륙과 해안을 가로막은 디나르 알프스 산맥의 험준함으로 인해 그 뜻을 이루지 못하였다. 반면에 내륙 지역에 있어선 헝가리의 영향력이 점차 확대되게 된다. 이 시

89) Fred Singleton, op. cit., p. 29; Nikša Stančić, *Hrvatska nacija i nacionalizam u 19. i 20. stoljeću*, (Zagreb: Barbat, 2002), pp. 171-202.

기 크로아티아는 다른 서유럽 국가들과 마찬가지로 봉건제도의 성숙기를 맞이하여, 프란코판 가문과 즈린스키 가문 그리고 슈비치(Šubić) 가문 등이 크로아티아의 대표 귀족 가문을 이어가며, 봉건제도의 성숙을 이끌어 나갔다.[90]

봉건 제도 하에서 이들 크로아티아 귀족들은 헝가리 왕의 정책에 대한 불만과 권리 요구가 있을시 그들의 귀족 회의인 사보르(Sabor)를 수시로 소집하였고, 만약 헝가리 왕이 그들의 요구를 들어주지 않거나, 특권을 무시하려 할 때에는 이에 대한 항의 권을 지니고 있었다. 이처럼 크로아티아 귀족들은 아르파드 왕조 하에서 비록 헝가리의 영향력 하에 있었지만 그들만의 정치권력과 사법권 그리고 행정권을 독자적으로 발전시켜 나갔다고 볼 수 있다. 실제, 이 지역의 실질적인 지배자였던 앤드류 2세(Andrew II, 1177-1235, 재위 1205-1235)가 국가 권력 강화를 위해 귀족들의 세력 약화와 더불어 이들에 대한 세금 확대를 추진해 나가자, 헝가리의 귀족들과 함께 크로아티아와 슬라보니아의 귀족 세력들은 앤드류의 아들인 벨라 3세(Bela III/Béla III, 1148-1196, 재위 1172-1196) 왕자를 내세워 왕의 무분별한 재정 정책과 국고 탕진이 오히려 나라의 위기를 초래했다는 내용과 함께 1222년 앤드류 2세에게 '금인칙서(Golden Bull)'를 발표하도록 강요하였다. 또한 1273년, 현재 크로아티아의 수도인 자그레브에서 사보르가 열렸을 때, 크로아티아 귀족들은 그들의 권리를 보장하는 다양한 법조항을 왕에게 요구하기도 했다.[91]

---

90) 이들은 당시 크로아티아 통치 세력을 대표하던 반으로써, 또 크로아티아와 헝가리내 상당 영토를 소유하였으며 오스만 터키의 유럽 위협 등 혼란한 틈을 이용해, 주인 없는 상당 영토를 자신의 소유로 등록하거나, 헐값에 매수하는 방식으로 영지를 확장해 나갔었다. 하지만, 17세기 오스만 터키의 위협 약화와 합스부르크 제국은 중앙 집중적 중상 정책 및 지배지역의 영향력 확보 의도에 크로아티아 귀족들이 독립을 추진하게 되지만, 결과적으로 실패함에 따라 이후 자치권의 약화와 함께 독립을 향한 크로아티아인들의 꿈도 사라지게 되었다. John R. Lampe, op. cit., p. 32; Marcus Tanner, op. cit., pp. 50-51.

91) John V. A. Fine, "The Medieval and Ottoman Roots of Modern Bosnian Society", Mark Pinson (ed.), *The Muslims of Bosnia-Hercegovina*, (Cambridge: Harvard Univ. Press, 1994), p. 149.

반면, 이 당시 아드리아 해안 지역의 도시들은 베네치아의 위협과 전쟁에 시달리면서 동시에 그들의 독립권 그리고 상거래의 안전과 자유를 보장받는 데 주력해야 했었다. 따라서 크로아티아 귀족들은 자신들의 권력유지와 부의 축적을 위해 그들만의 독특한 정치제도를 구축해 나갔으며, 이를 위해 때로는 다수의 부자상인들을 귀족 계층으로 인정해 받아들였다. 이들 부자 상인들은 무역을 통해 축적된 자본을 기초로 조선이나 제혁 같은 다양한 가공업 발전을 일으켰으며, 도시의 외곽지역을 따라 와인이나 올리브기름, 소금과 소금에 절인 고기 등의 전통적인 1차 산업 또한 발달시켰다. 그 결과 이들 도시로 대규모 인구가 몰리면서 도시 외곽지역으로까지 그 규모가 점점 커져갔다. 봉건제도가 견고해 지고 있던 내륙에 비해 아드리아 해안 지역은 이와 다른 여러 양상들이 전개되었다고 볼 수 있다. 실제, 이 지역의 소농인은 사적 자유를 즐기는 소작인이었고, 지주는 임의로 토지를 빌려 주거나, 계약에 의해 추수의 일부분에 대한 권리만을 인정받을 수 있었다.

하지만, 크로아티아에 대한 헝가리의 지배권은 1241년 몽골-타타르족의 헝가리 침공으로 인해 크게 약화되었고, 1260년 보헤미아의 오타카 2세가 헝가리를 침공하자 크로아티아를 비롯한 헝가리의 상당 지역은 보헤미아의 영향력 하로 편입되게 된다. 그러나 1273년 신성로마 제국내 황제로 등극한 합스부르크 왕조 출신의 루돌프가 1278년 8월 보헤미아 왕국과의 전투에서 승리함에 따라 이후 크로아디아를 비롯해 오늘날 체코, 슬로바키아 지방과 헝가리의 상당 지역은 합스부르크 제국의 지배 하로 편입되게 되었다. 계속된 국력의 쇠락에 따라 크로아티아 귀족들은 새롭게 지배권을 지니게 된 헝가리 왕 찰스 1세(Charles Robert, 1288-1342, 재위 1312-1342)의 왕권을 인정하려 하지 않았으며, 그들 영지에 대한 지배권이 침해당하는 것을 허용하지 않으려 했다. 심지어 아드리아 해안 지역에서 크로아티아 귀족들은 헝가리 화폐가 아닌 자신들만의 통화를 만들어 사용하

였으며, 독자적인 사법권과 각 도시들에 대한 관할권을 행사하였다.[92]

크로아티아 내륙에 대한 헝가리 지배권 강화는 헝가리의 부흥을 일으켰던 루이스 대제(Louis the Great/Ludović I, 1326-1382, 헝가리와 크로아티아 왕 1342-1382, 폴란드 왕 1370-1382) 시기동안 진행되게 되는 데, 이 당시 크로아티아는 경제적 부를 확대시켜 나갔으며, 자그레브가 주요 무역도시로 성장하게 된다. 또한 크로아티아 해안과 내륙 지방사이의 문화적 소통과 통합이 조금씩 시작되었는데, 이 시기에 들어와 아드리아해안에서 주로 사용되던 슬라브 문자인 글라골리짜가 북부 내륙지역으로 확대되어 사용되었으며, 이와 함께 아드리아해에서 순수한 슬라브어로 써진 최초의 문학작품들이 내륙으로 빠르게 확산되게 된다. 크로아티아의 경제, 사회 그리고 문화적 융성은 특히 아드리아 해안 지역중 당시 라구사로 불렸던 두브로브니크 공국에서 보다 더 특별하게 나타났다. 이 당시 두브로브니크는 크로아티아 도시들 가운데 사회, 경제적 그리고 문화적 번성에 있어 매우 중요하고도 특별한 위치를 차지하고 있었다. 두브로브니크는 도시가 처음 성립될 시기 이웃하고 있던 다른 도시들과 같은 형태로 시작하였지만, 12, 13세기 사이에 들어와선 점차적으로 독립 공화국으로 발전하게 된다. 14세기 중반에 들어와 이러한 독립권은 더욱 확대되어 실질적으로 더 이상 헝가리와 크로아티아 왕의 지배하에 있지 않게 되었으며, 중개 무역과 해양 무역을 통해 얻은 부를 기초로 주변의 광대하고도 중요한 연안지대를 세르비아와 보스니아 지배자들로부터 사들임으로써 자신의 영토를 계속 확장시켜갔다.

두브로브니크는 세르비아와 보스니아 지역의 마을들과 대규모 광산을 소유하는 등 자신들의 식민지를 가지고 있었으며, 직물, 가죽, 유리, 납 그리고 무기 제조를 위한 여러 공장들을 소유하고 있었다. 이 당시 두브로브니크의 상권과 영향력은 베네치아를 능가해 유럽과 아시아, 발칸 유럽내 여러 도시 국가들 사이, 그리고 동부지중해를 지나 지중해 전체와 멀리로

---

92) Francis R. Preveden, op. cit., pp. 114-115.

는 영국의 항구들에까지 미치고 있었다. 경제적 번영에 따라 14세기 두브로브니크 거리는 대리석으로 포장되어졌고, 하수와 급수설비, 전염병에 대한 보호차원에서 유럽여행객에게 최초의 검역제도가 실시되었다. 또한 유럽내 최초 고아원이 이곳에서 생겨났고, 병원과 약국 또한 이 당시 생기는 등 도시는 더욱 더 큰 번영과 발전을 이루어 나가게 된다.

14세기 이후 오스만 터키의 위협과 공격에 어려움을 겪고 있던 내륙에 비해 두브로브니크가 경제적으로 보다 번영할 수 있었던 요인으로는 무엇보다도 천혜의 지형적 혜택, 즉 이들 해안 도시들이 지리적으로 거대한 산맥지대인 디나르 알프스 산맥에 의해 발칸 내륙지방과 차단되어 있음으로써 외세의 침입으로부터 상대적으로 안전할 수 있었던 데서 찾아볼 수 있다. 이 당시 시작된 오스만 터키의 유럽 원정에 따라 헝가리 왕국과 다른 중세 슬라브 왕국들의 붕괴 속에서도 두브로브니크를 포함해 달마티아의 해안 도시들은 험준한 산악에 따른 이점으로 인해 오스만 터키의 직접적인 공격을 피할 수 있었고, 오히려 내륙 국가들에 비해 합스부르크와 오스만 제국의 영향력과 그 지배로부터 상대적으로 보다 자유로울 수 있었다.

비록 여러 세기동안 지속된 합스부르크가와 오스만 터키 사이의 전쟁으로 인해 크로아티아 지역이 황폐화되었음에도 불구하고, 달마티아 지역의 사회, 문화적인 삶은 내륙 지역에 비해 상대적으로 더 많은 번영과 자유를 누리고 있었다. 특히 이들 도시들은 원시 슬라브적 문화 속에서도 베네치아의 영향 하에서 이탈리아 르네상스 예술을 받아들였고, 그러한 영향은 달마티아 문화의 정수로써, 특히 건축, 조각 그리고 다양한 문학 등에서 두각을 드러내었다. 문화적 창작이 가장 활발하였던 시기는 13세기에서 17세기 사이로 이 시기동안 쉬베니크, 스플리트 그리고 두브로브니크에서 가장 정교한 건축물들과 조각품들이 창조되게 된다. 문학에 있어선 당시 슬라브적 요소에 라틴과 르네상스 요소가 결합된 독특한 달마티아 문학적 특징이 나타났으며, 초기 문학작품에는 라틴문자와 키릴 문자 그리고 초기 슬라브 문자인 글라골리짜 등의 세 문자가 주류를 이루었다. 문학 작품에 있어서도, 크로아티아 언어와 글라골리짜로 이루어 진 최초의 책이 1483년에 출판되었으며(로마법정의 법률에 따른 미사전서, Misal po zakonu Rimskoga dvora), 읽고 쓰는 능력이 인본주의의 영향력 하에 발전을 거듭하게 된다.[93] 그 당시 대표적인 작가와 작품으로는 마르코 마루리치(Marko Marulić, 1450-1524)와 그의 대표작인 "성스런 미망인 유디타의 역사(Istorija svete udovice Judite)"를 들 수 있다. 주로 크리스트교 윤리와 가르침을 강조하였던 그의 작품들은 정통 라틴어와 번역본으로 출간되어, 전 유럽으로 퍼져나갔으며, 이에 힘입어 그의 서사시들을 포함해 크로아티아의 여러 시들이 라틴어로 번역되어 유럽에서 명성을 얻게 되었다.[94]

하지만 크로아티아 내륙지역에 대한 오스만 터키의 정복 전쟁 가속화와 함께 해안 지역으로의 베네치아 영향력 증대는 크로아티아 안에 다양한 문화와 독립적 경계선을 형성케 하였고, 이것은 훗날 크로아티아 민족-국가를 수립하는 데 있어 상당한 어려움을 안겨주게 된다. 즉, 이 당시 형성된 다양한 세력에 의한 크로아티아 분열은 크로아티아의 정치, 경제, 문화적 분리를 낳았으며, 뒤 이어 오늘날 존재하는 이질적 크로아티아 문화를 유발하는 요인을 형성케 하였다고 볼 수 있다.

4) 합스부르크 제국의 지배와 슬라브 의식 증대

게르만 제국인 합스부르크 제국과 크로아티아 간의 인연은 1278년 합스부르크 제국과 보헤미아 왕국 간의 뒤른크루트 전투 당시, 크로아티아 민족이 보헤미아 왕국의 억압 정책에 항거해 합스부르크를 지원하며 전쟁에 참여한 후부터라 할 수 있다. 그리고 이러한 인연은 1867년 합스부

93) A. P. Vlasto, op. cit., p. 205,

94) Ivo Goldstein, op. cit., pp. 32-33.

르크 제국이 프로이센과의 싸움에 패한 이후 수립된 '오스트리아-헝가리 이중제국'의 성립 때까지 이어지게 된다. 보헤미아와의 전투에서 승리한 이후 합스부르크는 발칸반도로의 그 세력을 더욱 넓혀 나갔지만, 15세기에 들어와 오스만 터키의 유럽 확대 의도와 맞부딪히면서 시련을 맞이하게 된다. 특히, 마지막 완충지대였던 보스니아 중세 왕국이 1463년 오스만 터키 하로 넘어가자, 합스부르크 제국은 크로아티아와 보스니아를 경계로 오스만 터키와 직접 국경선을 맞대는 상황에 이르게 되었다. 이러한 국경선 변화는 '유럽의 수호자'로서 합스부르크 제국의 위치와 위상이 유럽 내에서 매우 중요한 자리를 차지하게 되었다는 의미하였다. 이에 대해 시몬은 "합스부르크 제국은, 오스만 터키 제국과의 직접적인 국경선 접촉에 따라, 크로아티아의 아드리아 해상권 장악을 둘러싸고 터키와 치열한 전쟁들을 치러야만 했다. 당시 아시아와 유럽을 잇는 아드리아해의 해상권은 유럽의 목줄과 같았으며, 따라서 이것을 누가 쥐고 있느냐라는 싸움은 곧 바로 유럽 국가들의 경제적 상권은 물론 미래의 운명과 연결되어 있었다."라고 평가하고 있다.[95]

한편, 오스만 터키의 유럽 원정은 역시 중부유럽으로 이어지는 최후 전선에 자리하고 있던 헝가리에도 커다란 시련을 안겨주게 된다. 당시 헝가리는 보헤미아로부터의 해방 후 왕국 재건에 힘을 쏟고 있었지만, 우수한 화포 기술을 지닌 오스만 터키군의 공격에 힘겨운 싸움을 벌어야만 했었다. 그리고 마침내 헝가리 왕국은 1437년 합스부르크 제국에게 왕국의 보호를 요청하였고, 이에 따라 크로아티아 내륙 지역을 포함해 헝가리 상당 영토는 합스부르크 제국의 영향력 하로 편입되게 된다. 헝가리의 왕국 계승권 이양에 따라 합스부르크 왕조는 오스트리아는 물론 게르만어권 연방들로 구성된 백여 개 독일 신성로마 제국의 영토뿐만 아니라, 헝가리와 보헤미아, 북부 이탈리아 그리고 남슬라브 지역인 슬로베니아와 크로아티

95) Simon Vladovich, *Croatia: The Making of a Nation*, (Oklahoma: Vladovich International Publishing, 1995), pp. 12-13.

아 내륙에까지 그 영향력을 행사하는 거대한 대제국으로 성장하게 된다.

당시 크로아티아는 주변 국제 역학구도의 변화와 혼란한 틈을 이용해 독립 왕국을 재건하고자 노력하고 있었다. 하지만, 이러한 꿈은 1493년 9월 야이쩨(Jajce)지방의 영주이자 세니(Senj) 군사령관이었던 데렌친(Emerik Derenčin)을 중심으로 한 크로아티아 방위군이 바예지드 2세(Bayezid II, 1447-1512, 재위 1481-1512)가 이끄는 오스만 터키 기병대(스파히, Spahi)에 의해 대패함에 따라 왕국 재건의 꿈도 함께 사라지게 된다. '피의 평원'이란 뜻을 지닌 크르바브스코 평원(Krbavsko polje)전투에서의 패배는 이후 크로아티아인들에게 있어 세르비아인들의 코소보 전투에 버금가는 역사적 아픔과 의미로 남았고, 세르비아가 코소보 전투 이후 중세 왕국의 몰락과 오스만 터키의 지배 하로 들어갔듯이, 크로아티아 또한 이 전투에서의 패배 이후 20세기말까지 독립 국가의 꿈을 접어야만 했던 것으로 평가받고 있다.[96] 특히 이 전투에서의 패배 결과 동부 슬라보니아를 비롯해 크로아티아 북부의 상당 지역이 오스만 터키의 지배를 받게 되었고, 남아 있는 내륙 지역들조차도 그 안전을 보장받기 어려운 상황에 처하게 되었다. 이에 따라 가톨릭 크로아티아인들은 이슬람 제국인 오스만 터키로부터 자신들의 영토를 지켜줄 새로운 보호자를 찾아야만 했었고, 그러한 바람은 자연스럽게 자신들의 영토에 영향력을 행사하기 시작한 합스부르크 왕조에게로 쏠리게 된다.

오스만 터키의 유럽원정은 계속 이어져, 터키는 1453년 비잔틴 제국의 수도였던 콘스탄티노플을 함락한 이후, 루마니아의 왈라치아(1482), 몰다비아(1512)등 중동부 유럽 지역의 대부분을 완전히 정복해 나갔다. 특히 1526년 오스만 터키와 치러진 모하치 전투에서의 헝가리의 대패는 헝가리 왕국의 실질적 몰락을 가져왔고, 이에 따라 오스만 터키로부터 자치권을 허용 받은 두브로브니크를 비롯해 일부 북부 달마티아지역 도시들을 제외한, 거의 대부분의 크로아티아 지역이 완전히 오스만 터키 영향력

96) Francis R. Preveden, op. cit, p. 16; Marcus Tanner, op. cit., pp. 30-31.

하로 넘어가는 상황에 이르게 되었다.[97] 모하치 전투에서의 패배이후 크로아티아와 헝가리 그리고 보헤미아의 귀족들은 터키의 침략으로부터 자신들의 왕국을 보호해 줄 것을 합스부르그 제국의 찰스 5세(Charles V/Karlo V, 1500-1558, 신성로마제국과 이탈리아 1519-1556, 스페인 왕 1516-1556)에게 요청하게 된다. 찰스 5세는 이들의 부탁을 받아들여, 훗날 자신의 뒤를 이어 합스부르크 제국의 황제가 된 그의 동생인 페르디난드 1세(Ferdinand I, 1503-1564; 신성로마제국 황제 1558-1564, 보헤미아 왕 1527-1564, 헝가리와 크로아티아 왕 1527-1564)에게 이를 수락하도록 지시하였다. 그 결과 페르디난드 1세는 헝가리 왕에 이어 1527년 1월 크로아티아 귀족의회인 사보르의 결의를 통해 크로아티아 왕으로 추대되게 된다. 일부 크로아티아 역사가들은, 비록 이때 이후 크로아티아 왕권이 합스부르크 제국의 지배 하로 넘어갔지만, 그들의 귀족 의회인 사보르를 통해 고도의 자치권을 확보하고 있었다고 주장하고 있다.[98] 하지만, 실제에 있어선 이때 이후 크로아티아 민족은 1867년 '오스트리아-헝가리 이중제국'이 등장하기 이전까지 정치, 사회, 경제, 문화 등 거의 모든 분야에서 합스부르크 제국의 영향력을 받게 되었다고 할 수 있다.

크로아티아에 대한 지배권을 확보한 후 시행된 합스부르크 제국의 지배 정책은 크게 두 가지로 나누어 볼 수 있다. 그 첫째는 새로운 지배 지역에 대한 지배체제의 확립이라 할 수 있는 데, 이를 위해 비엔나 정부는 크로아티아에 대해 새로운 행정구역 정비와 중앙 관료 파견 그리고 크로아티아 귀족들의 협의체인 사보르의 권한을 약화시키고자 노력하였다.

---

97) Antun Dabinović (et al.), *Hrvatska povijest*, (Split: Naklada Bošković, 2002), p. 111; 당시 현 크로아티아 아드리아해의 대표 도시인 두브로브니크 공국(당시에는 라구사(Ragusa)로 불렸음/ 당시 공국의 영토는 1,091km^2 에 해당했음)은 1458년 지불한 1,500 두카트(dukat)를 시작으로 해서, 이후 터키 제국에 대해 세금(harač)과 공물을 주는 조건으로 한 동안 고도의 자치권을 누릴 수 있었다(기록상으로 볼 때 1468년 5,000 두카트, 1472년 19,000, 1478년 12,500, 1480년 15,000, 1481년 12,500 ...). Franjo Šanjek, op. cit., pp. 345-346.

98) Slavko Šisler (eds.), 2004, pp. 17-18.

당시 현실적 상황 속에서 무엇보다도 시급하였던 문제는 바로 두 번째 정책이라 할 수 있는 데, 이것은 바로 오스만 터키의 침략을 막기 위한 효율적 완충지대의 구축이라 할 수 있었다. 그 일환으로 합스부르크 제국은 오늘날 크로아티아와 보스니아 사이를 경계로 하는 강력한 방어선을 구축하고자 했고, 이를 위해 오스만 터키의 침략과 위협을 피해 합스부르크 영토내로 피신한 세르비아인을 중심으로 남슬라브 정착촌을 만들고 이들을 관리할 헝가리인들을 이주시키는 정책을 단행하고자 했다.

한편, 합스부르크 제국이 오스만 터키와의 경계지역에 세르비아인을 중심으로 한 대규모 정착촌을 형성하고자 했던 주요 목적은 다음과 같은 두 가지 배경을 지니고 있었다. 첫 번째 배경으로, 합스부르크 제국은 오스만 터키와의 잦은 전쟁으로 인한 국경지대의 황폐화를 막고, 방어진지 구축에 필요한 인력 수급을 원활히 진행하기 위해 정착촌을 건설하고자 했던 데서 찾아볼 수 있다. 두 번째는 합스부르크 제국내 각 지역으로 흩어져 있던 세르비아인을 비롯한 남슬라브 소수 민족들을 한군데로 모아 자신들의 통제에 둘 필요성에 따른 전략적 분석에서 나온 것이라 할 수 있다. 합스부르크는 전쟁의 위협이 항상 존재하고 있던 국경지역의 정착촌내 민족 집단들에게 경계선 지역의 방어임무를 맡기는 대신, 종교(세르비아 정교)적 자유와 토지개간 그리고 집과 세제혜택 등 어느 정도의 자치권을 허용해준다는 보상책을 제시하였다.

비록, 합스부르크 제국이 1529년 슐레이만 1세(Suleiman I, 1494-1566, 재위 1520-1566)가 이끄는 대규모 오스만 터키 군대를 비엔나에서 물리치기는 했지만, 16세기 당시 오스만 터키 제국은 여전히 그 강력한 힘으로 사바강 인근의 크로아티아 남부지역을 포함한 발칸 남동부 지역을 모두 휩쓸고 있었다. 오스만 터키는 1526, 1529년에 이어, 1541년에 다시 한 번 헝가리의 수도인 부다(Buda)를 점령하는 등 중부 유럽을 휩쓸었고, 계속해서 서유럽으로 그 세력을 확장하려 하고 있었다. 하지만, 한 동안 유럽의 단결을 저해시켰던 농민 전쟁과 신교와 구교간의 종교전쟁이 16세기말 그 막을 내리고,[99] 화포 기술을 비롯한 전쟁 무기 기술을 전수받게 된 17세기 이후 서유럽은 오스만 터키와의 전쟁에서 새로운 양상을 전개해 나가기 시작하였다.

합스부르크의 대(對)오스만 터키 방어선이 확고히 구축된 시기는, 무엇보다도 1683년 오스만 터키의 제 2차 비엔나 공격을 막아낸 후, 양 제국 간에 맺은 '스렘스키 카를로브찌 조약'(1699)에서 부터라 할 수 있다. 1683년 오스만 터키 제국에 대한 승리를 계기로 크로아티아와 헝가리의 실질적인 지배자가 된 합스부르크 제국은 이들 지역의 지배권을 보다 더 확실히 하기 위해, 1687년 새로운 기본법을 공포하게 된다. 그 기본법에는 크로아티아를 포함한 헝가리의 모든 지배권이 합스부르크 제국에 있으며, 제국의 왕위 계승은 합스부르크 가문의 남자에게서 나온다는 점, 그리고 합스부르크 지배에 대한 저항권 폐지 등이 담겨있었다. 반면, 비엔나 원정이 실패로 돌아간 이후 오스만 터키는 크로아티아와 헝가리 지역의 지배권을 포기하고 남쪽으로 후퇴해야만 했고, 이후 오스만 터키의 유럽 확대는 더 이상 이루어지지 못하게 된다. 이에 대해 터너(Marcus Tanner)는 "1683년 제 2차 비엔나 전투의 결과는 합스부르크 제국이 유럽의 진정한 수호자임을 전 유럽에 알리는 계기가 되었으며, 중부유럽과 발칸 지역에 있어 중요한 역사적 전환점을 가져다주었다"고 평가하고 있다. 그는 "특히 1529년부터 이어진 오스만 터키의 계속된 포위로 어려움을 겪어왔던 비엔나가 마침내 해방됨으로써 유럽은 이후 르네상스와 산업혁명 등 안정과 번영의 시기를 맞이할 수 있었다. 반면 오스만 터키는 비록 그 제국이 1913년까지 이어졌지만, 1683년의 패배로 인해 이후 '유럽의 병자(Sick Man of Europe)'라는 오명을 얻게 되었다"고 평가하고 있다.[100]

---

99) 당시 크로아티아의 마티야 이바니치(Matija Ivanić, 1445-1523)가 이끌었던 흐바르(Hvar)에서의 농민 저항운동(1478, 1510-1514)과 마티야 구베쯔(Matija Gubec, 1548-1573)가 일으킨 1573년 저항운동 등은 오늘날 역사가들에 의해 '외세에 저항하여 싸운 크로아티아 민족의 순교자', 혹은 '농민의 왕'으로 묘사되고 있다. Simon Vladovich, op. cit., pp. 14-15

100) Marcus Tanner, op. cit., pp. 52-53.

제 2차 비엔나 전투의 결과 합스부르크와 오스만 터키 간에는 새로운 경계선이 설정되게 된다. 발칸지역을 동서로 비스듬하게 가로지르며 형성되었던 당시 경계선은 오늘날 크로아티아와 세르비아의 자치주 보이보디나 대(對) 보스니아와 세르비아 본토를 나누는 국경선과 거의 일치하였다. 그러한 경계선은 1699년 '스렘스키 카를로브찌 조약'에 의해 확정지어졌는데, 1699년 1월 26일 맺어진 이 조약의 결과 합스부르크는 크로아티아의 내륙과 슬라보니아 지역 그리고 헝가리, 슬로베니아, 세르비아의 보이보디나 지역을 새로운 지배 영역으로 확대할 수 있었다. 또한 합스부르크 제국은 그들의 오랜 구상에 따라 오스만 터키와의 경계선에 세르비아인을 중심으로 한 새로운 정착촌을 대규모 건설하는 정책을 시행하였고, 이를 통해 오스만 터키의 침략 방어와 국경 안정 그리고 제국 경계의 실질적 지배권을 확고히 하려하였다. 합스부르크 제국의 대(對)오스만 터키 방어 정책에 따라 오늘날 크로아티아와 보스니아 경계 지역에 형성된 '보이나 그라니짜'는 18세기 당시 기록에 따르자면 18,772㎢에 해당하는 대규모 면적이었고, 최소 25,000명에서 많게는 10만 여명의 방위군들이 오스만 터키군과 대치하며 고도의 자치권을 유지하고 있었다. 실제 당시 합스부르크 제국의 입장에서 보았을 때 오스만 터키에 대해 강력한 적의를 품고 있던 세르비아인이 주축이 된 이 방위군의 특성상, 그리고 최소 비용으로 양질의 군사력을 확보할 수 있다는 차원에서 보이나 그라니짜는 전략적으로 매우 중요한 위치를 차지하고 있었다.[101] 오늘날 크로아티아와 보스니아 경계선을 따라 형성된 이러한 정착촌은 가깝게는 20세기말 유고내전과 보스니아 내전의 주요 배경중 하나를 형성함과 동시에, 17세기 크로아티아인들의 남슬라브족 의식 증대에도 중요한 영향을 미쳤다고 볼 수 있다. 합스부르크 제국의 크로아티아지배 정책에 따른 대규모 정착촌 건설은 이후 오스만 터키의 위협이 사라지게 되면서, 이 지역에 대한 지배

101) Trpimir Macan, *Povijest Hrvatskog naroda*, (Zagreb: Školska knjiga/ Nakladni zavod Matice Hrvatske, 1992), p. 234.

권 확보를 둘러싼 크로아티아 귀족과 합스부르크 제국간의 갈등으로 이어지게 된다.

스렘스키 카를로브찌 조약을 통해 내륙의 안정이 이루어지던 17세기 말 이전까지 크로아티아의 문화적 번영은 주로 '크로아티아의 문화적 꽃'으로 불리며, 레판토(Lepanto) 해전(1571)이후 오스만 터키의 위협으로부터 벗어나 있었던 달마티아 지역의 여러 도시들을 중심으로 활발히 전개되고 있었다. 이 당시 눈에 띌만한 문학가로는 1604년 최초의 크로아티아어 문법책을 저술하고, 1622년에는 크로아티아어로 성경을 번역한 북부 달마티아 빠그(Pag)섬 출신이자 예수회 소속의 바르툴 카쉬치(Bartul Kašić, 1575-1650)를 들 수 있다.[102] 그리고 두브로브니크 출신의 바로크 시인인 이반 프란요 군들리치(Ivan Franjo Gundulić, 1589-1638)를 들 수 있는 데, 그는 크로아티아인들의 가톨릭 신앙 재발견을 통해 오스만 터키의 지배로부터의 해방 추구를 노래한 '슬라브(Slav)', 매년 공물을 바쳐 평화를 유지해야하는 두브로브니크 공국의 아픔을 노래하고 해방을 기원하는 '오스만(Osman)', 그리고 '방탕한 아들의 눈물(Tears of the Prodigal Son/ Suze sina razmetnog)'등 여러 작품들을 발표하기도 하였다. 또한 그는 '범슬라브주의'에 대한 이상을 자주 피력하면서, 두브로브니크에서부터 발틱 연안까지 이어지는 슬라브 민족의 위대함과 단결을 시를 통해 묘사하곤 했다. 이러한 사상과 주장은 훗날 19세기 '슬라브 민족주의'형성에 그 기초를 제공하게 되었다.[103] 하지만, 신대륙 발견에 따른 달마티아 해안 도시들의 중계 무역 몰락과 17세기 이후 오스만 터키의 위협이 사라지게 되면서, 크로아티아의 문화적 번영은 합스부르크 제국의 영향력 아래 발전하기 시작한 자그레브 등 크로아티아 내륙 도시들이 주도해 나가기 시작하였다. 특히 1623년 신학부에 이어 1664년 철학부 등 자그레브 대학이 수립된 후, 그 동안 이탈리아와 베네치아의 영향 하에 해안지역을 중심으로 발전되

102) Simon Vladovich, op. cit., p. 15.

103) Marcus Tanner, op. cit., pp. 45-46.

어 왔던 크로아티아 문화적 삶은 내륙 도시들로 옮겨지게 된다.

17세기 말 이후 유럽에 대한 오스만 터키의 위협 약화는 무엇보다도 터키 제국과의 국경 지역에 자리한 크로아티아 민족에게 안전과 평화의 기쁨을 안겨주었다. 하지만, 또 다른 한편으로는 이때 이후 본격적으로 이들 지역에 대한 중앙 권력 강화 및 직접 통치를 시작하고자 한 합스부르크 제국과 그 동안 혼란의 시기를 이용해 비엔나 정부의 간섭을 받지 않으며 농지 및 부를 축적해왔던 크로아티아 귀족들 간의 갈등이 확대되는 배경을 형성케 하였다. 이 시기 서유럽은 프랑스와 영국을 중심으로 강력한 중앙 집중과 중상주의 정책으로 절대 왕정을 확대해 나가고 있었다. 합스부르크 제국의 페르디난드 2세 또한 이러한 흐름에 맞추어 그 동안 자치권을 대폭 부여해 주었던 제국내 여러 지역들에 대해 중앙 권력 강화와 지배권 강화를 추진해 나가기 시작하였다. 합스부르크 제국의 이러한 정책들은 그 동안 오스만 터키와의 국경 지역에 위치해 있다는 이유로 비교적 중앙정부의 간섭과 지배를 덜 받아왔었던 크로아티아 본토와 '보이나 그라니짜'지역에 있어 독보적인 경제권과 대규모 농지를 확보하고 있던 크로아티아 귀족들에게 심각한 위협으로 다가오기 시작하였다. 그 결과 1663년 즈린스키 가문을 대표하고 있던 니콜라(Nikola Zrinski, 1620-1664)와 뻬타르(Petra Zrinski, 1621-1671) 형제는 그들의 사촌인 프란코판 가문의 프란크르스토 프란코판(Fran Krsto Frankopan, 1643-1671)과 함께 합스부르크의 직접적 지배를 벗어나 크로아티아 독립을 추진하자는 봉기를 일으키게 되지만, 1671년 이들이 처형됨으로써, 봉기는 막을 내리게 되었다. 이후, 귀족 의회 기구인 사보르의 의원 임명권이 제국의 결정권 하에 넘어가는 등 크로아티아의 자치권은 심각한 타격을 받게 된다.[104]

후대 역사가들의 기록에 따르자면, 비록 이들 봉기가 당시 자신들의 경제권과 토지를 지키기 위한 고육책의 일환으로 시작하였지만, 이후 봉기가 크로아티아인들에게 미친 의미와 그 영향은 매우 컸다고 할 수 있다.

---

104) John R. Lampe, op. cit., p. 32.

첫째로, 즈린스키 봉기를 통해 크로아티아인과 세르비아인들은 서로의 민족 문화적 정체성이 매우 유사하다는 것을 확인할 수 있었다. 즉, 즈린스키 봉기군은 자신들의 성공적 봉기를 위해 '보이나 그라니짜'내에 자리한 세르비아인들과 서로 연대하기를 강력히 희망하였었고, 실제, 일부 세르비아 출신의 그라니차르들이 이러한 봉기에 가담해 함께 싸우기도 하였다. 이런 과정 속에 이들은 서로 간 언어, 역사, 문화적 유사성이 매우 밀접하다는 사실을 확인할 수 있었으며, 이러한 인식 확대는 훗날 크로아티아의 류데비트 가이(Ljudevit Gaj, 1809-1872)나 세르비아의 부크 카라쥐치(Vuk Karadžić, 1787-1864) 같은 문법, 언어학자들을 중심으로 한 크로아티아인과 세르비아인 지식인들 사이의 언어적 통합 운동과 같은 문화적 연대를 낳는 계기를 마련해 주게 된다. 더불어 이러한 연대 의식 확대는 무엇보다도 같은 '남슬라브족 통합 국가'에 대한 이상적 국가 모델 수립의 가능성을 서로 확인할 수 있는 좋은 계기가 되었다고 분석할 수 있다. 이에 대해 람프(Joha R. Lampe)는 "20세기 이후로 현대에 크게 불거진 크로아티아, 세르비아인들간의 민족적 갈등은 오랜 역사 속에서부터 계속 이어져 온 것이 아니며, 오히려, 17세기부터 이어진 크로아티아의 역사와 보이나 그라니짜내 세르비아인과 크로아티아인과의 관계를 연구해볼 때, 양 민족은 서론의 문화적 동질감을 느끼며 전통적으로 매우 밀접한 유대관계를 형성하여 왔다"고 주장하고 있다. 또한 그는 이러한 양 민족 간의 문화적 동질성 확인과 우호관계는 제 1차 세계대전 이전인 적어도 20세기 초까지 이어졌었다고 주장하고 있다.[105] 하지만 무엇보다도 이 시기 발생한 크로아티아 봉기의 커다란 의미는 오랜 동안 외세의 지배를 당연시 여기며 지내왔던 크로아티아인들의 슬라브 의식이 증대되었다는 점은 값진 성과였다고 할 수 있다.

이러한 슬라브 의식의 구체적 실천은 다양한 문학 작품들을 통해서 구현되게 된다. 17세기 즈린스키 봉기 이후 크로아티아 사회의 모든 계급에

105) Ibid., p. 30.

선 게르만인에 대한 혐오감과 증오가 확대되고 있었고, 이러한 의식은 성직자이고 신학자인 유라이 크리쟌니치(Juraj Križanić, 1618-1683)의 작품에서 가장 뚜렷하게 나타나고 있다. 그는 그의 신학적 활동과 작품들을 통해서 로마교회와 콘스탄티노플 교회가 수세기 동안 성공하지 못했던 교회들 간의 결합과 화해를 위해 노력하였다. 가톨릭과 정교간 화해와 협력을 모색하고자 했던 그의 이상은 결과적으로 가톨릭을 믿는 슬라브인들과 정교를 믿는 슬라브인들 사이의 관계 개선을 통한 슬라브인들의 단결을 유도하고자 한데서 비롯된다고 분석할 수 있다. 그의 작품과 이상들은 남슬라브족 지식인들에게 커다란 영향을 미쳐 훗날 19세기 민족주의 시대에 대두된 '일리리즘 운동'과 '유고슬라비즘'의 이상에 큰 영향을 남겼고, 20세기 초에 들어와서는 세르비아-크로아티아-슬로베니아 왕국'과 같은 남슬라브족의 정치적 연맹체 구성에 중요한 기초를 제공해 주게 된다.[106]

1699년 스렘스키 카를로브찌 조약이후 크로아티아에 나타난 두드러진 변화로는 다음과 같은 세 가지 양상으로 요약해 볼 수 있을 것이다. 우선, 영토상에 있어 크로아티아는 그 동안 오스만 터키 하에 편입되었던 슬라보니아 지방을 획득하게 된 후, 점차 영토적 민족주의의 양상을 띠게 되었다는 점이다. 당시 크로아티아 지식인들은 오스만 터키의 위협 하에서도 자치 공국으로 발전을 거듭해 왔던 두브로브니크를 포함해 당시 베네치아가 장악하고 있던 달마티아 지역으로의 영토 확대를 주장하곤 하였다. 두 번째로는 경제적인 면에서, 크로아티아는 서유럽에서부터 유입된 중상주의 정책과 산업혁명의 여파로 적어도 외관상으론 비약적인 발전 양상을 보여주었다고 할 수 있다. 하지만 세 번째로, 무엇보다도 이 당시 크로아티아인들의 삶에 커다란 영향을 미쳤던 것은 즈린스키 봉기이후 조금씩 대두되고 있던 크로아티아인들의 민족적 문화 정체성(National Cultural Identity) 형성이라 할 수 있을 것이다. 17세기말과 18세기에 들어와 크로아

106) Marcus Tanner, op. cit., pp. 46-47.

티아는 서유럽으로부터의 계몽주의와 자유사상의 도입에 따라 사회, 문화적 성숙기를 맞이하고 있었고, 이와 함께 점차 정치, 경제적으로 자신들을 지배하고 있는 '그들(They)'과 그러한 지배를 받고 있는 '우리(We)' 간의 민족적 차이점과 문화적 다양성을 인식하게 되었다고 분석할 수 있다.

18세기, 크로아티아인들의 민족적 문화 정체성 의식을 일깨워진 실질적 배경은 합스부르크 제국의 계몽적 전제주의의 확대 시도와 이에 대한 크로아티아인들의 저항이라 할 수 있다. 18세기 동안 합스부르크 제국은 크로아티아에 대한 지배권을 더욱 더 강화하기 위해 계몽적 전제주의를 바탕으로 크로아티아에 대한 외세(헝가리) 영향력의 확대를 방치하거나 혹은 장려하였다. 하지만, 이처럼 제국의 '분열 지배 정책'이 강화되면 될수록 제국의 전제주의 정책에 대한 크로아티아인들의 저항 또한 확대되어 갔다. 특히 18세기 프란쯔 1세(Franz I, 1708-1765, 재위 1745-1765; 마리아 테레샤 남편으로 1745년 공동 통치자가 됨)에서 마리야 테레샤 여제 시기까지 이어진 합스부르크 제국의 계몽적 전제주의와 헝가리의 영향력 확대 그리고 이에 대한 크로아티아인들의 저항은 이후 크로아티아인들의 민족적 문화 정체성 자각과 형성에 중요한 영향을 미치게 된다.

크로아티아에게 있어 18세기는 사회, 문화 그리고 경제적 변화와 발전을 불러 온 시기였지만, 또한 상대적으로 오스만 터키의 위협이 사라진 가운데 합스부르크 중앙 정부의 통제력 강화와 계몽적 전제주의 확대, 헝가리의 마자르화 정책이 본격화 되던 시기였다. 합스부르크 제국의 인정을 바탕으로 크로아티아를 간접 통치하게 된 헝가리는 크로아티아에 대한 지배를 용이하게 하기 위해 기존의 행정 구역을 해체하고, 크로아티아인과 헝가리인이 서로 혼재되는 새로운 행정구역 설정을 단행하였다. 헝가리의 강압 정책과 불평등 정책들이 이어지면서 크로아티아인들 사이에는 헝가리가 마치 자신들과 같은 제국내 피지배 민족의 입장이 아닌, 마치 종속국으로 크로아티아를 취급한다는 불평들이 쏟아져 나오기 시작하였다. 하지만, 이러한 크로아티아의 불만과 요구를 비엔나 정부는 번번이 묵살하였고, 제국의 헝가리인에 의한 간접 통치 방식은 적어도 1848년 헝가리 민족 영웅인 라요스 코스수(Lajos Kossuth, 1802-1894)가 합스부르크 제국에 대항해 헝가리 독립을 위한 봉기를 일으킬 때까지 지속되게 된다.[107]

18세기 크로아티아인들은 합스부르크 제국의 일련의 지배 정책들과 헝가리의 강압에 저항해가면서 조금씩이나마 남슬라브 민족의식을 깨우쳐 나갈 수 있었으며, 비록 같은 제국 내에 속해있지만 '우리'와 '그들' 간의 차이점이 분명히 존재한다는 자신들만의 민족적 문화 정체성을 형성해 갈 수 있었다. 더불어 여러 갈래로 흩어져 있던 크로아티아 민족의 문화 정체성을 교육시키고 하나로 통합시켜 나갔던 이들은 국내외에서 교육받은 크로아티아의 지식인들이었으며, 크로아티아 민족의 문화 정체성 형성은 역설적이게도 합스부르크 제국의 영향 하에 발전하였던 크로아티아의 사회, 문화 그리고 경제적 발전과 함께하고 있었다.

5) 19세기 민족주의 시대, 크로아티아의 민족 정체성 구축과 확대

19세기 민족주의 기간 동안 크로아티아는 여러 지역에 흩어져 있던 민족들의 통합과 경제, 사회적 근대화를 모색하였고, 이를 위해 언어적 통합에 바탕을 둔 일리리아 운동을 전개하게 된다. 이 당시 크로아티아인들은 합스부르크 제국의 지배하에 있던 본토 지역 외에도 오스만 터키 제국의 지배하에 있었던 보스니아-헤르체고비나에서도 다수 거주하고 있었다. 비록, 양 제국은 발칸 유럽 내에 광대한 영토를 소유하고 있었지만 구성원들의 발전과 결집을 이끌 수 있는 상황과 조건들이 없었기 때문에, 제국 내 신민들을 통합하기에는 본질적으로 매우 취약한 구조를 지니고 있었으며, 민족주의 이념은 이러한 제국의 결집력을 현저히 떨어뜨리는

---

107) 이정희, op. cit., pp. 281-285.

배경을 제공하게 된다. 사회적 민란과 농민 봉기가 민족 권리와 독립을 요구하는 민족주의 운동으로 변모해가던 시점, 크로아티아인들 또한 비엔나 중앙 정부의 방해와 헝가리의 거센 저항에도 불구하고 자신들의 민족 통합과 민족-국가 건설에 대한 이상을 그려나가기 시작하였다.

합스부르크 제국은 1804년 오스트리아 제국으로 변모한 후 프랑스와의 결전을 준비하였지만, 나폴레옹 군의 계속된 승전 속에 1805년 이스트라와 달마티아 지역 상당 부분을 프랑스에게 할양해야만 했었다. 이어 1809년에 들어와서는 프랑스의 지원 속에 사바 강 남쪽에 자리한 크로아티아의 거의 모든 영토와 슬로베니아 상당 지역이 포함된 일리리아 자치주가 형성되게 된다. 비록 자치주 수립 기간은 짧았지만, 나폴레옹의 혁명 정신과 민족주의 사상이 크로아티아인들에의 자기 문화적 이해 도출 및 민족 문화 정체성을 극대화 시키는 데 미친 영향은 심대하였다. 하지만 나폴레옹 몰락 이후 크로아티아를 다시 지배하게 된 오스트리아 제국은 나폴레옹 시절 도입되었던 수많은 개혁들을 무효 혹은 불법으로 내몰며, 빠르게 지워갔다.[108] 하지만, 크로아티아인들을 포함해 제국의 피지배 민족들은 나폴레옹이 심어준 민족에 대한 인식과 자신들의 민족-국가 건설에 대한 희망 그리고 과거 자신들을 묶어왔던 오래된 관습 타파 및 새로운 근대화로의 희망에 대해 꿈꾸기 시작하였고, 다양한 문화적 자기 이해를 통해 이를 실현시키려는 구체적인 움직임을 전개해 나가게 된다.

이러한 결실은 크로아티아에서 다양한 형태로 나타나게 되는 데, 자그레브의 주교인 브르호바쯔(Maksimilijan Vrhovac, 1752-1827)는 1794년 이후 인쇄기를 도입해, 다양한 문학, 과학, 종교 서적들을 직접 출판하고, 자그레브에 최초의 시민 병원을 세웠으며, 1819년 국립 도서관을 자그레브에 최초로 만든 후 여러 구전 문학 집과 고대 일리리아에 관한 전설들 그리고 이에 대한 여러 노래들과 이야기를 담은 수천 권의 책을 기증하기도

108) Ludwig Steindorff, *Povijest Hrvatske: od srednijeg vijeka do danas*, (Zagreb: Naklada Jesenski I Turk/ Institut društvenih znanosti Ivo Pilar, 2006), pp. 97-98.

했다.[109] 또한 쉬뿌쉬(Josip Šipuš)는 1796년 '밀 경작을 위한 소책자(Temelji žitne trgovine po naravi i zbivanjima)'를 발간하였고, 이것은 그의 역설처럼 경제 발전과 민족 통합을 위한 조건중 하나로써 언어 통일이 무엇보다 중요하다는 신념과 함께 크로아티아의 첫 번째 경제서가 되었다.

이 시기 크로아티아는 정치, 문화적으로 여러 갈래로 분열되어 있었으며, 언어 또한 역사적 배경에 따라 크게 세 가지 방언 즉, 내륙과 슬라보니아 지방 등 가장 많은 본포를 보이고 있던 쉬토 방언과 주로 아드리아 해안 지역의 차(Čakavski) 방언 그리고 자그레브의 북서쪽을 중심으로 펴져 있던 카이(Kajkavski) 방언 등으로 나뉘어져 있었다. 따라서, 크로아티아 지식인들은 복잡하게 얽혀져 있던 크로아티아 민족 간의 통합과 문화적 이해를 높이기 위해선 언어적 통합이 최우선 조건이 되어야 한다는데 공감하고 있었다.[110]

1829년 마침내 류데비트 가이를 중심으로 언어적 통일 움직임이 구체화 되었는데, 그는 '크로아티아 철자법 기초서(Kratka osnova hrvatskog pravopisa)'를 통해 라틴 알파벳을 중심으로 단일화 된 철자법 개발을 제안하게 된다. 무엇보다도, 언어의 단일화와 공통된 철자법의 도입 시도 자체는 크로아티아 민족 통합과 민족 정체성 인식 및 문화적 자기 이해의 첫 걸음이었다라고 평가할 수 있을 것이다.[111] 훗날 이러한 언어적 통합 운동은 '일리리아 운동'으로 불렸으며, 이어 남슬라브 전체 공동체의 통합 운동으로 발전되어 가면서 '유고슬라비즘'으로 불리게 되었다. 점차 이 용어는 역사, 문화적으로 복잡하게 얽혀있던 발칸 유럽 내 남슬라브족 전체를 아우를 수 있는 용어로 발전되게 된다.[112]

---

109) Dragutin Pavličević, *Hrvati i Istočno pitanje*, (Zagreb: Golden marketing-Tehnička knjiga, 2007), p. 329.

110) Mirko Valentić and Lovorka Čoralić (eds.), *Povijest Hrvata: od kraja 15. stoljeća do kraja Prvog svjetskog rata*, (Zagreb: Školska knjiga, 2003), pp. 272-273, p. 367.

111) Ibid., p. 372, p. 374.

112) 19세기 일리리즘 신봉자들과 슬라브어 전문가들은 슬라브어 방언을 크게 4개(러시아어, 폴란드어, 체코어, 일리리아어)로 나누고, 이중 하나의 언어라도 쓰는 사람들은 모두

당시 학자들은 통일된 언어가 독립된 민족 국가 수립의 중요 기초가 된다는 점을 이미 인식하고 있었고, 따라서 모든 남슬라브어를 포괄한 언어로 일리리아어를 표준어로 도입하기를 원했다. 이들은 또한 발칸유럽에 거주하는 남슬라브족들은 고대 일리리아인들의 자손이기도 하며, 이것은 모든 남슬라브족들을 포함한 하나의 일리리아 국가사상과 연결된다고 주장하였다. 무엇보다도 이러한 사상은 나폴레옹의 유럽 원정이 실패하고 다시 구(舊)체제로 전환하려는 제국들의 움직임이 확대되는 가운데, 제국의 지배자가 역사, 문화적으로 자신들과 다른 민족임을 깨닫게 하고, 자기가 누구인지에 대한 민족 정체성 및 자기 이해에 대한 해답을 스스로에게 되묻기를 바라는 의도에서 확대되게 되었다고 볼 수 있다. 이를 통해 지식인들은, 크로아티아 민중들과 남슬라브족들이 비록 합스부르크와 오스만 터키 등 다양한 제국들에 의해 서로 나뉘어져 지배받고 있지만, 같은 민족이라는 동질 의식과 이해 속에 자신들을 지배하고 있는 외세들과 적극적으로 투쟁하고, 마침내 통일된 독립 남슬라브족 국가를 수립하기를 원하였다.[113)]

1832년 가이는 '크로아티아의 협약과 통일(Hrvatov sloga i zjedinjenje)', '크로아티아는 아직 끝나지 않았다(Još Hrvatska ni propala)'란 시들을 통해 크로아티아인들의 단결을 호소하였는데, 이러한 시는 민중들 가슴속에 그대로 흡수되어 훗날 크로아티아의 국가로 불리게 되었다. 무엇보다도 이러한 시와 노래들은 대중들의 감성을 하나로 집결시키고, 모든 크로아티아 지역을 통일된 독립 국가로 통합시키는 데, 그리고 일리리아 정신을 통한 다

슬라브인들이라 주장하였다. Ivan Božić, Sima Ćirković, Milorad Ekmečić & Vladimir Dedijer, op. cit., pp. 238-239.

113) 르네상스 시대이후 '일리리아'라는 명칭은 고대 및 로마-비잔틴 시대의 일리리아 지역(현재의 발칸반도에 위치한 구(舊)유고슬라비아 지역)에 살았던 주민들의 전체나 일부를 가리키는 이름으로 사용되어 왔었다. 이 명칭은 사용자에 따라서 크로아티아인, 세르비아인 또는 슬로베니아인을 의미할 수 있었고 아니면 남슬라브인 전체를 의미할 수도 있었던 이름이었기 때문에 다른 종족명보다 전통적이면서도 중립적인 이름이었다. 김성환, "유고슬라비아주의와 언어문제", 『동유럽 연구』, Vol. 10, No. 1, (한국외국어대학교 동유럽발칸연구소, 2001), p. 116에서 재인용.

른 슬라브인들과의 유대 관계를 맺는 데 매우 유용하게 작용하였다. 특히 1835년 가이가 크로아티아 신문(Novine Hrvatske) 사설을 통해 새로운 크로아티아 표준어와 철자법에 따른 '크로아티아, 슬라보니아, 달마티아의 샛별(Danica Hrvatska, Slavonska i Dalmatinska)'을 발표했을 때, 일리리아주의자들은 크게 열광하였다.[114)]

일리리아 지지자들은 크로아티아 국가 권리의 전통에 그들의 언어 통합 정책을 기초로 삼으려 했으며, 남슬라브족의 문화적 사상을 장려하고자 했다. 그들은 또한 헝가리의 야욕으로부터 크로아티아를 수호하고, 크로아티아 내륙과 슬라보니아의 자치권 확보와 함께 달마티아를 통합시키는 데 목적을 두고 있었다. 비록 일부 상류 귀족층과 카이 방언을 선호하는 크로아티아 북서부 지역의 반발이 있었지만, 언어적 통합을 통한 크로아티아인들의 문화적 자기 이해와 민족 통합을 목적으로 하고 있던 일리리아 운동의 정신은 크로아티아 전역으로 확산되게 되었다. 그 결과 1840년 크로아티아 의회는 자그레브 학술원에 크로아티아어 강좌를 설립하는 것과 중등학교에 크로아티아어 교육을 도입하겠다는 뜻을 제국 정부에 요청하기도 했다. 이러한 활동과 함께, 1841년 일리리아 지지자들은 정치적 정당을 설립하였고, 이어 그들의 이상에 따른 정치 활동을 재개해 나갔다.

단순한 운동을 벗어나 정치적 활동으로 확대되어 가는 이러한 일련의 움직임에 대해 헝가리는 강력히 반대하였고, 일리리아 주의자들의 요구가 제국의 단결에 심각한 위협을 안겨줄 수 있음을 제국에게 전달하였다. 제국은 1843년 헝가리의 계속된 요구를 받아들여 크로아티아 내에서 '일리리아어'사용을 금지한다는 내용을 발표하게 된다. 이에 따라 이후 '일리리아어'는 점차 '크로아티아어'란 용어로 대체되게 되었다. 일리리아어 사용에 대한 제국의 반대에 따라 '마티짜 크로아티아(Matia Hrvatska)'로 개명된 '마티짜 일리리스카(Matica Ilirska)'의 1842년 자그레브 설립은 커다란 의미로 다가섰으며, 1844년엔 헝가리의 마자르화 정책에 반발하여 크로아

114) Mirko Valentić and Lovorka Čoralić (eds.), op. cit., pp. 374-375.

티아 의원들은 의회에서 헝가리어 대신 차라리 라틴어를 사용하겠다고 주장하면서 헝가리 정부와 긴장 상태를 낳기도 하였다. 크로아티아의 계속된 요구에 오스트리아 제국의 페르디난드(Ferdinand, 1793-1875, 황제 1835-1848) 황제는 헝가리를 견제하기 방책으로 자그레브 가톨릭 주교 관구를 헝가리 교회의 영향력에서 벗어난 대주교관구로 승격시켜 주었으며, 크로아티아어를 공식 언어로 인정해주는 조치를 단행하게 된다.

나폴레옹 축출 이후 유럽의 군주들은 과거와 같은 절대군주시대를 재현하려 했으나, 이에 저항하며 민족주의 이념과 결합된 농민과 시민 소요가 확대되고 있었고, 마침내 1848년 2월 프랑스 파리에서 2월 혁명의 단초를 제공하였다. 파리 혁명 정신은 동유럽 전 지역으로 파급되었는데, 헝가리에선 라요스 코스수가 주도하는 반(反)합스부르그 대규모 저항과 함께 곳곳에서 피지배 민족들의 저항운동이 확대되게 된다. 당시 오스트리아 제국은 헝가리 지배에 대해 적대적 입장을 취하고 있던 크로아티아인들에게 슬라보니아와 달마티아를 헝가리로부터 독립 시켜주겠다는 조건을 걸어 반란 진압을 요청하였고, 이에 크로아티아 의회는 요시프 옐라취치(Josip Jelačić 1801-1859, 크로아티아, 슬라보니아, 달마티아 영주 1848-1859)를 중심으로 헝가리 반란 진압에 동참하게 된다.[115] 러시아의 개입 속에 1849년 5월 헝가리 반란은 진압되었지만, 약속과 달리 크로아티아는 제국으로부터 독립을 얻어내지는 못하였고, 이것은 크로아티아인들의 제국에 대한 불신과 함께 남슬라브 민족의 통합을 통한 독립 국가 건설의 필요성 및 인식 확대의 계기가 되었다.

민족주의가 유럽 내 제국들의 혼란과 분열을 촉진시켰던데 반해, 독일에서는 1862년 프로이센의 새로운 수상으로 임명된 비스마르크를 중심으로 흩어져 있던 독일인의 단합을 촉진시키는 계기를 제공해 주었다. 비스

115) 당시 옐라취치는 헝가리에게 농노제의 폐지, 크로아티아, 슬라보니아, 달마티아의 통합, 그리고 독립 정부 구성을 위한 기초 조건으로 헝가리로부터의 재정 독립과 재산 특권의 폐지를 요구하였지만 거절당하게 된다. Marcus Tanner, op. cit., pp. 82-93 참조.

마르크는 1864년 당시 독일인이 다수 거주하였지만 덴마크령에 해당되었던 슐레스비히와 홀슈타인 공국을 독일연방으로 편입시켜, 오스트리아와 함께 이 지역을 통치하였지만, 1866년 일방적으로 합병해 버렸고, 이에 대한 오스트리아의 반발로 양국 간 전쟁이 발발하게 된다. 하지만, 오스트리아 제국의 패배와 함께, 합스부르그 제국은 소멸되었고, 이어 '오스트리아-헝가리 이중제국'이 탄생되었다.

이중 제국의 수립에 따라 크로아티아는 헝가리 지배 하로 다시 넘어가야 했으며, 따라서 이중 제국의 수립은 크로아티아인들의 삶과 문화에 커다란 영향을 미쳤다. 크로아티아와 보이보디나를 다시 통치하게 된 헝가리는 이 지역 슬라브인들에게 크로아티아와 보이보디나 정부의 독립성을 인정하고 자체 의회를 통해 이 정부를 운영할 것을 약속하였지만 실제 운영에 있어선 보다 교묘한 마자르화 정책이 추진되게 된다. 크로아티아에 대한 강압적인 지배와 마자르화 강요는 크로아티아인의 반(反)헝가리 정서를 더욱 자극시켰으며 이들의 압제로부터 벗어나고자 하는 크로아티아인들의 의지를 더욱더 불러일으키게 하였다. 크로아티아 지식인과 귀족들 사이에 미래 크로아티아를 위한 다양한 논의들이 활발히 전개되었고, 이 중 요시프 유라이 스트로스마예르(Josip Juraj Strossmayer, 1815-1905) 주교는 남슬라브 문화통합운동을 추진하기 위해 1867년 '남슬라브 과학예술 아카데미(Jugoslovenska akademija nauka i umetnosti)'를 그리고 1874년엔 자그레브대학을 설립하여 크로아티아인에게 남슬라브 민족통일이라는 이상과 남슬라브 민족의 우수성을 교육시켜 갔다.[116]

유고슬라비아주의의 확산은 슬라보니아 지방에 대거 거주하고 있던 세르비아인들과의 연대 의식의 확대를 낳았고, 헝가리의 압제와 마자르화

116) 이러한 배경으로 사회주의 시기 공산주의자들은 남슬라브 통합운동을 적극적으로 추진하였던 스트로스마에르를 진정한 사회주의자 혹은 유고슬라비아인(Jugosloveni)으로 추앙하게 된다. Pedro Ramet, "Religion and Nationalism in Yugoslavia", in Pedro Ramet (ed.), *Religion and Nationalism in Soviet and East European Politics*, (Durham: Duke Univ. Press, 1989), p. 306.

에서 벗어나고자 하는 연대 조직 등이 구축되기 시작하였다. 또한 1882년 지방 선거에서, 그 동안 크로아티아 내륙과의 통합을 반대하여 왔던 스플리트와 두브로브니크에서, 내륙과의 통합 지지자들이 승리함으로써, 달마티아 지역 또한 크로아티아와의 민족 공동체 구성의 길이 열리게 된다.

이런 가운데, 1875년 6월 크로아티아인들이 다수 거주하고 있던 가벨라(Gabela) 지역에서 시작된 무슬림 지주들에 대한 대규모 저항이 보스니아-헤르체고비나의 전 지역으로 퍼져나간다는 소식이 전해졌고, 이에 대해 크로아티아 본토에선 지원군 조직 움직임과 함께 국제 사회에 오스만 터키의 잔악성에 대한 호소문을 확산시켜갔다. 이러한 움직임 속에 당시 부동항 획득과 발칸유럽에서의 영향력 확보 전략을 가지고 남진정책을 추진하고 있던 러시아는 남슬라브족의 권리를 보호한다는 명분을 가지고, 1877년 오스만 터키 제국에게 전쟁을 선포하게 된다. 이후 러시아는 오스만 터키와의 전투에서 계속 승리하며 1878년 3월 3일 산스테파노 조약을 통해 발칸 지역에 대한 자신들의 기득권을 보장받게 된다. 전쟁 중에 러시아의 협력자였던 남슬라브 민족들은 러시아의 발칸 진출과 함께 가장 많은 이권을 챙길 수 있었는데, 세르비아도 이 조약을 통해 오스만 터키 제국으로부터 완전한 독립을 보장받게 된다. 하지만 당시 슬라브 민족 후원자로서 자임하고 있던 러시아가 발칸으로 급격히 영향력을 확대해가자 오스트리아를 비롯한 서구 열강들은 마케도니아를 비롯해 이전 오스만 터키 제국의 영토를 불가리아에게 양도하기로 한 산스테파노 조약의 내용을 문제 삼아 이 지역 문제에 개입하기 시작하였다. 이 결과 오스트리아의 주도하에 중부유럽과 지중해연안 지역의 힘의 균형 문제를 조절하려는 새로운 협의가 1878년 6월 베를린에서 시작되었다. 이 '동방문제(Eastern Question)'에 대한 해결을 구실로 유럽의 열강들은 다시 발칸 지역을 자신들의 이익에 맞게 분할하였고, 이 과정에서 오스트리아는 보스니아 지역에 대한 행정권을 획득하게 된다. 비록 조약상에는 일시적 행정통치라는 언급이 있었으나 실제에 있어 보스니아 지역이 오스트리아의

새로운 영토로 편입되었음을 의미하고 있었다.[117]

이것은 또한 크로아티아인들에겐 보스니아 지역을 연대한 남슬라브 통합 국가에 대한 희망을 심어주었다고 할 수 있다. 하지만, 이러한 점을 인식하고 있던 오스트리아로선 제국 내 남슬라브족 통합 움직임을 강력히 견제하고자 했고, 그 결과 '분열 지배 정책'에 따라 제국 내 남슬라브족 간의 갈등을 조장하기 위한 일련의 정책들을 단행하고자 했다. 그 중 하나가 보이나 그라니짜 문제로써 1881년 이중제국은 그 동안 자치 지역으로 남아있던 '보이나 그라니짜'지역을 제국 내 크로아티아 지역으로 완전히 통합시키는 결정을 내리게 된다. 이에 따라 세르비아인이 다수를 이루고 있는 상당 지역이 크로아티아 구역으로 편입되게 되었지만, 세르비아인은 크로아티아 자치의회와 정부의 결정을 종종 무시하였고, 결과적으로 오스트리아의 의도대로 양 민족 간의 갈등과 불신이 확대되었다고 할 수 있다.

당시, 크로아티아의 새로운 통치자로 부임한 카롤리 추엔-헤데르바리 (Ban Károly Khuen -Héderváry 1849-1918, 헝가리 수상 1903, 1910-1912, 크로아티아 책임자 1883-1903)는 자신의 부임시기동안 크로아티아 지역에 강력한 마자르화 정책을 다시 추진해 나갔다. 하지만 이러한 정책은 크로아티아인들의 더욱더 거센 반발을 불러왔고, 뒤 이어 범슬라브주의 운동 확대로 이어지게 된다. 20세기 초에는 크로아티아인과 세르비아인이 서로 연합하여 이중제국의 통치에 저항하는 사건들이 자주 일어났으며, 이러한 공동 전선 구축은 양 민족 지도자들 간의 정치적 연합을 가능하게 하였다. 남슬라브족 통합연대를 막으려는 오스트리아와 헝가리의 견제와 탄압에도 불구하고, 1908년 오스트리아의 보스니아 합방 발표는 결정적으로 크로아티아를 비롯한 발칸유럽 남슬라브인들의 민족정체성을 일깨우게 하였다고 볼 수 있다. 1878년 이후 오스만 터키로부터 독립한 세르비아에 비해 20

117) 1878년 3월 맺은 산스테파노 조약과 동년 6월 맺은 베를린 조약의 조약 원문과 내용에 대해선 Momir Stojković (ed.), *Balkanski ugovorni odnosi, 1876-1996, I*, (Beograd: JP Službeni list SRJ, 1999)와 Ferdinand Schevill, op. cit., pp. 393-406 참조.

세기 초까지도 여전히 이중 제국의 지배하에 놓여있어야 했던 크로아티아는 이를 벗어나기 위한 방안으로 남슬라브족의 통합을 전제로 한 유고슬라비아주의의 보급과 확대라는 대안을 선택해야만 했다. 이후 19세기 크로아티아에서 커다란 호응을 받아 확대되었던 일리아주의와 유고슬라비아주의는 제 1차 세계대전이후 크로아티아를 비롯 세르비아와 슬로베니아가 서로 연합한 최초의 남슬라브 왕국을 수립하는데 있어 중요한 사상적 토대를 제공하게 된다. 또한 이후 제 2차 세계대전을 거치며 티토하 사회주의 연방을 구축해 가는 과정에 있어서도 연방 내 다양한 민족들의 통합과 단결을 이루는 데 중요한 사상적 이념을 제공하였다는 점에서 그 의미가 크다고 말할 수 있을 것이다.

6) 정리하기

크로아티아인들은 정착 초기 발칸유럽의 험준한 지리적 특성으로 인해 다양한 지역적 분화와 사회, 문화적 차이가 나타났고, 그러한 특징에 따라 자그레브를 중심으로 한 크로아티아 내륙 지역과 헝가리 및 세르비아 민족의 영향이 깊은 슬라보니아 지방 그리고 중세 시절 비잔틴 제국과 뒤 이어 이탈리아의 문화적 영향 하에 놓여 있었던 아드리아 해안지역 및 달마티아 지역 등에선 서로 각자의 사회, 문화 그리고 정치, 경제적 발전이 이루어지게 된다. 하지만 9세기 크리스트교의 수용은 국가 수립과 그 운명 그리고 발전에 있어 크로아티아인들의 삶과 문화에 매우 깊은 영향을 미치게 되었으며, 이후 민족정체성 수립에 중요한 영향을 미치게 된다. 특히, 924년 토미슬라브에 의해 최초 중세 독립 국가가 수립된 이후 크로아티아는 1102년 헝가리 아라파드 왕조 하로 들어간 이후에도 계속해서 자신들의 문화 정체성에 대한 인식을 추구하고자 했다. 크로아티아는 내란과 전쟁의 시기인 15세기를 거치면서, 오스만 터키의 유럽 원정을 막아낸 합스부르크의 직접적인 지배하에 들어가게 되지만, 중세 시기 수용된 크리스트교(가톨릭)에 대한 신앙심과 독립 국가를 이룬 경험 그리고 문화적 발전은 현재까지 크로아티아인들에게 매우 커다란 의미로 다가오고 있다. 17세기부터 18세기 전반기까지 이어진 합스부르크 제국의 지배 시기는 한 마디로 '크로아티아인들의 민족 정체성(National Identity) 형성을 위한 토대 구축 시기'라 할 수 있다. 이후로 크로아티아는 합스부르크 제국의 계몽적 전제주의 하에서 정치, 경제적 발전을 모색하고, 이어 프랑스 대혁명을 통해 나온 민족주의 시대에 들어와 자신들의 문화적 자기 이해를 구축하기 위한 이론적 토대를 구축해 나갈 수 있었다.

특히, 19세기 민족주의의 여파는 합스부르크 제국의 영향 하에 놓여있던 크로아티아인들에게 자신들의 민족 권리와 독립 그리고 이를 위한 문화적 자기 이해의 필요성을 확산시켰고, 이러한 결실은 19세기 초 언어 개혁과 통합을 통해 크로아티아 내 민족 통합을 주도해나가려 했던 일리리아주의와 남슬라브 민족의 통합을 구체화하려했던 유고슬라비아주의 등의 형태로 표출되었다. 19세기 당시 외세 지배 하에서 문화·역사적 그리고 정치·경제적 분열로 상징되던 크로아티아의 현실을 바라보았던 크로아티아 지식인들은 언어 통합과 개혁을 통한 크로아티아의 정치적 통합의 필요성을 절감하고 있었고, 이러한 움직임은 곧 이어 '일리리아주의'이념과 함께 남슬라브 통합운동으로까지 확대되게 된다. 그 결과 크로아티아와 세르비아의 언어학자들은 제 1차 세계대전이후 최초의 남슬라브 왕국을 수립하는데 그 기초를 제공하였던 '비엔나 어문 협약(1850년)'을 통한 통일된 표준어인 세르보-크로아티아어 탄생이라는 결실을 이루게 된다. 19세기 중엽이후 크로아티아를 둘러싼 국제정세는 이전보다도 매우 불안하면서도 혼미한 상태였고, 유럽내 모든 지역에 걸쳐 민족주의가 급속히 팽창해 가던 시기였다. 이런 상황 속에서 크로아티아내 지식인들은 당시 외세 지배하에서 신음하던 크로아티아의 미래에 대한 청사진을 제시할 필요성을 느끼고 있었고, 이에 따라 발칸유럽내 남슬라브족 통합 운동을 구체화하려는 움직임을 전개해 나가게 된다. 이후 이러한 일련의 움직임들은 일리리아주의를 모태로 했던 '유고슬라비아주의 운동'으로 발전하게 된다.

제 1차 세계대전의 종결에 따라 크로아티아는 세르비아, 슬로베니아와 함께 자신들이 19세기 당시 그려왔던 남슬라브족 통합국가라는 바람을 실현하게 된다. 하지만 이러한 바람은 양차 대전 기간 동안 남슬라브 왕국 내에서 이미 문화적 민족주의로 팽창해 버린 극단적 세르비아 민족주의와 크로아티아 민족주의간의 갈등으로 인해 그 의미를 퇴색해 버리게 되었다. 그러나 그 의미의 퇴색에도 불구하고 당시 크로아티아에서 보여준 민족주의에 대한 열정과 의미는 그 어느 지역의 민족주의보다도 높았다고 말할 수 있을 것이다. 19세기 당시 크로아티아에서 발전하였던 유고슬라비아주의는 20세기 동안 다양한 문화와 민족으로 구성되어 있던 구(舊)유고슬라비아내 민족들을 하나로 묶는데 중요한 이론적 토대를 제공하였으며, 현재까지도 그 역사적 의미가 전달되고 있다 하겠다.

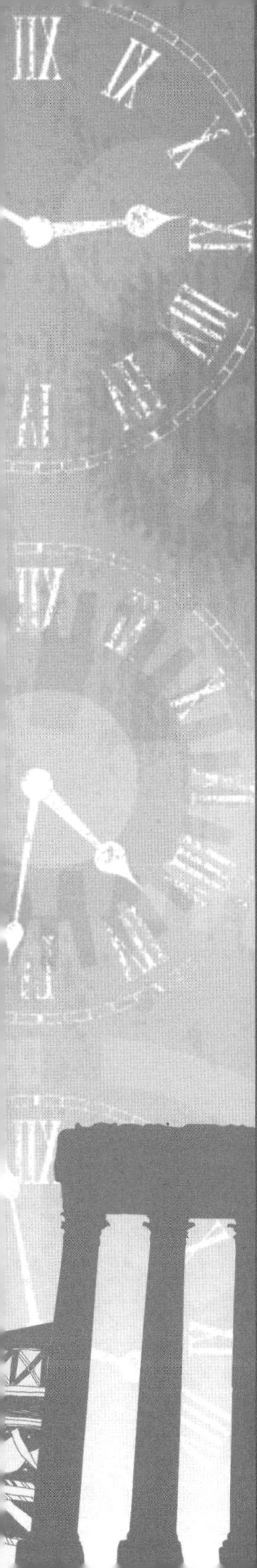

제 4 장

정교 문화권

1 세르비아
: 문화적, 종교적 민족주의의 발흥, 세르비아니즘

세르비아의 역사적 함의와 진실을 읽는 키워드

세르비아 민족주의로 대표되는 세르비아니즘이 전 세계의 주목을 받기 시작한 것은 제 1차 세계대전 발발이후부터라 할 수 있다. 이후로 세르비아니즘에 대한 연구 및 세르비아 민족과 민족정체성에 대한 연구가 활발히 이루어져 왔다. 특히 20세기말에 들어와 확대된 발칸유럽의 여러 민족 분쟁들에 있어 세르비아 민족주의가 주요 요소로 등장하게 된 이후 이에 대한 관심 또한 증폭되게 된다.

세르비나아니즘의 이론적 토대를 구축한 일리야 가라샤닌의 주장을 토대로 살펴보았을 때, 세르비아니즘의 이론적 토대에 있어 주요한 기초들로는 첫째, 과거 중세 왕국의 두샨 황제 시기 당시의 영토적 확대에 기초한 영토적 민족주의 성향을 들 수 있다. 이를 기초로 세르비아인들은 발칸유럽으로의 영토 확장 특히, 세르비아인 거주 지역에 대한 영토적 종주권을 강력히 주장하면서 자신들의 영토적 확대 추진을 정당화 하고 있다. 세르비아니즘의 두 번째 요소로는 중세 스테판 네마냐(Stefan Nemanja)와 성 사바(Sveti Sava)에 의해 도입된 이후로 세르비아 민족의 삶과 역사에 중요한 영향을 미쳐왔던 세르비아 정교라 할 수 있다. 실제 세르비아 정교는 세르비아 민족이 발칸유럽에 정착한 이후 세르비아 민족의 단결과 정체성 형성에 가장 중요한 영향을 미쳐왔으며, 현재까지도 세르비아 국가와 민족의 가장 중요한 정신적 토대를 제공하고 있다. 마지막으로 세 번째 요소로는 복잡한 발칸 유럽 내에서 세르비아인의 구별 기준 조건을 쉬토 방언을 기초로 한 언어적 통용 지역을 두루 설정하고 있음을 확인할 수 있다.

따라서, 세르비아니즘에 대한 이해를 위해선 우선, 세르비아 민족 기원 및 발칸유럽 정착에 대한 소개를 비롯해 중세 왕국 시기 두샨 황제 당시의 업적과 세르비아 정교의 도입에 대한 이야기를 빼놓을 수 없을 것이다. 더불어, 특히 19세기 민족주의 시대를 거치며 세르비아 민족 정체성 형성에 있어 세르비아 정교와 언어 등 문화적 요소가 세르비아니즘 형성에 미친 영향과 그 역할에 대해 분석이 필요하다 하겠다.

1) 생각하기

세르비아 민족의 기원과 민족 정체성에 관한 연구는 과거 오랜 시기동안 세르비아 국내는 물론 국제 학계에서도 관심의 대상이 되어 왔다. 특히 20세기 초 제 1차 세계대전의 직접적인 계기를 제공하였던 세르비아 민족주의로 대변되는 세르비아니즘[118] 에 대한 국제학계의 관심은, 20세

118) 세르비아니즘은 중세 세르비아 왕국 당시 최대 전성기였던 스테판 두샨 황제시절의 영토, 문화적 확대에 기초한 역사적 당위성을 그 기원으로 하고 있다. 이러한 기원을 기초로 세르비아니즘은 나폴레옹 혁명전쟁의 여파로 19세기 중엽 이후 발칸유럽에 유입된 민족주의가 세르비아 민족들 사이에 하나의 이데올로기로 정착되고 이와 함께 세르비아 근대 민족국가가 수립되면서 세르비아 민족주의 표출의 한 형태로써 발전되기 시작했다

기 말에 이르러 슬로베니아와 크로아티아에서의 유고분쟁, 보스니아 분쟁 그리고 코소보 전쟁을 비롯한 발칸 유럽 내 여러 분쟁과 전쟁들에서 세르비아 민족이 주요 민족으로 다시 등장하게 됨에 따라 더욱 더 활발해지게 된다.

그 동안 세르비아 민족의 기원과 민족 정체성에 대한 연구는 다양한 학문적 분야와 연계해 발전하여 왔다. 즉 세르비아 민족 기원과 민족정체성에 대한 연구는 단순히 고고학적 혹은 인류학적 분야의 연구를 넘어서 예술, 문학, 언어, 역사, 종교 그리고 지정학적 관점에 따른 연구와 더불어 세르비아니즘과 같은 정신적·이념적 연구로까지 확대·발전되어 오고 있다. 세르비아 민족의 주요 이데올로기이자 발칸유럽의 대표적 문화적 민족주의중 하나인 세르비아니즘[119] 은 중세 세르비아 왕국과 당시 최대 전성기였던 스테판 두샨 황제시절의 영토, 문화적 확대에 기초한 역사적 당위성을 그 기원으로 하고 있다. 특히, 19세기 초 나폴레옹 혁명전쟁과 더불어 민족주의의 유입은 당시 지배 세력이었던 서유럽 제국들과는 달리 피지배 상태로 전락해 있던 세르비아 등 동유럽 민족들에게 종교와 언어 그리고 관습 등 문화적 요소에 기초한 세르비아니즘을 낳았다고 할 수 있다. 19세기말에 들어와 세르비아니즘은 세르비아 근대 민족국가 하에서 발칸 유럽 내 영토 확장의 이념과 당위성을 제공해주는 토대가 되게 된다. 이후, 세르비아니즘는 제 1, 2차 세계대전을 거치며 더욱 더 정교한 이론화 작업이 이루어졌고, 민족주의의 대두를 엄격히 제한하고자 했던 사회주의 유고슬라비아 연방 하에서도 수면 아래서 계속적으로 그 영향력을 유지해 왔었고, 이후 1980년 티토의 사망과 1989년 베를린 장벽 붕

119) 세르비아 민족주의인 세르비아니즘은 피터 슈가(Peter F. Sugar)와 이보 레디레브(Ivo J. Lederev) 그리고 한스 콘(Hans Kohn)이 언급한 동·서유럽의 민족주의 특징을 기초로 분류해 보았을 때 '문화적 민족주의'의 한 유형으로 분류해 볼 수 있다. 참고로 문화적 민족주의는 국가와 성문법 그리고 법 체계 등을 중요시 여기는 '정치적 민족주의(Political Nationalism)'와는 달리 언어, 종교, 관습, 과거의 역사, 신화등 문화적 요소를 민족 구분의 기초요소로 삼고 있다. 이에 대한 자세한 내용은 Peter F. Sugar, op. cit., pp. 3-54; Hans Kohn, op. cit. 참조.

괴로 상징되는 사회주의 체제 전환 과정 속에서 국제 사회의 전면에 다시 한 번 등장하게 되었다고 할 수 있다. 더불어, 세르비아니즘을 추종하던 세르비아 민족주의자들 및 타 공화국 내 거주하고 있던 세르비아 소수 민족의 군사적 저항은 결과적으로 유고슬라비아 연방의 붕괴와 함께 유고 내전, 보스니아 내전, 코소보 전쟁 등 이 지역 내 다양한 민족 문제 및 내전의 원인을 제공하게 된다.

세르비나아니즘의 이론적 토대는 19세기 중엽 일리야 가라샤닌의 주장을 토대로 구축되었으며, 그 주요한 기초들로는 다음과 같이 세 가지 요소로 구성되어 있다고 제시할 수 있다. 그 첫째는 과거 중세 왕국의 두샨 황제 시기 당시의 영토적 확대에 기초한 영토적 민족주의 성향을 들 수 있다. 이를 기초로 세르비아인들은 발칸유럽으로의 영토 확장 특히, 세르비아인 거주 지역에 대한 영토적 종주권을 강력히 주장하여 왔고, 특히 19세기 민족주의 시대 이후로 오스만 터키의 쇠락 속에 발칸유럽에서의 영토적 확대 추진의 정당성을 내세우고 있다. 세르비아니즘의 두 번째 요소로는 훗날 세르비아인들에 의해 성인으로 봉축된 중세 왕국의 스테판 네마냐와 사바 네마니치(Sava Nemanjić)에 의해 도입된 세르비아 독립 정교를 들 수 있다. 세르비아 정교의 독립성은 곧 바로 세르비아 민족의 독립성과 연계되어 있던 관계로, 이후로 세르비아 정교는 세르비아 민족의 삶과 역사와 더불어 중요한 영향을 미치게 된다. 실제 세르비아 정교는 세르비아 민족이 발칸유럽에 정착한 이후 세르비아 민족의 단결과 정체성 형성에 가장 중요한 영향을 미쳐왔으며, 현재까지도 세르비아 국가와 민족의 가장 중요한 정신적 토대를 제공하고 있다. 세 번째 요소로는 문화적 요소 중 언어적 요소, 즉 남슬라브족 중 가장 많은 지역에 분포되어 있는 쉬토 방언 지역을 중심으로 자신들의 문화적 민족주의 및 영토적 범위를 정하여 왔다는 점이다.

이러한 연구 배경과 이해를 바탕으로 본 장에서는 20세기 초와 말에 걸쳐 주요 국제사적 사건들과 민족 분쟁에 있어서 중요한 역할을 하였던 세르비아니즘의 이론적 기초에 대한 연구 분석을 위해, 우선 세르비아 민족의 기원을 고찰하고, 세르비아 중세 왕국을 중심으로 세르비아 민족 정체성의 형성과 발전에 있어 세르비아 독립 정교의 역할에 관해 살펴보고자 한다. 더불어, 19세기 세르비아니즘의 이론적 토대 구축과정과 함께 세르비아니즘의 확대 과정에 대해서도 소개하고자 한다.

2) 세르비아 민족의 발칸유럽 정착과 중세 세르비아 독립 정교의 역할

5세기와 6세기에 걸쳐 일단의 슬라브족들이 다뉴브강을 건너 비잔틴 제국의 지배하에 있던 발칸 유럽 지역으로 이주를 시작하였고, 이곳으로 이주한 슬라브인들은 점차 현재 슬로베니아 지역인 북부 아드리아 해안으로부터 흑해 연안까지 그 거주지를 확대시켜갔다. 발칸 지역으로 이주한 슬라브족들은 6세기 중엽에 들어와 이들 지역에서 훈족을 몰아낸 뒤, 당시 강력한 군사력으로 동로마 제국과 서부의 프랑크 제국을 위협하고 있었던 아바르족과 동맹을 맺게 된다. 역사적 기록에 따르자면, 당시 아바르족은 자신들의 세력을 확장해 가면서 이 지역에 잔존해 있던 초기 크리스트교 문화를 상당수 파괴하였고, 달마티아와 현재 유고슬라비아 북서부 지역의 초기 크리스트교문화의 모든 흔적을 지워버렸다고 기술되어 있다.[120]

비잔틴제국의 반격 속에 아바르족은 그 세력권을 점차 상실하였고, 그 결과 발칸유럽 지역에 정착하고 있던 남슬라브족은 아바르족을 대신해 이 지역을 장악할 수 있는 기회를 얻을 수 있게 된다. 슬라브족이 발칸으로 이주하였던 초기, 슬라브족들은 비잔틴 제국의 보호와 인정아래 일정 정도 자신들의 영토권과 문화적 자주성을 지켜나갈 수 있었다. 하지만 아바르족 침략에 따른 비잔틴 제국의 세력 약화는 기존의 발칸 지역 원주민 공동체들의 해체와 함께 이후 아바르족의 쇠퇴와 함께 슬라브족들이

120) Donald M. Nicol, op. cit., pp. 31-34.

발칸의 새로운 주인공으로 등장하게 되는 배경을 제공했다 할 수 있다. 8세기말에 이르러 발칸반도의 대부분은 슬라브족에 의해 장악되었다. 9세기이후 발칸반도를 경계로 한 로마 교회(가톨릭)와 콘스탄티노플 교회(정교) 간의 교세 확장을 둘러싼 세력 갈등과 다툼은 로마제국의 영향 하에서 크리스트교를 중심으로 단결을 보여 왔던 이 지역 원주민 공동체들의 급격한 분열양상을 불러왔다고 할 수 있다. 발칸유럽에서 비잔틴 제국의 세력 약화와 원주민 공동체들의 분열은 그 동안 비잔틴 제국의 비호 아래서 단순히 토지를 경작하고 제국의 협조자로서만 지내왔던 남슬라브족들에게 세력 확대와 함께 독립왕국 건설을 가능케 하였다.

당시 험준한 산악 지대로 구성된 발칸유럽의 지리적 특성상 남슬라브족은 세월의 흐름과 함께 각 부족 공동체들 간에 느슨한 정치적, 사회적 구조를 기초로 한 민족 분화가 일어나게 되었다. 실제, 지리적인 이유로 인해 남 슬라브족은 작은 집단 구성체로 독자적인 부족을 구성할 수밖에 없었고, 그 결과 점차 공동체 간의 교류와 문화 단절과 함께, 관습, 언어, 정치 조직 간의 차이점들이 확산되게 되었다. 그 결과 9세기 말에 접어들어서는 이미 남 슬라브족 간의 분화가 시작되었고, 점차 시기를 거치면서 크게 불가리아족, 세르비아족, 크로아티아족 그리고 슬로베니아족이라는 4개의 남 슬라브족 공동체로 나누어지게 된다.

이 시기 세르비아인들 또한 자신의 부족 국가를 형성하고 이를 보다 발전시켜 나가려는 움직임을 전개하기 시작하였다. '세르비아인(Serb/ Srbin)'이라는 명칭은 이들이 발칸유럽에 정착하기 이전 그들의 원시 거주지였던 고대 고향 명칭에서 유래했다고 분석되고 있다. 또한 그들 스스로의 세습 지배구조를 지니고 공동의 언어, 관습, 종교, 사회적 단합속에 풍부한 인력을 확보하고 있었다고 말하여 지고 있다.[121] 위와 같은 사실들을 토대

121) Rade Mihaljčić, *Istorija Jugoslavije*, (Beograd: Zavod za udžbenike i nastavna sredstva, 1993); Ivan Božić, Sima Ćirković, Milorad Ekmečić and Vladimir Dedijer, op. cit.; Miloš Blagojević, "On the National Identity of the Serbs in the Middle Ages", Radovan Samardžić and Milan Duškov (eds.), op. cit., p. 21.

로 정리해 볼 때 10세기 무렵 세르비아는 이미 민족구성에 있어 가장 중요한 특징인 민족명의 확보, 많은 인구, 광활한 영토, 엄격한 국가구조 그리고 지배 계급과 피지배 계급 사이의 단단한 내부 응집력이 있었다고 추론할 수 있다. 세르비아인들은 나이가 많거나 명망 있는 사람을 족장, 즉 쥬판(Župan)으로 불렀으며, 쥬파(Župa)라 불리는 부족 영토를 지배하였다. 특히 이들 가운데 가장 세력이 강한 족장을 대(大)족장 즉 벨리키 쥬판(Veliki Župan)으로 임명하였지만, 그 지배력이나 영향력은 그리 크지 못했다고 주장되기도 한다.[122)]

9세기와 10세기에 걸쳐 몬테네그로의 쩨티네(Cetnije)로부터 보야나(Bojana) 강 지역까지 해안을 따라 넓게 거주하고 있었던 세르비아인들은 지리적인 험준함으로 인해 점차 지역적 분할을 이루면서 거주영역을 확대하게 된다. 비잔틴 제국의 콘스탄틴 7세는 이 지역의 영토를 '세르비아'라 불렀는데, 당시 세르비아인들은 인구 증대와 함께 그들의 영역을 아드리아해의 해안지대에서부터 내륙인 사바 강까지 확장시켜 갔으며, 서쪽으로는 현재 보스니아 내륙지역인 브르바스(Vrbas) 계곡, 동쪽으로는 현 코소보 지역인 이바르(Ibar) 계곡까지 그들의 거주 지역을 확대시켜 나갔다. 그들의 영역 내에는 보스니아(Bosnia) 지명의 기원으로 알려진 보스나(Bosna) 강이 위로부터 발칸반도의 중앙으로 흘러 내려오고 있었다. 이때가 고대와 중세 세르비아 지역을 모두 망라한 지역이라고 말할 수 있을 것이다.

발칸 유럽으로 이주한 이후 초기 세르비아 지배자들과 그 자손들에 대한 기록은 전해 내려오지 않고 있다. 현재 이름이 전하여 지고 있는 최초의 세르비아 지배자로는 780년 무렵 라쉬카 공국의 비쉐슬라브(Višeslav) 왕자를 들 수 있다. 그가 활동한 시기는 대략 프랑크 제국의 샤를마뉴 대제 시기인 742년에서 814년 무렵으로 추측된다. 이때 이후 공국의 정치적 지배력은 그의 아들인 라도슬라브(Radoslav)에게 계승되게 되며, 그 뒤로 손자인 프로시그요이(Prosigoj)와 증손자인 블라스티미르(Vlastimir)에게로

122) Ferdinand Schevill, op. cit., p. 74.

이어지게 된다.[123] 9세기 무렵에 들어와 세르비아인들은 발칸지역에서 중요한 위치를 차지하게 되었으며, 그들의 영토적 팽창에 따라 그들의 영향력 또한 확대되었다고 할 수 있다. 무엇보다도 지역적으로 분할되어 있던 세르비아인들 사이에 실질적인 민족 통합을 가져다 준 계기는 크리스트교(정교)의 수용, 특히 세르비아 독립 정교회의 수립과 이로 인한 민족 정체성 형성이라 할 수 있을 것이다. 하지만 고대 슬라브족의 원시 신앙 종교에 따른 오랜 동안의 관습으로 인해 세르비아인들의 크리스트교화는 다소 더디게 이루어진 것으로 보인다.[124]

이 당시까지도 세르비아인들은 여전히 비잔틴 제국과 콘스탄티노플 교회의 영향력 하에 놓여 있었고, 이에 따라 세르비아 지배자들 사이에 크리스트교적 이름이 등장하기 시작하게 된다. 반면에 몬테네그로를 비롯한 아드리아 해안 지역은 로마 교회(가톨릭)와 콘스탄티노플 교회(정교)간의 대결이 첨예하게 대립됨으로써 일련의 혼란기를 겪고 있었다. 헝가리, 불가리아 등 먼저 중세 왕국의 기틀을 마련한 이웃들로부터의 계속됨 침략과 종교 간의 분화는 11세기 전반까지도 세르비아인들의 분권화 원인이 되었다고 할 수 있다. 이 당시 세르비아인들은 크게 3개 지역으로 나뉘어 각자의 정치 세력을 구축하고 있었는데, 첫째로는 아드리아 해안지역인 코토르(Kotor)지역을 포함해 닉쉬치(Nikšić)와 현 몬테네그로 수도인 포드고리짜(Podgodrica) 사이의 제타 강을 중심으로 한 두클리야 공국(Duklija/ 제타(Zeta)공국)을 들 수 있으며, 두 번째 지역으로는 보스나 강을 중심으로 보스니아 내륙지역에 넓게 퍼져 있던 세르비아인들을 그리고 세 번째 지역으로는 세르비아 남부 산악지대인 현 노비 파자르(Novi Pazar)의 샤자크

123) Sima Ćirković, *Istorija srednjovekovne bosanske države*, (Beograd, 1964), p. 39.

124) 크리스트교와 원시 슬라브 신앙과의 결합은 이후 세르비아인들에게서만 나타나는('samo Srbin Slavu slavi') 독특한 축일 문화인 '성령 축일(Slava)'을 형성케 하였다. 크리스트교가 중세 세르비아인들에게 미친 영향과 문화적 유산에 대해선 Miloš Velimirović, "Serbia's Cultural Legacy: the Middle Ages", Alex N. Dragnich (ed.), *Serbia's Historical Heritage*, (New York/ Boulder: Columbia University Press/ East European Monographs, 1994) 참조.

(Sandžak) 지방을 중심으로 형성된 라쉬카(혹은 라사(Rasa) 공국) 공국으로 나누어 볼 수 있다.

이중 두클리야 공국 등 아드리아 해안 지역은 로마 교회의 강력한 세력 확대에 따른 로마 교회 신봉자들과 콘스탄티노플 교회 즉 정교에 더욱더 많은 호감을 지니고 있던 상당수 일반 민중들 간의 혼란이 존재하고 있었다. 이러한 점은 세르비아인들이 이 지역에 정착할 당시 이미 이 지역은 비잔틴 제국의 영향력 하에 있었던 지역이었으며, 따라서 두클리야 공국이 로마교회와의 유대관계를 확대하고 이를 통해 왕권 강화를 하려 했던 시점 또한 이미 콘스탄티노플 교회에서 파견된 신부들의 적극적인 포교로 인해 공국내 대다수의 세르비아인들이 정교를 신봉하고 있었던 데서 기인하고 있다 하겠다. 또한 중세 동안 보스니아는 세르비아인들이 거주하는 세르비아 부족 공동체 지역 중 하나로 인식되고 있었으며, 오스만 터키가 보스니아에 영향을 미치기 이전까지인 15세기 전반기까지도 보스니아 왕국 관청의 공식 언어는 라틴어와 더불어 세르비아어이기도 하였다.[125] 보스니아 지역의 다수를 점하고 있던 정교회 신봉자들은 이 지역의 가톨릭교도들을 '라틴 이교도들(Latin Heretics)'로 지칭하였으며, 보스니아 교회에 대해선 보고밀교(Bogomil/ Bogumil)와 같은 이교 집단들로서 '지옥에 떨어져야 할 추악한 사람들(the damned baboons)'이라 비난하였었다. 반면, 중세 세르비아 왕조의 원조라 할 수 있는 라쉬카 공국 지역의 세르비아인들은 비잔틴으로부터 정교를 수용한 이후 완전한 정교 국가로 세력을 넓혀갔다.

라쉬카 공국은 1166년 당시 대족장이었던 스테판 네마냐를 중심으로 20여 년에 걸쳐 세르비아 독립왕국 건설을 위한 비잔틴과의 전쟁을 치르

125) 1333년 보스니아 반(Ban)인 스테판 코트로마니치(Stefan Kotromanić)가 두브로브니크까지 영역을 확장해 관할 구역을 강화시킬 당시 발견된 문서에는 보스니아 관청의 공식언어가 라틴어와 세르비아어로 구성되어져 있다. Miloš Blagojević, "On the National Identity of the Serbs in the Middle Ages", Radovan Samardžić and Milan Duškov (eds.), op. cit., p. 26.

게 된다. 비록 속박으로부터 완전히 벗어나진 못했지만 스테판 네마냐는 1186년에 비잔틴에게 빼앗긴 두클리야 지역을 다시 편입시키는데 성공하였고, 무엇보다도 국가와 정교 교회간의 강력한 유대관계를 이루어냄으로써 현재의 코소보 지역을 중심으로 세르비아 중세왕조의 기틀을 마련할 수 있게 되었다.

스테판 네마냐는 공국의 안정과 지속적인 발전을 위해 정교를 중심으로 세르비아 민족의 단결을 이루고자 하였고, 이러한 그의 신념은 곧 이어 보고밀교를 비롯한 여러 이단 종교에 대한 탄압과 이들 신봉자들에 대한 국외추방이라는 종교정책으로 이어지게 된다.[126] 또한 그는 1196년에 대족장 직위를 그의 둘째아들인 스테판 네마니치에게 넘겨주고 자신은 세르비아의 중세 유명한 사원인 스투데니짜(Studenica) 사원과 그리스 아소스(Athos)산에 정교회의 성지로 알려진 힐란다르(Hilandar)사원을 건립하는 등 정교의 발전과 확대에 주력하였다. 정교를 중심으로 세르비아인의 단결을 유도하려 했던 스테판 네마냐의 이러한 정책은 세르비아인들의 주요 거주지 중 보스니아를 제외한 거의 모든 지역들을 하나의 세르비아로 통합하는데 주요한 역할을 하게 된다.

네마냐의 뒤를 이어 세르비아의 대족장이 된 스테판 네마니치는 1202년에 들어와 당시 로마교황인 이노센트 3세(Innocent III, 1160/ 1161-1216, 재위 1198-1216)로부터 왕위를 부여받고, 이어 1217년에 세르비아 중세왕국을 선포하였다. 당시 비잔틴 제국은 1204년 제 4차 십자군의 원정대가 콘스탄티노플을 점령하고 라틴 제국을 수립함에 따라 세르비아인을 포함해 자신의 영향력 하에 있던 슬라브 민족들이 독자적인 독립왕국을 세우려는 움직임을 저지하기가 어려운 상황이었다. 스테판 네마니치는 뛰어난 외교

126) 당시 세르비아에서 추방된 이들 이단 종교 신봉자들은 당시 반 쿨린(Kulin)이 지배하고 있던 보스니아로 쫓겨나게 된다. John V. A. Fine, *The Bosnian Church: A New Interpretation*, (New York and London: Columbia Univ. Press, 1975); Noel Malcom, *Bosnia: A Short History*, (London: Macmillan, 1994); Mark Pinson (ed.), *The Muslims of Bosnia-Hercegovina*, (Cambridge: Harvard Univ. Press, 1994).

술을 바탕으로 이러한 기회를 잘 이용하였다. 로마교황으로부터 왕위를 인정받은 직후 네마니치는 곧 이어 당시 세르비아인들의 대다수가 정교를 신봉하고 있던 정서를 고려해 콘스탄티노플 교구로부터도 왕권을 승인 받기 위한 노력을 기울이게 된다. 하지만 당시 비잔틴 제국은 십자군의 콘스탄티노플 점령에 따라 국가적 존립 위기에 처해있었다. 따라서 이러한 네마니치의 바램은 1219년 자신의 막내 동생인 사바가 세르비아 독립 정교회의 초대 교주가 된 이후, 1222년에 들어와서야 비로소 사바의 도움으로 정교의식에 따른 두 번째 대관식을 치를 수 있게 된다.

네마니치 시대에 들어와 세르비아는 정치적으로 독립왕국을 선포하였으나, 종교적인 면에 있어 세르비아의 정교회는 불가리아 오흐리드 대교구 소속의 지역교구로 남아있었다. 따라서 세르비아인들의 정치적 통합 그리고 교회와 국가 간 유대관계 강화를 위해 스테판 네마냐와 그의 아들 네마니치는 세르비아 독립 정교회의 수립에 노력을 기울이게 된다. 이들의 노력은 1205년 그의 막내아들인 사바 네마니치가 스투데니짜 수도원의 원장으로 임명되고, 이후 세르비아 교회가 독립 정교회로 인정된 1219년에야 비로소 그 결실이 이루어지기 시작하였다. 1219년 콘스탄티노플 교회의 총대주교는 니케아에서 사바 네마니치를 '모든 세르비아와 해안지역의 대주교(Archbishop of all Serbian and costal lands)'로 임명하였으며, 이에 따라 사바는 모든 세르비아인들에 대한 크리스트교 사도로서의 임무를 수행하게 된다. 세르비아 독립 정교회의 초대 대교구장이 된 사바는 신의 사도로서의 임무를 가지고 곧 이어 네마니치 왕조가 지배하고 있던 세르비아 지역에 대해 '주교령(patrimacy)'을 선포하게 된다. 당시 주교령의 범주는 왕조의 영역내에 있는 모든 것, 즉 단순한 영토와 인구 그리고 국가 구조외에도 왕국내에 존재하는 모든 신의 창조물들을 포용하는 것을 의미했다. 따라서 주교령에서의 모든 결정은 신에 의해 이루어진 것이며, 왕위 계승도 또한 신의 결정에 의해 임명되어지고 세습되어진다는 것을 의미했다. 즉 세르비아 민족이 거주하는 네마니치 왕조내 모든 지역에 대한 주교령 선포는 이후 세르비아 중세 왕국의 기본 근간으로 자리 잡게 된 국가와 교회간의 긴밀한 유대관계라는 결과를 낳게 하였다.

최초의 세르비아 정교회 독립교구가 현재 코소보 지역의 쥐짜(Žica)에 세워졌고, 이어 사바는 세르비아 정교회와 수도원을 개축·보수하고 교회 서적을 번역하는 등 그의 아버지인 네마냐와 더불어 세르비아 중세 왕조의 정신적 버팀목이자 이후에 세르비아 민족주의의 핵심 축이 되는 세르비아 정교의 기틀을 마련하는데 한평생을 바치게 된다. 이러한 교회의 역할과 의미들은 이후에도 사바 주교와 그의 후계자들의 노력에 의해 세르비아 일반 민중들에게 계속해서 유입되게 된다. 이후 네마냐와 사바는 세르비아인들에 의해 성인으로 봉축되었고, 성 시메온(Sveti Simeon)과 성 사바(Sveti Sava)라는 성인 명을 지니게 되었다.[127)]

세르비아에 독립 대교구가 수립된 이후 세르비아의 국가적 이익과 교회와의 관계는 결코 분리되어 생각될 수 없었다. 훗날 성인으로 추대된 성 시메온과 성 사바는 그들의 주교령이 위협받을 때마다 세르비아 국가와 민족을 보호하는 수호성인으로 등장하였으며, 현재까지도 세르비아 민중들 사이에 민족을 구원해 줄 성인으로 자리잡고 있다. 이러한 의식은 문학 작품들 속에 세르비아 중세 왕조의 시조인 네마냐를 '신성스러운 뿌리(the holy root)'로 그리고 그 후손들을 신성한 뿌리에서 비롯된 묘목과 후예들로 화려하게 묘사하는 배경이 되게 된다. 그 예는 14세기 종교적 신념으로 가득 찬 프레스코 벽화들 속에 섬세하게 그려 내려간 '네마니치 가계도(Loza Nemanjića/ Nemanjićgeneaological tree)'에서도 확인할 수 있다. 또한 중세 세르비아 작가들의 작품들 속에 네마냐는 왕조의 창시자를 넘어 세르비아 민족의 선지자로서 묘사되고 있으며, 세르비아 민족은 하나님에

---

127) 성인전 작가인 도메티안(Dometijan)과 테오도시우스(Theodosius)는 네마냐와 그의 아들 사바가 아소스 산에 힐란다르 사원을 건립하기까지의 종교적 신념에 찬 과정과 수도 생활 그리고 그들의 주교 령인 세르비아의 복지와 안녕을 위한 기도 생활 등을 그들의 전기 집을 통해 잘 정리해 놓고 있다 Domentijan, "Život Svetskog Sava i život Svetskog Simeona", *Stara srpska književnost 24 knjige Vol. 4*, (Beograd, 1988); Teodosije, "Žitija", *Stara srpska književnost*, 24 knjige, Vol. 5, (Beograd, 1988) 참조.

의해 선택된 민족 즉 선민으로 묘사되고 있다. 무엇보다도 이러한 선민의식에 바탕을 둔 믿음은 세르비아 민족사이의 강한 연대감 형성에 기여하게 된다.

세르비아인들의 이러한 열망과 자긍심은 당시 세르비아의 정치적, 영토적 발전과 더불어 확대되어 갔다. 1217년 역사상 가장 위대한 왕으로 칭송 받는 스테판 두샨 시기에 이르러 세르비아 중세 왕국은 최대의 전성기를 맞이하게 된다. 실제 영토적인 면에서 세르비아니즘의 구현은 세르비아 역사상 가장 위대한 왕으로 칭송받는 스테판 두샨왕 시기, 중세 세르비아 왕국의 광활한 영토에 기초하고 있다고 할 수 있다. 당시 서로마와 비잔틴제국, 소아시아의 중간 교역로에 위치하고 있던 세르비아는 이웃 국가들과의 활발한 중개무역을 통한 부의 축적과 안정된 정치력 그리고 강력한 군사력을 바탕으로 왕국의 영토를 현재의 수도인 베오그라드에서부터 서쪽으로는 보스니아 그리고 남쪽으로는 마케도니아, 그리스 남부 지역으로까지 넓혀갔다. 이어 세르비아 독립 정교회 교구를 쥐짜에서 코소보의 페치(Peć)로 옮기고, 1354년에는 비잔틴 법전을 기초로 세르비아 민족의 전통과 관습을 가미시킨 독자적인 세르비아 법전을 완성시켜 갔다. 이때 이후 세르비아는 비잔틴 제국과 대등한 국가로서 그리고 정교회 왕조의 정통성을 이어가는 중요 국가로서 인정되게 된다. 발칸유럽에서의 영토적 확대와 정치력 강화를 바탕으로 스테판 두샨은 스스로를 '세르비아와 그리스의 왕'으로 부르며, 자신의 지배 영역 내에 세르비아 정교회의 확산을 주도해 나갔다.

하지만 1355년 46세의 나이로 두샨이 사망하자, 세르비아 왕국은 왕권 다툼으로 인한 내부 분열과 오스만 터키의 침입으로 쇠락하게 된다. 특히 1363년과 1371년에 걸친 오스만 터키와의 제 1, 2차 마리짜 강 전투에서 우로쉬(Stefan Uroš, 1336-1371, 재위 1355-1371) 황제를 비롯한 그 형제들(부카쉰(Vukašin)과 우글레쉬(Ugleš))이 모두 사망한 뒤, 세르비아는 오스만 터키의 조공국가로 전락하게 된다. 특히, 왕국의 쇠락 속에 라자르(Lazar Hrebeljanović,

1329-1389, 재위 1371-1389) 대공은 헝가리, 알바니아 등 당시 주변 크리스트교 민족들과 연합을 이루어 1389년 현 코소보 언덕에서 가진 터키 군과의 전투 패배는 세르비아 중세 왕국의 실질적인 몰락을 가져오게 하였다.

1389년의 코소보 전투가 세르비아 민족의식과 세르비아 민족주의 형성에 미친 영향은 매우 컸다. 코소보에서의 전투이후 이와 관련된 여러 전설들은 훗날 세르비아 민중들에게 민담과 구전문학을 통해 계속해서 전해 내려왔고, 오늘날까지도 외세의 침입이 있을 때마다, 코소보 전투와 그 신화는 세르비아 민족의 저항정신을 고취시키고 있다. 실제로 코소보의 전설과 이상은 국가적 위기가 닥칠 때마다 세르비아 민족에게 하나의 신앙으로 받아들여졌고, 전쟁에서의 영웅들 행위와 크리스트교적 순교자들에 대한 추앙은 현재까지도 계속해서 세르비아 민족 전체로 흡입되어 나타나고 있다. 외세 침략에 맞서 싸운 민족전설에 대한 이런 추앙과 묘사는 발칸유럽의 다른 민족들에게서도 일부 보이고 있다. 하지만 다른 민족들 사이에서 이러한 현상이 주로 개인적 차원에서 이루어지는데 반해, 세르비아에서는 민족적 차원에서 현재까지도 강력하게 영향을 미치고 있다는 점에서 특이한 현상이라 할 수 있을 것이다.[128]

세르비아 중세 왕국의 몰락과 오스만 터키의 발칸유럽 진출 그리고 코소보 전투이후 500여 년에 걸친 오스만 터키 제국의 지배는 세르비아 중세 왕국과 세르비아 독립 정교가 가꾸어 온 모든 전통과 크리스트교 유물을 파괴시켰으며, 이슬람교의 확산을 불러왔다. 하지만 오랜 기간 동안의 외세 지배 속에서도 세르비아인들은 이에 동화되지 않았고, 중세 세르비아 왕국 시기 세르비아 독립 정교회가 세르비아 민족 정체성 형성과 민족 단결에 미쳤던 영향은 세르비아 민족의식 속에 계속 남아, 19세기 세르비아가 터키의 지배에서 벗어나 자치 공국을 수립하고, 이후 근대 독립 왕국을 건설할 때 다시 한 번 입증되게 된다.

---

128) 코소보의 전설에 관련된 모음집으로는 Stojan Novaković, *Kosovo: srpske narodne pesme o boju na Kosovu*, (Beograd: Vukova Zadužbina, 1995)외 여러 문헌들을 참조.

3) 제 1, 2차 농민 봉기의 역사적 의미와 자치 공국의 수립

19세기 민족주의 시대에 들어와 세르비아를 비롯한 발칸유럽을 장악하고 있던 오스만 터키 제국은 신대륙 개척 이후 르네상스와 산업혁명을 거치며 강대국으로 성장하고 있던 서유럽 국가들에 비해 유럽의 낙후 지역으로 전락해 가고 있었다. 더불어, 대외적으론 제 2차 비엔나 전투(1683) 패배이후 합스부르크 제국과의 경계선에 자리한 보스니아와 세르비아 등 지방에 대한 중앙정부의 세력이 크게 약화된 반면, 지방 귀족들과 토호들의 부패 그리고 무슬림 지주들의 크리스트교 농노에 대한 착취로 심각한 어려움에 직면해 있었다.[129] 제 2차 비엔나 공략 실패이후 오스만 터키는 1699년 합스부르크 제국과 체결한 스렘스키 카를로브찌 조약과 1718년 포자레바츠(Požarevac)조약에 의해 합스부르그 제국에게 베오그라드를 포함한 보이보디나 지방을 양도해야만 했다. 비록 1739년 베오그라드 조약에 의해 베오그라드를 포함해 사바-두나브 강의 남부지방에 속해있던 지역을 다시 찾아오긴 했으나, 보이보디나와 크로아티아-슬라보니아 지역 등은 여전히 합스부르크 제국 지배하에 놓여 있었고, 이후로 오스만 터키 제국은 사바-두나브 강을 넘어 북쪽으로 그 세력을 확장하지 못하였다.[130] 훗날, 보이보디나 지역에는 중세 세르비아 왕국의 몰락 이후 오스만 터키의 압제를 피해 이 지역으로 이동해온 세르비아의 후손들을 중심으로 고유한 세르비아 문화가 발전될 수 있었고, 세르비아와의 국경에 자리한 프루쉬카 고라(Fruška Gora)지역의 정교회 사원들은 19세기 초 일어난 세르비아 혁명의 시발점이자 근대 세르비아 르네상스의 발원지가 됨으로써 근대 세르비아 독립국가 수립에 중대한 영향을 미치게 된다.[131]

---

129) Obren Blagojević, *Ekonomska misao u Bosni i Hercegovini*, (Beograd: Srpska akademija nauka i umetnosti, 1993), pp. 21-22.

130) Michael Boro Petrovich, *A History of Modern Serbia 1804-1918 Vol. I*, (New York and London: Harcourt Brace Jovanovich, 1976), pp. 19-23.

131) 1791년 스렘스키 카를로브찌에 최초의 세르비아 중등학교가 수립된 후 도시테이 오브

18세기 이래로 오스만 터키 제국은 식민지 정책 실패와 지방 관료들의 부패로 인해 그 세력이 크게 약화되고 있었고, 무엇보다도 이를 개혁하려 했던 마흐므드 1세(Mahmud I, 1696-1754, 재위 1730-1754)와 셀림 3세(Selim III, 1761-1808, 재위 1789-1807) 등 술탄들의 개혁 정책 등이 이슬람 신학자들(Ulema)과 야니챠르(Janissary/ Janjičar) 등의 반대로 인해 실패하자, 이것은 세르비아 등 피지배 민족들의 저항과 독립 운동의 중요 배경이 되게 된다. 무슬림 지주들과 관료들의 계속된 폭정과 수탈로 고통을 겪고 있던 세르비아 농민들은 마침내 1804년 2월 오라샤쯔(Orašac)에 모여 카라조르제 페트로비치(Karađorđe Petrović 1768-1817, 봉기군 수장 1804-1813, 행정수반 1811-1813)를 중심으로 봉기를 일으키게 된다. 오스만 터키는 세르비아 봉기를 억누르기 위해 당시 보스니아의 베지르였던 베키르 파샤(Bekir Paša)를 파견하여, 세르비아 농민들에게 일련의 개선을 약속하였다. 하지만, 카라조르제를 비롯한 봉기 지도자들은 오스트리아, 러시아에게 지원을 요청하였고, 이를 토대로 완전한 독립을 위한 제 1차 세르비아 봉기(First Serbian Uprising/ Prvi srpski ustanak, 1804-1813)를 일으키게 된다. 봉기군은 셀림 3세의 개혁에 대한 야니챠르들의 반란으로 혼란한 시기를 이용하여 봉기 초기 때인 1805년에서 1806년 사이 연이어 승리함에 따라 베오그라드를 포함한 상당 지역을 확보하는데 성공하였다. 하지만, 1808년 마흐므드 2세(Mahmud II, 1789-1839, 재위 1808-1839)가 술탄에 오르게 되면서 강력한 진압이 시작되게 된다.[132)]

이런 가운데, 세르비아 봉기군은 1809년 일리리아 속주를 세운 후 발칸유럽 지역에 관심을 보이고 있던 나폴레옹에게 도움을 요청하였지만, 프랑스는 오스만 터키와의 동맹관계를 고려하여 세르비아의 요청을 거절하였다. 영국 또한 유럽내 세력균형 정책에 따라 오스만 터키 제국의 급격

라도비치(Dositej Obradović, 1739-1811), 이반 유고비치(Ivan Jugović) 그리고 보조 그루요비치(Božo Grujović)등 여기서 배출된 다수의 세르비아 지식인들은 훗날 세르비아 혁명 성공과 근대 세르비아 국가건설에 중요한 역할을 담당하게 된다. Ibid., p. 43.

132) Ivan Božić, Sima Ćirković, Milorad Ekmečić and Vladimir Dedijer, op. cit., pp. 213-214.

한 약화를 바라지 않았고, 오스트리아 또한 나폴레옹 군대와의 전쟁으로 인해 세르비아를 도와줄 수 없는 처지였다. 결국 세르비아는 같은 슬라브 민족인 러시아에 도움을 요청하였고, 발칸유럽 지배권에 대한 많은 관심을 보이고 있었던 러시아는 세르비아에 대한 지원을 약속하게 된다. 이후 러시아의 도움 속에 세르비아 봉기군은 1811년 베오그라드에 세르비아 근대 의회를 설립하게 되었고, 카라조르제는 세르비아 의회 의장으로 선출되어 이후 세르비아의 합법적 왕위 계승자로 인정받게 된다. 하지만 나폴레옹의 러시아 침공과 러시아 군의 후퇴는 세르비아인들의 독립왕국 쟁취의 꿈을 좌절시키게 된다. 러시아 군의 도움이 없는 가운데 치른 오스만 터키와의 드리나(Drina) 강 전투에서 대패한 세르비아 봉기군은 다시 터키 지배 하로 들어가야만 했다.

무슬림 지주들은 자신들 지역에 거주하던 15세 이상의 모든 세르비아 남자들을 잔인하게 살해하였고 여자와 어린아이들은 자신들의 노예로 삼았으며, 세르비아 지도자들에 대한 검거와 처형이 계속되었다. 이러한 잔인한 보복은 이때 학살된 세르비아인의 두개골로 벽을 만든 첼레쿨라(čelekula)의 암울한 유적을 만들어냈으며, 이후 이 유적은 이 당시 학살을 묘사하는 다양한 장르의 문학작품 그리고 그림들과 함께 무슬림에 대한 세르비아인의 적개심을 상징하는 문화물이 되었다. 세르비아인에 대한 무슬림의 잔인한 보복은 1813년 10월 이스탄불로부터 대(大)베지르인 후르시드 파샤(Hursid Paša ?-1822, 대베지르 1812-1815)가 도착하여, 보복행위 중지와 세르비아 혁명지도자들에 대한 사면을 공포함으로써 중단될 수 있었다.

나폴레옹의 100일 천하가 수포가 끝난 이후, 러시아는 발칸유럽에 다시 관심을 집중할 수 있었고, 이런 가운데 1815년 우쥐쩨(Užice) 출신의 밀로쉬 오브레노비치(Miloš Obrenović 1780-1860, 대공 1817-1839, 1858-1860)를 중심으로 제 2차 세르비아 봉기(Second Serbian Uprising/ Drugi srpski ustanak 1815-1817)가 일어나게 된다. 밀로쉬는 전략적으로 급속한 독립 추진보다는 오스만 터키의 종주권을 인정하되 자치권을 보장받는 온건한 독립 전략을 선택하였다. 당시 발칸유럽에 대한 통제력이 급격하게 약화되고 있던 터키의 입장에서도 밀로쉬의 제안에 긍정적인 입장을 보이게 된다. 따라서, 제 2차 봉기가 일어나자 터키는 밀로쉬가 차지한 세르비아 지역에 대해 면세권과 군대 주둔권을 제외한 완전한 자치를 허용해 주겠다는 약속을 먼저 제안하였다. 그리고 마침내 1815년 11월 세르비아 민족의회에서 밀로쉬는 세르비아 민족의 최고지도자(narodni starešina)를 의미하는 크네즈(Knez)로 추대되게 된다.[133] 이후 밀로쉬는 점차적으로 세르비아 지역 내에서 자신의 영향력을 확대시켜갔으며, 1817년 7월 자신의 정적이자 오스만 터키의 골칫거리였던 카라조르제 또한 제거함으로써 확실한 권력 기반을 구축해 나갈 수 있었다. 이후, 세르비아는 1821년 루마니아의 몰다비아와 왈라키아, 그리스에서 터키로부터의 독립 전쟁이 시작되고, 러시아의 참전과 승리 속에 1829년 9월 아드리아노플(Adrianople) 조약이 수립되게 된다. 그리고 마침내 1830년 2월 밀로쉬는 쿠라구예바쯔(Kragujevac)에서 세르비아의 자치가 공식적으로 인정되었음을 천명하였고, 공식적인 세르비아 자치국의 왕위 계승자로 승인 받게 되었다.

19세기 초, 지배 제국의 착취와 억압에 대한 단순한 사회적 저항에서 출발하였던 세르비아 민중 운동이 혁명으로 이어지면서 근대 유럽 국가들과 같은 민족-국가의 구축으로 이어질 수 있었던 이념적 배경에는 무엇보다도 19세기이후 발칸유럽에 불어오기 시작한 민족주의의 열풍이 주요한 요인으로 작용하였다고 볼 수 있다. 또한 이러한 민족주의 열풍은 세르비아가 자치국에서 근대 왕국으로 발전해가면서 세르비아인들에겐 자신들의 문화와 혈통을 중심으로 과거 잃어버린 중세 왕국의 영광을 재현하고 당시의 영토를 회복하려는 움직임 즉 동유럽의 민족주의 주요 특징이라 할 수 있는 '문화적 민족주의'의 한 형태인 '세르비아니즘'의 구축과 발전으로 이어졌다고 할 수 있다.

---

133) Michael Boro Petrovich, op. cit., pp. 98-99.

4) 세르비아 근대 왕국의 수립과 세르비아니즘의 형성

제 1, 2차 농민 봉기(Srpski ustanak, 1804-1813; 1815-1817)를 거치며, 자치공국을 수립하고 이후 근대 독립 국가로 발전되어 가는 과정은 세르비아니즘이 세르비아 민족들의 주요 지배 이데올로기로 정착하게 되는 과정으로 평가할 수 있다. 더불어, 그 과정을 내용과 특징에 따라 구분해 보았을 때, 다음과 같이 크게 세 가지 시기로 구분 지어 설명 할 수 있을 것이다. 우선 제 2차 봉기를 이끌었던 밀로쉬 오브레노비치가 자치 공국 수립이후 독선적 정국 운영과 권력암투를 벌이면서 나타났던 '혼란기(1830-1860)'를 들 수 있고, 두 번째 시기로는 섭정정치 마감 후 미하일로 오브레노비치(Mihailo Obrenović 1823-1868, 대공 1839-1842, 1860-1868)에 의한 확고한 왕권 수립과 세르비아 근대 왕국의 구체적 지배 이데올로기로서 세르비아니즘이 기틀을 완성해 갔던 '성숙기(1860-1882)'를 들 수 있을 것이다. 그리고 세 번째 시기로는 1877년 러-터 전쟁이후 맺은 1878년 3월의 산 스테파노 조약과 동년 6월의 베를린 조약 그리고 뒤 이어 1882년 세르비아가 완전한 독립을 쟁취한 후 중세 세르비아의 영광과 영토 확장에 기초한 세르비아니즘을 바탕으로 발칸지역에서 세력을 확장해 나가던 '독립기(1882-1918)'등으로 나누어 볼 수 있다.

우선 '혼란기'초기, 세르비아는 밀로쉬 오브레노비치를 자치국의 수장 즉 크네즈로 하는 자치국의 형태를 갖추게 된다. 하지만, 밀로쉬의 지나친 독선적 정국 운영과 측근 권력계층의 부패심화는 일반 세르비아 민중들의 반발을 불러왔고, 강력한 중앙집권적 정부 추진은 지방 토호들의 반발 또한 불러일으켰었다. 이러한 이유로 이 시기에는 1834년 밀레타 라도위코비치(Mileta Radojković ?-1854) 반란 등 잦은 군사, 사회반란이 발생하였으며, 농업정책의 잇따른 실패는 밀로쉬 정권을 더욱 어렵게 만들었다고 볼 수 있다. 결국 밀로쉬는 1839년 6월 현 루마니아의 왈라키아 지방으로 추방되었고, 여러 혼란 끝에 1840년 3월 16세의 미하일로 오브레노비치가 토마 부취치(Toma Vučić-Perišić 1787/ 1788-1859)등 섭정단 구성 하에서 왕위를 잇게 된다. 하지만 1842년 9월 부취치 또한 쿠데타를 일으켜, 제 1차 봉기를 이끌었던 카라조르제의 아들이었던 알렉산다르 카라조르제비치(Aleksansar Karađorđević 1806-1885, 대공 1842-1858)를 새로운 왕으로 추대하게 된다. 이에 따라 역사를 통해 살펴볼 때, 세르비아 근대 왕국의 왕위는 크게 제 1차 봉기를 이끌었던 카라조르제 가문과 제 2차 봉기를 성공하였던 오브레노비치 가문이 서로 번갈아가며 왕위를 계승하였음을 알 수 있다. 즉 세르비아 근대 왕국의 수립과정과 이후 발전 과정에 있어서 기초는 제 1, 2차 봉기를 근간으로 한 카라조르제 가문과 오브레노비치 가문을 지지하는 양 대 세력이 공존하면서 세르비아 근대 왕국을 이끌어나갔다고 할 수 있다.

사회계약과 일반의지 그리고 민족(Nation)과 국가(State)를 동일시하며 민족-국가에 대한 충성심을 기초로 하였던 서유럽의 정치적 민족주의는 발칸유럽으로 유입되면서 새로운 형태, 즉 역사, 신화, 언어 그리고 종교등 문화적 요소에 기초한 문화적 민족주의로 변모하였고, 세르비아 또한 그 한 가운데에 자리하고 있었다. 특히, 세르비아는 문화적 민족주의의 기초 이념과 틀을 알렉산다르 카라조르제비치 재임 시기 일리야 가라샤닌을 중심으로 구축하게 되는 데, 그는 1844년 미래 독립 국가 건설의 비전과 설계에서 과거 두샨 왕때와 같은 영토적 범위에 해당하는 '대(大)세르비아(Velıka Srbıja) 국가 건설'을 국가 목표로 제시하였나. 그는 이를 위한 전략으로 우선 세르비아를 중심으로 같은 남슬라브족이자 세르비아인이 다수 거주하고 있는 크로아티아, 보스니아 그리고 몬테네그로 지역과의 연합을 추진할 것과, 두 번째로 당시 합스부르크 영토로 편입되어 있지만 세르비아인들이 다수 거주하고 있던 베오그라드 북부에 위치한 보이보디나 지역에 대한 세르비아의 영토권을 우선적으로 회복해야 한다고 주장하였다.[134] 이후 세르비아 민중들은 세르비아니즘의 이념에 따라 중세 전성

134) Fred Singleton, op. cit., pp. 93-94.

기 때의 실질적 영토 회복과 세르비아인이 거주하는 모든 지역을 세르비아 근대 왕국의 영토로 편입시킨다는 구체적인 목표를 수립할 수 있게 되었다. 이것은 점차 세르비아 중심의 남슬라브족 통합을 통한 세르비아 이상 국가 건설에 대한 꿈으로 발전되어 갔다. 1848년 2월 파리 혁명은 오스트리아 제국 내에 있던 크로아티아인, 슬로베니아인들 사이에 남슬라브족 통합의 필요성을 분명히 각인시켰고, 보이보디나 지역내 세르비아인들 또한 문화적 요소에 기초한 세르비아니즘 확대에 열광하였다.

두 번째 시기인 '성숙기'는 부취치를 중심으로 17인으로 이루어진 귀족 위원회의 지나친 정치 간섭과 왕권을 강화하려는 알렉산다르 카라조르제비치 간의 갈등에서부터 시작되었다. 결국 1858년 12월 카라조르제비치는 크네즈에서 물러나야 했으며, 1859년 1월 밀로쉬 오브레노비치가 다시 추대되었으며, 오브레노비치는 1860년 아들 미하일로 오브레노비츠에게 권력을 넘겨주었다. 미하일로 오브레노비치는 크네즈에 오른 후 1844년 가라샤닌이 제시한 남슬라브민족 통합에 기초한 '대(大) 세르비아 국가건설'과 세르비아의 근대화에 높은 관심을 보였다. 그는 이를 위해 1861년 행정부를 새로 개편하고, 왕권 강화를 목표로 한 새로운 헌법을 발표하였으며, 1866년 프로이센에게 오스트리아 제국이 패하자 이중 제국내 남 슬라브인들 특히 세르비아인들에게 세르비아니즘의 확산을 주도하고자 했다. 또한 그는 10만여 명에 달하는 근대식 정규군을 양성함과 동시에 산업 근대화에도 주력하였다. 하지만, 미하일로가 1868년 암살된 후, 그의 사촌인 14세의 밀란 오브레노비치(Milan Obrenović 1854-1901, 대공 1868-1882, 왕 1882-1889)에게로 권력이 이어지게 된다. 무엇보다도 그의 가장 큰 업적으로는 1878년 3월 산 스테파노 조약과 6월 베를린 조약에 의해 세르비아가 독립 국가로 인정받게 된 것을 들 수 있을 것이다. 베를린 조약에 따라 보스니아를 장악하게 된 오스트리아는 제국내 남슬라브족 통합 움직임이 확산되는 것을 강력히 저지하고자 했고, 반면 세르비아니즘에 심취하였던 제국 내 세르비아인들은 통합 운동과 독립에 보다 적극적인 움직임을 전개하게 된

다.[135)]

세 번째 시기인 '독립기'동안, 밀란은 집권 당시 정치, 경제적으로 오스트리아에 대한 의존도가 매우 높았는데, 이러한 점은 슬라브 민족주의를 지지하던 세르비아 일반 민중들에겐 그리 유쾌한 정책은 아니었다. 특히, 제 3국과 외교관계를 설정하고자 할 때도 오스트리아의 허락을 받아야만 하는 등, 오스트리아의 정치, 경제적 예속화가 강화되자, 일반 민중들의 반(反)오스트리아 감정과 반정부 운동이 확산되게 된다. 이런 가운데 1885년 오스트리아의 지원을 바탕으로 러시아가 지원하고 있던 불가리아와의 전쟁에서 패전하게 되자, 밀란은 결국 1889년 크네즈에서 물러나야만 했다. 이어 그의 아들인 13세의 알렉산다르 오브레노비치(Aleksandar Obrenović 1876-1903, 왕 1889-1903)가 왕위를 대신하였지만, 계속된 친(親)오스트리아 정책은 1901년 의회 선거에서 카라조르제 왕조를 지지하던 친(親)러시아파가 다수석을 차지하게 되는 결과를 낳게 하였다. 이어 1903년 6월 쿠데타군에 의해 밀란 왕을 비롯한 다수의 오브레노비치 왕족들 그리고 추종세력들이 살해되거나 감금되었으며, 이후 알렉산다르 카라조르제비치의 셋째 아들인 페테르 카라조르제비치(Peter Ⅰ Karađorđević 1844-1921, 세르비아 왕 1903-1918, 세르비아-크로아티아-슬로베니아 왕 1918-1921)가 새로운 왕으로 추대되게 된다. 오스트리아의 반대 속에 페테르는 자신의 임기동안 세르비아니즘에 기초한 강력한 세르비아 근대왕국을 건설함으로써 '세르비아의 르네상스기'를 이루었다고 할 수 있다. 실제 페테르의 집권 이후 국내적으론 시민적 자유와 민주화가 공고해졌고 이를 기초로 한 최초의 입헌정부가 수립되었으며, 일반 민중들과의 관계 또한 크게 호전되게 된다. 또한 국제적으론 오스트리아의 견제 속에서도 제 1, 2차 발칸전쟁(1912, 1913)들을 통해 대규모 영토 확장을 이루어 냄으로써 세르비아니즘의 확대와 대(大)세르비아 국가 건설을 실천해 나갈 수 있었다고 분석할 수 있다.

---

135) Љубодраг Димић, *Срби и Југославија: Простор, друштво, политика*, (Београд: Стубови културе, 1998), p. 25.

실제, 19세기 당시 대두된 세르비아니즘에 대해 미국과 서유럽의 여러 학자들은 20세기 말 연방 붕괴 과정에서 나타난 여러 민족 분쟁과 인종 간 충돌의 주요 요인 중 유 하나로 지목하여 왔다. 반면에 세르비아인들은 "세르비아 민족에게 있어 세르비아니즘은, 어느 국가나 민족에게나 그러하듯 국가와 민족이 위기에 처할 때마다 국가의 주권과 민족의 생존권을 지켜주기 위한 주요 이념으로써 발전된 것이었다"라고 주장하고 있다. 특히 다양한 인종과 문화, 종교와 역사적 배경을 지닌 여러 민족들이 어우러지며 한 연방 국가내로 거주하게 된 유고슬라비아 지역은 독특하고도 다양한 문화적, 사회적 특징을 보여 왔던 게 사실이다. 이를 이해하기 위해선 세르비아니즘을 비롯한 여러 문화적 민족주의 양태들을 단순히 지역 내 갈등과 분쟁의 주요 요인들 중 하나로 치부하기 보다는 민족 문화 정체성과 민족 국가 유지라는 차원에서 분석하고 이를 이해하려는 노력을 보여야 할 것으로 보인다.

5) 정리하기

발칸유럽에 이주해 들어온 세르비아 민족은, 정착 초기 발칸유럽의 험준한 지리적 특성으로 인해 교류와 단합에 어려움을 겪어야 했지만, 점차 크리스트교(정교)로의 개종과 세르비아 독립 정교회의 수립을 통해 단합을 확대시켜 나갈 수 있었다. 이후 정교를 중심으로 한 종교적 일체감은 세르비아인들의 정치 통합과 연합체 구성에 결정적인 역할을 하였고, 민족 정체성 수립에도 중요한 영향을 미치게 된다. 그 결과 세르비아 중세 왕국은 두샨 황제 시절 안정된 정치력과 경제력을 바탕으로 최대 전성기를 구가하였고, 이후 오스만 터키 제국에 의해 중세 왕국이 무너진 뒤에도 세르비아 정교는 세르비아 민중들 사이에 남아 오랜 외세 지배 기간 동안에도 민족 정체성을 잃지 않고 유지시키게 해준 동력이 되었다고 할 수 있다.

특히, 중세 두샨 황제 시절의 영토적 확대와 세르비아 독립 정교회의 수립은 19세기 민족주의 시대 당시 세르비아니즘의 이론적 토대를 구축해 가는 과정이라 요약 지을 수 있을 것이다. 이렇게 구축된 세르비아니즘은 독립 근대왕국 시기를 거치며, 본토 내는 물론 다른 제국들의 지배 지역내 세르비아인등에게 조차도 커다란 영향을 미쳤다고 할 수 있다. 더불어, 제국내 지배로 고통 받고 있던 크로아티아인, 슬로베니아인등 다른 남슬라브족들과의 통합 연대 운동에도 일련의 기본적 토대를 제공하게 된다. 실제 19세기 민족주의가 발칸유럽에 영향을 미치기 시작한 이후 세르비아는 종교와 혈통 그리고 신화와 미래 조국에 대한 꿈 등 문화적 요소에 기초한 문화적 민족주의의 한 형태인 세르비아니즘을 통해 발칸유럽에 흩어져 있던 세르비아인들의 단결을 이끌어 낼 수 있었다.

오스만 터키 제국내 무슬림 지주와 관료의 압제 그리고 착취에 대한 세르비아 농민들의 저항에서 비롯된 제 1, 2차 봉기는 카라조르제와 밀로쉬등 지도자들에 의해 점차 조직화되어 갔으며, 나폴레옹 전쟁 당시 발칸유럽으로 퍼지기 시작했던 민족주의 사상과 결합되면서 단순한 사회적 저항에서 발전된, 즉 독립된 세르비아 민족 국가 수립에 대한 이상을 심어주게 된다. 민족주의 시대 세르비아인들은 이러한 과정들을 통해 민족의 정체성을 찾는데 기본 요소인 '우리'와 '그들'을 구별하는 중요한 기준점을 새롭게 인식하기 시작하였고, 이것은 과거 제국의 지배자에 대한 충성에서 자신과 같은 민족적 요소를 지닌 민족 지도자에 대한 충성으로 변모하게 되는 배경을 마련했다고 할 수 있다. 세르비아니즘은 이러한 인식의 전환을 구체적으로 확립시켜 주었다.

민족의식의 전환과 세르비아니즘 이념에 따라 형성된 세르비아 근대왕국은 오스만 터키 제국의 영향력 하에서 벗어나기 위한 노력과 더불어, 주변 제국들에 오랫동안 흩어져 살아왔던 세르비아인들을 비롯한 남슬라브인들에게 세르비아 왕국을 중심으로 새로운 남슬라브 왕국을 수립할 수 있다는 이상을 점차 확산시켜 나갔다. 이러한 이상의 실현 가능성과 그 성과는 20세기 초에 일어난 제 1, 2차 발칸전쟁들의 전과, 즉 세르비아가 세르비아니즘의 주요 목표 지역 중 하나였던 마케도니아를 비롯해 발칸유럽의 상당 영토를 자신의 지배 영역하로 편입시키게 됨에 따라 확인되게 된다. 이에 따라 보스니아를 비롯한 발칸유럽의 세르비아인들과 제국의 지배하에 있던 여타 다른 남슬라브인들에게도 세르비아 근대 왕국 중심의 남슬라브족 통합 국가에 대한 확신을 불어 넣어줄 수 있게 되었다. 그리고 이것은 결과적으로 제 1차 세계대전 이후 최초의 남슬라브족 통합 왕국인 '세르비아-크로아티아-슬로베니아 왕국'이 수립되는 역사적 배경을 제공하였다고 할 수 있다. 세르비아 근대 왕국 시기 민족 이념으로서 기틀을 갖추게 된 세르비아니즘은, 이후 20세기말 일련의 민족 갈등과 내전 등을 거치며, 21세기인 현재까지도 세르비아 민족들에게 주요 이데올로기로서 작용하고 있다.

2 몬테네그로
: 또 하나의 세르비아? vs 또 다른 몬테네그로?

몬테네그로의 역사적 함의와 진실을 읽는 키워드

오늘날 아드리아 해안의 작은 국가인 몬테네그로는 인구 63여만 명의 유럽 내에서도 소규모 국가에 해당한다. 하지만, 그 규모와는 별개로 몬테네그로는 고대 이래로 현대까지 그 지정학적 중요성으로 인해 세르비아와 이탈리아 등 주변 국가들의 침략과 통합으로 인한 여러 어려움을 겪어 왔던 게 사실이다. 고대, 로마군의 진군 전에는 일리리안 부족 국가의 중요 전략 기지로, 중세에는 코소보를 중심으로 발전한 세르비아 중세 왕국과 해양 무역을 통해 군사력을 키운 베네치아, 라구사 공국 등의 중요한 해안 통로로 활용된 곳이기도 하다. 이어 14세기 이래로 오스만 터키의 유럽 침공이 가시화 될 당시에는 베네치아 공국을 비롯한 서유럽 크리스트교 연합군과의 주요 전장이 되어 왔으며, 근대에 들어와선 독립 왕국을 건설하면서 세르비아 등 주변 국가들의 간섭을 벗어나 민족 국가로서의 발전을 모색하였지만, 양차 대전 기간에 걸쳐선 이탈리아와 알바니아, 세르비아 등의 영향력 하로 편입되는 아픔을 겪기도 하였다. 사회주의 시기, 유고슬라비아 연방의 6개 공화국중 하나로 등장한 몬테네그로는 사회주의 체제의 붕괴와 함께 혼란의 시기를 다시 맞이하게 된다. 특히, 1990년대를 거치며 이웃한 세르비아니즘의 희생양이 되어야 했으며, 이후 여러 차례의 독립 노력 끝에 2006년 마침내 자신들의 독립 국가를 구성할 수 있게 되었다.

실제, 1989년 베를린 장벽 붕괴 이후 유고슬라비아 지역은 수차례의 민족 간 갈등과 분쟁의 아픔을 겪어왔으며, 그러한 갈등과 분쟁의 요인에는 중세 세르비아 왕국의 영토 확대에 기초한 세르비아 민족주의가 주요한 자리를 차지하여 왔던 게 사실이다. 특히, 본 장에선 몬테네그로를 세르비아의 일부분으로 여겨왔던 세르비아인들의 시각을 소개하는 한편, 이에 저항하며 자신들의 독자적인 민족-국가를 수립하고자 노력하여 왔던 몬테네그로의 숨겨진 역사적 의미를 소개하면서, '또 하나의 세르비아?'와 '또 다른 몬테네그로?'의 기로에 서 있는 몬테네그로의 역사 속 숨겨진 진실을 분석하게 될 것이다.

1) 생각하기

'다양한 종교와 문화 그리고 민족의 모자이크 지역'으로 알려져 왔던 유고슬라비아 지역은 20세기말 사회주의 체제 붕괴와 유고슬라비아 지역 내에서 대두된 문화적 민족주의의 여파로 인하여 연방 붕괴 및 장기간 내전들을 경험해야만 했었다. 국제 사회는 연방 붕괴와 내전 발발의 원인에 대해 세르비아의 영토적, 문화적 민족주의에 주목하였고, 이후 극단적 세르비아 민족주의의 한 형태인 '세르비아니즘'은 발칸 유럽 내 민족 갈등의 꺼지지 않는 불씨로써 국제 사회에 지목을 받게 되었다. 실제, EU 가입을 목표로 하고 있는 세르비아는 가입의 전제 조건으로 코소보의 독립권 보장 등 영토적 확대 의지를 포기할 것을 EU와 국제사회로부터 요구받고 있지만, 이에 쉽게 응하지 않는 등 발칸반도는 아직도 세르비아니즘의 그늘과 어두움 속에서 벗어나지 못하고 있다. 코소보와 더불어, 세르비아의 중요한 이해 영역 지역으로는 세르비아 민족이 다수 거주하는 스르프스카 공화국을 축으로 하는 보스니아와 함께 오랜 동안 세르비아 민족과의 역사, 문화적 전통 관계를 유지해 왔던 몬테네그로를 들 수 있을 것이다.

연방의 해체 과정 속에 세르비아는 1992년 4월 몬테네그로와 함께 신유고연방을 결성하였고, 이를 토대로 세르비아니즘 확산의 불씨를 남겨두고자 하였다. 하지만, 1991년 발생한 크로아티아에서의 유고 내전과 1992년 보스니아 내전 그리고 특히 1999년에 발생한 코소보 전쟁을 겪게 되면서 몬테네그로와 세르비아 간의 결속력도 크게 악화되었다고 할 수 있다. 몬테네그로는 1990년대 10년 기간 동안 세르비아와 같은 연방에 소속해 있다는 이유로 국제 사회로부터 정치, 외교, 경제적 고립을 강요받아야 했으며, 특히 장기간 이어진 경제적 금수 조치는 몬테네그로인들의 경제, 사회생활을 극도로 피폐하게 만들었다고 할 수 있다. 이 결과 몬테네그로는 1999년 이후로 세르비아로의 그늘로부터 벗어나 독자적인 독립국가를 추진해 나가려는 움직임을 활발히 전개하여 왔고, 여러 우여 곡절 끝에 2006년 마침내 그들의 뜻을 이룰 수 있었다. 이러한 과정 속에서 몬테네그로는 1999년 코소보 전쟁이후로 잠시 수면에 가라앉아 있던 세르비아니즘 문제를 다시 한 번 야기하였으며, 발칸 유럽 내 복잡한 민족 간 문화, 종교간 연결 고리와 함께 복잡한 갈등 양상들을 불러일으켰다.

오늘날 발칸유럽의 남동부 지역에 자리한 아드리아 해안의 몬테네그로는 인구 63만여 명(2013)의 유럽 내에서도 소규모 국가에 해당한다. 국명은 이탈리아어로 '검은 산(이탈리아어로는 Monte Nero)'을 의미하고 있다.[136] 몬

136) 검은 산은 15세기 당시 오스만 터키의 침략에 맞서기 위해 피신하였던 로브첸(Lovćen) 산을 가리킨다고도 알려지고 있다. 몬테네그로인들에게 있어 성산으로 불리고 있는 로브첸 산은 근대 몬테네그로 왕국을 창립한 페트로비취(Petrović) 가문의 출생지이기도 하다. 역사적으로 몬테네그로는 이탈리아 베네치아 공국의 영향력 하에서 오랜 동안 있

테네그로는 고대 이래로 오랜 동안 그 지정학적 중요성으로 인해 세르비아를 비롯한 여러 강대국들의 전략적 요충지로 인정받아 왔었다. 고대 시절에는 일리리안 부족 국가의 해양 도시들과 전략 기지로, 로마 시절에는 로마 해군 기지가 설치가 되기도 했으며, 중세에는 세르비아와 베네치아, 라구사 공국(오늘날 두브로브니크) 등의 중요한 해양 국가들이 자리한 곳이기도 하다. 이후 오스만 터키의 유럽 침공 시기에는 오스만 터키의 유럽 전진을 막기 위한 크리스트교 연합군의 주요 기지로써 활용되었으며, 근대 한 동안 독립 민족 국가로서 발전을 모색하기도 했지만, 양차 대전 기간 동안엔 이탈리아의 영향력 하에 놓이기도 했었다. 티토에 의해 편입된 사회주의 시기 동안 몬테네그로는 연방의 6개 공화국중 하나가 되었지만 1990년대 혼란의 시기를 거치며 세르비아니즘의 영향력 하로 편입되게 되었다고 할 수 있다.

세르비아 민족과 몬테네그로 민족이 발칸반도에 정착한 이후 양 민족 간에는 끊임없는 갈등과 조화로운 역사들이 존재해 왔으며, 실제 오랜 기간 동안 세르비아인들은 몬테네그로를 자신의 중요 이해지역으로 선정해 왔던 게 사실이다. 이에 더 나아가 세르비아 민족주의자들 외에도 상당수 일반 세르비아인들 또한 그들의 역사 인식 속에 몬테네그로인들을 자신의 민족 일파로 여기는 성향이 강해왔다. 이에 대해 몬테네그로인들 또한 그리 큰 거부감을 지니지 않은 채 지내왔던 것도 사실이다. 이러한 양 민족 간의 역사적 믿음과 성향은 사회주의 시기 동안 상당수 몬테네그로인들이 세르비아 본토에서 그들의 대학 교육과 다양한 계층의 여러 분야에서 그들의 활동 무대를 넓히는 데 일조하여 왔다. 그리고 실제 1999년 몬테네그로 독립 문제가 불거지기 이전까지 이러한 공유된 경험들은 세르비아와 몬테네그로 간의 역사적 유대 관계 증진에 일련의 도움을 제공

어 왔으며, 이 당시 지금과 같은 국명으로 서유럽 국가들에 불렸다고 할 수 있다. 하지만 일부 역사가들의 분석에 따르자면 몬테네그로의 국명은 15세기 제타(Zeta) 강 주변을 중심으로 제타 공국을 건설하였던 쯔르노예비치(Crnojević) 왕조의 이름에서 유래했다는 설 또한 존재하고 있다. 김철민, op. cit., 2013, p. 194.

하였다고 할 수 있다.

본 장에선 '또 하나의 세르비아' 또는 '또 다른 몬테네그로'란 부제를 통해 중세 이후로 세르비아니즘을 내세우며 몬테네그로 지역에 자신들의 영향력을 극대화 하려 했던 세르비아와의 복잡한 연결 고리 속에서도 몬테네그로인들이 자신들의 민족 정체성을 어떻게 유지하려 노력해 왔는지를 분석하게 될 것이다. 더불어, 역사 속의 각 시기별로 몬테네그로인들의 독립을 향한 의지와 반면에 이를 저지하고 세르비아니즘을 확산시켜 나가려했던 세르비아인들 간의 역사적 고리들을 살펴보게 될 것이다.

2) 정착 초기 역사 속에 비친 몬테네그로와 세르비아

몬테네그로인은 5세기에서 7세기를 거치며 다뉴브 강을 건너 당시 비잔틴 제국 지배하에 있었던 오늘날 발칸반도 남부 아드리아 해안 지역을 중심으로 부족 국가를 형성하며 정착하게 된다. 역사적 기록에 따르더라도 이 당시 이들은 세르비아인와 크로아티아인 등 다른 남슬라브족들과 서로 혼동되어 인식되었으며, 따라서 이러한 모호한 민족 정체성에 관한 기록들은 근대 이후로 발칸유럽 지역에 있어 세르비아니즘의 확대 속에 세르비아 민족 일파로 분류되는 배경이 되기도 했다. 세르비아 역사학자들은 당시 비잔틴 제국의 여러 문헌들을 기초로 발칸반도에 처음 이주해 내려 온 몬테네그로인을 다른 남슬라브족, 특히 세르비아인과 거의 구별되는 않은 채 같은 민족의 일파로 인식하고 있다.[137]

여기서 더 나아가 세르비아인들은 오늘날 두브로브니크 등 크로아티아의 남부 아드리아 해안가 지역의 슬라브족 또한 이러한 세르비아 민족의 일파였다는 점을 강조하고 있으며, 세르비아인들의 이러한 믿음은 20세

137) Sima Ćirković and Ivan Božić, "O Jednom shvatanju i jednoj kritici istorije Crne Gore", *Jugoslovenski istorijski časopis I-II*, (1977), pp. 108-110.

기말 유고 내전과 보스니아 내전 당시 세르비아가 두브로브니크를 공격하여 자신들의 영토 하로 편입시키려 했던 하나의 배경이 되기도 했다. 실제, 세르비아의 시마 치르코비치(Sima Ćirković)와 이반 보쥐치(Ivan Božić) 등은 비잔틴 제국의 황제인 콘스탄틴 7세의 기록을 근거로, 크로아티아 아드리아해 연안과 두브로브니크 그리고 특히 몬테네그로의 코토르만, 즉 과거 제타 지역에 정착해 있던 자훔랸(Zahumljan), 트라블리얀(Travuljan), 코나블랸(Konavljan) 부족 등이 모두 세르비아 부족의 일파였다는 점을 강력히 주장하기도 했다.[138]

세르비아인과 몬테네그로인의 민족 간 구별이 보다 명확해진 이유에 대해선 이들이 초기 거주했던 지역의 지리적 험준함에서 그 요인을 찾아볼 수 가 있다. 아바르 족과 함께 연합해 비잔틴 제국의 영향력 하에 있던 발칸유럽의 여러 지역들을 장악하는 데 성공한 남슬라브족은 산악지대가 많은 발칸유럽의 지리적 특성상 점차 느슨한 정치적, 사회적 구조를 지닌 부족 공동체로 나눠지게 되었다. 몬테네그로의 중세 역사 또한 이러한 지리적 험준함과 남슬라브족의 분열에 따라 시작되었다고 할 수 있으며, 지리적 험준함은 이 지역 남슬라브족의 소통과 정치, 경제적 교류에 일련의 어려움을 안겨주었다고 추측할 수 있을 것이다.

실제, 1007년 비잔틴 제국 기록에 따르자면, 몬테네그로인들과 세르비아인들은 달마티아 전 지역에 걸쳐 서로 섞여 거주하고 있었다고 할 수 있다. 특히, 쩨티나(Cetina) 강으로부터 헤르체고비나(Hercegovina/ 당시 훔(Hum) 지역)지방인 네레트바 강 사이 아드리아 해안 지대에는 7세기인 비잔틴 제국의 헤라클리우스 시기부터 이 지역에 정착하였던 비(非)크리스트교화 된 네레트블랸(Neretvljani) 부족과 파간(Pagans) 부족이 거주하였다고 기록되어 있다. 실제, 비잔틴 제국의 기록물을 통해 우리는 이들이 몬테네그로인과 세르비아인이 서로 혼재된 부족이라는 점을 유추할 수 있으며,

---

138) Ibid., pp. 110-112.

통상 통칭하여 세르비아인으로 불렸음을 확인할 수 있다.[139)]

즉 위와 같은 기록들을 살펴볼 때 쩨티나 산에서부터 코토르 만 사이까지 아드리아 해안지구에 세르비아인들이 몬테네그로인과 서로 섞이며 대규모로 정착하였다는 사실을 확인할 수 있다. 또한 이를 통해 이미 9세기 중엽 오늘날 몬테네그로 지역인 트라브니아(Travunia) 지역과 코나블리(Konavli) 지역 등에서도 역시 몬테네그로인과 세르비아인이 서로 섞이며 거주했다는 점을 이해할 수 있을 것이다. 이들은 과거 원시 슬라브족의 전통에 따라 부족장을 의미하는 쥬판을 중심으로 연합하여 부족 국가를 유지해 나갔지만, 점차 지리적 험준함과 그 특성에 따라 각자의 정치적 구성체를 구축하기 시작했다고 볼 수 있다.

앞서의 언급처럼, 발칸반도에 정착한 중세 몬테네그로 지역의 남슬라브인들은 정치, 경제, 사회, 문화적으로 몬테네그로와 인접한 현재의 세르비아 남부 산악지대를 중심으로 형성된 '라쉬카 공국(훗날 중세 세르비아 왕국)'과 밀접한 연관 관계를 구축하며 발전해 나가기 시작한다. 1186년 몬테네그로 아드리아 해안지대를 근거지로 하고 있던 두클리야 공국은 당시 비잔틴 제국의 도움을 받았던 라쉬카 공국의 대족장이었던 스테판 네마냐에 의해 복속되었고, 이에 따라 몬테네그로인들과 세르비아인들 간의 역사적 연결 고리가 본격적으로 시작되게 된다.[140)] 이에 대해 세르비아 역

139) 당시 기록에 따르자면, 네레트블랸 부족은 현재 크로아티아 연안의 브라츠(Brač), 흐바르(Hvar), 코르출라(Korčula) 등의 아드리아 연안 섬들을 지배하였으며, 또 다른 부족민인 자홈랸 부족은 헤르체고비나 지역의 네레트바 강에서부터 현재 크로아티아 아드리아 연안의 두브로브니크 사이에 주로 거주하였는 데, 이들에 대해서도 콘스탄틴 7세는 7세기 이후로 정착한 세르비아인들의 일파라 기록하고 있다. 또한 두브로브니크와 현재 몬테네그로 코토르(Kotor)만 사이에 정착한 것으로 기록되어 있는 트라블리얀 부족과 코나블랸 부족에 대해서도 세르비아 역사학자들은 비잔틴 기록을 근거로 이들이 세르비안과 몬테네그로인이 서로 섞인 그 일파라는 점을 강조하고 있다. 하지만, 이러한 역사적 공방은 크로아티아와 몬테네그로 역사가들에게 그대로 수용되지는 못하고 있는 상황이다. Ivan Božić, Sima Ćirković, Milorad Ekmečić and Vladimir Dedijer, op. cit., pp. 22-23.

140) 924년 라쉬카 공국은 제 1불가리아 제국에 의해 무너졌고, 이후 1018년 바실 2세에 의해 불가리아 제국이 무너지자 비잔틴 제국의 영향력 하로 편입되게 된다. 하지만, 1185년 불가리아인들이 비잔틴 제국의 지배로부터 벗어나 제 2 불가리아 제국을 수립하자, 점차 비잔틴 제국의 직접적인 영향력으로부터도 벗어나, 세르비아 중세 왕국의 기틀을

사학자들은, 제 1차 세계대전이후 몬테네그로 지역을 남슬라브족 통합국가(세르비아-크로아티아-슬로베니아 왕국)하로 편입한 이후로 계속해서, 라쉬카 공국이 제타 공국을 복속한 이후 형성된 세르비아와 몬테네그로 간의 정치, 문화적 밀월 관계, 그리고 발칸유럽 정착 초기부터 시작된 세르비아인과 몬테네그로인간의 혈통과 정체성 간의 밀접한 관련성을 밝혀내고자 부단히 노력하였다.

발칸반도에 정착한 남슬라브족의 일파, 즉 몬테네그로인들은 7세기 이후에 들어와 코토르, 부드바(Budva), 바르(Bar), 울찌니(Ulcinj)등 현재의 몬테네그로 아드리아 연안을 중심으로 자신들의 부족 국가들을 수립하게 된다. 몬테네그인은 정착 초기 한 동안 다른 남슬라브족들처럼 고대 원시 슬라브족의 부족 종교 및 관습들을 그대로 지니며 민족 간의 교감을 유지하고자 노력하였다. 하지만, 원시 거주지로부터의 남슬라브족의 유입이 줄어들고, 점차 시간이 흐르면서 이 지역 원주민이었던 비잔틴 제국 및 과거 서로마의 사회와 문화에 점차 동화되어 갔으며, 이에 따라 12세기쯤에는 상당수의 몬테네그로인들이 로마인들의 신앙인 크리스트교를 자신의 종교로 수용하게 되었다. 크리스트교 수용당시 한 동안 몬테네그로인들은 당시 아드리아 해안 지역을 장악하고 있던 로마 교회(후에 가톨릭으로 발전)의 영향력 하에 놓여 있었다. 비록 비잔틴 제국의 콘스탄티노플 교회(후에 '정교'로 발전)와 인근 마케도니아와 불가리아 지역에서 비롯된 보고밀교가 한때 그 영향력을 확산하기도 했지만, 이 지역으로 세르비아가 그 영향력을 확산하기 이전까지 상당 기간 동안 가톨릭은 몬테네그로인들의 주요 종교중 하나로 자리 잡았다고 할 수 있다.[141] 더불어, 오스만 터키 하로 편입된 내륙 지역의 세르비아인들과는 달리 오스만 터키의 발칸유럽 침공과 지배 당시에도 험준한 산악지대를 근거로 하여 오랜 동안 자치권을 유지한 채 자신들만의 독자적 문화를 유지 발전시켜 왔다고 주장하고

마련할 수 있게 된다.

141) http://www.montenet.org/history

있다.

이러한 역사적 근거는 세르비아로부터의 정치적 분리 독립을 주장하던 분리 독립파에게 몬테네그로의 역사적, 민족 정체성의 독자성을 심어주는 데 주요한 배경이 되었다. 이를 바탕으로 분리 독립파들은 몬테네그로가 1918년 세르비아의 지배 하로 들어가기 이전까지 약 1000년간 고유한 정체성을 지니고 발전하였으며, 그 역사는 9세기에 성립된 '두클리야 공국'에서부터 비롯되었다고 주장하고 있다. 실제 이들의 주장에 따르자면, 비록 10세기 무렵 당시 비잔틴 제국의 직간접적인 영향 하에 있었지만, 두클리야 공국의 영토가 현재 몬테네그로 지방의 대부분을 비롯해, 남으로는 알바니아 상당 지역인 남부 아드리아 해안까지 그리고 서쪽으로는 현재의 헤르체고비나 지방을 포함하고 있다고 언급하고 있다.

두클리야 공국은 몬테네그로 왕조로 불리는 보이슬라블예비치 왕조(Vojislavljevićdynasty, 1034-1186)에 의해 수립되었다. 당시 왕조의 시조인 보이슬라브(Stefan Vojislav, ?-1043, 영주 1018-1043, 왕자 1040-1043)는 몬테네그로 지역을 위협해 왔던 제 1불가리아 제국(681-1018)이 1018년 비잔틴 제국에 의해 무너지고, 이후 부흥기를 구가하고 있던 비잔틴 제국마저 1025년 바실 2세의 사망 이후 내란에 처하게 되자, 그 틈을 이용하여 본격적으로 독립 왕국의 기틀을 준비해 나가기 시작하였다. 보이슬라브는 1042년 몬테네그로 해안가 바르에서 치룬 비잔틴 제국과의 싸움에서 승리를 거둔 이후 본격적으로 독립 국가로서의 면모를 구축해 나가기 시작하였다. 이후 두클리야의 번영은 보이슬라브의 아들인 미하일로(Mihailo I Vojislavljević, ?-1081, 재위 1050-1081)와 그의 아들 보딘(Konstantin Bodin, ?-1101, 재위 1081-1101) 치하에서 절정에 이르렀다고 할 수 있다. 미하일로는 왕권을 넘겨받은 이후 국력을 증진시키기 위해 비잔틴과의 평화 관계를 유지함과 동시에, 해상 중개 무역을 통한 안정된 국력과 발달된 경제력을 바탕으로 1077년 마침내 로마 교황 그레고리 7세(Gregory VII, 1020-1085, 재위 1073-1085)로부터 독립 왕국을 인정받게 되었다. 미하일로의 뒤를 이은 보딘은 1089년 로마 교황청으로부터 가톨릭 대주교 관직을 획득하는 등 종교를 통한 국가 지배권 강화를 추진함으로써 왕국의 안정과 황금기를 이루게 된다.

당시, 몬테네그로는 자국의 정체성을 심각하게 위협하고 있던 비잔틴 제국과, 불가리아 세르비아 등 정교 국가들로부터의 영향력을 벗어나기 위해 로마 교회, 즉 가톨릭과의 연대를 강화하고자 하였다. 하지만 몬테네그로의 로마 교회와의 밀접한 관계 수립은 곧 이어 비잔틴 제국의 강력한 견제를 불러왔고, 보딘 사후 일어난 권력 투쟁으로 국력의 약화가 발생하게 된다. 특히, 1185년 비잔틴 제국의 불가리아인들에 대한 과도한 세금 징수와 탄압에 대한 항거로 불가리아인들의 봉기가 일어나고, 1185년 아센 1세(Ivan Asen, ?-1196, 재위 1189-1196)와 페타르 4세(Peter IV, ?-1197, 재위 1185-1190, 1196-1197)에 의해 제 2불가리아 제국(1185-1396)이 수립되게 되자, 몬테네그로의 보이슬라블예비치 왕조는 심각한 어려움에 처하게 되었다. 특히, 발칸반도에서의 비잔틴 제국의 약화는 비록 비잔틴 제국의 직접적인 위협은 감소시킬 수 있엇지만, 상대적으로 이웃하고 있는 세르비아의 영토적 확대 의욕을 불러왔다고 할 수 있다. 당시, 세르비아 중세 왕국의 원조인 라쉬카 공국의 스테판 네마냐는 1186년 비잔틴 제국의 요구에 따라 몬테네그로를 공격하여 점령하였으며, 점령 지역의 상당 부분을 비잔틴 제국에게 넘겨주어야만 했었다. 하지만, 라쉬카 공국의 두클리야 공국 점령은 이후 이 지역에서의 역사적 역학 구도 변화에 따라, 몬테네그로 지역이 세르비아 중세 왕국의 영향력 하로 편입되는 결과를 낳았으며, 몬테네그로의 제 1대 왕조인 보이슬라블예비치 왕조의 몰락을 가져오게 하였다. 두클리야 공국은 훗날 중세 세르비아에 의해 이 지역을 가로지르는 제타(Zeta) 강의 이름을 따서 제타 공국으로 불리게 되었다.

몬테네그로 역사가들에 따르자면, 제타 공국을 점령한 스테판 네마냐는 공국을 방어하고 있는 모든 도시들과 성곽들을 파괴하였고, 특히 이 지역에서 확대되고 있던 보고밀교도들의 추방과 함께 가톨릭교도들의 정교로의 강제 개종 및 세력 약화 그리고 몬테네그로인들의 세르비아인으로의 동화 작업을 강력히 추진해 나갔다고 주장하고 있다. 실제, 19세기 몬테네그로의 가장 유명한 역사가중 한명인 파블레 로빈스키(Pavel Rovinski)는 당시 스테판 네마냐의 몬테네그로인 민족 정체성 말살 작업을 강력히 비판하고 있는 데, 그에 따르자면 네마냐가 당시 두클리야의 모든 가톨릭 종교 서적, 역사서, 지리서, 문학서 등 종류의 구분 없이 불태우도록 지시하였으며, 이를 통해 몬테네그로인들의 역사 지우기 및 세르비아인으로의 동화 작업을 시도하였다고 비난하였다.[142]

이후 제 2불가리아 제국의 전성기 동안 발칸반도 지역에선 불가리아의 성장에 따른 비잔틴 제국의 약화가 계속해서 이어졌다. 그리고 과거 10세기 당시 마자르족의 발칸 반도로의 남진과 제 1불가리아 제국의 위협에 처해 있던 비잔틴 제국과 이러한 비잔틴 제국을 도와주기로 약정한 로마 교황간의 밀약으로 인해, 비잔틴 제국과 정교 영향력은 이미 크로아티아를 중심으로 한 북부와 중부 아드리아 해안 지역에서 퇴색한 상태였고, 이러한 가운데 비잔틴 제국은 12세기말에 들어와 몬테네그로가 포함 된 남부 아드리아해 지역마저 과거의 영향력을 상실해야만 하는 결과를 낳았다고 할 수 있다.

실제, 7세기 이후 아드리아 해안 지역 및 크로아티아 내륙 지역에 정착하게 된 크로아티아인들은 한 동안 비잔틴 제국과 연합하여 아바르 인들을 몰아내는 데 기여하였고, 이후 비잔틴 제국의 영향력 하에서 정교를 받아들였었다. 하지만, 8세기 이후로 비잔틴 제국의 세력이 약화되고, 이를 대신해 프랑크 왕국과 이를 발전시킨 신성로마제국의 영향력이 확대되는 가운데, 크로아티아인들은 카를 대제 하에서 803년 가톨릭 개종을 본격화하게 된다. 그 결과 아드리아 해안 도시인 닌에 최초 크로아티아 가톨릭 교구가 수립되었고, 닌의 영주였던 토미슬라브는 9세기 무렵 발칸 반도로 남하해 오던 마자르족의 공격을 잘 막아낸 후 드라바 강을 경계

142) 두클리야 복속이후 네마냐의 여러 행적에 관해선 Ivan Božić, Sima Ćirković, Milorad Ekmečić and Vladimir Dedijer, op. cit., p. 51 참조.

로 달마티아 지역과 남부 파노니안 평원 지대 등 영토를 확보함으로써 독립 왕국 건설의 기초를 다지게 된다. 당시 크로아티아는 발칸반도에서 비잔틴 제국을 밀어내고, 서유럽으로의 진격을 서두르고 있던 제 1 불가리아 제국의 위협에 직면해 있었다. 이런 가운데, 923년 비잔틴 제국은 당시 로마 교황인 존 10세에게 로마 교회와 콘스탄티노플 교회 해당 관구들을 공동으로 관리하여 불가리아인들의 공격을 막아낼 것을 제안하였고, 이에 대해 존 10세는 그 동안 비잔틴 제국의 관할 하에 있던 북부와 중부 아드리아 해안에 자리한 달마티아 도시 관구들을 로마 교회에 귀속시켜 줄 것을 요구하게 된다.[143] 결과적으로 925년 로마 교황 존 10세로부터 독립 왕국의 지위와 왕좌를 부여받은 토미슬라브는 수차례의 전쟁 속에 마침내 927년 불가리아 제국의 서유럽 진출을 막아낼 수 있었고, 이때 이후로 아드리아해의 북부와 중부 지역은 크로아티아의 영향력과 가톨릭 세력권으로 편입되게 되었다고 할 수 있다.

3) 세르비아 중세 왕국의 몰락과 몬테네그로

제 2불가리아 제국의 부활은 라쉬카 공국이 비잔틴의 영향력으로부터 벗어나는 데 중요한 계기를 마련해 주었고, 라쉬카 공국의 대족장이었던 스테판 네마냐의 아들인 스테판 네마니치 시기에 들어와 중세 세르비아 독립 왕국을 수립하는 데 큰 의미를 안겨주었다고 할 수 있다. 특히 이 시기 두클리야 공국에 대한 세르비아인들의 지배는 훗날 중세 세르비아가 아드리아 해안지역을 활용한 활발한 무역거래를 통해 상업적, 경제적 발전을 이룩하는 데 중요한 토대가 되게 된다. 이에 대해 몬테네그로 분리

143) 당시 비잔틴 제국은 921년부터 924년까지 이어진 불가리아 제국의 라쉬카(세르비아 중세 왕국의 전신) 공국 침공으로 발칸반도에서 자신의 영향력을 급격히 상실해 가고 있었고, 따라서 오랫동안 영향권 하에 있었지만 상대적으로 멀리 떨어져 있던 달마티아 지역에까지 관심을 가질 수가 없었다. 김철민, op. cit., 2011, p. 208.

독립파들은 몬테네그로인들이 세르비아에 동화되지 않고, 오히려 이때 이후로 더욱 더 거세게 세르비아로부터 독립하기 위한 여러 저항 운동을 추진하였다고 주장하고 있다. 이러한 저항의 결과 발칸반도의 상당 부분을 장악하여 스스로 황제의 자리에까지 오른 세르비아의 두샨 왕이 1355년 사망한 직후 세르비아의 국력이 약화된 틈을 이용하여 몬테네그로 중세 왕조가 독립권을 쟁취할 수 있었다고 언급하고 있다. 하지만, 세르비아 역사학자들은 두샨 왕 사후 비록 왕권 다툼과 오스만 터키의 유럽 원정으로 인해 세르비아 중세 왕국의 몬테네그로 지역에 대한 지배권이 다소 약화된 것은 사실이지만, 이 시기 동안 몬테네그로인들은 세르비아의 영향력에서 결코 벗어나지 못했다고 상반된 의견을 제시하고 있다.[144)]

세르비아 중세 왕국의 급격한 몰락과 오스만 터키의 발칸반도 유린이 확대되던 시점에 몬네네그로 제 2대 독립 왕국이 수립되게 된다. 이 왕국은 1355년 시조인 발샤 1세(Balša I, ?-1367)가 세운 발쉬치 왕조(Balšić Dynasty, 1355-1421)에서부터 비롯되게 된다. 두샨 왕의 사망과 세르비아의 정치적 혼란을 틈타 왕국을 재건하였던 발쉬치 왕조는 점차 세력을 확대해 두샨왕 당시 중세 세르비아 왕국의 수도이자 오늘날 마케도니아의 수도인 스코프예를 비롯해, 코소보 지역의 페치와 프리즈렌(Prizren)등 과거 라쉬카 공국의 기원이자 세르비아 독립 정교회의 총본산지들을 하나씩 점령하여 갔으며, 서쪽으로는 두브로브니크를 포함 헤르체고비나 지역에까지 그 세력을 확장하여 갔다. 이 당시 발쉬치 가문은 중세 세르비아의 네마니치 왕조와도 여러 혈연에 걸쳐 친족 관계를 형성하고 있었는데, 몬테네그로는 이러한 혼인 관계를 통해 세르비아 중세 왕국의 정통성을 계승받는다는 점을 강조하였으며, 또한 이를 인정받기 위해 주력하였다. 실제 기록에 따르더라도 두샨의 뒤를 이어 세르비아의 황제가 된 우로쉬가 오스만 터키와의 싸움에서 별 다른 성과를 거두지 못하고, 오히려 1371년 제 2차 마리짜 강 전투에서 오스만 터키 군에게 패망 후 사망하며 터키의 조

144) Sima Ćirković and Ivan Božić, op. cit., p. 113.

공 국가로 전락하는 등 세력이 급격하게 약해져 버리게 되자, 이를 계승하기 위한 주변 남슬라브 민족들 간의 치열한 각축전이 전개되게 된다. 당시 보스니아의 트브르트코 I세(Tvrtko I Kotromanić, 1338-1391, 영주 1353-1377, 세르비아와 보스니아 왕 1377-1391)는 1377년 오늘날 세르비아의 밀레쉐보(Mileševo)를 차지한 후 세르비아 중세 왕국의 계승자라 자칭하자 몬테네그로의 발쉬치 왕조는 이를 부정하고, 오히려 보스니아 왕국과 여러 차례 전쟁을 치르면서까지 세르비아 중세 왕국의 계승권을 차지하려 하기도 했다.

실제, 발쉬치 왕조는 비록 과거 두클리야 공국의 뒤를 이은 제타 공국의 지배자였지만, 또한 동시에 자신들을 과거 라쉬카 공국의 영주로, 세르비아 네마니치가의 먼 인척이자 세르비아 중세 왕국의 계승자로 생각하고 있었다. 따라서 문자에 있어서도 자신들이 주로 쓰는 라틴문자와 함께 세르비아 지역의 키릴문자를 혼용해서 사용하였고, 종교에 있어서도 비록 가톨릭을 국가적 종교로 인정하고 있었지만, 세르비아가 믿고 있는 정교에 대해서도 여러 관심을 보이며 국가에서 지원책과 더불어 주도적 역할을 수행하고자 했다. 이러한 예는 발쉬치 왕조의 2대 영주인 쥬라즈(Đurađ Balšić, ?-1378, 재위 1362-1378)가 오스만 터키의 종속 하로 편입된 세르비아의 라자르 왕자와 함께 1375년 세르비아 정교회 총대주교를 선출하기 위해 소집한 교회 성직자단 회의를 주도한 데서도 확인될 수 있다. 이에 대해 세르비아니즘이 확산되고 있던 근대, 세르비아의 민족주의 학자인 쥬라 다니취치(Đura Daničić)는 이를 두고 당시 제타 공국의 세르비아에 대한 의존과 종속성이 높았다고 강조하고 있다.[145] 반면 이에 대해 몬테네그로는 세르비아니즘의 확대에 기원한 인식의 문제라는 점을 언급하면서, 당시 세르비아 왕위 계승권에 있어 몬테네그로 발쉬치 왕조가 우위권을 지니고 있었다는 점을 강조하고 있다.

하지만, 세르비아와 함께 운명적 공동체를 같이하며 왕국의 발전을 도모하고자 했던 몬테네그로의 쥬라즈 2세(Đurađ II Stracimirović, ?-1403, 재위

145) Đura Daničić, Istorija srpskog naroda, (Beograd: Državna štamparija, 1876), pp. 11-13.

1385-1403)는 1389년 코소보 전투에서 세르비아를 도와 벌인 오스만 터키와의 전투에서 패배하게 되면서 커다란 위기를 초래하게 된다. 이런 가운데, 1419년 발샤 3세(Balša III/ Balša Stracimirović, 1387-1421, 재위 1403-1421)가 아드리아해 상권 획득을 둘러싼 베네치아와의 전쟁에서 패하게 되면서 제타 공국의 발쉬치 왕조는 몰락의 길을 가게 되었다. 이때 이후로 몬테네그로의 아드리아 해안지대는 한 동안 아시아와 유럽을 잇는 중개 무역을 통해 부를 축적하고자 한 베네치아 공국의 영향력 하로 편입되었으며, 실제 1571년 10월에 일어난 오스만 터키와의 레판토 해전에서 베네치아 공국이 승리한 이후 아드리아 해안 지대에 대한 베네치아의 영향력은 보다 더 확대되었다고 할 수 있다.[146]

베네치아의 침략과 영향력 하에 처해있던 몬테네그로가 다시 안정을 찾고 국력을 회복하고자 했던 시기는 중세 몬테네그로 왕국의 제 3대 왕조인 쯔르노예비치 왕조(Crnojević dynasty, 1427-1496) 왕조의 출현부터라 할 수 있다. 쯔르노예비치 왕조는 해안지대를 중심으로 발전을 이룬 과거 몬테네그로 왕조들과는 달리 아드리아해를 내려다보는 북부의 험준한 산악지대인 로브첸 산에 근거지를 두고 왕국의 부흥을 도모하였다. 이러한 배경에는 크게 두 가지의 배경이 자리하고 있다 하겠다. 첫째는 이전 발쉬치 왕조가 베네치아와의 세력권 싸움에서 패배하여 아드리아 해안 지역의 주요 도시들을 상실하였다는 점과 함께, 두 번째 배경으로는 이 당시 내륙으로는 오스만 터키의 발칸유럽 원정이 보다 견고하면서도 가속화되어 이들의 침략에 맞서 싸울 험준한 산악 지대가 필요시 되었기 때문으로 보인다. 하지만 중세 몬테네그로의 마지막 왕조였던 쯔르노예비치 왕

146) 발칸반도의 거의 대부분을 장악하고, 헝가리로까지의 세력을 확장하고 있던 오스만 터키는 1570년 당시 베네치아령이었던 키프러스(Cyprus) 섬을 장악한 후, 아드리아해로의 진격을 서두르고 있었다. 이에 베네치아 공국은 스페인 군함 등 서유럽 연합 해군을 모아 그리스의 레판토 연안에서 오스만 터키의 해군을 괴멸시키고 터키의 해상 진로를 막는 데 성공하게 된다. 이것은 내륙 지방에서 오스만 터키 군이 1529년 제 1차 비엔나 공성이 실패로 돌아가고 서유럽으로의 진격이 더 이상 힘들어지게 되었던 역사적 사건과 비견되며, 오스만 터키의 서유럽으로의 해상 진격을 막아낸 역사적 의미를 지닌다고 할 수 있다.

조는 해안 지역에서의 베네치아의 세력권 확장과 내륙 지역에서는 오스만 터키의 침략의 한 가운데 자리한 이유로 인해 그리 오랜 기간 독립권을 유지하기 어려웠다고 할 수 있다.

왕조는 크게 3대로 구성되어 그 막을 내리게 되는 데, 우선 시조인 스테판 쯔르노예비치(Stefan I Crnojević/ Stefanica, ?-1465, 재위 1451-1465, 일부 역사 자료에는 1426-1465로 표기되어 있음)와 그의 아들 이반 쯔르노예비치(Ivan Crnojević, ?-1490, 재위 1465-1490), 그리고 오스만 터키의 공격에 끝까지 저항하다 전사한 쥬라즈 쯔르노예비치(Djuradj Crnojević, ?-1496, 재위 1490-1496)를 마지막으로 중세 몬테네그로의 역사는 끝이 나게 된다. 비록 짧은 통치 기간이었지만, 쯔르노예비치 왕조가 몬테네그로 역사에 남긴 의미는 남달랐다고 할 수 있으며, 특히 쯔르노예비치 왕조의 시작과 함께 제타 공국은 오늘날 명칭인 쯔르나 고라(Crna Gora)란 지명으로 더욱 더 자주 불리게 되었다는 점에서 그 의미가 크다 할 것이다.

몬테네그로의 역사에 있어 쯔르노예비치 왕조가 남긴 또 다른 의미들로는 다음과 같은 세 가지 특징과 함께 그 내용을 지닌다 할 수 있을 것이다. 첫째는, 쯔르노예비치 왕조가 비록 오스만 터키의 공격에 의해 15세기말 사라지게 되지만, 무엇보다도 두클리야와 제타 공국 그리고 근대 몬테네그로 왕국 간의 역사적 고리를 연결시켜준다는 의미 면에서 매우 큰 역사적 의미를 지닌다고 할 수 있을 것이다. 쯔르노예비치 왕조의 존속기간 동안 왕국은 무서운 기세로 쳐들어오는 오스만 터키에 의해, 1389년 코소보 전투 이후 세르비아 중세 왕국이, 1463년에는 보스니아 중세 왕국이 그리고 1483년엔 헤르체고비나 지역마저 터키의 지배 하로 들어가는 것을 지켜보아야만 했다. 따라서 다른 발칸유럽 국가들과 동일한 역사적 운명을 맞이할 것으로 생각한 이반 쯔르노예비치는 1482년 오늘날 알바니아와 국경을 이루고 있는 스카다르 호수의 쟈블략(Zabljak)에서 보다 험준한 고지대의 로브첸 협곡 지대(로브첸스키 돌라쯔(Lovćenski Dolac)로 이동하였으며, 여기에 새로운 수도로써 오늘날 쩨티네(Cetinje)를 건설하게 된다. 이후로 쩨티녜는 오랜 동안 몬테네그로인에게 수도 이상의 의미를 지녀왔다. 실제, 쩨티녜와 이곳을 둘러싸고 있는 로브첸 산은 오스만 터키의 공격과 다른 외세들의 공격들을 오랜 동안 견디어 내고 독립과 자유를 갈망하던 국가적 인고의 상징이기도 하다. 또한 이 도시는 몬테네그로인들 사이에서 몬테네그로를 향한 정직, 용기, 충성을 갖춘 산악 민족의 상징으로써도 오늘날까지 묘사가 되고 있다. 몬테네그로인들에게 있어서 쩨티녜는 세르비아인들에게 코소보의 의미처럼, 오랜 동안 몬테네그로 정교회의 근원지이자 터키에 맞섰던 저항운동의 중심지로서의 역할을 수행해 왔다고 할 수 있다.[147]

두 번째 역사적 의미로는 오늘날 몬테네그로 역사에서 후대에게 가르치고 있듯이, 당대 최고의 제국이었던 오스만 터키에게 항복 대신, 저항을 위해 수도를 천도하고 끝까지 항전하였다는 역사적 사실은 훗날 외세의 침략과 지배가 있을 때마다, 몬테네그로인들에게 과거의 저항 정신을 되새기게 하였으며, 독립 추진에 대한 원동력을 제공하였다고 볼 수 있다. 또한 1990년대 말 이후 세르비아로부터의 분리 독립을 주장하던 여러 몬테네그로 민족주의자들에게 독립을 향한 역사적 당위성과 명분을 제공하는 데 커다란 역할을 하였다고 할 수 있다.

세 번째로는 비록 베네치아의 지배권 확대라는 이유에서 출발하고 있지만, 발칸유럽 국가들 중에선 최초로 1493년 베네치아에서 인쇄 도구와 인쇄기를 도입하였고, 납으로 된 글사체와 필체 장식을 위한 주조물을 만들어 내었다. 이후 이러한 경험은 약 100여 년간 세르비아와 보스니아 여러 지역에서 키릴 문자로 인쇄된 서적물 출판에 상당한 영향을 미치는 등 발칸유럽의 선진화된 문화 보급에 큰 역할을 주도하였다는 자부심을 몬테네그로인들에게 안겨주었다.

---

147) 김철민, op. cit., 2013, p. 213; 당시 오스만 터키가 이미 자블략 남쪽 지역으로 쳐들어와 스카다르 호수까지 장악하게 되자, 수도를 천도하게 되었으며, 쩨티녜란 지명은 쩨티나(Cetina)라는 이 지역을 흐르는 작은 강에서 유래하였다고 알려지고 있다.

제 1대 왕이었던 스테판 쯔르노예비치는 오스만 터키를 보다 큰 위협으로 인식하며, 위기에 처한 몬테네그로의 국력을 재건하기 위해 주변 국가들과의 관계 정립을 우선시 하게 된다. 1443년 이슬람에서 가톨릭으로 전향한 후 오스만 터키에 대한 저항을 시작하였던 이웃한 알바니아의 스칸데르베그(George Kastrioti Skanderbeg, 1405-1468, 재위 1443-1468)와 손을 잡고 그 누이(Mara Kastriot)와 결혼하였으며, 1455년엔 베네치아와의 협상을 통해 독립권을 보장받는 대신에 베네치아에 대한 군사적 협력 관계를 유지할 것을 약속해 주어야 했다. 하지만, 이때는 이미 헝가리와 왈라키아 군으로 구성된 1444년 바르나 십자군과 1448년 제 2차 코소보 연합군이 터키에게 패배하면서 더 이상 크리스트교 군대의 지원을 받기 어려운 상태에 처해 있었고, 오스만 터키 하의 세르비아 지배자(데스포트 Despot)였던 쥬라즈 브란코비치(Đurađ Branković, 1377-1456, 재위 1427-1456) 마저 1456년 사망하게 되자, 몬테네그로는 보다 큰 위기에 처하게 되었다.

스테판 쯔르노예비치의 아들이었던 이반 쯔르노예비치는 초기 아드리아 해안의 중요 도시였던 코토르의 수복을 위해 베네치아에 저항하였으나, 자신의 어머니의 땅이었던 알바니아와 보스니아 해안으로 오스만 터키의 공격이 가속화되자, 베네치아와 다시 손을 잡게 된다. 하지만, 크루야(Kruja) 등 험준한 산악 요새를 거점으로 오스만 터키의 공격을 잘 막아내며 유럽의 수호자로 칭송받았던 스칸데르베그가 사망한 이후, 1478년 오스만 터키의 4차례 포위 공격 끝에 산악 요새가 점령당하고, 1479년엔 쟈블략 인근의 스카다르 호수에 자리한 쉬코드라마저 점령당하는 등 알바니아 전역이 오스만 터키 군에게 넘어가자, 이반 쯔르노예비치는 스칸데르베그의 전략에 따라 험준한 산악지대인 로브첸 협곡으로 근거지를 천도하여 쩨티네를 건설하게 된다. 이반 쯔르노예비치는 수도 천도 이후 쩨티네에 정교 사원을 건축하고, 정교를 중심으로 몬테네그로인들의 마음을 한데 모으려 노력하였다. 실제, 쩨티네로의 천도는 몬테네그로 역사에 있어 제타 공국의 역사의 종말과 새로운 몬테네그로 역사의 시작을 의미하고 있다 하겠다.

이런 위기 속에서 마지막 왕을 넘겨받은 쥬라즈 쯔르노예비치는 그의 아버지인 이반 쯔르노예비치가 베네치아로부터 들여온 인쇄기를 통해 4대 복음서, 시편, 기도서 등 성경 내용들을 중심으로 키릴 문자로 된 발칸 유럽 최초의 책자를 찍어내어 이슬람 제국의 침략 속에서 교회를 중심으로 남슬라브족들 간의 유대와 단결을 유도하고자 노력하였다.[148)]

초대 왕조인 보이슬라블레비치 왕조와는 달리, 발쉬치 왕조부터 시작된 세르비아 민족과의 유대적 관계 강화는 이후 몬테네그로의 쯔르노예비치 왕조에 들어와 더욱 더 밀접한 연관 고리를 맺으며 발전하게 되었다고 할 수 있다. 쯔르노예비치 왕조는 당시 오스만 터키에 의해 사라져 버린 세르비아 네마니치 왕조의 국가 전통과 남슬라브족의 문화유산을 그대로 계승하면서 동시에 이슬람 제국인 오스만 터키의 발칸 유럽 장악에 저항하여 발칸 유럽내 크리스트교 국가들 간의 단결을 유도하고자 노력하였다. 실제, 쯔르노예비치 왕조는 주요 관직명과 정교회 교구 운영에 있어서 세르비아 중세 왕국의 정통성을 계승했다는 주장과 함께, 오스만 터키에 의해 사라져버린 세르비아 왕국의 관직명들을 그대로 채택하고, 세르비아 제국 당시를 그대로 본 따 황제와 총대주교구의 법원을 설치하기도 하였다. 더불어, 세르비아 최대 전성기였던 두샨 황제 시절 제작된 '두샨 법전'의 법률 조항들을 그대로 몬테네그로로 가져와 적용시키려 했다는 점을 들 수 있다. 이를 기초로 보았을 때, 1496년 쯔르노예비치 왕조의 붕괴와 중세 몬테네그로 왕국의 종말은 발칸반도에 있어 중세 세르비아 민족의 역사적 전통과 체계 또한 사라지게 되었다는 것을 의미한다 하겠다. [149)]

148) 1494년 베네치아를 통해 들여 온 인쇄기로 제작된 인쇄물 중 가장 유명한 것으로는 8개 부분으로 구성된 노래를 위한 기도서 형태(찬송가 혹은 시편)의 '오크토이흐(Oktoih)'가 현존하고 있다.

149) Sima Ćirković and Ivan Božić, op. cit., p. 115.

4) 근대 페트로비치 왕조 하의 몬테네그로와 세르비아

1699년 합스부르크 제국과 맺은 스렘스키 카를로브찌 조약 이후 오스만 터키는 더 이상의 유럽 원정을 포기해야만 했으며, 그 결과 새로운 식민지로의 영토 확장과 약탈 경제 체제를 고수해왔던 오스만 터키의 사회, 경제 체제 또한 커다란 변화를 맞이해야만 했다. 18세기 이후로 오스만 터키는 발칸반도내 여러 지역들에 자신의 지배력을 확대해 나가면서, 동시에 크리스트교 농노들에 대한 수탈을 강화해 나갔다. 몬테네그로인 또한 오스만 터키지배 하에서 터키의 계획적이고 철저한 약탈 경제 정책으로 인해 여러 사회, 경제적 어려움에 처하여 있었다. 특히, 당시 오스만 터키는 상업적 무역 거래를 통한 부의 획득에 치중하기 보다는, 건축과 전통적인 농·목축업 분야에 치중하여, 이후로 해안 지역을 활용한 몬테네그로의 전통적 상업 루트가 급격하게 사라지는 결과를 낳았다고 할 수 있다. 실제, 이곳에 정착한 이후로 몬테네그로인들은 아드리아 해안 상권을 이용해 상업과 무역 활동을 왕성하게 전개하여 부를 축적해 왔었지만, 오스만 터키 하에선 이들 분야가 경시되고 농업, 임업, 공공 건설 사업에 동원됨으로써 오스만 터키 지배는 몬테네그로 발전에 심각한 저해를 가져왔다고 할 수 있다. 특히, 18세기 이후로 국력이 쇠락해지는 가운데, 오스만 터키의 중앙 정부는 발칸 반도내 변경 지역까지 그 영향력을 미치기가 어려웠고, 이러한 점은 몬테테그로와 보스니아 등 이들 지역에서 이슬람 토호들과 지주들의 크리스트교 농노들에 대한 지나친 착취를 불러오게 하였다. 이것은 이후 세금 부담과 수탈의 양이 커지게 되면서 몬테네그로 농노들과 이슬람 지주 간의 빈번한 충돌을 불러왔다.

몬테네그로인들은 아드리아해의 영유권을 둘러싸고 오스만 터키와 베네치아 등 서유럽 국가들 간의 긴장을 이용하여, 아드리아해의 자치 공국이었던 '라구사 공국(오늘날 두브로브니크)'과 같은 자치권을 보장받고자 노력하였으며, 이것은 마침내 오스만 터키의 직접적인 지배로부터 벗어나 몬테네그로인들이 과거 독립 왕국의 역사와 전통을 부활하려는 노력이 그 결실을 보이는 것으로 이어지게 되었다. 몬테네그로 근대 독립 왕국의 역사는 그 스스로를 세르비아의 공작으로 불렀던 다닐로(Danilo I Šćepčević Petrović-Njegoš, 1670-1735, 재위 1696-1735)가 러시아와의 관계 강화를 통해 1711년 마침내 오스만 터키의 직접적인 지배로부터 벗어나는 데 성공하게 된다.[150] 그는 종교적 권한과 세속적 권한을 동시에 지닌 지배자의 의미인 블라디카(Vladika/ Price-Bishop)라는 직위를 바탕으로 몬테네그로인들에게 정신적, 세속적 권리를 행사하였으며,[151] 이를 중심으로 오스만 터키의 지배에 강력히 저항하기 시작하였다. 또한 이러한 노력은 근대 몬테네그로 왕국인 페트로비치 왕조(Petrović Dynasty, 1696-1918)의 부활로 이어지게 된다. 다닐로는 오스만 터키의 지배를 벗어나기 위한 노력과 함께 당시 아드리아 해안 지역에 대한 영향력 확대를 노리고 있던 오스트리아를 견제하기 위해서 러시아와의 관계 강화를 강력히 추진하였던 최초의 왕이기도 했으며, 이것은 훗날 러시아가 흑해 함대를 중심으로 지중해 및 아드리아해로의 진출을 모색하는 데 일련의 계기를 만들어 주었다고도 할 수 있다. 실제, 1715년 다닐로는 상트 페쩨르부르그(St. Petersburg)를 방문하여 오스만 터키에 저항하는 러시아와의 동맹 관계를 약속하였으며, 이 당시 그 스스로를 '쩨티네의 정교회 대주교이자, 세르비아 땅의 리더'로 소개하였다고 알려져 있다. 이후 그의 자리는 1719년에 정교회 사제가 된 사바 2세(Sava II Petrović Njegoš, 1702-1782, 재위 1735-1782)에게로 넘어갔고, 사바 2세 또한 오스만 터키의 지배권 재획득 노력과 오스트리아의 동진 정책 사이에서 몬테네그로를 지키기 위해 러시아와의 관계 강화를 강력히 모색해 나갔었다. 이러한 그의 정책은 당시 범슬라브주의(Panslavism)에 매료되어 있던 발칸 유럽의 세르비아인들에게 적극적인 동조를 받았으며, 세르비

150) 하지만 실질적으로 국제 사회로부터 독립을 정식 인정받게 된 시기는 1877년 러-터 전쟁 이후 체결된 1878년 산스테파노(3월)와 베를린 조약(6월)에 의해서라 할 수 있다.

151) 이후 세속권과 종교권을 동시에 지녔던 블라디카의 직위는 1852년 다닐로 1세 시절 서로 나눠지게 되면서 이후 몬테네그로 지배자는 세속권 만을 지니게 된다.

아인들 또한 오스만 터키의 지배로부터 벗어나기 위한 노력의 일환으로 러시아와의 연대 강화를 모색하게 하는 계기를 만들었다고 할 수 있다.

이후 근대 몬테네그로 왕조는 페테르 1세(Peter I Petrović-Njegoš, 1747-1830, 재위 1782-1830)와 페테르 2세(Peter II Petrović-Njegoš, 1813-1851, 재위 1830-1851)시절에 들어와 그 기초가 다져지게 된다.

세르비아 정교회의 총주교 대리이자, 세르비아 정교회 제티네 총대주교이기도 했던 페테르 1세는 당시 오스만 터키, 프랑스, 오스트리아 등 여러 외세의 영향력 하에 흩어져 있던 몬테네그로인들을 한 데로 통합하고자 노력하였고, 국가 수립과 통치에 필요한 근대식 법률체계를 정비하고, 사법과 행정의 규율을 정한 사법, 행정법(1798)과 과거의 관습법에서 벗어나 법률에 근거해 법을 집행할 수 있도록 만든 법률집(1803)들을 새로이 만들었다. 근대에 들어와 몬테네그로는 유럽과 아프리아 그리고 아시아를 잇는 지중해와 아드리아해의 중요 전략적 기지로써 크게 부각되고 있었다. 특히, 러시아의 계속된 남진 정책에 대해 프랑스와 오스트리아는 이를 강력히 저지하고자 하였고, 이를 위해 오스만 터키와의 연대 강화를 강하게 모색하고자 했다. 따라서 페테르 1세는 그의 임기 동안 오스만 터키와 프랑스 등 몬테네그로 지역을 탈환하고자 했던 외세들과 끊임없는 전투가 이어졌던 시기라 할 수 있다.

우선, 18세기말 약 10년에 걸친 오스만 터키와의 전쟁(1785-1796)을 들 수 있는 데, 1785년 페테르 1세는 러시아와의 연대 강화를 위해 러시아에 장기 체류하게 되는 데, 이를 이용해 오스만 터키는 몬테네그로를 쳐들어왔고, 이후 1796년 오스만 터키군에 패퇴할 때까지 전쟁이 지속되게 된다. 두 번째 전쟁은 프랑스 나폴레옹 군대의 코토르 만(Boka Kotorska)의 진격에 따른 전쟁(1806-1807)을 들 수 있는 데, 오스만 터키의 항전에도 불구하고 1807년 러시아와 프랑스 간 맺은 틸스티 조약(Treaty of Tilst)에 따라 코토르 지역을 프랑스에게 양도해야만 했었다. 그리고 곧 이어 러시아의 세력 확대를 견제하기 위한 프랑스의 요청에 따라 프랑스와 오스만 터키가 연합한 군대와의 전투(1807-1812)가 코토르 장악을 둘러싸고 일어나게 된다. 이 전투에서 몬테네그로는 영국의 도움을 받아 1807년 코토르를 프랑스로부터 탈환하는 데는 성공하였으나, 나폴레옹의 몰락이후 영국, 프러시아, 러시아 그리고 오스트리아가 한데 모여 전후 프랑스 및 유럽의 질서를 논의했던 '비엔나 협약(Congress of Vienna, 1814-1815)'에서 코토르는 오스트리아에게 양도되었고, 몬테네그로의 독립 또한 인정되지 못하는 결과로 이어지게 된다. 이것은 무엇보다도 독립 국가의 재건을 위해 노력하였던 페테르 1세와 몬테네그로인들의 의지를 꺾어놓았고, 이에 실망한 상당수 몬테네그로인들이 세르비아와 러시아 등으로 이주하는 결과를 초래하기도 하였다.

하지만, 페테르 1세 시기 몬테네그로인과 세르비아인간의 민족적 유대관계와 정체성 구축이 보다 견고해 지기 시작했다고 할 수 있다. 세르비아 왕조의 재건을 부르짖었던 페테르 1세는 몬테네그로를 중심으로 한 남슬라브족 통합에도 많은 관심을 보였다. 그 결과 제 1차 세르비아 봉기(1804-1813)를 통해 세르비아 자치 국가를 건설하려던 카라조르제 페트로비치을 지원하기도 하는 등 세르비아인들과의 유기적 연결 관계를 구축하는 데도 여러 노력을 기울였다고 할 수 있다. 실제, 페테르 1세는 프랑스군이 점령하고 있던 코토르만과 두브로브니크를 탈환한 후 몬테네그로, 헤르체고비나, 코토르만, 달마티아 지역 등을 중심으로 한 '슬라브 세르비아 왕국'을 건설하겠다는 그의 의지를 표방하기도 하였으나, 국제 역학구도의 한계로 인해 그의 꿈은 이루어지지 못하게 된다. 여러 학자들에 의해 1918년 최초의 남슬라브족 통합 국가를 이룬 남슬라브족의 통합 정신이 페테르 1세의 남슬라브족 이상에 기초하고 있다고 주장되고 있는 게 사실이다. 실제 페테르 1세에 대한 언급에서 세르비아 역사가들은 그가 모든 남슬라브족 간의 조화와 형제애, 단합을 강조하였던 시인이자 훌륭한 정치가였음을 강조하면서, 이러한 정신이 이후 약하게나마 몬테네그로 왕국의 니콜라 1세 시기까지 이어지게 되어, 1918년 최초의 남슬라브족

통합국가가 수립될 수 있었다고 분석하고 있다.[152]

독립 국가 건설을 향한 페테르 1세와 몬테네그로인들의 노력은 이후 페테르 2세 시기에 들어와 결실을 보게 된다. 페테르 2세는 근대 몬테네그로 왕국의 기반을 다진 인물로 시인지자 철학자, 정치가이자 몬테네그로의 세속권과 종교권을 동시에 지닌 블라디카를 역임한 인물이다. 그는 특히 17세부터 쩨티녜에 자리한 세르비아 정교회의 대주교직을 맡으면서 동시에 실질적인 몬테네그로 정치가로서도 그 명성을 드러내기 시작하였다. 그는 공정한 과세 제도 도입과 근대적 입법 체계를 도입하였으며, 동시에 남슬라브 민족에게 커다란 영향을 미쳤던 '산의 화환(The Mountain Wreath/ Gorski vijenac)'등 여러 서사시를 남김으로써 몬테네그로는 물론 남슬라브 근대 문학에 중요한 한 획을 그은 것으로 평가받고 있다. 페테르 2세 치세 기간에도 또한 몬테네그로는 이 지역으로의 세력 확장을 도모하고자 했던 오스트리아와 러시아간의 세력 확대의 전장에 놓여 있어야 했으며, 자신의 기득권을 계속 유지하고 몬테네그로에 대한 완전한 지배권을 확보하고자 했단 오스만 터키와의 끊임없는 전쟁으로 어려움을 겪어야만 했었다.[153] 따라서 그는 당시의 어려움을 극복하고 몬테네그로의 자치권을 계속 유지하기 위한 방안중 하나로, 러시아가 주도하고 있던 범슬라브주의에 동의하고 있었으며, 무엇보다도 남슬라브족의 통합 이상인 '유고슬라비즘'에 심취해 있었다. 따라서, 세르비아와의 연대 강화를 위해서라면 몬테네그로에 있어 자신의 세속적 지위를 포기할 수 있다는 뜻을 밝히기까지 하였다. 이 당시 세르비아인들 사이엔 세르비아 근대 자치 국가의 내무부 장관과 수상을 역임하였던 일리야 가라샤닌의 영토와 문화적 민족주의에 기반 한 세르비아니즘의 이상이 크게 확대되고 있었다. 이미 수차례 서유럽 국가들에게 배신을 당한 경험을 가지고 있던 몬테네그

152) Miomir Dašić, "O Jugoslovenskoj ideji u Crnoj Gori do stvaranja Jugoslavenske države 1918", Djordje O, Pljević (ed.), *Jugoslovenska država* 1918-1998, (Beograd: Institut za savremenu istoriju, 1999), p. 487.

153) Michael Boro Petrovich, op. cit., p. 232.

로인들은 소수 민족과 약소민족의 한계를 극복할 수 있는 세르비아니즘의 이상에 일련의 흥미를 보였다고 할 수 있다.[154)]

5) 세르비아니즘의 확대와 몬테네그로의 저항

하지만, 세르비아니즘에 대한 몬테네그로인들의 시각은 점차 19세기말과 20세기 초에 들어와 몬테네그로 지역에 대한 세르비아니즘의 확대와 독립 몬테네그로 국가 수립을 위한 투쟁을 통해 전혀 새로운 양상으로 전개되게 된다. 세르비아니즘 등 남슬라브 민족주의에 다소 우호적인 입장을 지니고 있던 페테르 2세가 사망한 후 그의 권한은 이후 조카인 다닐로 1세(Danilo I Petrović-Njegoš. 1826-1860, 블라디카 1851-1852, 대공 1852-1860)에게 계승되게 된다. 하지만, 1860년 다닐로 1세가 암살에 의해 사망함으로써 다시 왕위는 니콜라 1세(Nikola I Mirkov Petrović-Njegoš, 1841-1921, 대공 1860-1910, 왕 1910-1918)에게 승계되었다. 국제 역학 구도의 변화 속에 니콜라 1세는 과거 몬테네그로 지도자들과는 다소 다른 시각을 지니며 세르비아를 바라보았고, 더 나아가 몬테네그로를 중심으로 한 남슬라브족 통합을 추구하려는 노력을 선보이게 된다. 즉위 이후 니콜라 1세는 러시아의 지원을 바

154) 하지만, 세르비아니즘을 자세히 들여다보면, 당시 몬테네그로인들이 생각하는 남슬라브족 통합 국가로의 이상보다는 세르비아 민족 중심의 영토 확장에 초점이 맞추어져 있었음을 확인할 수 있다. 실제, 1844년 일리야 가라샤닌에 의해 처음으로 제창된 세르비아니즘의 이론적 기초와 그 실천방향은 세르비아 두샨 황제 시대의 영토적 당위성을 기초로 한 '대(大)세르비아' 국가 건설을 세르비아 근대국가의 모델로 설정하였으며, 이를 위한 단계로 이웃한 몬테네그로를 비롯해, 당시 합스부르크 제국(1866년 이후 '오스트리아-헝가리 제국'으로 개칭)의 지배하에 있던 보이보디나, 크로아티아 그리고 보스니아와 헤르체고비나지역의 세르비아 거주 지역을 한데 통합할 것을 주장하고 있다. 더불어, 그는 세르비아니즘의 구현을 위해 영토 확대 대상지역에 거주하는 세르비아인들의 적극적인 동참을 호소하였으며, 세르비아니즘 이론에 따르자면 몬테네그로인들 또한 세르비아 민족의 일파로 분류되는 것이라 할 수 있다. Michael Boro Petrovich, op. cit., pp. 231-232; 당시 몬테네그로의 영토 확장을 비롯해 가라샤닌이 주창했던 세르비아니즘의 주 핵심 내용은 Mihailo Vojvodić, *Srbija i Balkansko pitanje (1875-1914)*, (Novi Sad: Matica Srpska, 2000), pp. 243-254 참조.

탕으로 1862년부터 다시 시작된 수차례의 오스만 터키 공격을 잘 막아낼 수 있었고, 1878년 제타 협곡지대에서 대승을 거둠에 따라 더 이상 오스만 터키가 몬테네그로 지역으로의 영향력 재탈환의 꿈을 상실케 하였다. 이후 동년 3월에 맺어진 '산스테파노 조약'과 6월 '베를린 조약'의 결과, 마침내 몬테네그로인들은 오랜 동안의 숙원이었던 독립 국가를 위한 토대를 구축할 수 있게 되었다. 특히, 베를린 조약의 결과 몬테네그로 면적은 과거보다 2배 더 크게 확장될 수 있었고(4,400㎢ -> 9,475㎢), 오스만 터키와 프랑스 그리고 오스트리아 등으로부터 그토록 탈환하고자 노력했던 바르, 울찌니 등 아드리아 해안지대들을 확보할 수 있게 된다. 이때 이후 수도인 쩨티녜를 중심으로 몬테네그로는 비약적인 경제, 사회적 발전을 이루게 되어, 1899년에 들어와서는 75개의 공립학교와 26개의 사립학교가 설립 되게 되었다. 또한 러시아의 지도 아래 근대식 군대가 창설되었고, 오스트리아의 원조 아래 쩨티녜에서 코토르까지 이어지는 최초의 근대식 개념의 도로와 철도도 설립되게 된다.[155)]

역사, 문화적 그리고 민족적 정체성에 있어서 몬테네그로인과 세르비아인 간의 유대 관계 강화, 그리고 여기서 더 나아가 양 민족의 진정한 리더로서 몬테네그로 왕조가 우월하다는 인식 확대는 니콜라 1세 시기에 들어와 본격화 되었다고 할 수 있다. 실제 1866년부터 1871년까지 '통일 세르비아 청년당(United Serbian Youth/ Уједињена омладина српска)'의 당원이었으며, 이후 오스트리아의 요구와 그 압력에 굴복한 세르비아 공국의 요청에 따라 청년 조직이 소멸한 뒤로는 곧 바로 그 스스로 '세르비아 해방과 통일의 제휴(Fellowship of the Serb liberation and unification/ Дружина за ослобођење и уједињење српско)' 조직을 만들어 이끌어 나가기 시작하였다. 니콜라 1세는 무엇보다도 활발한 외교력과 능숙한 지도력을 바탕으로 세르비아인과 몬테네그로인들에 있어 진정한 리더가 자신이라는 점을 각인시켜주고자 노력하였다. 실제, 그는 1896년 자신이 속한 몬테네그로의 페트로비치 왕조

155) Milija Komatina, *Crna Gora i srpsko pitanje*, (Beograd: Zavet, 1999), p. 131.

탄생 200주년을 기념식을 성대하게 거행함으로써, 남슬라브족 왕족의 뿌리에 있어 그 정통성이 몬테네그로 왕조에 있다는 점을 세르비아인들에게 분명히 하고자 하였다.

하지만, 그의 이러한 이상은 세르비아와의 관계에 있어 지나친 개입과 간섭으로 이어졌고, 특히 세르비아 왕위 계승권에 지나치게 깊숙이 개입하게 됨으로써 양 민족 간의 우호 관계가 위협을 받게 되었다고 할 수 있다. 당시 세르비아 정국 주도권을 둘러싼 오브레노비치(Obrenović) 왕조와 페트로비치(Petrović) 왕조 간의 계속된 유혈 사태는 니콜라 1세의 왕위 계승 개입과 함께 몬테네그로와 세르비아간의 불협화음을 초래하게 하였다. 당시 니콜라 1세는 오브레노비치 왕조의 정적이자 최초 남슬라브족 왕국(세르비아-크로아티아-슬로베니아 왕국)의 왕이 되는 카라조르제비치 가문의 페테르 카라조르제비치를 지지하였었다. 그러한 배경에는 우선, 자신의 장녀(Ljubica Petrović-Njegoš/ Princess Zorka, 1864-1890)를 카라조르제비치와 결혼시켰던 데서도 요인을 찾을 수 있으며, 두 번째로는 세르비아를 중심으로 몬테네그로 및 발칸 유럽 내 남슬라브족 국가들을 통합해 나가겠다는 세르비아니즘에 대한 의지가 강하였던 오브레노비치 가문의 밀란 오브레노비치에 대한 불만이 작용했기 때문이라 할 수 있다.[156]

하지만, 몬테네그로를 주도로 해서 세르비아와 연합한 남슬라브 왕국을 구성하려 했던 그의 노력은 카라조르제비치에게 시집을 간 자신의 장녀가 일찍 사망하면서 세르비아와의 혈족 간 연결이 끊어지고, 이어 카라조르제비치 또한 세르비아 중심의 남슬라브족 통합 움직임을 엿보이게 되자 수포로 돌아가게 되었다. 니콜라 1세는 1910년 마침내 몬테네그로만을 중심으로 한 독립 군주 국가를 선포하게 된다. 군주 국가 선포식에서 당시 니콜라 1세는 몬테네그로 민족의 독자성과 독립된 민족 정체성을 그들의 중세 역사 속에서 찾을 것을 천명하였으며, 이에 대한 세르비아와의 관계 설정과 인식을 분명히 표명하게 된다: "우리는 과거 우리

156) Ibid., pp. 37-38.

의 선조들이 여기에 자리를 잡아 건설한 제타 왕국에서부터 이어진 보이슬라브, 미하일로 그리고 보딘의 자손이다. 시간은 단지 이 땅위에 존재하였던 것을 파괴할 수 있었지만, 이 안에 꿈틀대고 있는 우리 민족의 자유에 대한 의지와 충성스러운 산악인들의 뜨거운 심장을 파괴할 수는 없었다. 우리는 오랜 역사의 토대 위에 왕국 건설의 부활을 시작하였고, 오늘날 이 왕국은 여기 천상의 햇빛아래 반짝이는 우리의 고대 왕국에 그 뿌리를 두고 있음을 분명히 하는 바이다."[157]

하지만, 이미 19세기 당시 세르비아를 중심으로 남슬라브족의 통일을 추진해 나가야 한다는 움직임과 더불어, 세르비아니즘에 빠져 있던 세르비아인들에게 몬테네그로는 자신들이 확장해야 할 영토적 범위에 불과하였다고 할 수 있다. 이러한 세르비아니즘의 이상은 이후 카라조르제비치에 의해 구체화되었으며, 그는 서구적이고 근대적인 시각을 바탕으로 자신의 임기동안 세르비아를 발칸유럽에서 가장 강력한 근대왕국으로 발전시켜 놓게 된다. 특히, 시민 자유와 민주화 그리고 이를 기초로 한 최초의 입헌정부를 수립함으로써 세르비아의 최대 르네상스기를 수립하였고, 뒤 이어 제 1, 2차 발칸전쟁(1912, 1913)을 통해 영토 확장과 함께 세르비아니즘 구현에 한발 더 다가설 수 있었다.

1910년 니콜라 1세의 독립 왕국 선포와 세르비아니즘의 확대는 오스만 터키의 끊임없는 쇠락 속에 발칸유럽을 혼돈의 상태로 만들어 놓았다. 특히, 제 1, 2차 발칸전쟁에서의 승전에도 불구하고, 몬테네그로는 제 1차 세계대전이 한창이던 1916년에는 오스트리아-헝가리 지배 하로 강제 편입되어야 했고, 1918년 세계대전 종결이후에는 세르비아가 주도하던 남슬라브족 통합국가인 '세르비아-크로아티아-슬로베니아 왕국(1929년 이후 '유고슬라비아 왕국'으로 개칭됨)'하로 일방적으로 들어가는 아픔을 겪게 된다. 최초의 남슬라브족 통합 왕국을 보는 시각에 있어, 세르비아인들은 세르비아니즘의 완전한 구현이라고 생각했던 반면, 구성 민족이었던 크로아

157) http://www.montenet.org/history

티아인과 슬로베니아인들은 동등한 조건 하에서 이루어진 연합체적 국가로 인식하고 있었다. 이와 더불어, 세르비아에 의해 강제 병합된 몬테네그로인들 또한 비록 민족, 문화, 언어적 정체성이 유사했음에도 불구하고 자신들을 복속시킨 세르비아인들에 대해 새로운 지배 민족의 등장이라는 부정적 인식을 낳는 배경이 되었다. 이 결과 1919년 1월 7일 정교회 크리스마스에 니콜라 1세 추종자였던 크르스토 포포비치(Krsto Todorov-Zrnov Popović, 1881-1947)를 중심으로 쩨티녜에서 세르비아 지배에 대한 봉기가 일어나기도 했다. 하지만, 세르비아의 대대적 진압 속에 봉기는 실패하였고, 크르스트 포포비치는 이탈리아로 망명길에 올라야만 했었다.[158] 특히, 프랑스 등 해외에서 망명생활을 전전하던 니콜라 1세가 세계 대전 이후에도 세르비아의 반대에 부딪혀 귀국하지 못하고 떠돌다가, 1921년 이탈리아에서 사망 후 묻히게 된 사건은 몬테네그로인들의 자긍심에 심각한 상처로 다가왔고, 이로 인한 세르비아에 대한 반감이 증대되는 계기를 형성케 하였다.

이후 양차 대전 사이 남슬라브족 통합 왕국은 '유고슬라비아 왕국'을 선포하였던 니콜라 1세의 손자인 알렉산다르 1세가 이끄는 세르비아에 의해 주도되게 된다. 그러나 제 2차 세계대전에서 티토를 중심으로 한 파르티잔 세력이 승리한 이후 수립된 사회주의 유고슬라비아 연방 하에서 몬테네그로는 비로소 6개 구성 공화국 중 하나로 자리 잡을 수 있었으며, 이 영토적 경계선은 훗날 1990년대 동유럽에서의 민주화와 자유화 열기 속에서 여러 우여 곡절 끝에 2006년 마침내 세르비아의 영향력으로부터 완전히 벗어나 독립 몬테네그로 공화국을 수립하게 만드는 원동력이 되게 된다.

---

158) 이후 그는 1919년 6월 몬테네그로로 귀국 하여 게릴라 부대를 조직한 후 세르비아에 저항하였으나, 니콜라 1세의 사망 이후인 1922년 아르헨티나로 이민하였고, 그 뒤 1929년엔 벨기에로 망명하였지만, 이후 제 2차 세계대전 당시에는 파시스트 이탈리아와 연합하여 파르티잔에 저항하는 등 몬테네그로 왕실 회복을 위해 헌신하며 생을 마쳤다고 할 수 있다.

6) 정리하기

1918년 제 1차 세계 대전이후 최초의 남슬라브족 통합 국가인 '세르비아-크로아티아-슬로베니아 왕국(1929년 유고슬라비아 왕국으로 개칭)'이 수립된 이후 약 74년 동안 유지되어 왔던 '유고슬라비아'라는 국명은 2003년 3월 세르비아-몬테네그로 연합 국가의 탄생과 더불어 역사 속으로 사라지게 되었다. 제 1차 세계 대전 이후 세르비아는 유고슬라비아 지역내에서 가장 큰 인구수와 가장 오래된 독립 국가의 경험, 그리고 가장 높은 군사력을 바탕으로 이 지역내 민족들 사이에서 주도적 역할을 수행해 왔었다. 이러한 세르비아 민족의 주도권 행사와 장악 의도는 오랜 기간 동안 다른 구성 공화국 및 여러 민족들과의 갈등 관계를 낳았다고 할 수 있다. 이러한 요인은 서로 상이한 역사적 경험 외에도 유고슬라비아 지역내 여러 민족들의 다양한 종교와 문화적 차이점에서 비롯된다고 할 수 있으며, 비록 적은 인구와 영토에도 불구하고 몬테네그로 또한 자신을 둘러싼 오랜 역사의 흔적과 영향에 의해 문화적 다양성을 지니며 발전해 왔다. 비록 몬테네그로인들은 종교적으로는 세르비아인이 주로 믿는 정교 문화권을 중심으로 하고 있지만, 이 외에도 이웃한 보스니아인들 및 알바니아인 들이 믿고 있는 이슬람 문화권이 자리하고 있으며, 이와 더불어 과거 오랜 동안 해안 지역을 중심으로 지속되어 왔던 가톨릭 문화 또한 중요한 종교 문화적 세력권을 형성하고 있다고 할 수 있다. 이러한 종교 문화적 특징 위에 중세에 들어와서는 기존의 남슬라브족 문화 전통과 함께 해안가를 중심으로 몬테네그로 전역에 영향을 미쳐왔던 이탈리아 베네치아의 문화와 이슬람 문화가 서로 복잡하게 혼재되어 있는 특징을 보여 왔다.

오랜 기간 동안 이어진 세르비아와의 역사적 경험 공유와 문화적 동질감은 정치적으로도 양 국간, 양 민족간 유대 관계를 강화시켜 왔던 것이 사실이다. 실제, 1980년 5월 티토가 사망하고, 1989년 11월 베를린 장벽이 붕괴된 이후 발생한 여러 내전들과 민족분쟁들에서 세르비아니즘이 주요 요인으로 비난되는 와중에서도 몬테네그로는 1992년 4월 세르비아 공화국과 함께 신(新)유고슬라비아 연방을 구성함으로써 세르비아와의 연합 전선을 구축하려 했었다. 하지만, 코소보 민족 갈등 확대 및 1999년 전쟁, 그리고 세르비아에 대한 국제 사회의 비난과 계속된 경제 금수조치는 몬테네그로인들에게 세르비아인들과의 역사적, 문화적 동질감을 지속시키는 데 많은 부담을 안겨주었으며, 이것은 몬테네그로의 독립 움직임 확대로 이어지게 된다. 독립을 향한 몬테네그로인들의 정치, 경제적 주권 회복 움직임과 함께, 언어적 독자성 회복 등 사회, 문화적으로도 몬테네그로인들의 탈 세르비아 노력이 보다 가시화되기 시작하였으며, 이것은 마침내 2006년 6월 독립 국가 선포로 이어졌다.

하지만, 향후 몬테네그로의 독립 유지와 발전이 어떻게 전개되고 지속될 지에 대해선 오늘날 다양한 의견들과 논의가 제기되고 있는 게 사실이다. 이러한 배경에는 무엇보다도 이러한 독립국가로서의 발전과 향후 유지가 자신의 노력과 의지에 의해서 이루어질 가능성 보다는 발칸유럽의 평화 구축과 정착에 따라 결정되어질 것이라는 점이 분명하기 때문이다. 이러한 점은 향후 유럽의 소국인 몬테네그로가 계속해서 지속적으로 발전해 나갈 수 있을 지를 가늠하는 중요한 잣대가 된다 하겠다. 이를 잘 알고 있는 몬테네그로는 국가의 안전과 안정을 위해 주요 미래 목표로 EU 가입을 최우선시 하고 있으며, 자국의 안보를 보장받기 위해서라도 NATO와 UN 등 국제 평화 유지군의 활동과 참여에도 매우 적극적인 자세를 취하고 있다. 특히, 몬테네그로의 경제 구조상 관광 수입에 절대적인 경제 효과를 기대하고 있는 상황에서 발칸유럽의 안정과 평화 정착이 중요한 위치를 차지하고 있다 하겠다. 이러한 이유로 몬테네그로는 2008년 2월 일방적 독립 선언이후, 현재 UN과 국제 사회의 승인을 기다리고 있는 코소보 독립을 둘러싼 발칸유럽의 정세 변화에 민감한 반응을 보이고 있는 게 사실이다.

실제, 코소보 독립은 발칸유럽 다른 지역에 도미노처럼 이어져 보스니아 및 마케도니아에서의 민족 갈등과 분쟁을 재현시킬 수 있는 뇌관을 지닌다는 점에서, 이러한 문제의 방향은 향후 독립 몬테네그로가 '또 하나의 세르비아?'가 될 것인가, 아니면 '또 다른 자신만의 몬테네그로?'가 될 것인가를 결정지을 것으로 보인다. 몬테네그로의 운명이 발칸유럽이 지니고 있는 오랜 동안의 역사, 문화, 종교적 연결 고리에 따른 파급효과와 밀접하게 연결되어 있다는 점에서 독립 몬테네그로를 둘러싼 긴장은 수면 아래 여전히 불씨를 안고 있다 하겠다.

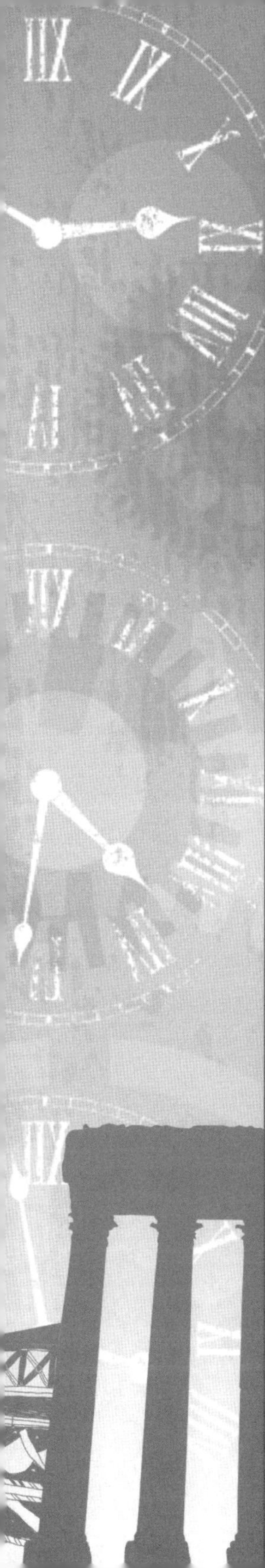

제 5 장

이슬람 문화권

1 알바니아
: 동유럽의 이슬람 국가, 알바니아 민족주의와 코소보

알바니아의 역사적 함의와 진실을 읽는 키워드

20세기 말과 21세기 초에 발생한 발칸유럽 지역의 주요 민족 갈등이자 분쟁, 민족 간 충돌인 알바니아 소요 사태(1997)를 비롯해 코소보 분쟁(1999) 그리고 마케도니아 내전(2001)의 주요 요인 중 하나로는 바로 알바니아 민족주의, 즉 대(大)알바니아주의가 자리하고 있다. 문화적 민족주의와 영토적 민족주의에 기초한 대(大)알바니아주의는 19세기말인 1878년 코소보 내 프리즈렌 마을에서 결성된 '프리즈렌 연맹'의 이론에 기초하고 있다 할 수 있다. 당시 코소보는 알바니아 영토에 해당하였으며, 여기서 발원한 프리즈렌 연맹은 19세기 알바니아 독립 국가 건설을 목표로 한 터키 저항운동 등 다양한 민족주의 운동의 이념적 토대가 되었다고 할 수 있다. 훗날 이 연맹과 봉기군은 비록 1881년 오스만 터키군의 강력한 진압에 의해 거의 괴멸되었지만, 그 연맹의 이념과 목표는 21세기 현재까지 계속 이어져 내려왔고, 이로 인해 발칸 유럽 내 민족갈등과 분쟁이 끊이지 않고 이어지고 있다고 할 수 있다.

따라서, 본 장에서는 유럽내 유일한 이슬람 국가인 알바니아의 민족주의 기원과 그 내용에 대해 알아보고, 그 사례로써 대알바니아주의와 세르비아니즘의 대표적 충돌 지역인 코소보 내 양 민족 간에 발생하고 있는 민족문제의 현황과 그 양상을 살펴보고자 한다.

1) 생각하기

미국 독립전쟁(1775-1781)과 프랑스 혁명(1789)을 사상적 토대로 서유럽에서 시작된 민족주의는 19세기 나폴레옹 전쟁을 따라 유럽 전역으로 확산되었고, 이어 19세기 중엽에는 알바니아와 코소보를 포함한 발칸유럽에도 영향을 미치기 시작하였다. 하지만 18세기이후 산업혁명을 통한 사회·경제적인 발전과 더불어 단일 민족으로 구성된 독립국가 혹은 거대한 식민지를 바탕으로 형성된 제국 등의 다양한 방식으로 자신들의 민족-국가를 수립하고 있던 서유럽 민족들과는 달리, 발칸유럽의 대부분 지역은 19세기 중엽까지도 여전히 오스트리아-헝가리 이중제국 혹은 오스만 터키제국의 지배 하에서 피지배 식민지 상태로 놓여있었다. 이러한 시대적 상황과 현실의 차이점은 19세기이후 등장한 민족주의가 동·서유럽 사이에 분명한 차이점을 보이며 발전하게 되는 계기를 마련하게 된다. 그 결과 서유럽에서의 민족주의가 민족과 국가를 동일시하고 민족보다는 국가에 더 충성을 요구하는 특징을 보이며, 그 기초요소로서 사회계약, 일반의지(General will) 그리고 법과 국가적 실체 등 정치적 요소를 중요시 여기는 정치적 민족주의(Political Nationalism)의 특징을 지니게 되었다면, 알바니아를 비롯한 동유럽에서의 민족주의는 민족과 국가를 별개의 존재로 인정하고 국가보다는 민족에 대한 충성을 더 강조하며, 그 기초요소로서 선민의식, 신화, 혈연관계, 독립, 영토 그리고 미래와 꿈 등 문화적 요소를 '우리'와 '그들'을 구분하는 데 있어 더 중요시 여긴다는 점에 있어 '문화적 민족주의'로 정의 내릴 수 있을 것이다.

19세기 민족주의 시대에 들어와 오스만 터키의 쇠락이 본격화됨에 따라 15세기 말 이후로 오스만 제국에 의한 이슬람화 정책에 적극적이었던 알바니아 민족들 또한 주변 크리스트교 민족들과의 충돌과 갈등이 빈번하게 일어나야만 했으며, 러시아 및 서유럽 강대국들의 틈바구니 속에서 민족 정체성을 유지하고 독립 국가를 구성하는 데 여러 어려움을 겪어야만 했었다. 알바니아민족들은 19세기 당시 자신들의 민족성을 구축하려는 노력들을 시도하게 되는 데, 여기에 가장 중요한 영향을 미쳤던 것은 바로 발칸유럽 내 알바니아 민족의 거주 지역을 대상으로 한 '영토적 민족주의(Territorial Nationalism)', 즉 대(大)알바니아주의라 할 수 있을 것이다. 더불어, 이들은 다른 동유럽 민족들과 마찬가지로, 문화적 민족주의에 따라 혈연과 종교, 관습 및 전통 등 문화적 요소를 기준으로 자민족과 타민족을 구분하였으며, 이러한 기준에 따라 자민족과 타민족의 경계를 구분 지었다고 할 수 있다. 무엇보다도 20세기를 넘어오면서 발칸유럽내 민족 갈등과 충돌의 한 가운데에는 항상 이러한 알바니아 민족주의가 자리하여 왔으며, 이것은 세르비아 민족주의와 더불어 발칸 유럽 내 민족 갈등의 대표 요인 중 하나로 지목 받아 왔었다. 알바니아 민족주의는 세르비아 민족주의처럼 자 민족이 거주하는 발칸 유럽 내로의 영토 확대를 최종 목표로 하고 있다는 점에서 항상 발칸유럽 분쟁의 핵으로 인정받아 왔던 게 사실이다.

18~19세기 이후로 알바니아가 자리하고 있는 발칸반도, 특히 지중해와 이어지는 아드리아해는 당시 모든 강대국들이 영향력 하에 두고 싶어 하던 전략적 요충지였으며, 이에 따라 아드리아해와 접해 있는 이웃 몬테네그로와 더불어 알바니아 또한 당시 이 지역 진출에 관심을 보이고 있던 프랑스, 이탈리아, 오스트리아-헝가리 제국, 러시아 등 강대국들과 세르

비아 등 주변 국가들의 계속된 압력과 위협 하에 처해 있어야만 했었다. 따라서 비록 러-터 전쟁이후 맺어진 산스테파노 조약(1878. 03)과 베를린 조약(1878. 06)이 발칸유럽 내 여러 민족들에게는 오스만 터키로부터의 독립을 얻게 해주었지만, 당시 알바니아 민족은 발칸 유럽 내 다른 민족들의 견제와 서유럽 국가들의 무관심 속에 독립을 쟁취하는 데 실패하게 된다. 그 결과 20세기 초에 들어와서도 알바니아 민족들은 주변 민족들과는 달리 독립 국가를 구성하지 못하였고, 1920년 그들 스스로 독립 국가를 선포한 이후에도 여전히 자민족이 다수 거주하고 있던 세르비아 내 코소보와 마케도니아 서부 지역, 몬테네그로 동부 지역 등을 신생 알바니아 국가에 통합시키는데 실패하였다고 할 수 있다. 따라서 알바니아에서의 민족주의는 이들 알바니아인 거주 지역의 영토 탈환을 목표로 한 영토적 민족주의로 발전되었으며, 1999년 코소보 전쟁으로 확대 된 세르비아와의 민족 간 충돌에서 볼 수 있듯이 현재까지도 이를 둘러싼 갈등이 첨예하게 전개되고 있는 상황이다.

이러한 이해를 바탕으로 20세기 이후 발칸 유럽 내 민족갈등과 충돌의 주요 요인 중 하나로 자리 잡고 있는 알바니아 민족주의의 기원과 그 내용에 대해 알아보고, 코소보 내 민족 갈등을 통하여 알바니아 민족 문제의 현황과 그 양상을 살펴보고자 한다. 이를 위해 본 장에서는 우선 알바니아 민족의 기원과 이슬람화 과정을 살펴보게 될 것이다. 이를 통해 중세 이후 계속된 발칸 유럽내 민족갈등의 주요 요소 중 하나인 종교(이슬람과 크리스트교) 문제를 되짚어보고자 했다. 다음으로는 민족주의가 이 지역에 도입된 시기인 19세기와 양차 대전을 전후로 한 20세기 초를 중심으로 알바니아 민족들은 어떠한 과정을 거치며 자신들의 민족 정체성을 수립해 갔는지, 그리고 자신들의 민족 국가 수립을 추구해 갔는지에 대해서 연구하게 될 것이다. 더불어, 다음 장에서는 알바니아 민족주의의 대표적 이해 지역인 코소보를 둘러싼 세르비아와의 갈등 양상과 오늘날 이 지역의 독립 문제 및 민족 갈등의 현황을 살펴보게 될 것이다. 마지막으로는 본문에서의 논의를 바탕으로 역사적으로 발현된 알바니아 민족주의의 특징과 코소보를 둘러싼 세르비아와의 민족 문제를 다시 한 번 고찰하고 그 의미를 살펴봄으로서 결론을 대신하고자 한다.

2) 코소보를 통해 본 알바니아 민족 기원 논쟁과 이슬람화

오늘날 알바니아 민족주의의 대표적 사례 지역인 코소보란 지명은 오스만 터키가 발칸 지역을 지재 하던 시절 주어진 행정 명칭이자 이 지역 행정 구역인 코소보 비라에트(Kosovo Vilayet)에서 비롯되었다고 알려져 있다. 세르비아인들 사이에 이 지역은 본래 이바르 강을 경계로 수도인 프리쉬티나(Priština)를 중심으로 하는 동부의 코소보와 세르비아 독립 정교회의 성지인 페치를 중심으로 하는 서부의 메토히야 지방을 합쳐 코소보-메토히야(Kosovo-Metohija)라 불리고 있으며, 이들 지역에 살고 있으며 코소보의 독립과 주권을 요구하는 알바니아인들을 통칭하여 코소바르(Kosovar)로 부르고 있다.[159] 알바니아인은 BC 2000년 이전부터 발칸유럽의 서부 지역 즉 아드리아 해를 중심으로 인근 내륙지역에 넓게 분포되어 살았던 일리리안 부족의 후손이라 볼 수 있다.[160]

코소보를 둘러싼 알바니아인과 세르비아인간의 갈등은 이 지역의 본래 원주민을 둘러싼 갈등에서부터 비롯된다. 우선 세르비아는 중세 세르비아 왕국의 원조인 라쉬카 공국의 터전이 바로 코소보 지역이며, 6세기 남슬라브족 일파로서 세르비아인들이 이곳에 정착한 이후로 세르비아 독립 정교회가 수립되는 등 줄곧 세르비아 민족의 중요한 정신적 고향이자 민족 정체성을 상징시켜준 곳이라 언급하고 있다. 이후 14세기 오스만 터키에 의해 세르비아 중세 왕국이 몰락한 후 이 지역의 세르비아인들은 오

159) Noel Malcom, *Kosovo: A Short History*, (New York: New York Univ. Press, 1998).

160) http://www.albania.com.

스만 터키의 폭정과 침략을 피해 북으로 이주를 한데 반해, 터키의 이슬람화 정책에 따라 이웃한 알바니아 본토에서 코소보로의 대규모 알바니아 이주민들이 들어와 정착촌을 형성한 뒤 다수 민족으로 성장하게 되었다는 것이다. 하지만, 이에 대해 알바니아인들은 본래 코소보 지역에는 이미 로마가 지배하기 이전부터 고대 원주민이자 발칸유럽의 주요 토착 부족 중 하나였던 일리리안들이 살고 있었으며, 이들 일리리아인들이 자신 민족의 뿌리라 주장하면서 본래 코소보의 주인은 자신들이었다고 언급하고 있다. 이 지역을 훗날 로마가 지배하고 다시 6세기에 들어와 세르비아인등 남슬라브족이 발칸유럽에 정착하게 되면서 자신들의 선조를 몰아내고 코소보 지역을 장악하였지만, 중세 세르비아 왕국의 몰락에 따라 다시 알바니아인들이 자신들의 고향을 되찾을 수 있었다고 주장하고 있다.

더불어 이들은 자신들의 전통 음악중 하나인 다성부 음악(Polyphont) 또한 고대 일리리안 시대 때부터 전해져 내려오는 전통 중 하나이며, 고대 일리리안어 혹은 다치-트라키안어가 바로 현대 알바니아어의 주요 토대가 되었다고 주장하고 있다.[161] 또한 알바니아의 국명과 민족명 또한 로마 제국 지배 당시 지배하에 있던 일리리안 부족 중 알바니(Albani) 부족의 이름에서 유래했다는 설 또한 존재하고 있는 게 사실이다. 실제 일리리안 부족의 역사적 흔적들은 알바니아 곳곳에 자리하고 있는 데, 그중 하나로는 바로 북부 지역 쉬코드라 호수(Shkodra/ Shkodër/ 남슬라브어로는 쉬코드라 호수임) 인근의 쉬코드라 도시를 들 수 있다. 쉬코드라는 알바니아 여러 도시들 중 가장 오래된 도시들 중 하나로, BC 4세기경 언덕 위 로자파 성(Rozafa Castle)을 중심으로 고대 일리리안 부족의 중심 도시 흔적이 자리하고 있는 곳이기도 하다. 이 외에도 해안 지대의 두르레스(Durres) 도시 또한

161) 하지만, 실제 19세기 이후로 쓰이고 있는 알바니아어는 인도-유럽어중 하나로 분류되고 있으며, 영토의 중간에 자리한 쉬쿰빈(Shkumbin) 강을 경계로 슬라브어의 영향을 많이 받은 북부의 게그(Gheg) 방언과 고대 그리스어의 흔적이 남아있는 남부 토스크(Tosk) 방언 중 오늘날 알바니아 정부는 토스크 방언을 공식 언어로 인정하고 있다. 김철민, op. cit., 2011, pp. 339-340.

BC 627년 일리리안 부족에 의해 건설된 것으로 알려지고 있으며, 고대 아울론(Aulon)으로 불렸던 블로라(Vlora) 또한 일리리안 부족 국가의 여러 흔적들이 그대로 남아 있는 곳이기도 하다.

고대 알바니아 지역의 역사를 살펴보자면, BC 7세기경 아드리아해를 따라 오늘날 알바니아 영토 지역에 일리리안 부족의 여러 도시 국가들이 건설되었고, 이들과 인근 그리스의 여러 도시 국가들 간에 활발한 교역활동이 전개되었다. 이 당시 형성된 경제적 부를 바탕으로 일리리아 왕국은 BC 4세기경 발칸유럽의 상당 부분을 장악하게 되지만, BC 358년 알렉산더 대왕의 아버지인 마케도니아의 필립 2세와의 전투에서 대패한 이후 그 세력이 급격히 약화되어 갔다. 이후 BC 3세기 말부터 시작된 로마의 계속된 공격과 발칸유럽으로의 진출로 BC 165년 일리리안 왕국은 완전히 로마 지배 하로 편입되게 된다. 이후 로마의 지배는 이 지역의 문화, 사회, 경제, 정치적 여러 요소에 영향을 미쳤으며, 특히 예수와 그 사도들이 활약했던 AD 1세기 동안 크리스트교가 이 지역에 급속히 확산되는 계기를 마련해 주기도 했다.

AD 9년 오늘날 알바니아는 로마의 행정 구역에 따라 달마티아, 에피루스(Epirus) 그리고 마케도니아 등으로 분할되면서 각 행정 구역에 따른 발전을 이루었다. 하지만 로마 제국의 몰락과 395년 동, 서로마 분리이후 대부분의 알바니아 지역은 동로마의 영향력 하로 편입되어야만 했다. 로마 제국의 약화 속에 4세기에서 7세기까지 알바니아내 일리리아인들은 고트족, 훈족, 아바르족 등 여러 유목 민족들의 약탈과 세르비아, 크로아티아, 불가리아인등 슬라브족의 계속된 남진으로 인해 발칸유럽에서 오랫동안 유지해 왔던 그 영향력을 점차 상실하게 되었다. 주도권을 둘러싼 양대 크리스트교 교회(로마 교회: 후에 '가톨릭'으로 발전/ 콘스탄티노플 교회: 후에 '정교'로 발전)간 갈등 속에, 이 지역 일리리아인들은 732년 동로마 제국의 후신인 비잔틴 제국의 콘스탄티노플 교회 영향력 하로 종속되게 된다. 이후 크리스트교의 본격적인 분열을 공식 인정한 1054년 교회 대분열 선언 이후,

주로 알바니아 남부의 상당 지역은 콘스탄티노플 교회(정교) 영향력 하로, 반면 북부 지역은 로마 교회(가톨릭)의 영향력 하로 편입되게 되었다. 오늘날까지 알바니아 북부지역에 가톨릭의 영향권이 남아 있는 점과 남부 지역에 알바니아 정교가 일정 부분 그 세력권을 형성하고 있는 것도 이러한 역사적 사실에서 기인한다고 볼 수 있다.

알바니아란 명칭에 관한 최초 기록은 1081년 비잔틴 제국의 기록에서 이 지역의 주민들을 통칭하여 알바니아인이라 언급하고 있음을 확인할 수 있다. 더불어, 12세기 한때 크루야(Kruja) 지역에 아르브리아(Arbria) 공국이 설립되기도 했으나, 13세기 이후로 알바니아 북부와 동부 지역 대부분은 아드리아 해로의 영토 확장을 서두르고 있던 세르비아 중세 왕국 하에 놓이게 된다. 하지만, 1204년 베네치아 공국의 도움을 받아 원정에 나선 제 4차 십자군 당시 콘스탄티노플이 십자군에 의해 점령당하고, 가톨릭 국가인 라틴 제국이 수립되자, 알바니아 해안 지역은 한 동안 베네치아 공국의 영향력 하에 들어가야만 했다. 이후, 세르비아 중세 왕국의 최대 전성기였던 두샨 황제 시기인 1344년에 들어와서는 세르비아에 의해 편입되는 아픔을 겪기도 하였다. 하지만, 두샨 황제의 발칸반도에서의 영토 확장과 비잔틴 제국에 대한 위협은 비잔틴 제국의 요청에 따른 오스만 터키군의 유럽 원정에 주요 동기를 제공하게 된다. 발칸유럽 지역에서 오스만 터키의 영향력이 확대되는 가운데, 알바니아인들은 같은 크리스트교 민족으로써 수차례 오스만 터키에 저항하고자 했던 크리스트교 연합군에 동참하여 전쟁에 참여하게 된다. 하지만, 1389년 코소보 전투를 비롯해 여러 전투에서 크리스트교 연합군은 패전을 면치 못하였고, 이후 세르비아를 비롯한 발칸유럽 전역은 오스만 터키 하로 완전히 넘어가게 되었다.[162] 알바니아에 대한 세르비아의 지배권이 약화되는 가운데 오스

162) 1363년과 1371년에 걸친 오스만 터키와의 제 1, 2차 마리짜 강 전투에서 세르비아의 우로쉬 황제를 비롯한 그 형제들(부카쉰과 우글레쉬)이 모두 사망한 뒤, 세르비아 중세 왕국은 단절되고 오스만 터키의 조공국가로 전락하게 된다. 특히, 왕국의 쇠락 속에 라자르 대공은 헝가리, 알바니아 등 당시 주변 크리스트교 민족들과 연합을 이루어 1389년

만 터키의 바예지드 1세(Bayezid I, 1354-1403, 재위 1389-1402) 또한 몽고 티무르 제국의 침입으로 본토로 급히 돌아가게 됨에 따라 알바니아인들은 잠시나마 자치 공국의 맛을 보기도 했다. 특히, 1402년 오스만 터키가 티무르 제국과 벌인 앙카라(Ankara) 전투에서 대패하고 1413년 티무르가 사망할 때 까지 그 영향력 하에 들어가게 됨에 따라 알바니아인들을 비롯해 발칸유럽 민족들은 한 동안 자치권을 보장받을 수 있게 된다.[163]

그러나 이러한 자치 공국의 기쁨은 그리 오래가지 못하였다. 몽고 티무르 제국의 지배로부터 전열을 재정비한 오스만 터키가 계속된 유럽 원정을 감행함에 따라 베네치아 공국에 넘어간 북부 쉬코드라 호수 인근을 제외하곤, 1431년에 들어와선 남부와 중부의 상당 부분이 오스만 터키의 지배 하로 넘어가야만 했다. 현재까지도 알바니아인사이에 민족의 영웅이자 외세 저항의 상징적 인물로 추앙되고 있는 스칸데르베그 대공은 1440년 오스만 터키에 의해 이슬람으로 전향 한 후 이 지역 봉건 영주로 임명되었지만, 이후 크리스트교 알바니아인들의 요구를 받아들여 가톨릭으로 전향한 후 1443년 이후로 오스만 터키에 대한 저항 운동을 본격화하기 시작하였다. 당시 스칸데르베그는 발칸반도에서 유일하게 남아 있던 크리스트교 국가인 몬테네그로 쯔르노예비치 왕조의 시조인 스테판 쯔르노예비치 왕과 누이를 통한 정략결혼을 맺은 후 오스만 터키에 대한 저항을 이어갔다.

스칸데르베그는 발칸반도 지역의 험준한 산악 지형을 활용한 여러 전술을 바탕으로 소수의 병력으로 약 20여 년간에 걸쳐 오스만 터키의 공격을 잘 막아내게 된다. 실제, 이러한 그의 전술적 방법은 훗날 서유럽 국가들이 오스만 터키의 공격을 대처하는 데 있어 교과서적인 모범 사례를 제공하였으며, 이웃한 몬테네그로가 1479년 알바니아가 오스만 터키

현 코소보 언덕에서 터키 군과 대규모 전투를 치렀으나, 결과적으로 이 전투에서의 패배는 세르비아 중세 왕국의 실질적인 몰락을 가져오게 하였다.

163) Fred Singleton, op. cit., pp. 26-27.

에 의해 완전히 넘어간 이후에도 이러한 전술을 바탕으로 1496년까지 조금 더 오래 국가 존립을 버틸 수 있었던 배경을 마련해 주었다고 할 수 있다.[164] 하지만, 알바니아의 이런 외로운 싸움은 오스만 터키가 포위하고 있던 콘스탄티노플을 도와주고, 발칸반도에서 터키의 영향력을 제거하기 위해 출전한 크리스트교 연합군인 1444년 바르나 십자군이 오스만 터키에게 대패하고, 뒤 이어 1448년 제 2차 코소보 연합군조차 터키에게 패배하면서 더욱 더 고립되는 양상을 보이게 된다. 더불어 오스만 터키가 1453년 비잔틴 제국의 수도인 콘스탄티노플을 점령하고, 뒤 이어 1459년에 세르비아 중세 왕국의 마지막 수도였던 스메데레보 요새마저 점령하자, 알바니아인은 더욱 더 외로운 싸움을 치러야만 했었다. 이런 가운데 알바니아 민족의 영웅으로 숭배되며 오스만 터키군의 수차례 대규모 공격을 훌륭히 잘 막아내었던 스칸데르베그 영주가 1468년 사망하였고, 뒤 이어 1478년에는 오스만 터키의 4차례 포위 공격 끝에 험준했던 크루야 산악 요새가, 그리고 1479년에는 북부의 마지막 요새였던 쉬코드라마저 오스만 터키 군에 의해 정복당함으로써 오스만 터키의 알바니아 지배가 본격화 되게 된다.[165]

오스만 터키의 알바니아 지배는 알바니아인에게는 물론 이후 발칸 유럽내 역사 속에 중요한 의미를 안겨주게 된다. 당시 크리스트교도들이었던 상당수 알바니아인은 오스만 터키의 지배를 피해 남부 이탈리아, 그리스, 이집트 등으로 도망해야만 했다. 하지만 이 지역에 남아 있던 알바니아인은 오스만 터키의 전통적 이슬람화 정책인 데브쉬르메(Devşirme) 제도에 따른 강력한 이슬람 개종 작업에 따라 주요 무슬림 집단을 구성해 나가게 된다. 오스만 터키는 유럽 정복 사업 초기 알바니아를 비롯 발칸 유럽내 크리스트교인들을 이슬람 화 시키는 작업에 있어 데브쉬르메 제도를 적절히 잘 활용하였다. 이 제도에 따라 오스만 터키는 8세에서 12세

164) 김철민, op. cit., 2011, p. 345.

165) Ferdinand Schevill, op. cit., pp. 203-204.

사이의 크리스트교 아이들을 강제로 데려다 이슬람교로 전향시킨 후, 능력에 따라 오스만 제국내 하급 공무원인 카페탄(Kapetan)과 술탄의 보병 직속부대인 야니차르(Janjčar)로 편입시켜 제국의 팽창과 유지에 활용하게 된다. 이 제도는 오스만 터키가 1453년 비잔틴 제국의 수도인 콘스탄티노플을 점령한 이후 특히 활발해졌으며, 면접에 통과한 아이들은 제국의 본토인 소아시아의 '아나톨리아(Anatolia)'지역에 보내져 약 7년 동안 이슬람 언어와 문화 그리고 양식을 습득한 후 당시 오스만 터키의 수도인 짜리그라드로 보내져 군사훈련과 함께 의무적으로 이슬람교로 개종해야 했다. 오스만 터키의 지배 기간 동안 대거 이슬람으로 개종하였던 알바니아인은 발칸 유럽 내에서 보스니아 무슬림과 더불어 오스만 터키의 지배 정책과 제도를 충실히 이행하게 된다. 그 결과 오스만 터키 제국 시절, 알바니아인은 술탄 바로 밑인 대 베지르를 무려 24명이나 배출하였으며, 여러 이슬람 알바니아인들은 터키 제국 내 행정, 군사 조직과 사회 곳곳에서 주요 역할을 담당해가며 제국을 유지, 발전시키는 데 충실한 역할을 수행하게 된다.[166]

반면, 당시 세르비아인들은 발칸유럽 국가들 중에서도 오스만 터키의 지배를 가장 강력히 저항하였고, 지배기간동안에도 계속해서 이를 벗어나기 위한 움직임을 활발히 전개하였다. 중세 왕국의 발원지이자 자신들의 종교적 성지였던 코소보 지역이 오스만 터키 하로 완전히 넘어가게 되자,[167] 상당수 세르비아인들은 오스만 터키의 지배를 받아들이기보다는 세르비아 북부 보이보디나 혹은 이웃한 크로아티아와 헝가리 등지로 대규모 이주하게 된다. 특히, 라자르 대공이 이끄는 1389년 코소보 전투에

166) http://www.albania.com

167) 코소보를 바탕으로 중세 왕국인 발현한 세르비아는 네마냐의 아들인 스테판 네마니치 시대에 들어와 독립왕국을 건설하였고(1217), 이어 네마니치의 동생인 성 사바의 노력으로 1219년 세르비아 독립 정교회를 구축하게 된다. 세르비아 독립 정교회의 초대교주가 된 성 사바가 현(現) 코소보 지역의 쥐짜에 독립교구를 세운 이후 코소보는 세르비아인에게 있어 유대인들에게 예루살렘과 같은 의미와 맞먹는 성스러운 종교적 의미를 지니게 되었다.

서의 패배는 세르비아 중세 왕국의 실질적인 몰락과 코소보 지역에 대한 영향력의 포기를 불러왔다고 할 수 있다. 코소보 전투에 관련된 여러 전설들은 훗날 세르비아 민중들에게 민담과 구전문학을 통해 계속해서 전해 내려왔으며,[168] 이후 오스만 터키 등 외세에 대한 세르비아 민족의 저항정신과 민족 단결을 고취시키는 데 큰 역할을 하였다고 할 수 있다.[169]

세르비아인들이 떠난 코소보 지역엔 오스만 터키의 이슬람화 정책에 따르던 알바니아인들의 대규모 이주가 오랜 기간에 걸쳐 단행되었고, 이후로 코소보에서의 급속한 이슬람화가 진행되게 된다. 이 당시 오스만 터키는 본토의 터키인 외에도 이슬람으로 개종한 알바니아인에게 코소보와 서부 마케도니아를 비롯해 당시 중세 세르비아 지배 지역으로의 이주를 장려하였으며, 실제 이들에 대한 토지 보상 정책을 추진하게 된다. 이에 따라 코소보와 마케도니아 지역에 알바니아인들이 다수 거주하게 된 배경이 되었고, 이러한 역사적 배경은 19세기 오스만 터키의 쇠락과 더불어, 이들 지역을 둘러싼 알바니아인과 여러 남슬라브 민족들 간의 영토 분쟁 및 민족 갈등이 일어나는 역사적 배경이 되었다고 할 수 있다.[170]

3) 문화적 민족주의 시대, 대(大)알바니아주의의 탄생과 발전

동유럽의 대부분 민족들은 19세기 당시까지 합스부르크 제국(1866년 이후 '오스트리아-헝가리 이중제국'으로 개칭) 혹은 오스만 터키 제국, 그리고 일부는

168) 이 당시 코소보 전투와 관련한 민담과 구전 민요에 대해선 Stojan Novaković, op. cit. 참조.

169) 이에 대해 스타노예 스타노예비치(Stanoje Stanojević)는 "이후 코소보는 세르비아 역사에서 제 1, 2차 코소보전투와 함께 웅장했던 세르비아 중세왕조의 몰락과 이민족의 세르비아 지배가 시작되는 치욕의 역사로 기록되었고, 훗날 세르비아 민족의식의 출발점으로 인식되게 된다"라고 말하고 있다. Stanje Stanojević, *Istorija srpskoga naroda*, (Beograd: Izdavačka knjižarnica napredak, 1996), pp. 192-193.

170) Georg Brunner, *Nationality Problems and Minority Conflicts in Eastern Europe*, (Gütersloh: Bertelsmann Foundation Publishers, 1996), pp. 74-75.

러시아의 지배 하에서 피지배 민족 상태로 고통을 겪고 있어야 했다. 더불어, 이들 민족들은 오랜 기간 동안 자신과 다른 제국의 지배자를 향한 충성과 복종을 강요받으며 살아 왔었다. 하지만 19세기에 들어와 동유럽 민족들은 '우리'와 '그들' 간의 구별, 즉 민족 정체성의 구별을 위해 종교와 언어, 관습과 혈연관계 등 문화적 요소를 기준으로 민족 구별을 결정지어 나갔다는 것이다. 민족주의의 도입에 따라 동유럽의 여러 민족들은 충성의 대상을, 전혀 다른 이질적 문화를 지닌 타민족의 지배자가 아닌, 자신과 같은 문화적 요소를 지닌 민족의 지도자에게 할 수 있게 되었다. 그리고 더 나아가 이를 기초로 동유럽 민족들은 제국의 지배에서 벗어나 주권을 지닌 스스로의 '민족-국가'수립의 열망에 휩싸이게 되었다.

알바니아 민족 또한 동유럽 민족주의의 특징중 하나인 문화적 요소를 기준으로 서로 간의 민족 정체성을 구별해 나갔으며, 더 나아가 오스만 터키로부터의 지배를 벗어나 독립 국가를 수립하고자 하는 열망에 휩싸이게 된다. 알바니아 민족의 이러한 열망은 1822년 오스만 터키 제국 하에서 자치권을 획득하는데 성공하게 하였고, 1861년에 들어와서는 자신들의 고유 언어인 알바니아어에 기초한 최초 근대식 학교를 쉬코드라에 설립하는 데 주요한 배경을 형성케 하였다. 하지만 러-터전쟁(1877)이후 맺어진 '산스테파노(1878. 3.)'와 '베를린(1878. 6.) 조약'에 따라 발칸유럽의 대부분 국가들이 오스만 터키로부터 독립을 이룰 수 있었던 것과는 달리, 알바니아는 서유럽의 무관심과 오스만 터키의 반대 속에 독립을 달성하는 데 실패하게 된다.

1877년 러-터 전쟁에서 러시아가 승리하여 맺게 된 산스테파노 조약의 수정을 위해 서유럽 국가들과 러시아, 터키가 베를린에서 다시 모여 회담을 가지게 되었다. 이미 산스테파노 조약에서 러시아의 무관심 속에 독립권을 획득하는 데 실패한 알바니아 민족은 베를린 회담에서 서유럽 열강들에게 자신들의 존재를 부각시키고 독립권을 쟁취하기 위한 행동을 취하게 된다. 회담이 열리기 직전인 1878년 6월, 알바니아 지도자들은 세르비아의 코소보에 위치해 있는 프리즈렌에 모여 '알바니아 민족 권리 방어를 위한 알바니아 연맹(Albanian League for the Defense of the Rights of the Albanian Nation)'을 수립하게 된다. 당시 알바니아의 각 종교계와 민족 지도자들을 대표해 이 연맹을 이끌었던 일랴즈 파샤(Ilyaz Paşa), 알리 파샤(Ali Paşa), 호도 파샤(Hodo Paşa) 그리고 압둘 프라쉐리(Abdul Frashëri)등은 "조국이 우리 알바니아인을 이곳에 초대해 우리들의 국가를 건설하라고 말씀하셨다. 우리 믿음에는 어떠한 이견이 있을 수 없으며, 우리 모두는 알바니아인이다"라고 주장하면서, 독립 국가를 향한 자신들의 요구 조건을 비스마르크 및 베르린 조약에 참여하는 서구 열강들에게 전달하게 된다.[171] 하지만 베를린 조약에서 알바니아 민족국가 건설에 대한 이들의 요구는 터키의 강력 반대와 서구 열강들의 터키에 대한 지원 정책으로 거부되었고, 이후 이 모임의 정신은 알바니아 독립을 위한 대(對)터키 저항단체로 발전하게 된다. 그 후 이 단체는 '알바니아 연맹(Albanian League)'혹은 '프리즈렌 연맹(Prizren League)'으로 불리게 되었다. 하지만 알바니아 독립과 대(大)알바니아 국가건설을 목표로 전개되었던 '프리즈렌 연맹'운동은 1881년 오스만 터키군의 강력 진압에 의해 거의 괴멸되는 아픔을 겪어야만 했다.

이후 터키는 알바니아 민족운동과 독립 움직임을 약화시키기 위한 일환으로 1897년 알바니아인 거주 지역에서의 알바니아어 사용 금지와 언어 교육 금지 그리고 알바니아 문화와 사회 교육을 금지하는 법령을 발표했고, 이와 함께 알바니아 민족 지도자들을 투옥하거나 해외로 추방시켰다. 이 결과 알바니아는 다른 주변 발칸유럽 국가들이 1878년 이후 독립 국가로서의 발전을 도모해 나가고 있는 상황 속에서도 여전히 터키의 영향력 하에 놓여 있어야 했었고, 이로 인해 세르비아 등 주변 국가들이 코소보와 마케도니아 등 자민족들이 주로 거주하고 있었던 발칸반도 내 지역들로 영토를 확장해 가는 것을 그대로 지켜볼 수밖에 없었다. 이후 알바니아의 독립 문제는 제 1차 세계대전이 종결된 이후에도 여전히 독립

---

171) T. Zavalani, op. cit., pp. 62-63.

문제가 논의 대상에 오르지 못하자, 1920년 독자적으로 일방적 독립 선언을 통해 자신들의 주권을 회복하는 단계까지 이르게 되었다.

하지만, 비록 프리즈렌 연맹의 봉기가 오스만 터키의 오랜 지배로부터 벗어나고, 독립 국가를 건설하는 데는 실패하였지만, 19세기 알바니아인의 독립과 자신들의 민족-국가 수립을 위해 결성되었던 연맹의 정신만큼은 오늘날까지도 알바니아인의 민족 정체성 구축과 민족정신 함양에 커다란 영향을 미치고 있는 게 사실이다. 더불어, 이러한 영토적 민족주의에 기초한 대(大)알바니아주의는 근대 이후로 발칸 유럽내 분쟁에 중요한 요소가 되어 왔으며, 여전히 이에 따른 큰 영향을 미치고 있는 상황이다.

알바니아 민족주의의 핵심 토대인 프리즈렌 연맹은 다음과 같은 두 가지의 구체적인 목표를 지향하고 있는 데, 그 첫 번째는 알바니아 독립과 민족-국가 수립을 위해 필요한 기초 요소인 알바니아인의 민족의식 확대와 민족주의 활성화에 노력한다는 것이다. 이를 위해 민족지도자들은 알바니아어 교육과 문학 그리고 알바니아 고유의 문화와 사회 발전에 노력할 것을 표방하고 있다. 실제 20세기 이래로 알바니아 민족주의자들은 알바니아인이 다수 거주하는 코소보 지역과 서부 마케도니아 지역에서 민족 문제가 발생할 때 마다 이를 위한 여러 요구 조건들을 우선 협상으로 내걸어 왔고, 이러한 목표들을 성취함으로써 알바니아인의 민족 권리를 유지, 발전시켜 나가고 있다.

두 번째 목표는 향후 독립 국가의 영토적 범위를 설정하는 문제로, 당시 내용에 따르자면 현재 쉬코드라 인근과 블로라(Vlora)를 포함한 알바니아 본토, 프리즈렌과 프리쉬티나 지역을 포함한 코소보 지역, 그리고 모나스티르(Monastir, 현재 마케도니아의 비톨라(Bitola)와 야니나(Janina)를 포함한 서부 마케도니아 지역을 터키로부터 쟁취해 알바니아 영토로 구체화시킨다는 것이다.[172] 특히 당시 프리즈렌 연맹에서 밝힌 두 번째 주장인 영토적 범위 설정은 현재 알바니아 민족주의자들이 추구하고 있는 대(大)알바니

172) http://www.albania.com

아 민족 국가 건설의 기초가 되었다고 볼 수 있다. 실제 알바니아 민족주의자들이 주장하고 있는 영토적 범위에 따르자면 알바니아의 영토는 알바니아 본토 외에도 알바니아인이 다수 거주하고 있는 코소보 지역, 서부 마케도니아 지역, 몬테네그로 동부지역 등이 두루 포함된 지역을 의미하게 된다. 따라서 프리즈렌 연맹에서 출발한 알바니아 민족주의자들의 영토적 확장 추진은 자연스럽게 주변 민족들(세르비아인, 마케도니아인, 몬테네그로인...)과의 갈등과 민족분쟁의 주요 요인을 제공하게 되었고, 현재까지 그러한 기운의 여파가 잔존하고 있는 배경을 형성하고 있다.

따라서 코소보지역을 중심으로 오랫동안 알바니아인과 갈등을 겪어왔던 세르비아 정부와 국방부는 알바니아인의 코소보 자치권 확대와 공화국으로의 승격요구가 코소보 분쟁의 원초를 제공한 주된 요인이었다고 주장하여 왔다. 또한 코소보 전쟁과 더불어 격화된 대(大)알바니아주의가 세르비아뿐만 아니라 발칸 유럽 주변 국가들의 분쟁 확대로 이어지게 될 거라는 점을 계속해서 경고하고 있다.[173] 실제 이러한 발칸 유럽내 알바니아인의 민족주의 연대움직임은 주변 국가들, 즉 세르비아와 그리스, 마케도니아 그리고 불가리아, 터키 등과의 외교적 연결 고리를 따라 거대한 국제 문제로써 확대될 가능성을 다분히 내포하고 있다고 볼 수 있다. 즉 코소보에서의 알바니아 독립요구는 2001년 마케도니아 내전을 통해 보이듯 서부 마케도니아에서의 알바니아인 독립요구로 이어질 것이고, 또한 그리스 서·북부와 세르비아 남부 그리고 몬테네그로 동부에 거주하는 알바니아인을 자극하게 될 것이라는 점이다. 또한 발칸 유럽에 대(大)알바니아 국가를 수립하려는 알바니아 민족주의자들의 의도에 대해 발칸의 여타 국가와 민족들이 세르비아의 주장에 공감하고 있는 게 사실이다. 따라서 1999년 코소보 분쟁 당시 세르비아를 정치, 군사, 경제적으로 봉쇄하고 코소보 내 알바니아들에 대한 지원에 적극적인 참여를 바랬던 미국과 서구의 계속된 요구에도 불구하고, 주변 그리스와 마케도니아 등의 국가

173) http://www.mup.sr.gov.yu

들이 소극적인 자세로 나왔던 주요 이유이기도 했다.

4) 20세기 초, 코소보에 비친 알바니아주의 대(對) 세르비아니즘 간의 충돌

오스만 터키가 세르비아인들의 성지이자 중세 왕국의 발원지인 코소보를 점령해 이슬람 화된 알바니아인을 이 지역에 대거 이주시킨 후 발생하기 시작한 코소보 내 민족갈등은 오스만 터키의 지배를 벗어난 이후인 20세기 현대에 들어와서도 계속해서 전개되게 된다.

1878년까지 이어진 오스만 터키 지배의 지배 속에서 세르비아인들은 세르비아 정교를 중심으로 민족 정체성과 민족의식을 계속 유지하고자 노력하였다. 근대 이후 오스만 터키의 중앙 집중이 약화되고, 지방 무슬림 지주들의 폭정이 확대되자, 세르비아인들은 오스만 터키로부터의 독립을 위한 제 1, 2차 봉기를 일으키게 된다. 처음 사회적 봉기로 시작된 반(反)터키 저항 운동은 점차 독립된 민족-국가 건설을 위한 민족주의 운동으로 확대 발전되게 되었다. 이후 세르비아는 여러 정치적 어려움과 외세의 간섭을 이겨내고, 마침내 1878년 3월 산 스테파노 조약과 동년 6월 베를린 조약에 의해 근대 독립국가로 성장하게 된다. 당시 세르비아는 이들 조약들로 인해 비록 독립은 인정받았으나, 세르비아니즘의 주요 목표였던 코소보를 포함해 보스니아 지역과 몬테네그로를 통한 아드리아해로의 해상통로 확보가 오스트리아의 방해로 실패하는 아픔을 겪어야 했다. 그 결과 양국은 20세기를 전후해서 적대관계를 형성하였고, 이러한 감정싸움은 마침내 제 1차 세계대전으로 이어지게 된다.[174)]

19세기말부터 확대되기 시작한 코소보, 마케도니아 등 알바니아인들이 다수 거주하고 있던 주변 영토를 둘러싼 세르비아와 알바니아 민족

---

174) Ljubodrag Dimić, *Srbi i Jugoslavija: Prostor, društvo, politika*, (Beograd: Stubovi kulture, 1998), p. 25.

간의 갈등과 충돌은 20세기 초 터키의 부흥을 위해 일어난 '젊은 터키당'이 1908년 쿠데타를 통해 중앙 권력을 장악하고 이로 인한 발칸유럽에 대한 터키의 통제권이 약화되자, 알바니아인들은 이스마일 퀘말리(Ismajl Qemali, 1844-1919)를 중심으로 알바니아 독립 투쟁을 전개하기 시작했고, 이로써 알바니아 민족 문제는 새로운 국면을 맞이하게 된다. 1908년 터키에서 일어난 구데타 이후 터키의 통제권을 벗어나게 된 알바니아인들은 1910년과 1912년 사이 광범위한 자치권을 확보할 수 있었다. 하지만, 이에 만족하지 않고, 1912년 알바니아인들은 마케도니아의 스코프예등 1878년 이후에도 터키가 영향력 하에 두고 있던 여러 지역들을 하나씩 통제권 하로 접수해 나갔고, 동년 11월에는 이스마일 퀘말리를 중심으로 블로라에서 알바니아 독립 선포와 함께 임시정부를 수립하게 된다. 이후 1912년 제 1차 발칸전쟁 이후 맺어진 런던 회담에서 강대국들과 당시 전쟁에 참여한 세르비아 등 주변 발칸유럽 국가들의 요구에 밀려, 그들이 차지하였던 그리스와 세르비아 상당 지역의 영토를 양보해야만 했던 알바니아는, 마침내 1913년 11월 제 2차 발칸전쟁 발발 이후 맺어진 부쿠레쉬티 조약에 의해 알바니아는 정식으로 독립을 인정받게 된다.

아드리아해의 전략적 요충지에 자리한 이유로 인해 알바니아는 제 1차 세계대전 동안 내내 이탈리아, 오스트리아-헝가리, 세르비아, 그리스 그리고 프랑스 등 외세에 의해 차례로 점령당하는 아픔과 수모를 겪어야만 했었다. 특히 1919년 제 1차 세계대전 종결을 논의하는 파리회담에서조차 프랑스와 그리스 등의 압력에 따라, 알바니아는 그리스, 이탈리아, 세르비아-크로아티아-슬로베니아 왕국 하로 분할되도록 결정되는 상황에까지 처하게 되었다. 하지만, 전후 세계 질서를 수립하는 데 있어 민족자결주의를 강조해 온 미국의 윌슨 대통령 반대로 이러한 의도는 겨우 무마될 수 있었다. 이런 상황 속에서 알바니아 지도자들은 자신들의 운명을 강대국들에게 맡기기 어렵다는 판단을 하게 되었고, 그 결과 1920년 연합국들의 반대에도 불구하고 티라나를 수도로 한 알바니아 독립 정부 수립을 일방적으로 선포하였으며, 동시에 당시까지도 자국 영토 안에 주둔하고 있던 세르비아 군 등 외국 군대의 철수를 위한 민병대의 저항을 추진해 나갔다.

양차 대전 사이에도 알바니아는 주변 국가들 특히 세르비아 중심의 남슬라브 왕국의 계속된 군사 공격과 영향력 확대 의도에 어려움을 겪어야 했으며, 정치, 경제적으로도 불안정한 상태가 지속되는 등 국가 존립에 대한 열강들의 의구심을 확대시켰다고 할 수 있다. 특히, 1922년 당시 수상이었던 조그 1세(Zog I, Skanderbeg III 1895-1961, 수상 1922-1924, 대통령 1925-1928, 왕 1928-1939)가 1924년 금융 스캔들을 일으키고, 이러한 이유로 알바니아인들의 6월 혁명과 함께 세르비아로 쫓겨 가는 상황이 발생하게 되자, 알바니아 지역으로의 영토 확대를 추진하고 있던 세르비아는 보다 더 노골적으로 영향력 확대 의지를 보여주게 된다. 실제, 조그 1세의 요청에 따라 세르비아 군대가 알바니아 영토로 진입해 들어왔고, 이후 세르비아의 지원 속에 조그 1세가 다시 권력을 잡아 대통령으로 복귀하게 되는 등 양차 대전 사이 알바니아의 내부적 상황은 매우 혼돈 상황에 처해 있었다고 할 수 있다. 이런 상황 속에서 알바니아와 세르비아 간의 첨예한 갈등 지역이었던 코소보 지역은 세르비아가 주도하는 남슬라브 왕국에 의해 강제로 합병된 이후 두 차례에 걸쳐 세르비아의 지배를 벗어나고자 한 코소보 내 알바니아인들의 독립 투쟁이 있었지만 세르비아 군대에 의한 무자비한 진압으로 실패해야만 했다.

이와 함께, 알바니아는 주변 국가들 중 역사적으로 오랜 동안 아드리아 연안 지역에 대한 이해권을 가지고 이를 확고히 하고자 했던 이탈리아 또한 알바니아 내정과 경제, 사회, 문화 등 곳곳에 그 영향력을 확대하려는 움직임을 보임에 따라 국가 존립에 있어 여러 어려움을 감내해야만 했었다. 실제, 이 시기동안 조그 1세는 이탈리아의 압력에 굴복하여 1926년 일방적으로 이탈리아와 티라나 협약을 맺어야 했으며, 이에 따라 알바니아는 이탈리아로부터 정권 유지와 국경을 인정받는 대신, 통상 등 경제적 수탈 및 정치적 압력 증대를 묵인해야만 했었다. 이러한 이탈리아의 야욕은 훗날 제 2차 세계대전 기간 동안인 1939년부터 1943년까지 이탈리아가 알바니아를 강제적으로 점령하고, 이탈리아 행정관이 알바니아인들을 직접 통치하는 상황에까지 이르게 하였다고 할 수 있다. 그리고 제 2차 세계 대전 중 독일과 이탈리아가 유고슬라비아 왕국을 해체하고 구축군들의 보상 물로 전락시키는 와중에, 코소보 지역 또한 이탈리아의 지배하에 들어가야만 했었다.

하지만, 제 2차 세계대전 당시 동안 알바니아 공산주의자들은 티토가 이끄는 유고슬라비아 공산당과 연합하여 독일, 이탈리아에 대한 항전을 전개하였고, 이에 따라 양 국간의 화해 무드가 조성되기도 하였다. 특히, 티토는 1941년 11월 알바니아 공산당 설립과 함께 엔베르 호자가 당 서기장으로 임명되는 데 지원을 아끼지 않았으며, 비록 1943년 이탈리아의 항복과 동시에 9월 이후로 독일군의 지배 하로 다시 알바니아가 들어갔지만, 이때에도 역시 알바니아 공산당과의 연대 강화를 강력히 이어가게 된다. 그리고 마침내 연합군과 티토 파르티잔의 지원 속에 1944년 알바니아 공산당은 알바니아의 대부분 지역을 수복할 수 있었고, 11월에는 수도인 티라나 또한 다시 차지하게 되었다. 알바니아 수도인 티라나가 수복되었다는 소식은 당시 사회주의 유고슬라비아 연방 하로 편입되어 있던 코소보 지역의 알바니아인들에게 매우 고무적인 소식으로 전달되게 된다. 이에 따라 코소보내 알바니아인들은 1944년 수차례 독립과 함께 이웃 알바니아 본토로의 통합을 요구하는 저항 운동을 일으키게 되지만, 세르비아인을 주축으로 한 파르티잔 군에 의해 무력 진압되어야만 했었다.

당시 대전 이후, 독자적 공산화를 통해 강력한 리더쉽을 발휘하고 있었던 티토와 달리, 영토 수복 이후에도 각종 정치, 경제적 문제와 함께, 영토 분쟁 등으로 국내외 정세가 불안정한 상태에 놓여 있었던 호자로선 코소보 문제로 인해 사회주의 유고슬라비아 연방과의 관계 악화가 되는 것에 많은 부담감을 지니고 있었다. 따라서, 호자는 알바니아 정국 안정과 공산화를 적극적으로 지원해 주겠다는 티토의 약속을 조건으로, 1945년 코소보 지역에 대한 영유권을 포기하였고, 이 사건은 코소보 내 알바니아인들의 반발을 낳게 하였다. 이때 이후로 2008년 코소보내 알바니아인들이 일방적으로 독립을 선언하기 이전까지 코소보는 사회주의 유고슬라비아 연방 하에서 세르비아의 영향력 아래 한 동안 놓여야만 했었다.[175)]

5) 국제 사회의 코소보 주권 인정, 알바니아와 세르비아

1989년 베를린 장벽 붕괴와 19900년대 동안 진행된 사회주의 유고슬라비아 연방의 해체 및 내전 발발의 주요 요인으로서 세르비아가 지목됨에 따라, 코소보에 대한 세르비아 영향력은 보다 약화되게 된다. 이런 가운데, 코소보내 알바니아인들의 독립 움직임이 가시화되기 시작하였고, 1998년 마침내 알바니아 민병대의 세르비아 경찰 피습 사건과 이로 인한 세르비아군의 대대적인 진압에 따른 알바니아 민간인들의 학살이 국제 사회에 알려지면서, 코소보 문제를 둘러싼 알바니아와 세르비아 간의 갈등은 20세기 초 이후로 다시 수면 위로 떠오르게 되었다. 결과적으로 1999년 3월 코소보 문제에 대한 미국과 NATO 등 국제 사회의 직접적인 군사적 개입이 단행되었고, 20세기 마지막 국제 전쟁이라 할 수 있는 코소보 전쟁(1999. 03- 1999. 06)은 1999년 6월 10일 UN 안전보장이사회 평화안인 'SCR 1244 결의(Security Council Resolution 1244)'를 기초로 그 끝을 맺게 된다. 이후 코소보는 'SCR 1244 결의'에 따라 행정 분야에는 '코소보 UN 임시행정임무(UNMIK: The UN Interim Administration Mission in Kosovo)'부서가,[176)]

175) T. Zavalani, op. cit., pp. 90-91.

176) 하지만, 2008년 2월 코소보 독립 선언 이후로 UN은 그 동안 UNMIK를 통해 UN이 관할해왔던 코소보의 행정 업무 및 그 권한을 EU가 주도하는 EULEX(EU Rule of Law Mission in Kosovo)로 이관하게 된다. 이에 대해 미국과 EU 그리고 코소보 정부는 찬성

그리고 치안과 국방 분야에는 NATO가 주도하는 '코소보 평화유지군(KFOR: Kosovo Force)'이 각자 역할을 분담하여 코소보 평화 정착을 조금씩 실현해 나가게 된다.

하지만, 세르비아인과 알바니아인간의 잦은 충돌, 특히 2008년 2월 코소보 알바니아계의 일방적인 독립 선언이후 불거진 여러 갈등에 따라 코소보는 다시 한 번 국제 사회의 주요 갈등 지역으로 부상해 왔었다. 특히, 2012년 9월에 들어와 코소보 독립에 찬성 입장을 보여 왔던 EU 회원국들과 미국, 터키 등 서방 국가들의 주도 속에 코소보를 관리 감독해왔던 국제조정기구(ISG: The International Steering Group)가 코소보에 대한 국제 사회의 관리 감독 기간 종료와 함께, 코소보의 완전 주권 회복을 선언하자, 코소보를 둘러싼 문제는 다시 한 번 국제 사회의 주요 관심사로 떠오르게 된다. 이후, 이에 대한 국제 사회의 반응은 크게 엇갈리고 있으며, 여전히 코소보 미래를 둘러싼 논의에서 그 해결과 합의점을 찾지 못한 채 분열 양상을 보이고 있는 게 사실이다. 미국을 비롯해 EU내 상당 국가들은 코소보의 독립을 기정사실화하면서, UN과 국제 사회가 코소보의 독립을 정식으로 인정해 줄 것을 요구하고 있다. 반면, 역사적 민족적 정서로 인해 코소보를 포기하기 어려운 세르비아, 그리고 미국과 EU의 발칸 유럽으로의 영향력 확대와 서구식 민주주의 확산에 따른 국가 주권 침해를 우려하는 러시아와 중국 등은 미국 주도의 코소보 독립 움직임에 강력한 반감을 지니고 있다. 이러한 양상은 마치 과거 냉전 하에서의 국제적 분열 양상과 유사한 면을 지닌다는 점에 있어 국제 사회의 관심이 높아지고 있는 실정이다. 이를 통해 그 동안 국제 사회의 많은 관심과 지속

하는 입장을, 반면 세르비아와 러시아는 강력히 반발하였다. UN의 경우 UN 안보리에 이사국으로 속해 있는 러시아와 중국 등 강대국들이 코소보와 관련한 주요 사안들마다 비교적 세르비아의 외교 정책에 우호적인 입장을 보여주는 반면에, EU의 경우 스페인 등 일부 회원국들의 반대가 있지만, 공식적으론 코소보의 독립을 지지하고 있었기 때문이다. 여러 반대와 우려에도 불구하고 2008년 12월 9일 EULEX의 활동이 본격화되었고, 그 동안 경찰부대 창설 지원, 사법 체계 확립 지원 그리고 경제 분야의 기초인 관세 체제의 정비를 지원해 왔다. 김철민, 2009, 250-251; EULEX 홈페이지 http://www.eulex-kosovo.eu

적인 평화 구축 노력에도 불구하고, 코소보 내 민족 갈등 문제와 그 미래를 둘러싼 해결 방안이 어려운 이유는 코소보 문제가 그 지역 문제의 당사자인 세르비아와 알바니아인들의 시각 및 정치적 해결에 의존하기 보다는, 강대국들의 전략적 의도에 따른 개입과 영향력 확보 경쟁에서 비롯되었다는 비판을 면하기 어려운 이유라 할 수 있을 것이다.[177]

실제, 이처럼 코소보 문제가 그 해결점을 찾지 못하고 갈등이 확산되고 있는 이유, 그리고 국제사회가 상반된 반응을 보이고 있는 배경에 대해선 다음과 같이 두 가지로 나누어 분석해 볼 수 있다. 그 첫째는 코소보가 이를 둘러싼 러시아와 미국의 지전략적 영향력 확보 싸움의 치열한 각축전장이 되고 있기 때문이다. 유럽과 아시아를 잇는 십자로에 자리하고 있는 지정학적 상황을 토대로 동유럽의 역사를 살펴볼 때, 중세 이후로 발칸유럽을 포함한 동유럽 민족들은 강대국들의 '완충지대' 혹은 '이해 영역(Interest Sphere)'범위에 속해 왔으며, 이로 인한 역사적 고통과 침략의 아픔을 감내해야만 했었다. 특히 근대 이후로 오늘날까지, 러시아는 남진 정책에 따라 발칸유럽 및 흑해 지역에 대한 전통적 이해관계를 구축하기 위해 부단한 노력을 기울여 왔었다. 이러한 점은 오늘날 러시아가 '흑해경제협력기구(BSEC: Black Sea Economin Cooperation)'수립과 발전에 적극적으로 개입하고 이를 이끌어 나가려는 전략적 의도와 맞물려 있다 하겠다. 여기에는 오늘날 흑해와 그 연안을 둘러싼 지역들이 유럽으로 향하는 주요한 에너지 수송로서의 경제적 가치가 존재한다는 점도 자리하고 있다. 미국과 EU 주요 국가들의 입장에 있어서도 이 지역을 바라보는 전략적, 경제적 시각은 유사하다. 특히, 미국은 코소보 독립 및 인정을 통해 현재 동유럽 내 유일하게 남아있는 친(親)러시아, 반(反)미적 성향의 세르비아를 견제

---

177) 실제, 코소보 문제가 대두된 초창기에 미국과 유럽은 데이턴 합의안(Dayton Agreement) 이후 현재 1국가 2체제라는 과도기적인 상태로 평화를 유지하고 있는 보스니아의 사례를 그대로 코소보에 적용시켜 다문화, 다종교, 다민족 국가를 수립코자 하였다. 하지만, 역사적, 민족적, 문화적, 종교적 관점에서 코소보의 경우는 보스니아와는 전혀 다른 차원의 문제였으며, 그 결과 문제 해결의 어려움을 낳았다고도 할 수 있다.

하면서도, MD(Missile Defence) 정책의 완결을 통해 동유럽으로의 영향력 확대를 완결시키겠다는 국제 전략적 이상을 구상하고 있다. 반면, 러시아는 중국과의 전략적 합의를 바탕으로, 자신의 역사, 경제적 이해 영역 안으로의 미국의 확대 시도를 더 이상 용납하지 않겠다는 의지를 분명하게 보이고 있는 것이다.

하지만, 무엇보다도 코소보 문제가 해결 점을 찾지 못하고 있는 두 번째 요인으로는, 코소보 독립이 불러 올 대(大)알바니아주의 확산에 대한 유럽 및 주변 일부 국가들의 부정적인 반응을 들 수 있다. 우선, 오스만 터키 하에서 수백 년간 지배를 받아 코소보와 인접한 발칸 유럽 내 상당 국가들은 역사적 배경과 그 지리적 연결 고리로 인해 코소보 독립에 대해 매우 부정적 시각을 지니고 있으며, 특히 대(大)알바니아주의 확산에 대해 크게 우려하고 있는 게 사실이다.[178] 또한 EU 국가들의 경우도, 비록 EU의 공식적인 입장은 코소보의 독립 인정이지만, 그 내부 사정에 들어가 보면 이와는 다른 목소리들이 나오고 있는 실정이다. 스페인 등 유럽의 각 국들은 오랜 동안 각자의 역사적 배경에 따른 소수 민족 문제 해결에 여러 어려움을 겪어 왔던 게 사실이다. 따라서 20세기말 발칸 유럽에서 민족 분쟁과 갈등이 확대되자, EU 회원국들은 문제 해결에 보다 많은 관심을 보여 왔었다. 하지만, 유럽 각 국들은 국가들마다 내부적으로 산재해 있는 복잡한 소수 민족 문제들과 분리주의 움직임으로 인해 공통의 목소리를 내지 못하여 왔으며, 코소보 독립 문제에 대해서도 그 같은 현상이 재현되었다고 할 수 있다. 즉, EU 회원국 각국들의 코소보 문제를 바라보는 시각차는 2009년 미국 발 금융 경제 위기 이후 확대되고 있는 유럽의 경제 위기 속에서, 유럽 내 확대되고 있는 분리주의 움직임에 하나의 모델을 제공할지도 모른다는 우려를 낳고 있는 것이다.

그럼에도 불구하고, 코소보의 독립, 혹은 적어도 세르비아가 코소보의

178) 대(大)알바니주의 확산에 대한 우려와 경계 그리고 이에 대응하기 위한 발칸유럽 국가들 간의 연대 필요성에 대해선 http://www.srbija.sr.gov.yu/kosovo- metohija 참조.

주권을 인정해주는 것을 골자로 한 EU의 가입 원칙은 변화가 없을 것으로 보인다. 그 동안 세르비아는 EU 가입을 위해 여러 방면의 노력을 기울여 왔다. 2008년 6월 SAA(안정화 협약, Stabilization and Association Agreement)를 최종 획득한 세르비아는 2012년 3월 후보국 지위를 얻었고, 늦어도 2013년 6월 본격적인 협상이 시작된 이후, 2014년 1월부터는 EU 가입 여부를 둘러싼 진행시작 여부가 정해질 예정이다. 하지만, 현재 EU는 가입을 서두르고 있는 세르비아를 향해 다음과 같은 두 가지 전제조건을 제시하고 있다. 그 중 하나는 구유고 지역 전범 처리를 진행 중인 ICTY(구유고 국제 사법재판소, International Criminal Tribunal for the former Yugoslavia)에 대한 협조이고, 다른 하나는 코소보 문제의 원만한 해결이다. 전범처리 협조의 경우, 보스니아 내전의 주역인 라트코 믈라디치(Ratko Mladić)가 2011년 6월 체포되는 등 세르비아의 전향적 자세로 점차 EU로부터 긍정적 신호가 타진되고 있다. 하지만, 코소보 문제만큼은 그리 쉽지 않은 상황이다. 비록 세르비아는 국제 사회의 요구에 밀려 코소보 알바니아 정부와 관계 정상화에 합의는 했지만, 여전히 코소보내 EU 주도의 EULEX(EU 법치임무단, EU Rule of Law Mission) 활동과 코소보 독립권에 대해선 부정적인 입장을 보이고 있기 때문이다.

6) 정리하기

오늘날, 세르비아인에게 있어 코소보 지역은 중세 왕국의 발원지이자 독립 정교회의 본산지, 그리고 1389년 6월 오스만 터키와의 코소보 전투에서 중세 왕국의 몰락을 가져왔던 역사적 비극이 자리한 곳으로 유태인의 예루살렘처럼 자신들의 민족적 성지에 해당하고 있다. 반면, 알바니아인의 주장에 따르자면, 코소보는 6-7세기 남슬라브족 일파인 세르비아인들이 이곳에 내려오기 이전부터 자신들이 현지 원주민으로서 거주하여 왔던 자신들의 땅이라 할 수 있다. 이러한 민족적 자부심은 1878년 코소보 내 프리즈렌 마을에서 결성된 '프리즈렌 연맹'의 이론에 기초하여 형성된 영토적 민족주의, 즉 대(大)알바니아주의를 낳았다고 할 수 있다. 이러한 연맹의 정신과 목표는 1881년 오스만 터키군의 강력한 진압에 의해 거의 괴멸된 후에도 계속해서 알바니아 일반 민중들의 가슴속에 남아 있으며, 특히 외세 침략과 지배에 대한 알바니아 민중들의 저항 정신의 밑바탕이 되어 왔다고 할 수 있다. 특히 1999년 6월 UN 안보리 결의에 따른 전쟁 종결 선언, 2008년 2월 독립 선언 그리고 2012년 9월 국제 조정기구의 주권 인정에도 불구하고, 코소보 지역에서의 알바니아와 세르비아 간의 민족 갈등은 여전히 지속되고 있는 실정이다.

과거 역사 속에서 알바니아인들은 자신들의 민족, 문화의 정체성을 지키고 이를 보존하기 위하여 수많은 강대국들과 싸워왔으며, 세르비아 등 주변 국가들의 끊임없는 영향력 확보 노력에도 자신들의 민족 국가를 보존하는 데 성공하여 왔다. 오늘날 미국과 UN 그리고 EU 등 국제 사회는 여러 이해관계의 충돌 속에서도, 코소보의 독립을 기정사실화하려고 하는 듯 보인다. 하지만, 앞서 언급한 국제 사회 내에서의 갈등과 함께, 여러 다양한 요인들이 코소보 독립 논쟁 지속과 함께 이 지역 평화에 대한 향후 전망을 어둡게 하고 있는 것 또한 사실이다. 여기에는 무엇보다도 코소보 독립 문제의 당사자라 할 수 있는 알바니아인들이 그들 스스로 영토적 확대에 기초한 문화적 민족주주의인 대(大)알바니아주의를 포기하고, 이러한 자신들의 입장을 국제 사회와 주변 국가들에게 설득해 나가는 작업이 우선시 되어야 할 것으로 보인다. 실제, 코소보 독립을 바라보는 주변 국가들의 가장 큰 우려가 복잡한 과거 역사 속의 영토 및 소수민족 문제를 바탕으로 한 알바니아 민족주의의 확산이라는 측면을 고려해 볼 때, 코소보내 알바니아인들과 알바니아 민족주의자들의 분명한 입장 표명이 전제되어져 할 것으로 보인다.

두 번째로는 역시 코소보 지역을 둘러싼 영토 및 민족 문제의 당사자라 할 수 있는 세르비아 또한 코소보의 독립 주권 보장과 함께, 이를 통한 EU 가입 등 진정한 국제 사회의 한 일원으로서의 편입을 조심스럽게 고려해 볼 있다고 할 수 있다. 이러한 점은 코소보 문제에 있어서만큼은 강력한 세르비아 민족주의를 표방하고 있는 일반 민중들과 정치가들의 입장을 고려할 때 간단치 않은 문제라고 할 수 있지만, 국제 사회의 요구를 수용하는 것 또한 세르비아의 선택이라 할 수 있다. 실제, 세르비아는 현재 국가적 지상 목표로 EU 가입을 최우선시 하고 있지만, EU는 가입 전제 조건으로 전범 처리 문제의 적극적 협조와 함께 코소보 독립 문제 해결을 내걸고 있다. EU 가입이라는 달콤한 유혹에도 불구하고, 현재 알바니아인의 손에 넘어간 코소보의 독립 인정은, 곧 바로 세르비아 민심의 심각한 저항과 함께 정권 붕괴를 가져다 줄 것이라는 점에서 세르비아가 쉽게 선택하기 어려운 실정이다.

과거 이 지역을 둘러싼 역사적 내용들을 반추해볼 때, 코소보를 둘러싼 알바니아 민족주의와 세르비아 민족주의 간의 갈등과 충돌은 쉽게 해결될 것으로 보이지는 않는다. 더불어, 이들 지역의 민족 문제는 그 동안 강대국들 간의 국제 질서 역학 구도 변화에 따라 그 양상이 수시로 바뀌어 왔고, 그 결과 이러한 점을 잘 알고 있는 이 지역 민족 지도자들은 코소보 등 영토 문제를 둘러싼 항구적인 평화 정착이 어렵다는 것 또한 인지하고 있는 실정이다. 오늘날 코소보는 단순한 지엽적 문제를 벗어나, 알바니아 민족주의에 대한 주변 국가들의 의심 해소 그리고 역사 속에서 수차례 재현되어 왔던 발칸유럽을 둘러싼 강대국들 간의 영향력 확보 싸움을 가름해 볼 수 있는 주요 테스트 장이 되고 있다고 할 수 있을 것이다. 더불어, 코소보 민족 문제 해결은 향후 전체 유럽 내 소수 민족 문제 해결의 어려움을 국제 사회가 어떻게 풀어나갈 수 있을 지에 대한 해답을 보여줄 수 있다는 측면에서 국제 사회의 깊은 관심이 필요하다 하겠다.

제 6 장

정교와 이슬람 혼재문화권

1 마케도니아
: 남슬라브 민족 정체성 수립을 둘러싼 혼란과 갈등

마케도니아의 역사적 함의와 진실을 읽는 키워드

1989년 베를린 장벽 붕괴로 상징되는 동유럽 국가들의 사회주의 체제 몰락과 자본주의, 민주주의 체제 전환은 발칸유럽 지역에선 다양한 형태의 민족 문제와 갈등 증폭, 그리고 민족 간 내전 양상으로 표출되었다. 21세기 현재, 이 지역의 여러 분쟁과 내전은 국제 사회와 국제기구 개입 그리고 깊은 관심으로 인하여, 어느 정도 정리된 상황이다. 1990년대 동유럽의 대표적 민족 분쟁으로는 우선 유고 내전과 보스니아 내전을 들 수 있을 것이다. 이들 내전은 국제질서에서 힘(Power)의 논리를 중시여기는 미국의 현실주의적 외교 전략과 발칸유럽에 대한 미국의 영향력 확대정책에 따라, 1995년 10월 '데이턴 합의안'에 의해 종결되었다. 또 다른 대표적 분쟁지역인 코소보에서의 세르비아인과 알바니아인간의 갈등 및 민족 분쟁은 1999년 3월 미국을 중심으로 한 NATO군의 세르비아 공격을 낳았다. 약 3개월간 이어진 이 전쟁은 이후 러시아의 중재와 UN의 주도 속에 맺어진 'SCR 1244'결의에 따라 현재 소강상태에 들어가 있는 상황이다. 하지만 2008년 2월 코소보 알바니아 정부의 일방적인 독립 선언과 2012년 9월 국제조정기구(ISG)의 국제 사회 관리 감독 기간 종료와 함께, 코소보의 완전 주권 회복을 선언했음에도 불구하고, 여전히 세르비아인과 알바니아인 간의 코소보 독립을 둘러싼 갈등이 내재되어 있는 상태이다.

이 외에도 발칸유럽에는 과거 역사적 연결 고리에 따른 종교와 문화의 모자이크 형성에 따라, 다른 여러 지역들에서 민족 간 분쟁과 갈등이 여전히 지속되고 있다. 그 대표 지역으로는 오늘날 국제적 관심 지역인 마케도니아를 들 수 있을 것이다. 마케도니아 지역은 역사적, 전략적 그리고 민족적으로 복잡한 모자이크를 형성하며, 주변 여러 민족들과 연관관계를 지니고 있다. 복잡한 역사적 고리와 그 배경에 따라 마케도니아인들은 항상 민족 정체성 수립과 유지에 어려움을 겪어왔던 게 사실이다. 특히 마케도니아가 1991년 9월 구 유고연방으로부터 탈퇴를 공식 선언하고, '마케도니아 공화국'이라는 독립 국가를 공포한 이후 불거진 그리스와의 갈등, 그리고 2001년 마케도니아 내전을 통해 확인할 수 있듯이, 마케도니아 내 알바니아 소수 민족과의 갈등은 오늘날 마케도니아 존립 자체를 위협하는 중요한 요소가 되고 있다. 비록 UN의 중재에 따라 1995년 9월 그리스와 관계정상화를 비롯한 국교정상화에 합의하고, 미국과 NATO, 러시아의 개입 속에 마케도니아 내전이 진정 국면을 맞이했음에도 불구하고, 마케도니아를 둘러싼 종교, 문화적 갈등은 현재까지도 여타 주변 국가들과의 연계 고리를 따라 여전히 잠재되어 있는 게 현실이다.

1) 생각하기

1985년 소련 고르바초프의 개혁과 개방 정책에 따른 동유럽의 민주화 움직임은 1989년 베를린 장벽의 붕괴로 이어졌다. 그리고 마침내 사회주의 체제의 몰락과 함께 자유주의, 민주주의로의 체제 전환이 일어나게 된다. 이에 따라, 동유럽 각 국들은 공산당 일당 독재 포기와 다당제 선거를 통한 민주주의 정치 체제를 시험무대에 올렸지만, 민주화 초기 과거 여러 유산들과의 단절로 인한 고통과 함께 민주주의 정치 체제, 자본주의 경제 기법을 새로이 수용함에 따른 수많은 혼란과 고통들을 감수해 내야만 했다. 이들 국가 중 종교, 문화적으로 매우 복잡한 유고슬라비아 지역은 체제 전환에 따른 고통, 혼란과 더불어, 문화적 민족주의 대두에 따른 문화적 갈등과 종교간 분쟁, 민족 내전으로 인해 많은 고통을 받아야만 했었다. 그러한 배경에는 1990년대 사회주의 쇠퇴, 민주주의 미 정착에 따른 이념적 공백상태 속에, 유고 지역내 민족들 사이에선 그 공백이 제 2차 세계대전이후 수면 아래 잠재해 왔던 종교, 문화적 민족주의로 다시 채우게 된데서 비롯되었다 할 것이다. 그 결과 사회주의 유고슬라비아는 연방 해체 과정 속에서 슬로베니아 내전, 크로아티아를 중심으로 한 유고 내전과 보스니아 내전 등 수차례의 민족 분쟁과 민족 간 내전을 경험해야만 했었다. 이후, 20세기말에 들어와서는 코소보 지역에 대한 세르비아 민족주의의 확산 의도가 확대됨에 따라 코소보 내 알바니아인들과의 민족 간 충돌이 발생하였고, 이것은 이후 NATO 군사 개입 및 공격에 따른 후유증을 발칸반도에 남겨주었다.

그 동안 국내적으로는 지난 동유럽 국가들의 체제 전환이후, 유고슬라비아 연방의 붕괴 과정상에 나타난 다양한 민족 분쟁과 갈등 그리고 내전에 관한 연구가 어느 정도 진행되어 왔던 게 사실이다. 하지만 이들 연구물들의 대다수가 보스니아와 코소보 등 주로 국제 사회에 있어 국제 분쟁으로 첨예하게 부각된 지역들을 중심으로 연구되어져 왔던 것 또한 사실이다. 코소보와 보스니아 등 일부 지역에 있어서 대내외적 갈등이 여전히 존재하고 있는 것도 사실이다. 이와 더불어, 본 저자는 이번 장에서 21세기 발칸반도의 새로운 평화 정착의 초석으로 언급되고 있는 마케도니아 지역의 종교와 문화적 민족 정체성에 대해 분석하고자 한다.

마케도니아는 1991년 9월 사회주의 유고슬라비아 연방으로부터 독립을 선언한 이후, 대내외적으로 여러 문화 갈등과 분쟁 그리고 내전을 겪어야 했다. 오늘날 발생하고 있는 이러한 분쟁과 갈등의 배경에는 무엇보다도 오랜 동안 이어진 역사적, 전략적 그리고 민족적으로 주변 여러 민족들과 복잡한 연관관계에서 비롯된다 할 수 있을 것이다. 실제, 마케도니아인들은 마치 뫼비우스의 띠(Möbius strip)처럼 그 끝을 알 수 없을 정도로 복잡하게 얽혀진 역사적 고리와 그 배경에 따라 항상 민족-문화 정체성 수립과 유지에 어려움을 겪어왔던 게 사실이다.

특히, 마케도니아가 1991년 9월 구(舊)유고연방으로부터 탈퇴를 공식 선언하고, '마케도니아 공화국'이라는 독립 국가를 선언하고 그리스와의 갈등이 심각하게 불거지기 시작한 이후로도 오늘날까지 그 해결점을 찾지 못한 채 계속해서 이어지고 있는 상황이다. 이와 함께, 2001년 마케도니아 내전을 통해 확인할 수 있듯이 마케도니아 내 알바니아 소수 민족과의 갈등은 오늘날 마케도니아 국가 존립 자체를 위협하는 중요한 요소가 대두되고 있는 실정이다. 비록 UN의 중재 속에 1995년 9월 그리스와 관계정상화를 비롯한 국교정상화에 합의하고, 또한 미국과 NATO, 러시아의 개입 속에 마케도니아 내전이 진정 국면을 맞이했음에도 불구하고, 마케도니아를 둘러싼 갈등은 현재까지도 여타 주변 국가들과의 연계 고리를 따라 여전히 잠재되어 있는 게 현실이다. 즉, 발칸유럽의 전략적 요충지에 위치해 있는 마케도니아는 대외적으론 국가 존립과 민족 정체성을 둘러싼 그리스 등 주변 국가들과의 갈등을 완전히 해소하지 못하고 있으며, 더불어 2001년 마케도니아 내전 종결 이후에도 대내적으론 알바니아 소수 민족과의 첨예한 갈등관계가 지속되고 있는 실정이다.

이러한 연구 배경을 바탕으로, 본 장에서는 역사적 추론에 따라 남슬라브족이면서도 주변 민족들과의 민족-문화 정체성을 둘러싼 갈등에서 자유롭지 못하고 있는 마케도니아의 민족 정체성 수립의 노력 과정을 소개하고자 한다. 이를 위해 고대 마케도니아부터 이어진 역사 문화적 갈등 배경부터, 19세기 민족주의가 이 지역에 도래한 이후 계속 논쟁중인 마케도니아 민족정체성 등을 둘러싼 주변 민족들과의 갈등을 역사적 전개과정을 통해 하나씩 살펴보도록 할 것이다. 또한 대외적 갈등으로써 현재 첨예하게 진행되고 있는 마케도니아인의 언어, 영토 그리고 민족 정체성을 둘러싼 주변 국가들과의 문화갈등을 소개하고, 현재 마케도니아와 그리스 간 이어지고 있는 고대 마케도니아에 대한 역사적 정통성, 국호와 국기 사용을 둘러싼 양 민족 간의 문화갈등을 분석하고자 한다. 이와 함께 대내적 갈등의 대표적 사례로 마케도니아 내 마케도니아인과 알바니아 소수 민족 간의 문화갈등을 제시하고, 이들 양 민족 간의 문화적 충돌의 극점으로 표출된 2001년 마케도니아 내전 배경과 전개과정 그리고 내전 종결 이후에도 21세기 오늘날까지 계속해서 이어지고 있는 양 민족 간 갈등의 양태들을 소개하고자 한다.

2) 역사를 통해 본 마케도니아 민족 문화 이해

고대 마케도니아 제국이 무너진 후 역사적 흐름이 전개됨에 따라, '키 큰 사람들'이라는 뜻을 가진 그리스 말에서 유래된 '마케도니아(Macedonia/Makedonija)'라는 명칭은 점차 지역에 거주하는 부족들을 지칭하는 것 외에 이 지역을 칭하는 지리적인 개념으로 확대되었다.[179] 실제, '마케도니아'의 어원은 고대 그리스어의 '키 큰 사람, 끝이 뾰족하게 가느다란' 이란 뜻에서 유래했다고 알려지고 있으며, 혹은 당시 마케도니아 지방의 산악 특성을

179) Demetrius Andreas Floudas, op. cit., p. 286.

고려하여 '고지대에 사는 사람'이란 뜻에서 출발했다고도 추정되고 있다.

고대 알렉산더 대왕의 마케도니아가 역사 속에서 사라진 이후로, 마케도니아 민족 정체성을 둘러싼 논란은 끊이지 않고 현재까지 이어지고 있는 게 사실이다. 그 중 가장 큰 장애물은 그리스를 둘러싼 갈등이라 할 수 있다. 그리스에선 오늘날 마케도니아인들은 6-7세기경 이 지역에 남진해 내려와 거주한 남슬라브족의 일파임을 상기시키면서, 고대 알렉산더 대왕의 유산과는 별개의 문제임을 분명히 하고 있다. 또한 영토적 종주권에 있어서도 마케도니아를 피린 마케도니아(Pirin Macedonia)라 부르며, 이 지역이 고대 이래로 자신들의 영향력 하에 있었음을 주장하고 있다. 불가리아의 경우, 중세 제 1, 2 불가리아 제국 당시 마케도니아 지역에 대한 영유권 문제를 비롯해, 이곳에 자리한 오흐리드 등 역사적 유적지가 키릴 문자 보급을 비롯한 자신들의 독창적인 문화적 정체성을 발칸 전역에 확산시키는 교두보였다는 점을 강조하고 있다. 이에 대해 마케도니아인들은 국명을 비롯해 모든 문화적 유산에 있어 고대 알렉산더 대왕의 흔적들을 그대로 이어받아 나갈 것과 함께, 영토상 역사적 종주권에 있어서도 자신들의 고유한 영토적 역사관을 고취시키고 있는 상황이다. 이와 함께, 불가리아에서 내걸고 있는 마케도니아어와 불가리아어간의 언어적 유사성에 대해서도 강력히 반발하고 있는 상황이다. 하지만, 일부 논쟁의 여지에도 불구하고, 역사적으로 보았을 때 오늘날 마케도니아에 거주하고 있는 마케도니아인들은 고대 그리스어를 사용한 마케도니아인들과 전혀 관련이 없는 슬라브계 마케도니아인들이라 할 수 있다. 더불어, 마케도니아어는 실질적으로는 언어에 있어 오히려 불가리아 방언에 매우 가깝다고 할 수 있으며, 마케도니아어의 방언은 지역에 따라 크게 서부 마케도니아어와 동부 마케도니아어 등 두 그룹으로 나눌 수 있다.[180)]

---

180) 김철민, op. cit., (2013), pp. 228-229; 오늘날 불가리아는 마케도니아 국가만을 인정할 뿐 그 민족에 대해선 서부 불가리아인의 일파라 주장하고 있다. 또한 마케도니아어에 대해서도 불가리아의 방언으로 간주하며 그 독자성을 한 동안 인정치 않아 왔지만, 1999년 2월 22일 마케도니아와의 협정을 통해 양국 간 공식 언어로 마케도니아어를 인

오늘날 그리스의 주장처럼, 이 지역에 거주하는 고대 마케도니아인은 초기 역사의 대부분을 그리스의 지식과 정치, 경제, 사회, 문화적 영향 하에 성장하였다고 할 수 있다. 작은 연합부족의 형태로 흩어져 살며 그리스 영향 권 하에서 살아야 했던 고대 마케도니아인들은 기원전 431년부터 404년까지 치러진 그리스 도시 국가들 간의 펠로폰네소스 전쟁이후 그리스 내 도시들이 분열하게 되자 본격적인 발전의 토대를 구축하게 된다. 필립 2세시기 당시 고대 마케도니아는 이후 피폐해진 그리스 도시 국가들에 대한 성공적인 군사 활동을 통해 마케도니아의 독립은 물론 그리스 상당 지역을 차지할 만큼 성장하게 된다.[181] 이후 필립 2세의 아들인 알렉산더 대왕 시기에 들어와 마케도니아는 그리스를 완전히 장악하며, 자신의 영향력 하에 편입시킬 수 있었다. 그리스에 대한 완전한 복속 이후 알렉산더 대왕은 마케도니아인과 그리스 원정대를 이끌고 아시아로 진출하여 광대한 제국을 건설하였던 페르시아 제국과 이집트를 점령하였으며, 유럽과 아시아 그리고 아프리카에 걸친 광활한 제국을 수립하는 데 성공하게 된다. 하지만 귀국 길에 닥친 알렉산더 대왕의 죽음은 곧 바로 마케도니아 왕국의 분열과 쇠락을 낳게 하였다. 알렉산더 대왕의 죽음 이후 마케도니아 왕국은 분열을 거듭하여 BC 146년 이후 로마의 지배하에 들어가기 시작했고, 로마의 지배 확대에 따라 그리스어 권으로 남게 된 남부 지역을 제외한 마케도니아 대부분 지역은 라틴어를 사용하게 되었다. 발칸반도에 자리한 마케도니아 본토는 167년 로마의 지배하에 들어가야 했으며, 이때 이후로 마케도니아 민족들은 1993년 유고연방으로부터 독립을 선언하기 까지 독자적인 독립 국가를 수립하지 못한 채 외세의 지배하에 놓이게 된다. 다른 여타 발칸 유럽 민족들과 마찬가지로 고대 마케도니아 민족에게 있어 동·서 로마의 분리는 역사적 큰 의미로 다가오

정해주고, 대신 불가리아에는 마케도니아 소수 민족이 없다는 합의안을 체결한 상황이다. Zlatko Isaković, op. cit., p. 381.

181) Stoyan Pribichevich, *Macedonia: Its People and History*, (Harisburg: Pensylvania State Univ. Press, 1984), p. 40.

게 된다. 395년 로마황제인 테오도시우스의 죽음이후 그의 아들들에 의해 동, 서로마로 분리되자, 마케도니아는 동로마 제국의 영향력 하에 들어가야 했으며, 이후로 동로마 제국과 그 뒤를 잇는 중세 오스만 터키의 정치, 경제, 사회, 문화적인 영향을 받아들여야만 했었다.

로마 교회의 영향력 하에서 크리스트교(가톨릭)로 개종한 서로마 지역의 주민들과 달리, 동로마 제국(비잔틴 제국)의 지배를 거치게 되면서 마케도니아 민족들은 콘스탄티노플 교회의 영향력 하에서 크리스트교(정교)로 개종하게 된다. AD 6세기이후 이 지역으로 이주해 들어오기 시작한 남슬라브족 또한 이러한 기존 크리스트교 마케도니아인들로부터 많은 영향을 받아야 했다. 특히, 마케도니아 등 발칸반도 전역으로 이주해 내려 온 남슬라브족들은 기존 로마 시민들을 몰아내거나, 이들과 서로 혼재되면서 새로운 정착촌을 건설하여 갔고 점차 발칸유럽의 새로운 주인으로 등장하게 된다. 비잔틴 제국은 이들 남슬라브족에게 종교, 문화적인 영향을 심대하게 미치면서도 또한 점차 제국 전역으로 세력을 확대하려는 이들 남슬라브족들과 빈번하게 충돌하기도 하였다.

마케도니아를 둘러싼 비잔틴 제국과 남슬라브족 간의 충돌은 남슬라브족 가운데 최초 왕국인 불가리아 제국과의 세력 확장 싸움에서부터 비롯되게 된다. 6-7세기를 거치며 발칸반도로 이주해 들어 온 불가리아인들은 630년 무렵 종족 사이에 일련의 정치적 연합체를 형성하기 시작하였고, 이들은 670년 우수한 철기 문화를 가지고 아시아로부터 들어 온 원시 불가르족과 연합해 발칸 반도에 세력을 형성해 나가기 시작하였다. 그리고 681년, 마침내 동로마 황제 콘스탄틴 4세(Constantine IV, 652-685, 재위 668-685)와 원시 불가르족의 칸(Khan)인 아스파르후(Asparuh, 640?-701, 재위 681-701) 사이에 불가리아 중세 국가의 성립을 인정하는 협약이 체결됨에 따라, 제1 불가리아 제국(681-1018)이 탄생하게 된다.[182]

---

182) 당시 아랍 민족의 콘스탄티노플 포위(674-678)를 푸는 데 성공한 콘스탄틴 4세는 주변 다른 게르만족들과의 관계를 정립 한 후, 자신의 국경을 무단으로 침범한 원시 불가르

이후 불가리아 제국은 비잔틴제국과의 계속된 전쟁 속에서도 협력과 문화 교류를 통해 발전을 모색하여 나갔다. 864년 보리스 1세는 세례를 통해 비잔틴 제국으로부터 정교를 받아들여 지역 내 남슬라브족을 통합하려 했으며, 이 결과 새롭게 정교를 받아들인 불가리아 지배 계층과 기존 정교를 받아들이고 있었던 남슬라브인들과의 통혈이 가능하게 되었다. 또한 정교수용 이후 확대된 남슬라브어의 발달과 종교, 문화적인 공유는, 아시아로부터 온 원시 불가르족 지배 계층과 카르파티아 산맥을 넘어 남으로 이주해 내려 온 남슬라브족 간의 민족, 문화적 다양성을 극복하게 한 중요 요인으로 작용했다고 할 수 있을 것이다.

마케도니아가 불가리아 제국의 영향력 하로 편입된 시기는 904년 보리스 1세의 아들인 시메온 1세(Simeon I, 864/865-927, 재위 893-927) 시기라 할 수 있다. 시메온 1세는 마케도니아 점령은 물론 알바니아, 세르비아의 전체 영토와 크로아티아 일부 지역을 점령하는 등 발칸반도에 남슬라브 제국을 건설하는 데 성공하게 된다. 이때 이후로 들어와 마케도니아는 불가리아 역사에 있어 중요한 자리를 차지하게 된다. 사무엘(Samuel, ?-1014, 재위 997-1014) 왕은 비잔틴제국의 영토회복 노력에 따라 동부 마케도니아 지역을 상실하게 되자, 수도를 보리스 1세 이후로 서부 마케도니아의 중요 문화, 군사적인 요충지로 발전해 오면서, 불가리아 대주교가 자리해있던 오흐리드로 천도하여 국력을 다시 키우고자 노력하게 된다. 하지만, 제국의 부활을 위해 노력해 왔던 사무엘왕이 1014년 클레이돈(Kleidon)전투에서 비잔틴 제국의 바실 2세에 의해 패함으로써 사실상 제 1 불가리아 제국은 그 막을 내려야 했다. 1018년 바실 2세가 마케도니아 오흐리드에 있는 사무엘성을 장악하면서 불가리아 영향력 하에 발전하여 왔던 마케도니아는 비잔틴 제국의 영향 하에 완전히 복속되었고, 이것은 13세기 세르비아 중세왕조가 이 지역으로 세력을 확대하기 이전까지 이어졌다.

족을 몰아내려 출정하였으나, 건강 등 여러 이유로 패전하여 결국 불가리아 제국 인정 등 화친의 길을 모색해야만 했었다. 김철민, op. cit., 2013, p. 266.

실제, 오흐리드는 중세 불가리아 제국의 발원지이자 초대 불가리아 독립교구관구가 있던 곳으로 발칸 유럽의 남슬라브족들에게 크리스트교(정교)를 전파하는데 주요한 역할을 수행하였던 곳이라 할 수 있다. 따라서 이러한 역사적 배경은 불가리아가 오늘날까지도 마케도니아인의 민족, 문화 정체성 논쟁에 뛰어들게 한 단초를 제공하게 된다. 불가리아인들은 1185년 비잔틴제국의 쇠락 이후로 제 2 불가리아제국을 다시 건설하는 데 성공하였지만, 오스만 터키의 발칸유럽 진출에 따라 여러 어려움을 겪어야 했었다. 특히 1389년 세르비아 주축인 크리스트교 연합군에 가담해 싸웠던 코소보 전투에서 오스만 터키에 패한 이후, 제 2 불가리아 제국(1185-1396)은 1393년 수도인 투르노보의 함락과 함께 역사 속에서 사라지게 된다.

역사적 배경으로 보았을 때, 세르비아 또한 마케도니아 지역에 대한 민족 정체성 논쟁에 가담할 이유가 존재한다고 주장하고 있다. 중세 세르비아는 왕국 수립 전후로 고대 그리스, 로마 문화적 유산이 남아있고, 발칸유럽의 남슬라브인들에게 있어 종교적 성지로 불리던 마케도니아 지역과 오흐리드에 많은 관심을 보여 왔었다. 세르비아의 이러한 바람은 마케도니아에 영향력을 지니고 있던 제 2 불가리아 제국의 아센(Asen) 왕조(1187-1256)가 왕위 쟁탈전에 의해 무너지고, 동·서 양대 교회에 의해 이단으로 몰리고 있던 보고밀교의 난립 등으로 혼란해지고, 비잔틴 제국 또한 1204년 제 4차 십자군의 콘스탄티노플 점령과 이들에 의한 라틴 제국(1204-1261) 수립 등으로 혼란의 시기를 맞이하게 되자 기회를 맞이하게 되었다. 특히, 중세 최대 전성기를 이룩한 스테판 두샨은 마케도니아 장악에 큰 의미를 부여하였으며, 이 결과 1346년 현 마케도니아의 수도인 스코프에에서 '세르비아와 그리스의 왕'으로 추대식을 가지기도 하였다. 이후 두샨 왕은 수도를 오흐리드로 확정짓고 계속된 정복사업으로 국경을 북으로는 헝가리, 남으로는 비잔틴제국까지 넓혀갔다. 하지만 두샨의 죽음이후 세르비아 중세왕국은 오스만 터키와의 전투로 인해 점차 그 세력이 약화되었으며, 이후 마케도니아의 마리짜 강에서 일어난 세르비아군 등 크리스트교 연합군이 오스만 터키에 의해 패함에 따라 마케도니아 종주권은 실질적으로 오스만 터키 하로 넘어가게 되었으며, 이후 터키의 지배는 약 500년간 지속되게 되었다.

장기간 이어진 오스만 터키의 지배에 따라 마케도니아는 이슬람 문화의 확대와 함께 남슬라브 문화 정체성의 박탈을 감내해야만 했다. 또한 1777년에 들어와서는 마케도니아의 독립 정교회 또한 콘스탄티노플에 자리한 그리스 정교회에 예속되는 아픔을 겪어야 했었다. 마케도니아 전역에 걸쳐 슬라브어 예배가 금지되었고, 그리스 사제에 의한 그리스어 예배가 강요되어졌으며, 오스만 터키의 지배 기간 동안 모든 문화적 요소에 있어서도 터키와 그리스의 영향력이 확대되었다고 할 수 있다.[183]

3) 독자적 민족 정체성 수립을 향한 고난의 역사

마케도니아 지역을 둘러싼 주변 국가들 간의 민족, 문화 정체성 갈등과 영토적 다툼이 가속화된 시기는 오스만 터키가 쇠락하고 서유럽 강대국들의 발칸유럽 진출에 대한 관심이 가속화되어 가던 19세기 말 부터라 할 수 있다. 오스만 터키의 오랜 지배 이전, 고대 마케도니아는 그리스의 영향을 받고 성장하였으며, 중세에 들어와서는 마케도니아의 역사, 문화적 영향력에 따라 불가리아와 세르비아 민족들의 문화와 종교에 심대한 영향을 미치게 된다. 그 결과 마케도니아 지역을 향한 종주권 다툼은 19세기 민족주의 시대를 거치며, 독자적인 민족국가를 수립하려던 마케도니아 민족주의자들과 역사적 종주권을 주장하며 이 지역으로의 영토 확대를 모색하고 있던 세르비아, 불가리아, 그리스 등과의 복잡한 갈등으로 이어졌다.

19세기 민족주의 시대, 오스만 터키의 쇠락이 가속화됨과 동시에 서유

183) Glenn E. Curtis (ed.), *Yugoslavia: a country study*, (Washington, D.C.: Federal Research Division, Library of Congress, 1992), p. 25.

럽 각 국들의 발칸유럽 진출에 대한 관심이 확대되어 가던 이 시기, 마케도니아 지역은 과거 영토 회복을 목적으로 하는 주변 민족들의 영토적 민족주의의 한 중심이 자리해 있었다. 불가리아 민족에게 있어, 마케도니아는 최초의 불가리아 정교회 독립교구 수립과 중세 불가리아 제국의 진원지라는 역사적인 이유로 인해 오스만 터키의 지배로부터 벗어난 이후 구현해야 할 민족 부활과 문화적 성지로 여겨지게 된다. 세르비아 민족에게 있어서도 마케도니아는 1878년 이후 수립된 세르비아 근대왕국 당시 마케도니아로의 영토 확장을 고취하던 노랫말들에서 확인할 수 있듯이, 대세르비아주의 입각한 영토적 민족주의의 주요 타깃으로 마케도니아가 자리하고 있었다. 그리스 또한 오스만 터키 지배 시절 동안 이어진 마케도니아 교회에 대한 종주권 확보를 기초로, 고대 마케도니아 왕국의 정통성을 자신들이 잇는다는 역사적 신념에 따라 마케도니아 지역을 향한 영토회복주의 운동을 강력히 추진하고 있었다.

이들 중 마케도니아 지역을 둘러싼 영향력 확보에 있어, 가장 앞서 나간 민족은 불가리아 민족이었다. 우선 불가리아는 19세기에 들어와 민족 문화 정체성을 향한 자아의식을 정립하기 시작하면서, 전역에서 오스만 터키에 저항하는 농민운동을 확산시켜 갔다. 그 결과 1870년에 들어와, 불가리아인들은 그리스 정교회의 영향에서 벗어나 독자적인 불가리아 독립 정교회를 수립하는 데 성공할 수 있었다. 이후 불가리아의 정교회 성직자들과 교사들은 영토적 회복주의 움직임에 동조하여 마케도니아 전역에 학교들을 수립해 나갔고, 이를 통해 이 지역에 불가리아의 역사와 문화를 확대시켜갔다.[184] 마케도니아를 향한 불가리아의 또한 1877년 러·터 전쟁의 여파로 수립된 산스테파노조약(1878년 3월)에서 그 결실을 보게 되었고, 이 조약에 따라 마케도니아를 포함한 대(大)불가리아 국가를 수립하는 데 성공하게 된다. 하지만 발칸유럽으로의 동진(東進)정책을 추진하고 있던 오스트리아의 방해에 따라 1878년 6월 베를린 조약이 새롭게 맺어졌고,

184) Ibid., pp. 25-26.

그 결과 마케도니아 지역은 다시 오스만 터키 하로 넘어가야만 했다. 하지만, 오스만 터키의 쇠락에 따라 마케도니아 지역은 불가리아의 종주권 주장 외에도 주변 그리스와 세르비아 간의 영토 확장의 주요 무대로 급부상하게 된다.

주변 민족들의 마케도니아 지역에 대한 영토적 야심과 민족 문화 정체성을 둘러싼 갈등이 최고조에 이르고 있을 즈음, 마케도니아내에서도 민족주의 운동이 급속히 확산되어가고 있었다. 당시 움직임은 크게 두 방향으로 나뉘어 갈등하게 된다. 첫째는 1878년 6월 불가리아로 피신한 마케도니아인들을 중심으로 조직된 '마케도니아 해방 최고 위원회(SCLM: Supreme Committee for Liberation of Macedonia)'로, 이 단체는 독립 불가리아와의 합병을 추진하고자 했던 친(親) 불가리아 세력이라 할 수 있다. 두 번째는 당시 남슬라브족 통합 운동에 영향을 받았던 세력으로, 이들은 슬라브 민족들과의 연합을 통해 마케도니아 자치 국가를 수립하자는 세력이라 할 수 있다. 여기에는 1896년 마케도니아 민족국가 수립을 목표로 한 '국제 마케도니아 혁명위원회(IMRO: Internal Macedonian Revolutionary Organization/ VMRO: Vnatrešna makedonska revolucionerna organizacija)'를 들 수 있다.[185]

20세기에 들어와서도 마케도니아는 주변 민족들의 영토 확장의 각축장이 되어야만 했다. 1912년 10월 몬테네그로가 터키에 대한 공격을 시작으로 발생한 제 1차 발칸전쟁은 당시 발칸연맹을 구성하고 있던 불가리아, 세르비아 그리고 그리스의 전쟁 참여를 낳았고, 1913년 5월 전쟁 종결에 따라 세르비아와 그리스가 마케도니아를 양분해 가게 된다. 하지만 이 결과는 19세기 말 이후로 마케도니아에 대한 영향력 확대를 가속화 시켜왔던 불가리아 민족주의자들을 크게 자극하였으며, 그 결과 불가리아는

185) Janusz Bugajski, *Ethnic Politics in Eastern Europe*, (New York and London: M.E, Sharpe, 1995), p. 99; 특히, IMRO는 1902년 터키의 지배에 저항하는 대대적인 폭동을 일으켰고, 이것은 훗날 마케도니아가 오스만 터키의 지배를 벗어나 영국, 프랑스, 이태리, 오스트리아와 러시아에 의해 다섯 지역으로 나뉘어 치안이 담당되는 배경을 제공하기도 했다. Glenn E. Curtis (ed.), p. 26.

마케도니아 영토 탈환을 목적으로 1913년 6월 그리스와 세르비아에 대해 제 2차 발칸전쟁을 일으키게 된다. 북부 도부르자 지역 탈환을 목적으로 루마니아가, 그리고 터키 또한 전쟁에 참여하였고, 그 결과 8월 불가리아는 패배를 인정해야만 했었다.[186] 발칸전쟁의 결과, 그리스는 마케도니아 전 영토의 51.5%에 해당하는 에게-마케도니아(Aegean-Macedonia) 지역을 차지하였고, 이것은 고대 마케도니아 왕국의 역사적 핵심 지역이라는 점에서 그리스에게 큰 의미를 안겨주었다고 할 수 있다.[187] 반면, 세르비아는 마케도니아 전체 지역 중 38.4%에 해당하는 북부와 중부 지역을 왕국으로 편입시키는 데 성공하게 된다. 이후 이 지역은 사회주의 유고 연방 시절 소련 견제 목적에 따라 마케도니아 공화국이 수립되었고,[188] 이어 연방에서 이탈하여 오늘날 독립 마케도니아의 기틀이 되게 되었다. 하지만 불가리아는 단지 10.1%에 해당하는 동부 마케도니아 일부만은 얻는데 만족해야 했으며, 이 또한 양차 세계대전을 거치며 패전국이 된 불가리아를 대신하여 세르비아에 상당 부분 넘어가는 아픔을 겪어야만 했었다.[189]

양차 세계대전 사이에도 마케도니아인들은 주변 여러 국가들로 갈라진 아픔만큼, 민족 정체성을 수립하는 데 상당한 어려움과 고난을 겪어야만 했었다. 그리스 하로 편입된 마케도니아 지역에선 그리스의 민족 동화 정책에 따라 마케도니아인들은 민족 정체성의 위기를 받아들여야 했으며, 세르비아 지역 또한 세르비아 주도의 남슬라브 통합국가인 '세르비

---

186) Fred Singleton, op. cit., pp. 112-113.

187) Demetrius Andreas Floudas, op. cit., p. 288.

188) 1944년 유고슬라비아의 티토는 세르비아 남부의 바르다르 바노비나(Vardarska Banovina) 행정구역을 분리하여 '마케도니아 인민 공화국(SR Makedonija)'이라는 자체적인 공화국을 형성시켜 주었다. 이 결과 고대 마케도니아 제국의 쇠망이후 오랜 세월 동안 단지 지리적 용어로써만 불려왔던 '마케도니아'란 지역 명칭은, 정치적 생명력을 다시 부여받게 되었다고 할 수 있다. 티토는 또한 불가리아에 의해 서부 불가리아의 한 방언이라 여겨져 왔던 이 지역 언어를 '마케도니아어(Makedonski jezik)'라고 새롭게 명명하였고, 이후 사회주의 연방 시절 동안 마케도니아어는 세르보·크로아티아어, 슬로베니아어와 함께 유고 공식 언어중 하나로 인정되었다.

189) Ibid.

아-크로아티아-슬로베니아 왕국(1929년 이후 유고슬라비아 왕국으로 개칭됨)'하에서 동화정책과 이주로 인해 정체성 상실의 위기를 맞이해야 했다.

발칸유럽의 주도권 장악을 둘러싼 갈등 속에 일어난 1948년 코민포름 분쟁[190]과 사회주의권에서의 티토와 유고 연방의 축출은 마케도니아를 둘러싼 운명에 중요한 영향을 미치게 하였다. 당시 스탈린은 마케도니아 지역으로의 영토 확장에 많은 관심을 지니고 있던 불가리아를 이용하여, 티토를 압박하고자 했고, 이에 따라 마케도니아 문제는 종종 소련과 유고연방과의 관계를 나타내는 지표가 되게 된다. 불가리아 또한 민족주의를 분출하는 창구로써 마케도니아 문제는 좋은 수단으로 활용하곤 했었다.[191]

정치적 목적으로 시작되었지만, 티토 시절 진행된 마케도니아 민족의 독자적 정체성 연구와 문화적 차별화 시도는 오늘날 마케도니아가 주변의 여러 어려움 속에서도 자신들만의 민족 정체성을 유지하고 발전시켜 나가는 데 커다란 동력을 제공하였다고 할 수 있다. 티토는 불가리아 등 주변 민족과 차별화 된 마케도니아 민족만의 문화 정체성을 구축하기 위해. 마케도니아어를 연방의 주요 언어중 하나로 인정하였고, 독자적 역사와 문화 발굴을 위한 마케도니아 문화협회(Matica Makedonske) 또한 설립시켜 주게 된다. 교육 분야에 있어서도 고대 마케도니아 영광과 영토 회복주의에 기초한 마케도니아 민족 정체성 등이 강조되었다. 1960년대 들어와선 마케도니아인들의 오랜 숙원이었던 세르비아 정교회로부터 정교회 분리 독립이 이루어지기도 했다.

하지만, 마케도니아 민족의 독자성과 차별화를 지원해 왔던 티토가 1980년 5월 사망하고, 민족주의 세력의 확대 속에 이루어진 연방의 붕괴는 마케도니아로 하여금 새로운 환경에 직면하게 하였다. 1991년 9월 마

190) 코민포름 분쟁은 냉전하 동. 서 양 진영사이에서 구유고가 제 3세계라는 새로운 길을 개척하게 된 결정적인 계기를 제공하게 된다. Predrag Marković, *Beograd između Istoka i Zapada 1948-1965*, (Beograd: Službeni list SRJ, 1996).

191) F. Stephan Larrabee, "Russia and the Balkans: Old themes and New Challenges", Vladimir Baranovsky (ed.), *Russia and Europe: The Emerging Security Agenda*, (Oxford: Oxford Univ. Press, 1997), pp. 391-392.

케도니아 독립 국가 수립이 가시화 되게 되지만, 이것은 마케도니아에게 새로운 시련의 시작을 의미하였다고 할 수 있다. 무엇보다도 마케도니아에 대한 이해관계를 지니고 있다 자신하고 있던 그리스, 불가리아 등 주변 국가들과의 새로운 관계설정이 절실했기 때문이다.

4) 마케도니아 민족-문화 정체성 수립의 위협 요소들

앞서 역사적 전개과정을 통해 살펴보았을 때, 마케도니아 민족은 자기이해와 민족 정체성 수립에 있어 주변 민족들에 의해 여러 위기와 고통을 겪으며 오늘날까지 이어왔다고 할 수 있다. 이러한 이유로 현재 마케도니아인들은 자신들의 민족 정체성을 유지하고 수립하는 데 일련의 고통과 어려움을 겪고 있는 게 사실이며, 특히, 다음과 같은 두 가지 요소, 즉 마케도니아의 역사, 민족 정체성을 둘러싼 그리스와의 문화 갈등 그리고 마케도니아 내 알바니아 소수 민족과의 민족 문제는 마케도니아가 앞으로 풀어나가야 할 커다란 숙제로 남아 있다 하겠다.

마케도니아의 민족 문화 정체성을 수립하는 데 있어 가장 큰 장애물은 우선, 그리스와의 문화 갈등이라 할 수 있다. 앞서의 언급처럼, 사회주의 유고 연방 시절 마케도니아는 티토의 지원 아래 독자적인 민족 문화 정체성을 구축하기 위한 여러 이론적 토내와 작업을 구축해 올 수 있었다. 다양한 문화로 인해 연방 내에서의 갈등과 마케도니아를 둘러싼 과거 역사를 통해 익힌 경험에 따라 마케도니아는 연방 독립직후부터 독자적인 문화 정체성 구축의 필요성을 분명히 인식하고 있었다. 자국으로의 영토, 문화적 확대를 노리는 주변 국가들의 위협과 이로 인한 민족 정체성 수립의 어려움은 마케도니아가 독립 초기, 국호와 국기 사용을 둘러싸고 그리스와 갈등을 일으키게 한 주요 요인으로 작용했다고 할 수 있다. 갈등의 주요소로는 우선 마케도니아 헌법 초안의 내용을 둘러싼 논쟁, 두 번째는 마케도니아가 내세우는 상징물과 선전 문구를 둘러싼 논쟁, 그리고 세 번째로는 마케도니아 국호를 둘러싼 논쟁을 들 수 있다. 독립 마케도니아는 민족주의자들의 입장을 적극 반영하여 헌법 초안에 제 1, 2차 발칸전쟁을 통해 주변국들에게 잃어버린 영토 회복운동을 분명히 하였고, 이것은 그리스 등 주변국들의 강한 반발을 불러 일으켰다고 할 수 있다. 또한 그리스 올림포스 산까지 이어지는 마케도니아의 광대한 영토를 상징하는 수많은 지도와 차량 스티커, 각종 포스터 그리고 고대 마케도니아 왕국의 상징이자 알렉산더 대왕의 상징물이기도 했던 버지니아의 16각형별을 그린 깃발들을 배포함으로써 그리스의 강력한 반발을 낳았다.[192] 그리스는 지난 2004년 아테네 올림픽 개회식 장면에서 보여준 것 같이, 자신들의 역사적 뿌리와 정통성에 있어 고대 그리스 도시 국가들의 등장과 함께, 고대 마케도니아 알렉산더 대왕의 업적을 또한 강조해 왔었다. 이런 배경은 마케도니아가 독립 선언 직후 과거 유고 연방내에서 사용하여왔던 '마케도니아'란 국호를 계속 사용하겠다는 의지를 표명하는 데 대한 그리스의 강력한 반발과 함께 군사적 충돌 위기로까지 번지게 되는 계기를 마련하게 된다.

그리스는 마케도니아 독립 정부 출범 직후에 발표된 헌법 내용을 토대로[193], 마케도니아 정부가 과거 제 1, 2차 발칸전쟁 당시 그리스 등 주변 국가들에게 상실한 마케도니아 지역을 회복하겠다는 의지를 천명했으며, 이것은 그 지역의 상당 부분을 차지하고 있는 그리스에 대한 선전포고에 해당하는 것이라며 강력 반발하고 있다. 또한 자국내 마케도니아 소수민족의 존재를 철저히 부정해 왔던 그리스로선 헌법 제 49조에 언급된 해외 동포에 대한 마케도니아 권리 회복 선언에 대해서도 민감한 반응을 보

192) Keith Brown, *The Past in Question: Modern Macedonia and the Uncertainties of Nation*, (Princeton: Princeton Univ. Press, 2003), p. 41.

193) Ranko Petković, Miroslav Petrović & Momir Stojković, "Ustav Republike Makedonije", *Novi ustavi na tlu bivše Jugoslavije*, (Beograd: Službeni glasnik, 1995); http://www.gov.mk

이고 있다고 할 수 있다.[194] 그리스는 또한 국명 사용에 있어서 '마케도니아'란 용어 사용을 강력 반대하고 있다. 반대 이유에 대해 그리스는 고대 마케도니아인은, 6-7세기경 이 지역으로 내려 와 정착한 남슬라브족과 달리, 고대 그리스인의 후예이며, 언어적으로도 '마케도니아'란 용어는 그리스어에서 유래한 말이라 주장하고 있다. 이에 반해 마케도니아아는 이미 '마케도니아'란 명칭 자체가 사회주의 유고 연방시절부터 공화국 명칭으로 계속 사용되어왔고, 그리스가 주장하는 마케도니아 지방 즉, '에게 마케도니아(Aegean Macedonia)'또는 '피린 마케도니아' 지방과는 무관한 명칭이라 반발하고 있다.[195] 국호를 둘러싼 갈등과 함께, 양국은 여러 국가 상징물을 둘러싸고도 갈등이 지속되어 왔다. 그 발단은 그리스의 반대에 부딪혀 국제 사회에서 독립 국가로서의 자격을 부여받지 못한 가운데, 1992년 8월 마케도니아가 국기로 고대 마케도니아 왕국의 상징이었던 버지니아의(Virginia)의 16각형별을 채택하게 되면서 부터라 할 수 있다. 곧 이어 북부 그리스 지역을 포함된 20세기 이전 마케도니아 지역을 향후 수복해야 할 마케도니아 공화국 영토로 묘사하는 지도들이 배포되면서 그리스와의 갈등은 더 이상 외교적 해결이 어려운 상황에까지 이르게 된다.

유럽 국가들의 견제 속에 독립 국가 지위 부여가 어려워지자, 마케도니아는 1992년 7월 당시 발칸유럽 문제에 많은 관심을 지니고 있던 미국에 대해 마케도니아 문제 개입을 요청하였으며, 미국의 지원 속에 UN에서 마케도니아 독립 논의가 본격적으로 시작되었다. 이후 UN 안전보장이사회는 1993년 8월 17일 '구유고슬라비아의 마케도니아 공화국'이라는 기술적인 이름을 양측에 제시하여 UN에 마케도니아 국가등록을 승인해

194) Ranko Petković, "Međunarodni položaj i spoljna politika balkanskih zemalja", Momir Stojković & Ana Damian (eds.), *Savremeni procesi i odnosi na balkanu*, (Beograd: Gorograf, 1997), pp. 279-280.

195) Nicholas J. Costa, "A Balkan Danse Macabre", *East European Quarterly*, (Vol. 27, No. 4, 1993), p. 483.

줌으로써 현재에 이르고 있다.[196] 하지만, 이후로도 양측 간의 갈등은 계속 이어졌으며, 1994년 2월 미국이 마케도니아를 정식 국가로 인정하려 하자, 그리스는 마케도니아와의 외교관계를 단절하고 주요 수출입 항구인 데살로니키(Tessaloniki) 봉쇄를 단행하기도 했다. 이후 국제 사회의 비난이 거세지고, EU에서도 문제 해결을 촉구하자 그리스는 1995년 9월 13일 관계 정상화에 합의하게 된다. 이에 따라 그리스의 봉쇄가 철회되었으며, 마케도니아는 국기를 비롯해 그리스를 자극하는 여러 상징물들의 공식적 철회를 약속해야만 했다. 하지만 국명 문제에 있어선 UN 감독 하에 계속 협상이 지속될 것이라는 상징적인 문구만을 남김으로써 이를 둘러싼 갈등의 불씨는 여전히 지속되고 있는 상황이다.

그리스와의 문제와 더불어, 오늘날 마케도니아의 민족-문화 정체성 수립을 위협하는 또 다른 요소로서는 알바니아 소수 민족 문제라 할 수 있을 것이다. 독립 선언 직후 마케도니아는 심각한 경제 위기와 정치적 혼란이 가중되게 된다. 특히 민족주의주의자들의 득세 속에 이에 반발한 소수 민족들의 권리 및 독립 요구 움직임이 급격히 증대되고 있었다. 이중 알바니아 소수 민족은 이웃한 알바니아 본토와 더불어 대알바니아를 수립하려는 시도들을 본격화해 나감으로써, 이들이 다수 거주하고 있던 서부 마케도니아 지역에는 내전 위기감이 확대되게 된다. 이런 가운데, 제 1당으로 부상한 극우 민족주의 정당인 'IMRO-DPMNU'가 순수 마케도니아 민족만으로 구성된 단일 민족국가가 향후 마케도니아가 나아가야 할 목표점이라는 점을 밝히고 이를 헌법 초안에 반영하려하자, 그 동안 숨을 죽이고 정세를 지켜보고 있던 알바니아 소수 민족의 반발이 폭발하기에 이르렀다.[197]

1990년대 총선거 결과, 인구 비례에 따라 알바니아인 의원들이 다수 석을 차지하게 된 테토보(Tetovo) 등 서부 마케도니아의 도시들에선 마케도

196) Zlatko Isaković, op. cit., p. 381.

197) Ranko Petković, Miroslav Petrović & Momir Stojković, op. cit., p. 127.

니아 중앙정부의 통제 거부 및 행정권한의 지방 이양 요구가 계속해서 이어졌다. 독립 정부로 막 출범한 마케도니아는 알바니아인들과의 민족갈등을 해소하기 위해 부수상을 비롯해 2개의 장관직에 알바니아인들을 임명하였고, 소수 민족 해결 위원회 또한 설립함으로써 알바니아 민족 문제를 해결해 나가고자 했다. 하지만 1991년 9월 마케도니아 독립을 묻는 국민투표 이후로 계속해서 정부 주도의 거의 모든 투표에서 알바니아인들의 불참이 이어졌고, 1992년 1월에는 서부 마케도니아의 자치를 묻는 자신들만의 투표를 치러 자치권 수립을 선포하는 상황에까지 이르게 된다. 이런 가운데, 1992년 7월엔 마케도니아 민족주의자에 의해 알바니아 민주번영당 당수인 네브자트 할리리(Nevzat Halili) 암살미수사건이 발생하였고, 동년 12월에는 수도 스코프예에 있는 비트 파자르(Bit Pazar)시장에서 불법 담배 노점상을 하던 알바니아인들에 대한 마케도니아인 경찰 폭행사건, 그리고 이를 항의하는 알바니아 시위대중 3명이 강경 진압으로 인해 사망하는 사건 등이 발생하면서 마케도니아 정국은 극도의 혼란 속으로 빠져들게 된다. 또한 1993년에는 민주 번영당 당원이자 전 국방부 대변인인 후세인 하스카이(Husein Haskaj)와 전 복지부 대변인이었던 이메르 이메리(Imer Imeri) 등이 가담한 알바니아 무장조직(AAA: All Albanian Army) 결성 사실이 발각되면서, 대규모 검거 작전이 감행되기도 했다. 민주번영당 지도부의 대폭 교체 속에서도 서부 마케도니아 자치권 보장 요구가 계속해서 이어졌고, 1995년엔 테토보 시에 알바니아 대학 설립이 시도되었으나, 정부에 의해 강제 철거되는 사건이 뒤를 잇게 된다. 특히, 알바니아 비밀단체에 의한 키로 글리고로브(Kiro Gligorov, 1917-2012, 재임 1991-1999) 대통령 암살 미수사건과 연 이은 경찰서들과 법원에 대한 알바니아 반군들의 폭탄 테러들은 양 민족 간에 더욱 더 깊은 갈등의 골을 형성케 하였다.

1998년 코소보 분쟁과 1999년 전쟁을 계기로 수십만 명의 코소보 알바니아 난민들이 마케도니아 서부 국경에 모여들게 되면서 마케도니아 정국은 더욱 더 큰 위기로 내몰려갔다. 또한 이를 계기로 코소보 알바니아 반군들의 마케도니아내로의 진입과 이들을 통한 중장비 무기 유입은 알바니아 반군들의 마케도니아 경찰에 대한 테러를 보다 확대시켰으며, 결국 2001년 3월 알바니아 반군들이 자신들이 수도로 정한 테토보를 장악하게 되면서 마케도니아 내전이 발발하기에 이르게 된다. 당시, 마케도니아 정부는 마케도니아 내전이 과거 제 1, 2차 발칸전쟁 때처럼 그 여파가 발칸유럽 전체로 확대될 수도 있다는 점을 각인시키며, 미국과 국제사회에 사태의 심각성을 호소하였다. 서유럽 국가들의 우려 속에 미국과 러시아, NATO 등 국제 사회 구성원들은 마케도니아에 대한 분명한 지지를 보내주었고, 이를 기초로 알바니아 반군에 대한 진압 작전이 감행되게 된다. 2001년 3월 21일 미국의 마케도니아 정부 지지 발표와 함께 내전 종결을 촉구하는 UN 선언문이 발표되었고, 2001년 7월 5일 마침내 마케도니아 정부군과 알바니아 반군은 '서부 마케도니아에 대한 자치권 논의와 알바니아 반군의 무장해제'라는 미국과 NATO군의 중재 안을 받아들여 내전이 종식되게 된다. 하지만 이후에도 현재까지 양 민족 간의 갈등과 충돌이 계속해서 발생해 왔으며, 민족 화해 및 화합을 향한 실질적 조치들 또한 별 다른 진전을 보이지 못하고 있는 상황이다.

5) 21세기 발칸반도 평화 정착의 초석, 마케도니아

2001년 마케도니아내 알바니아 소수 민족에 의해 발생한 내전은 2001년 7월 5일 '오흐리드 협정(Ohrid Agreement)'에 의해 공식적으로 종결되었다. 하지만, 앞서 언급했던 것처럼, 여전히 양 민족 간 화해와 평화적 공존을 둘러싼 미래는 오늘날까지도 여전히 의문점으로 남아 있는 상황이라 할 수 있다. 실제, 2013년 3월 2일 마케도니아 수도 스코프예에서 마케도니아계와 알바니아계 두 민족 간의 충돌이 발생하였고, 이로 인해 경찰 13명을 포함해 최소한 22명이 부상을 당했다. 이날 시위의 배경은 시위 발생 2주일 전, 마케도니아 정부가 알바니아 계를 설득하기 위해, 지난 마케도니아 내전에서 알바니아 반군을 이끈 주요 인물 중 하나로 지목되어 왔던 탈라트 자페리(Talat Xhaferi)를 국방장관에 임명한 것이 도화선이 되었다고 할 수 있다. 마케도니아계 주민들은 2001년 발생한 알바니아계 소수민족과의 내전과 이를 종결 시킨 '오흐리드 협정'이후 오랫동안 자국 내에서 알바니아계의 권리가 무분별하게 증진되고 그 목소리 또한 계속해서 신장되는 것에 대해 일련의 위기의식과 함께 반감을 지녀왔던 게 사실이다. 이러한 우려와 반대의 목소리가 한데 집약된 것이 바로 이번 마케도니아계의 반(反)정부 및 반(反)알바니아 시위라 할 수 있다. 이웃인 코소보 등 과거 발칸지역들에서 발생한 민족 간의 충돌이 그러했듯이, 주민족인 마케도니아계 주민들의 시위 확대는 곧 바로 소수 민족인 알바니아계의 반발과 시위로 확대되었다. 알바니아계 주민들은 마케도니아계 시위자들이 2명의 알바니아계 주민들을 집단 구타하였으며, 알바니아 국기 및 상징물들을 불태웠다고 주장하였고, 이것은 곧 이어 폭력 시위로 발전되게 된다. 그리고 이러한 폭력 시위에 따라 마케도니아 정부 경찰차들을 비롯해 상당수의 차량들이 파괴되었고, 버스정류장 등 공공시설들이 공격을 받아야만 했다.

오늘날 경제적 어려움은 물론 정치, 사회적으로도 큰 위기를 겪고 있는 마케도니아는, 실질적으론 미국과 서방의 지원 및 관심이 없이는 국가 존립 자체가 매우 위태로운 여러 국가들 중 하나라 할 수 있다. 이와 함께 마케도니아는 독립 이후부터 지금까지 독자적 민족 정체성을 유지하는 데도 여러 어려움을 겪고 있다. 실제, 오늘날 마케도니아를 둘러싼 위기에는 다음과 같은 두 가지 요인이 자리하고 있다. 첫째는 '대내적인 어려움'으로 위에서 언급하고 있듯 알바니아 소수 민족과의 민족 갈등과 빈번한 충돌을 들 수 있으며, 또 다른 하나로는 지난 2012년 12월 새해 예산을 둘러싼 갈등 속에서 일어난 여당 야당 지지자들 간 투석전 및 올해 9월 간첩단 사건에 대한 야당의 강력 반발을 통해 확인할 수 있듯이 정치권내 갈등 심화로 인한 정치적 불안정을 들 수 있다. 둘째로는 '대외적인 어려움'으로 마케도니아란 국호 명칭을 둘러싼 논쟁, 고대 알렉산더 대왕의 여러 상징물 사용과 국기 채택, 역사적인 영토적 범위를 둘러싼 논쟁 등 마케도니아 민족 정체성을 둘러싼 그리스 등 주변 국가들과의 갈등이라 할 수 있다.

발칸반도의 역사를 고려해 볼 때, 마케도니아 현실에 있어 이 두 가지 어려움은 실질적으론 서로 밀접하게 연결되어 있다. 특히, 그리스와의 갈등으로 인해 야기된 대외적인 문제는 대내적으로도 마케도니아 정부의 소수 민족을 향한 포용 정책에 일련의 경직성을 낳았다고 할 수 있다. 실제로 오랜 동안 이어진 마케도니아에 대한 국제 사회의 독립 국가 인정 논쟁 및 민족 정체성을 둘러싼 불안정성은 마케도니아 정부로 하여금, 자국내 알바니아 소수민족이 내걸고 있던 자치권 요구 및 더 나아가 독립 국가 요구를 민감하게 받아들이게 하였다. 마케도니아의 불안정성이 증폭되는 와중에 발칸반도는 유고슬라비아 연방으로부터 공화국들의 이탈을 막으려는 세르비아와 한편 독립해 나가려는 공화국들 간의 유고 내전(1991년 9월-1995년 10월)과 보스니아 내전(1992년 3월-1995년 10월)이 발생해 발칸반도의 위기감이 한층 더 고조되고 있었다. 따라서 국제사회는 크로아티아와 보스니아에서의 민족 간 충돌의 여파가 마케도니아 등 다른 지역들로 확산될 것을 우려하며 이 사태를 주시해 왔었다.

알바니아 민족주의자들은 1991년 3월 마케도니아가 유고슬라비아 연방으로부터 독립을 선언한 직후부터 계속해서 알바니아계가 다수 거주하고 있는 서부 마케도니아 지역을 중심으로 자치권 및 독립을 요구해 왔었다. 독립 마케도니아를 이끌며 처음 대통령에 오른 키로 글리고로프는 국제 사회의 도움 없이는 자체적인 국가 존립이 어렵다는 현실적 한계와 함께 전체 약 200만명의 인구 중 25% 가량을 차지하고 있는 알바니아계의 존재를 부정하기 어려운 상황 속에서, 발칸반도의 평화를 위해서라도 알바니아계와의 평화로운 공존이 필요하다는 국제 사회의 요구를 뿌리치기가 어려웠다고 할 수 있다. 따라서, 그는 취임 초기 알바니아계와의 공존을 위해 부수상을 비롯한 2개의 장관직에 알바니아계를 임명했다. 하지만, 1992년 1월 알바니아계는 이에 만족하지 않은 채 자체 투표를 통해 서부 마케도니아 자치국가 수립을 선포하게 된다. 이어, 1993년 11월 마케도니아 정부 전복을 목표로 하는 '일리리다 자치국'건설을 위한 '알바니아 무장조직'결성이 발각되었고, 1995년에는 알바니아 비밀단체에 의한 키로 글리고로프 대통령 암살 미수사건이 발생하는 등 갈등과 혼란이 지속되었다. 이런 가운데 1998년 이후로 확대되던 코소보내 민족 갈등이 NATO와 세르비아 간의 전쟁(1999년 3월 23일- 6월 10일)으로 이어지고 이웃하고 있던 코소보로부터 대규모 알바니아 난민 진입이 시도되자, 마케도니아 정부와 마케도니아계는 심각한 위기의식을 느끼게 되었다. 특히, 2000년에 들어와선 코소보로부터 마케도니아 알바니아계에 대한 무기 유입이 확대되면서, 이어 2001년 3월 초 테토보를 수도로 정한 알바니아 민족 해방군(NLA: the National Liberation Army)들에 의해 마케도니아 내전이 발생하게 된다. 당시 마케도니아 정부군은 알바니아 해방군에 비해 무기와 군사 조직 면에서 매우 열악하고 자체 진압 능력이 부족했다. 무엇보다도 국제 사회는 내전으로 인해 마케도니아가 무너질 경우, 전략적인 요충지인 이 지역을 중심으로 과거 제 1차 세계대전의 전초전으로 불리는 제 1, 2차 발칸전쟁(1912, 1913) 때처럼 전쟁이 발칸유럽 전체로 확대될 것을 우려하였으며, 따라서 이것은 미국과 NATO 및 러시아의 신속한 군사적 참여로 이어졌다. 그 결과 2001년 7월 5일 양측은 마침내 '서부 마케도니아에 대한 자치권 논의와 알바니아 반군의 무장해제'라는 국제 사회의 중재안인 '오흐리드 합의안'을 받아들임으로써 내전이 종식되게 된다.

실제, 오늘날 국제 사회는 마케도니아의 문제를 둘러싸고 발칸반도의 영구적인 평화 정착을 가늠해 볼 수 있는 바로미터 혹은 그 시험대로 인정하고 있는 게 사실이다. 이러한 인식은 과거 역사를 되짚어 볼 때 마케도니아가 항상 발칸유럽 분쟁의 주요 핵심지역이었고, 전략적 요충지인

이 지역을 둘러싼 치열한 영토 전쟁이 곧 바로 유럽 열강들의 군사적 개입을 불러옴으로써 대규모 전쟁으로 확대된데 서 비롯된 우려라 볼 수 있다. 이와 더불어, 국제 사회는 마케도니아내에서 민족 간 갈등이 고조되고 이로 인한 내전이 장기전으로 이어질 경우 이것은 곧 바로 마케도니아 국가 존립의 위기를 불러올 것이고, 더 나아가 오랜 동안 이 지역에 대한 종주권을 주장하여 왔던 발칸 유럽내 주변 국가들의 군사적 야심을 부추길 가능성이 높아질 가능성이 높다고 판단한다는 점에서 마케도니아 위기 문제는 매우 큰 관심들 중 하나로 대두되고 있다 하겠다.

그리스의 반대와 여러 외교적 갈등에도 불구하고, 미국은 흑해를 통한 러시아의 팽창 전략을 저지하기 위해서라도, 현재 발칸 반도의 정 중앙에 자리하면서 전략적으로 매우 중요한 위치에 놓여 있는 마케도니아를 친(親)미 전략 국가로 설정해 놓은 듯 보인다. 실제, 미국은 냉전 시절이 걷힌 이후로, 오랜 동안 유럽과 러시아의 영향력 하에 나뉘어져 있었던 발칸 지역의 중요성을 인식하고, 대규모 경제 지원과 미군 주둔을 위한 군사 시설 확보, 전폭적인 외교 지원 등을 통해 이곳 마케도니아에서 미국의 영향력 확대를 계속해서 추진해 왔다. 하지만 미국의 이러한 전략은, 과거 역사 속에서 보이듯 자국의 이해득실에 따라 마케도니아가 이용되고 버려지는 역사적 악순환의 반복 과정에 불과할 것이라는 자조 섞인 비판을 함께 받고 있는 것 또한 사실이다. 실제, 근대 이후로 마케도니아 지역은 계속해서 러시아를 비롯해 서구 열강들의 첨예한 이해 접합 점에 위치하여 왔고, 따라서 강대국들의 지속적인 개입과 간섭으로 인해 마케도니아 문제를 둘러싼 진정한 해결책들이 제시되지 못하여 왔었다. 이와 함께 강대국들은 매번 자신들의 전략적 이익에 따라 마케도니아가 주변의 어느 국가나 민족에게 완전히 편입되는 것을 방해하여 왔으며, 그 결과 제1, 2차 발칸전쟁과 양차 대전을 거치면서 강대국들의 역학구도에 따른 영토, 민족적 분열과 합병이 쉼 없이 전개되었다고 할 수 있다.

현재 마케도니아는 EU 후보국으로써 EU 가입을 국가의 최우선 정책

목표로 설정해 놓고 있다. 이를 위해, EU에서 요구하는 여러 경제 정책 및 사회 정책 등을 추진하고 있으며, 이런 와중에 여러 어려움 및 사회적 마찰에 부딪히고 있는 것도 사실이다. 하지만, 2013년 올해 7월 EU 가입을 힘겹게 성공한 크로아티아의 경우처럼, 아니면 EU 가입을 강력히 부르짖고 있지만 그 가능성이 멀어 보이는 세르비아의 경우처럼, 마케도니아가 대내적인 민족 갈등의 골을 해결할 수 있다는 실천 의지와 가능성을 국제 사회에 보여주지 못한다면 마케도니아의 EU 가입은 요원한 과제로 남게 될 것이다. 마케도니아 정부의 EU 가입에 대한 애착과 선전이 현재 여러 대내외적인 갈등과 경제적 어려움으로 인해 고통을 받고 있는 국민들에게 잠시나마 현실을 잊게 해주는데 그칠지, 혹은 그 장애물을 이겨내고 진정한 희망을 안겨주게 될 지는 마케도니아계와 알바니아계간의 평화로운 공존이 가능할지에 대한 물음표에 달려있다 하겠다.

6) 정리하기

보스니아 내전 종결 직후 발표된 미 정부의 보고서에 따르자면, 발칸지역 그 중에서도 과거 유고슬라비아 지역은 제 3차 세계대전이 일어날 가능성 매우 높은 유럽의 화약고로 간주되고 있다. 이 보고서의 내용에 따르자면 유고연방 붕괴 이후 이들 지역에 대해 세력 확장을 추진하고 있는 독일, 미국과 오랜 동안 전통적 영향력 우위를 지켜왔던 러시아간의 충돌이 현실화 될 가능성이 높다는 것이다.[198] 실제로 현재 러시아의 발칸유럽에 대한 외교정책은 이 지역에 있어 외교적 영향력을 다시 회복함과 동시에 현재 진행 중인 EU나 NATO의 영향력을 감소시키는 데 초점이 맞

198) Alexandros K. Kyrou, "Castle-building in the Balkans: American Aspirations in Southeastern Europe since the Dissolution of Yugoslavia", *Journal of Politics and Military Sociology*, (Vol. 24, No. 2, 1996), pp. 255-256.

추어져 있다.

19세기 후반부터 20세기 초에 일어난 두 차례의 발칸전쟁(1912/13)때까지 국제적으로 가장 첨예한 이해 갈등지역이었던 마케도니아는 20세기 말에 들어와 유고분쟁, 보스니아 분쟁을 거치면서 또 다시 발칸의 대표적인 분쟁 가능지역으로 부상하였고, 이러한 우려는 1999년 3월에 일어난 코소보분쟁이후 더욱 더 가시화되고 있다. 이러한 마케도니아를 둘러싼 민족갈등의 반복된 재현에 대해 현재 세르비아 과학예술 아카테미(SANU: Srpska akademija nauka i umetnosti) 역사 연구소 소장이자 발칸유럽사 전문가인 슬라벤코 테르지츠 박사는 다음과 같은 두 가지 배경을 지적하고 있다. 첫째로 이 지역은 역사적으로 세르비아인, 불가리아인 그리고 그리스인들의 인종적, 종교적 혼재선상에 위치하여 왔고, 이러한 주변 민족들의 문화적 영향들로 인해 마케도니아인과 주변 민족들 간의 정확한 민족경계의 구분이 매우 모호한데서 갈등이 출발하고 있다고 설명하고 있다. 이러한 이유로 주변의 민족들은 각자의 이해에 맞추어 마케도니아인들을 자신의 인종적 그리고 민족적 연결 고리로 연합시키려는 주장과 노력들을 하여왔고, 그 결과 이 지역을 둘러싼 갈등과 분쟁이 끊이지 않는다는 것이다. 두 번째 이유로는 근대이후로 마케도니아 지역은 계속해서 러시아와 서구 열강들의 첨예한 이해 접합 점에 위치하여 왔고, 따라서 강대국들의 지속적인 개입과 간섭으로 마케도니아 문제를 둘러싼 진정한 해결책들이 제시될 수 없었다고 지적하고 있다. 즉 강대국들은 전략적 이익에 의해 이 지역이 주변의 어느 국가나 민족에게 편입되기를 방해하여 왔고, 그 결과 1,2차 발칸전쟁과 양차 대전을 거치면서 강대국들의 역학구도에 따라 영토적, 민족적 분열과 합병이 쉼 없이 전개되어 왔다는 것이다.[199]

이런 주장과 함께 현재의 마케도니아를 둘러싼 이러한 갈등들은 역사적 전개과정에서 나타난 주변 민족들과의 여러 갈등요소와 더불어 현 마

---

199) Slavenko Terzić, op. cit.

케도니아 국가건설 지원에 대해 미국을 비롯한 서구 국가들의 의지 부족도 주요한 동기를 제공하고 있다. 실제로 이전 제임스 베이커(James Baker) 국무장관의 특별 보좌관으로 유고분쟁과 보스니아 분쟁에 간여하였던 마샬 프리멘 해리스(Marshall Freeman Harris)는 마케도니아에 대한 미국의 정책이 단순히 코소보에서와 같은 분쟁의 재발방지에만 급급하다며 비판하고 있다. 그의 주장에 따르자면 이제 갓 태어난 신생 공화국의 민족 자결과 국가적 지위 그리고 국제사회의 승인이 국가적 이해관계로 인해 늦어지고 이로 인해 마케도니아는 더욱 더 주인 없는 지역으로 전락할 위기에 처해 있다고 비판하면서 주변 국가들과 민족들이 이러한 서구의 무관심을 토대로 이 지역에 영토적 민족주의를 일으키려 한다는 것이다. 실제, 그는 미국의 이러한 임시방편적인 정책이 발칸유럽의 상황에 따른 분쟁의 도미노 영향(Domino effect)에 대한 우려에서 기인하고 있다고 말하고 있다.[200]

앞서 연구의 결과를 통해 확인해 볼 때, 마케도니아는 현새 세계에시 붕괴되기 쉬운 가장 위태로운 국가라 할 수 있다. 국내 알바니아인들은 코소보분쟁이후 계속해서 대(大) 알바니아 국가를 목표로 한 알바니아 민족주의를 부르짖고 있으며, 세르비아 민족주의자들은 북부 마케도니아 국경지역의 소유권을 주장하면서 마케도니아 내 세르비아인들의 무장을 독려하고 있다. 또한 불가리아인들은 마케도니아를 자국의 한 영토로 인식하고 있으며, 마케도니아 민족과 언어의 독자성을 인정하지 않고 있다. 그리스의 경우에 있어서도 마케도니아 독립과 관련하여 국가명칭 사용과 여러 상징물 사용을 빌미로 독립을 저지하고 있으며, 정치, 경제적인 원조를 거부하고 있다. 마케도니아의 이러한 국내외적인 위협과 불안정한 상태는 곧 이어 20세기 초에 겪었던 전쟁들처럼 이 지역에 첨예한 이해관계에 놓여있는 주변 국가들의 개입을 초래할 것이고, 또한 이러한 개입은 그 연결고리를 따라 자칫 주변 열강들의 개입으로 이어져, 결과적

200) Marshall Freeman Harris, op. cit., pp. 42-43.

으로 발칸유럽에 또 다른 분쟁을 가져올 가능성이 높다하겠다. 따라서, 국제 사회는 마케도니아 문제를 들여다보거나 단기적 처방에 그치는 분쟁 재발에만 급급하기보다는 이들 국가들이 국명과 영토 보장 등을 둘러싼 UN과 주변 국가들 간의 국가적 합의, 마케도니아에 대한 보다 확실한 국가 지위와 국제사회의 승인에 적극적으로 나서고, 지속적으로 경제, 정치적 지원을 해줄 필요성이 대두되는 이유라 하겠다.

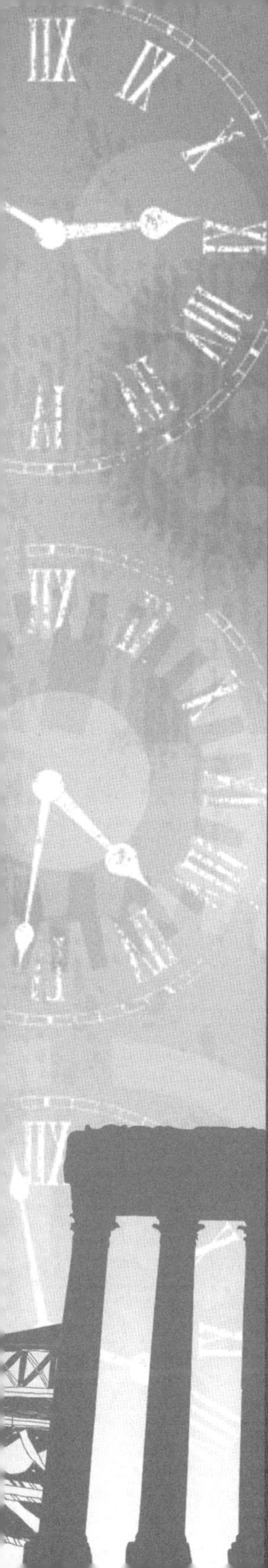

제 7 장

가톨릭, 정교, 이슬람 혼재문화권

1 보스니아-헤르체고비나
: 작은 발칸유럽, 커다란 종교와 문화의 모자이크

보스니아-헤르체고비나의 역사적 함의와 진실을 읽는 키워드

발칸유럽의 문화적 특징과 양상들을 고려해 볼 때, 가장 적절한 표현은 발칸유럽의 역사적 배경에 따른 '종교와 문화의 모자이크'란 표현일 것이다. 이중에서도 보스니아-헤르체고비난 고대 이래로, 서로마와 동로마의 그리고 로마 교회(훗날 가톨릭)와 콘스탄티노플 교회(훗날 정교)의 분기점에 자리해 왔었다. 14세기 이후로 불어 닥친 오스만 터키의 유럽 원정은 이 지역에 이슬람 문화와 종교적 확산을 낳았으며, 이에 따라 보스니아-헤르체고비나는 정교, 가톨릭 그리고 이슬람 문화와 이를 신봉하는 민족들로 이루어지게 되었다. 그 결과 통상 보스니아-헤르체고비나 지역은 발칸유럽의 축소판이자, 종교와 문화의 모자이크 지역 중에서도 모자이크 지역으로 불리고 있다.

오늘날 보스니아에는 민족, 종교, 문화적인 특징에 따라 크게 세 개의 민족이 거주하고 있다. 이중 보스니아 무슬림은 이슬람 신봉자로서 가장 많은 인구수를 보이고 있으며, 보스니아 내전 당시에는 크리스트교 보스니아인 들로부터 많은 박해와 인종청소의 아픔을 겪어야만 했었다. 그리고 두 번째로 큰 민족은 세르비아 정교를 신봉하고 있는 세르비아인이며, 나머지 민족으로는 가톨릭을 신봉하는 크로아티아인이라 할 수 있다.

보스니아는 다양한 역사적 배경에 의해 오늘날과 같은 종교와 문화의 모자이크 지역이 되어야 했으며, 본 장에서는 그러한 역사적 배경을 그 특징과 내용에 따라 다음과 같은 세 가지 역사적 요소를 들어 설명하고자 했다. 첫째, 동·서로마 제국의 분열과 보스니아, 둘째, 보스니아 중세 왕국과 보스니아 교회, 그리고 마지막으로 오스만 터키의 보스니아 지배와 이슬람 등으로 나누어 설명하고자 한다.

1) 생각하기

역사적 그리고 지정학적으로 살펴볼 때, 보스니아-헤르체고비나(Bosnia and Herzegovina/ Bosna i Hercegovina, 이후 보스니아로 약칭)는 고대 이래로 20세기 말까지 발칸유럽의 중요한 전략적 위치에 자리해 왔었다. 고대 시절, 보스니아는 동·서 로마 제국의 분기점에 위치해 있었으며, 중세 초기에는 양대 크리스트교(가톨릭, 정교)의 접합지점에 위치해 한동안 양대 교회 세력 간의 치열한 영향력 각축장이 되기도 했다. 6-7세기를 거쳐 보스니아에 남슬라브족 일파가 이주해 정착한 이후, 중세와 오스만 터키의 지배 시절 그리고 근대 시대까지의 오랜 역사 속에서 보스니아내 남슬라브인들은 종교에 따른 각자의 영역을 지니며 서로 조화롭게 살아왔었다. 또한 역사와 문화에 있어서도, 보고밀 석묘라 불리고 있는 스테차크(stećak, 복수형 stećci) 등 여러 역사적 유물들을 통해서도 확인할 수 있듯이, 이웃한 남슬라브족 일파인 세르비아인이나 크로아티아인들과 달리 자신들만의 독특한 문화를 지녀왔다고 할 수 있다.

하지만, 1054년 양대 크리스트교간의 종교 대분열 이후, 심화된 양대 교회 간의 갈등과 대결, 그리고 빈번한 외세 침략과 지배 종교의 잦은 변화는 보스니아 내 남슬라브족들의 크리스트교 신앙심의 약화를 불러왔다. 또한 보스니아의 지리적 험준함은 정통 크리스트교 교리 확산을 어렵게 했고, 보스니아 내 교회들이 헝가리 등 주변 강대국들에 의해 이단 종교로 취급되는 결과를 낳게 하였다. 이러한 배경에 따라, 15세기 오스만 터키가 보스니아를 침공할 당시, 보스니아 중세 왕국은 주변의 강력한 가톨릭 국가였던 헝가리, 그리고 정교 신봉국가 이었던 세르비아와 불가리아, 루마니아, 비잔틴 제국들과는 달리 정교적 신앙심으로 한데 뭉치며 강력한 저항을 하지는 못하였다. 오히려, 보스니아 중세 왕국의 귀족들은 종교적 신앙심을 지키며 사후를 준비하기 보다는, 오스만 터키가 약속해준 현세적 기득권 유지를 위해 대규모로 이슬람 개종을 단행하기까지 했다. 실제, 종교적 신념을 버리고 이슬람으로 전향한 귀족들은 터키 지배하에서도 자신들의 부와 명예를 계속 유지할 수 있었고, 이후 500년간 이어진 오스만 터키의 지배를 통해 보스니아엔 이슬람 종교와 그 문화가 확산되게 된다. 반면, 이슬람 선택을 거부했던 보스니아 내 남슬라브인들은, 오스만 터키의 박해 속에서도, 오스만 터키의 독특한 종교정책인 밀레트 제도에 따라 자신들의 종교적 정체성을 완전히 잃지 않은 채 유지할 수 있었다.

1699년 오스만 터키의 제 2차 비엔나 공략 실패 이후, 오스만 터키 제국과 합스부르그 제국 간에는 양 제국 간 경계선을 결정하는 스렘스키 카를로브찌 조약이 맺어지게 되었으며, 조약에 따라 보스니아는 양 제국 간 경계선에 자리하게 되었다. 이후 약 200여 년 동안 보스니아는 17세기 이후로 점차 쇠락해가던 오스만 터키에게 있어 서구 제국에 대항할 수 있는 최후의 유럽 방어선으로, 그리고 서구 제국에겐 있어선 오스만 터키를 공략하고 발칸유럽을 장악하기 위해선 반드시 거쳐 가야 할 첫 번째 공략 지역으로 인식되게 된다. 또한 스렘스키 카를로브찌 조약에 따라 보스니아인을 포함해 오스만 터키 하 남슬라브족들은 더 이상 가톨릭 세계와 연결되지 못하고 단절되게 되어야 했으며, 그리고 서유럽의 산업혁명을 경험하지 못하게 되는 결과를 초래하게 되었다고 할 수 있다.

지정학적 요인과 역사적 이유들로 인해 종교에 무관심했던 보스니아 내 남슬라브인들은 다른 종교를 배척하거나, 종교와 그 문화적인 요소들로 서로를 구분하는 것에 그리 익숙지 않았다. 이러한 사회적 흐름은 적어도 오스만 터키가 지배하기 이전까지 그러했다고 할 수 있다. 그리고 오스만 터키가 종교에 따라 이들을 서로 구분하기 시작한 이후에도 한 동안 적어도 19세기 민족주의 시대가 들어서기 전까진, 보스니아 내 남슬라브인들은 자신들을 종교적 분류에 따라 우리 편과 그들 편을 나누며 서로 적대시하는 것에 주저하곤 했다. 하지만 19세기 민족주의 시대가 온 이후, 보스니아 내 남슬라브인들은 종교에 의해 서로를 구분하도록 강요받았으며, 이에 따라 보스니아 내에 커다란 변화가 일어나게 된다. 무엇보다도 민족주의는 기존 단순한 종교집단(Religious Community)에 불과했던 보스니아인들을 민족 집단(National Community)으로 변하게 하는 데 일조 하였다. 오랜 동안 이슬람 지배를 받아야했던 보스니아 내 정교도와 가톨릭교도들은 점차 이웃한 세르비아와 크로아티아 민족주의자들의 주장에 열광하였고, 이에 따른 자신들의 민족 정체성을 자각하기 시작하였다. 그리고 보스니아에서의 민족주의는 다른 발칸 지역의 상황과 유사하게, 점차 종교등 문화적 요소에 의해 '우리'와 '그들'을 구분 짓게 하였다.

이러한 연구 배경을 바탕으로 본 장에서는, 시기적으론 고대 동서로마 제국의 분열 때부터 19세기 민족주의 시대 도래 이전까지를 중심으로, 보스니아가 '종교와 문화의 모자이크(The Mosaic of Religion and Culture)'로 불리게 된 역사적 요인들 다음과 같은 세 가지 요인들로 분류해 소개하고자 한다. 첫 번째 요인으로는 보스니아 지역을 경계로 이루어진 동·서 로마 제국의 분리, 즉 로마 교회와 콘스탄티노플 교회 간의 분리선상에 자리하게 된 보스니아의 역사적 배경과 그 운명을 들 수 있다. 두 번째는 지정학적으로 크리스트교 양대 교회 사이에서 교세 확장 싸움에 어려움을 겪어야 했던 보스니아 중세 왕국의 상황과 보스니아 교회의 성장이 보스니아 종교, 문화사에서 어떠한 의미를 지니게 되었는지에 대해 설명하고자 한다. 마지막 요인으로는 오스만 터키의 발칸 정복과 보스니아로의 이슬람 종교 및 문화 확대, 그리고 가톨릭 문화권과의 완전한 단절을 의미했던 1699년 스렘스키 카를로브찌 조약이 결과적으론 어떤 역사적 의미로 훗날 보스니아와 발칸유럽의 남슬라브 민족들에게 투영되게 되었는지에 대해 살펴보게 될 것이다.

2) 동·서 로마 제국의 분열과 보스니아

기원전 3세기 로마는 처음엔 철, 구리, 귀금속, 농산물 등을 얻기 위해, 이후엔 아드리아 해 해상권 장악을 위해, 보스니아를 비롯한 발칸반도로 세력을 계속 확장해갔다. 당시 아드리아 해를 따라 넓게 펼쳐진 발칸반도의 주요 원주민은 강력한 부족 연맹체를 구축하고 있었던 일리리아 부족으로, 이들은 주로 아드리아 해의 해상 상권을 바탕으로 부를 축적해 나가고 있었다. 하지만 로마의 발칸반도 진출에 따라, 본격적으로 시작된 로마와 일리리아인 들과의 해상 주도권 마찰은 이후 3세기 내내 이어지게 된다. 당시 일리리아인들은 아드리아 북부(현 이스트라 반도)부터 알바니아 북부해안에 이르기까지 건설한 여러 해안 도시 들을 중심으로 활발한 해상무역을 하고 있었으며, 로마 제국은 발칸반도 내륙은 물론 이들 해양 도시들의 완전한 장악을 위해 부단한 노력을 아끼지 않았다.

일리리아 부족국가에 비해 상대적으로 군사력 우위를 유지하고 있던 로마는 아드리아 해의 서쪽 지역을 점령한 이후, 일리리아인들의 해상무역을 보호해준다는 빌미로 일리리아인들에게 로마에 공물을 바치도록 강요하였다. 그러나 로마의 발칸정벌이 가시화되면서 아드리아 해상권의 로마 편입이 계속해서 이어졌고, 이어 로마와 일리리아인 사이의 해상 주도권을 둘러싼 분쟁이 본격화되게 된다. 로마는 마케도니아, 그리스 등 발칸반도 깊숙이 정벌해 나가기 위해 일리리아 부족이 거주하고 있던 발칸 내륙지방을 활용하고자 했고, 이때마다 일리리아인들은 로마의 무차별한 공격과 착취에 시달려야만 했다.[201] 결국 BC 168년에 로마는 일리리아를 완전히 정복하는 데 성공하였고, 이어서 BC 148년엔 마케도니아, 146년엔 그리스를 장악하게 된다. 특히 BC 35년에서 33년 무렵 삼두정치를 마감하고 새로이 로마 제정시대를 열었던 옥타비아누스 황제는 아드리아 해안 대부분 지역에 대한 지배권을 보다 강화해 나갔고, 이어 그 세력을 내륙지방에까지 확대시켜 갔다. 기원 후 9년에는 오늘날 발칸반도 내륙 깊숙이 세르비아와 불가리아 지역에 거주하고 있었던 켈트족들과 트라키안 부족들이 로마 군에 의해 점령되었고, 이어 14년에는 다뉴브 강 남부 지방의 대부분과 서부 발칸반도의 대부분 지역이 로마에 점령당했다. 이로 인해 발칸유럽의 전 지역이 로마제국의 통치 하에 들어가게 되었고, 이후 발칸의 일리리아 지역은 로마의 행정 구역인 일리리쿰(Illyicum)에 추가되고 현재의 세르비아 동부 지역은 모에시아(Moesia)로 합병되게 된다.

발칸반도의 로마 점령 5백여 년 동안 로마의 여러 문화는 보스니아를 비롯한 발칸유럽의 각 지역에 유입되었다. 로마는 방대한 영토관리의 효율성을 극대화하기 위해 새로운 도로들을 건설하였고, 당시 광물자원이 풍부하였던 발칸유럽의 주요 도시들은 새로 개통된 길을 따라 아드리아 해안의 무역도시로 연결되었다. 로마인들은 아드리아 해 연안의 달마티

---

201) 로마 제국의 일리리안 부족 국가에 대한 공격 시발은 일리리아인들의 아드리아 해안에서의 로마 상선들에 대한 공격과 해적 행위에서부터 비롯되었다고 볼 수 있다. 이를 계기로 로마제국은 기원전 229년부터 167년까지 약 63년 간 계속해서 일리리안 부족 국가들을 공격하였으며, 그 결과 마침내 일리리안 부족 국가의 수도였던 쉬코드라(아드리아해에 접한 해안 도시로 현 알바니아 북부에 자리하고 있음)를 점령하여 새로운 발칸유럽 지역의 지배자로 등장하게 된다.

아 지역에서 포도와 올리브 재배를 시작했으며 이를 통해 포도주와 올리브유가 활발히 생산되게 된다. 또한 보스니아를 비롯한 발칸반도 전역에서 새로운 광산들이 개발되었고, 다뉴브 강과 사바 강을 따라서는 발전된 농업 기법이 도입되기도 했다. 또한 이들 전 지역에 걸쳐 공공광장, 사원, 상수도시설, 커다란 경기장과 목욕탕을 지닌 도시들이 건설되게 된다. 로마는 광대한 영토의 보존과 개발을 위해 점령지 주민들을 용병 혹은 현지 관료로 최대한 등용하고자 했고, 이러한 조치를 통해 일리리아인들을 비롯한 많은 비(非)로마인들은 신분상승의 기회를 차지하곤 했었다. 하지만 오랜 세기동안 이어진 이러한 로마문화의 유입은 결과적으로 일리리아 부족을 비롯한 발칸 지역 내 여러 토착 부족들의 고유문화와 언어 소멸을 가져오게 하였다고 할 수 있다.

세계 제국으로 성장하였던 로마는 3세기 이후로 들어와 국내의 여러 부패와 문제점들이 누적되고 계속된 경제적 위기와 더불어 대내적으론 무능한 군인황제들로 인한 혼란 그리고 대외적으론 계속되는 이민족들의 침입으로 인해 쇠락의 길을 가게 된다. 이러한 로마는 당시 발칸 지역 출신이었던 두 명의 황제에 의해 잠시나마 제국의 생명을 연장시킬 수 있었다. 우선 아드리아해 달마티아 출신의 디오클레티아누스 황제는 강력한 중앙집권과 관료 제도를 새롭게 정비하고 이를 통해 전제적 황제 권을 새로이 구축하려 하였다. 또한 세르비아 내륙지역인 고대 도시 니쉬에서 태어난 콘스탄티누스 황제는 혼란의 시기이후 분할되어있던 로마제국을 하나로 다시 묶고, 제국의 유지를 위한 왕조계승의 원칙을 새롭게 설립하고자 했다. 그는 또한 로마 사회의 분열을 막고자 313년 '밀라노 칙령'을 통해 로마 사회 전반에 널리 퍼져 있던 크리스트교를 합법화하기에 이른다. 뒤 이어 330년 콘스탄티누스는 경제적 상권 변화에 따라 유럽과 아시아를 잇는 현재의 이스탄불에 콘스탄티노플이라는 로마 제국의 새로운 수도를 건립하면서 제 2의 중흥 기를 꾀하고자 했다.

그러나 이러한 노력에도 불구하고, 서기 395년 테오도시우스 황제의 사망이후 제국은 그 아들들에 의해 동과 서로 나눠지게 된다. '유럽 문화의 이분화(The Divergence of European Culture)'를 가져온 이 분할로 인해 로마제국은 콘스탄티노플을 중심으로 한 동로마 제국과 옛 수도인 로마를 중심으로 한 서로마 제국으로 갈라지게 되었다. 그 국경선은 오늘날 보스니아를 중심으로 양 지역으로 분할되었다. 정확하게는 현 세르비아의 수도인 베오그라드 인근 지역인 시르미움(현 스렘스카 미트로비짜(Sremska Mitrovica) 북부지역) 부근의 사바 강에서 몬테네그로와 알바니아 국경에 걸쳐 있는 스카다르 호수에 걸쳐 보스니아와의 경계선을 따라 북에서 남으로 이루어지게 된다.

동·서 로마 제국의 분리는 15세기 이후 시작된 오스만 터키의 지배와 함께, 유고슬라비아 지역 그 중에서도 그 분리선에 자리하고 있던 보스니아 역사와 사회, 문화에 매우 크고도 중요한 영향을 미쳤다고 할 수 있다. 특히, 역사적 관점에서 보스니아를 경계로 한 로마 제국의 분리는 20세기 말 이 지역을 중심으로 일어난 수차례의 분쟁들, 그리고 21세기 현재까지도 이 지역에서 여전히 진행되고 있는 민족 갈등, 충돌의 씨앗들을 제공하였다고 볼 수 있을 것이다.

로마가 동로마와 서로마로 분리된 이후 보스니아가 동·서 로마의 경계선에 위치하게 됨으로써, 이 지역에는 양 로마 제국의 문화적 차이로 인한 종교적 이원화가 구축되게 된다. 즉, 이후로 보스니아의 서쪽 지역에는 서로마를 축으로 한 로마 교회(훗날 가톨릭으로 발전)의 영향력이 확대되었고, 동쪽에는 동로마 제국(비잔틴 제국)의 콘스탄티노플 교회(훗날 정교로 발전)가 이후 새로운 주인으로 등장하게 될 남슬라브 민족들의 민족 문화 정체성 형성에 중요한 영향을 미치게 된다. 실제, 313년 콘스탄티누스의 밀라노 칙령에 따라 크리스트교가 공인된 이후 초기 크리스트교는 로마 제국의 보호와 여러 혜택으로 비약적인 발전을 이루었다고 할 수 있다. 325년 니케아 공의회에서 크리스트교 사제들은 여러 교회들 중 크리스트교의 3대 교회로 로마, 알렉산드리아, 안디옥 교회를 확정짓고, 예루살렘 교회에게 3대 교회에 버금가는 권위를 부여하는 결정을 내리게 된다. 이어 381년 콘스탄티노플 공의회에선 로마의 새로운 수도로 건설된 콘스탄티노플 내 콘스탄티노플 교회를 로마 교회 다음 서열로 한다는 내용을 발표하기도 하였다. 이어서 451년 열린 '칼케돈 공의회'를 통해선 5개의 대주교 관구(로마, 콘스탄티노플, 알렉산드리아, 안디옥 그리고 예루살렘)를 그 순서에 따라 권위를 부여한다는 교회령을 확정 짓게 된다. 콘스탄티노플 교회의 성장은 동·서 로마 분리 이후 서로마의 멸망과 뒤이은 로마 교회의 침체, 그리고 무엇보다도 유일한 로마 제국으로 남겨진 동로마 제국(비잔틴 제국)의 영향력이 커진 데서 기인했다고 볼 수 있다. 또한 이 분리 선은 이후 로마 문화와 비잔틴 문화, 라틴 문자를 사용하는 민족과 키릴 문자를 사용하는 민족 간의 경계선으로, 그리고 15세기 이후로는 오스만 터키 제국과 합스부르크 제국 간의 경계선으로 바뀌게 되었으며, 현대에 들어와서는 발칸 분쟁의 주요 원인이라 할 수 있는 민족 간의 문화, 종교적 이질성을 나타내는 분단선으로 발전하게 된다.

동·서 로마 분리와 함께 이루어진 로마의 경제, 군사적 분열은 특히 서로마 제국을 급격히 약화시키게 된다. 당시 훈족의 침략을 피해 북쪽으로부터 이주해 내려온 게르만족을 비롯한 여러 이민족들은 동, 서 로마의 전 지역을 침략해 들어오기 시작하였다. 특히 4세기 로마 제국의 쇠락 속에, 보스니아 북부지역에서 치러진 고트족과의 수차례 전투에서 로마군은 연 이은 패배를 맛보아야 했다. 그리고 동·서 로마가 분리된 이후에 들어와, 고트족들은 다뉴브 강을 따라가며 동·서 로마의 여러 도시들을 약탈해 나갔다. 이러한 고트족들의 침략은 493년까지 이어졌으며, 그 침략의 범위가 동·서 로마의 내륙지방은 물론 아드리아 해 달마티아의 여러 도시들에게까지 이르게 된다. 서기 448년 오늘날 헝가리에 자리를 잡게 된 아시아 유목 민족인 훈족은 세르비아의 시르미움과 슬로베니아의 에모나(Emona, 오늘날 류블랴나)를 파괴하였다.

게르만족 등 계속된 이민족들의 공격으로 무너진 서로마 제국과는 달리, 동로마 제국은 제국내 거주하고 있던 여러 원주민들의 도움과 서로마 제국에 비해 상대적으로 약했던 이민족들의 침략으로 인해, 서로마 멸망 이후에도 오스만 터키에 의해 수도인 콘스탄티노플이 점령된 1453년까지 제국의 운명을 유지할 수 있었다. 특히 동로마 제국은 유스티니아누스 1세 황제 시기에 이민족 침략자들을 발칸지역에서 몰아내고, 오히려 서로마 일부 지역을 재정복하는 데 성공함으로써 동로마 제국의 부흥을 이루게 된다. 또한 그는 페르시아와 치렀던 여러 차례 전쟁을 승전한 이후 동방으로 세력을 계속해서 확장해 나갔고, 자신을 국가권력의 중심뿐만 아니라 교회의 정신적 구심점으로 승격시킴으로써 종교와 정치의 일치를 추구해 나갔다. 이러한 교권과 왕권 일치사상은 정교를 받아들인 이 지역 남슬라브족들에게 자신의 국가와 민족의 운명을 종교의 운명과 동일시여기는 의식을 심어주게 되었고, 이는 훗날 종교가 이 지역에서 극단적 민족주의의 도구로 전락되는 데 매우 중요한 영향을 미치게 하였다고 할 수 있다. 하지만 동로마 제국은 유스티니아누스 황세사후 페르시아의 대반격과 더불어, 6-7세기에 걸쳐 보스니아를 비롯한 발칸유럽으로 이주해 내려온 남슬라브족들이 점차 동로마 제국의 영향력에서 벗어나 자신들의 독립 중세왕국을 수립해 나감에 따라 점차 세력이 약화되게 간다.

결과론적으로 동·서 로마의 분리는 보스니아와 발칸유럽 역사에 있어 매우 중요한 의미를 지니고 있으며, 현재까지 발칸 지역에서 진행되고 있는 불행의 씨앗이 되었다고 언급할 수 있다. 로마가 동로마와 서로마로 분리된 이후, 보스니아는 동·서 로마의 경계선에 위치함으로써 양 지역의 문화적 차이가 이 지역의 종교적 이원화를 만들어냈다. 보스니아의 서쪽 지역은 서로마를 축으로 하는 로마 가톨릭의 영향력이 확대되었고, 동쪽지역에선 비잔틴 제국의 영향으로 정교가 이 지역 남슬라브 민족들의 민족문화 정체성 형성에 중요한 영향을 미치게 되었다. 또한 이 분리선은 이후 로마와 비잔틴 문화, 라틴문자를 사용하는 민족과 키릴 문자를 사용하는 민족, 그리고 오스만 터키 제국과 합스부르크 제국간의 경계선으로 바뀌어가며, 보스니아 및 발칸분쟁의 배경으로 작용하는 민족 간의 문화적, 종교적 이질성을 나타내는 분단선으로 발전하게 된다.

3) 보스니아 중세 왕국과 보스니아 교회

10세기 중엽 비잔틴 제국 황제였던 콘스탄틴 7세의 기록물들 중, 특히 소아시아와 발칸 반도의 정치-지리적 특징들이 담겨진 '제국의 행정'편에 따르자면[202], '보스니아'란 지명은 그리스어로 '보소나의 작은 나라(A Small Country of Bosona/ *χωρίον Βοσώνα*)'란 말로 최초 묘사되고 있다. 또한 14-15세기에 완성된 것으로 추정되는 '두클리야의 사제 연대기(Chronicle of the Priest of Duklja)'[203] 에서는, 오늘날 몬테네그로 아드리아 해안 지역의 중요 도시인 바르의 로마 가톨릭 대주교(재임 1172-1196)가 753년부터 슬라브인이 거주하고 있던 지역을 보스니아라고 문헌에 언급했다고 기록하고 있다. 또한 로마 제국 당시 보스니아 강을 중심으로 한 주변 지역을 '보시니아(Bossina)'

---

202) 10세기 당시, 소아시아와 발칸반도의 역사, 정치 상황 및 당시 여러 문화적 풍물들을 기록해 놓은 콘스탄틴 7세의 여러 기록물들 중 '제국의 행정(On the Administration of the Empire, De Administrando Imperio/ *Πρὸς τὸν ἴδιον υἱόν Ρωμανόν*)'편에선 비잔틴 제국 내부의 정책 방향이 담긴 제도들과 외부 적들과의 전투 및 그 묘사 그리고 지리적 특징들을 잘 기록해 놓은 것으로도 유명하다. 콘스탄틴 7세의 다른 기록물들에 대해선 본 책 '제 1장. 종교와 문화의 모자이크, 발칸유럽의 역사 개관 (I)'의 '제 3절. 중세 I(7C~14C) : 슬라브족의 이주와 남슬라브족 왕국들의 크리스트교화' 부분을 참조할 것.

203) '듀클리야의 사제 연대기' 혹은 '두클리야 연대기(Chronicle of Dioclea)'로 불리는 이 고문서는 초기 슬라브어로 기록되었을 것으로 추정되나 현재 초기 문헌이 존재하지는 않고 있으며, 대신 16-17세기 당시 라틴어로 써진 문헌을 통해 당시 시대상 등을 확인할 수 있다. 책의 내용에는 고대 게르만족의 일파인 고트족의 역사, 전설화시킨 성 콘스탄틴 삶의 기록, 두클리야의 크리스트교화된 슬라브족과 교회에 관한 이야기, 오늘날 헤르체고비나 지방의 동남부, 몬테네그로 북서부 해안에 자리했던 고대 남슬라브족 부족 국가인 트라부니아(Travunia) 역사, 세르비아 중세 왕국의 전신인 라쉬카 공국의 대족장이자, 두클리야 및 보스니아의 군주였던 성 요반 블라디미르(Jovan Vladimir, 990-1016, 재위 1000-1016) 성인전, 두클리야 공국의 역사 등이 기록되어 있다. 하지만, 비록 이 책이 초기 남슬라브족의 문화상과 신화적 여러 특징들을 기록하고 있음에도 불구하고, 역사적 허구와 불일치가 다수 담겨져 있다는 이유로, 오늘날 남슬라브 역사를 연구하는 학자들 사이에선 그 근거를 둘러싸고 그리 큰 비중을 차지하고 있지는 못하고 있다.

라 불렀다고 언급되고 있다.[204]

이러한 여러 학설들을 기초로 살펴보았을 때, 중세 보스니아 민족은 보스니아 북부에서 사라예보를 통과하는 보스나(Bosnia/ Bosna)강을 중심으로 형성된 남슬라브 민족 집단에서 기원되었다고 할 수 있다. 보스니아내 남슬라브 민족은 6세기 말과 7세기 초를 거치며, 작은 부족단위로 정착하여 갔으며, 초기 비잔틴 제국의 역사서에 따르자면 남슬라브족 일파인 세르비아인, 크로아티아인과 구별되지 않은 채 거주하였음을 확인할 수 있다. 보스니아에 정착한 이들 남슬라브족은 다른 지역에 정착하게 된 남슬라브족 일파들처럼 중앙 집중적 국가 형태를 갖추기 보다는 대족장인 '쥬판'을 중심으로 '쥬파'라 불리는 작은 국가단위체들을 지닌 연합체 성격을 지니며 발전하게 된다. 당시 보스니아내 남슬라브족들은 다신교 및 토템 신앙에 기초한 여러 신들을 모시고 있었으며, 특히 그러한 신들중 최고의 신으로 간주되는 '페룬(Perun)', 즉 천둥과 번개의 신을 다수가 섬기고 있었다. 실제, 이러한 고대 남슬라브인들의 신앙은 오늘날 시넹에까지 그 흔적을 남기고 있는데, 대표적인 것으로는 보스니아에 있는 '페룬 산(Perunova Gora)'등을 들 수 있다.

10세기부터 12세기까지 중세 왕국이 수립되기 이전까지 보스니아는 세르비아, 크로아티아, 불가리아 그리고 1018년 이후 불가리아를 병합한 비잔틴의 세력 하에 놓여 있었다. 그리고 이후로도 보스니아는 1137년 이후로 보스니아 지역에 영향력을 미치기 시작한 헝가리 왕국과 비잔틴 제국의 지배를 번갈아가며 받아야만 했었다. 이러한 외세 영향력을 통해 보스니아내 남슬라브족들과 로마 제국 쇠퇴 후에도 잔존해 남아있던 일리리아인들은 점차 크리스트교화가 되었지만, 보스니아가 자리한 지정학적 위치로 인해 동유럽에서 가장 늦게까지 이교도가 잔존하고 크리스트교화가 되게 된다. 이와 함께, 크리스트교화 이후에도 보스니아 민족들

---

204) 보스니아 초기 역사와 역사적 논쟁들에 대해선 Noel Malcolm, *Bosnia A Short History*, (New York University Press, 1994) 참조.

의 삶과 문화, 특히 종교적 신념 등은 동·서 교회의 접합 점에 자리한 지정학적 위치와 잦은 외세의 지배의 영향력 변화로 인해 큰 영향을 받게 되었다. 당시 헝가리와 크로아티아는 강력한 가톨릭 국가를 지향하고 있었고, 반면 비잔틴 제국과 세르비아, 불가리아는 이와는 반대로 정교 국가로써 발칸반도 지역의 정교 문화권 확산에 힘을 쏟고 있었다. 따라서 지배세력의 잦은 교체와 더불어 양대 크리스트교의 빈번한 영향력 변화는 보스니아인들에게 있어 종교적 신앙에 대한 회의감과 함께 낮은 수준의 종교적 신념을 지니게 하였고, 이후 출현하게 될 중세 왕국에 대한 충성심 약화로 이어졌다고 할 수 있다. 실제, 보스니아의 각 지역들에는 종교적 신앙심과는 별개로 험준한 산악 지대에 따른 고립으로 인해 고유한 토템 종교들과 함께 기득권 유지에 급급한 귀족(반 Ban)들에 따른 분권화 전통들이 다른 주변 국가들에 비해 무척이나 강했었다. 이러한 전통과 역사적 배경은 낮은 종교 신앙심과 함께 훗날 보스니아 중세 왕국이 중앙 집중적 국가통합을 이루는데 여러 어려움을 주게 된다.

9세기 이후 전파된 크리스트교는 보스니아의 지정학적 위치에 따라 양대 크리스트교 선교사들의 치열한 교세 확장 다툼을 불러왔고, 그 결과 이들 양 교회의 특징과 의식이 접목된 연합교회가 존재하였다. 하지만 점차 비잔틴 등 정교 세력권 약화와 함께, 본격화 된 헝가리의 영향력에 따라 보스니아내 종교는 로마 가톨릭의 영향력 확대로 이어지게 된다. 초기 가톨릭은 주로 크로아티아와 접한 아드리아해 달마티아 연안 지역을 중심으로 확대되다가, 12세기 보스니아 중세 왕국이 성립되기 이전 이미 보스니아 북부와 중부지역에 그 토대를 마련하게 되었다. 반면, 오늘날 헤르체고비나로 불리는 훔지역은 1168년부터 1326년까지 중세 세르비아 왕국 하에서 정교회의 영향을 받았으며, 특히 1219년 세르비아 정교회가 독립교구로 인정됨과 동시에 이들 지역의 교회들은 세르비아 대교구 밑에 편입되게 된다.

이처럼 보스니아 지역은 동·서 로마 제국의 경계선과 양대 교회가 서로 관통하는 지역으로서 양 지역의 문화나 종교 중 어느 하나가 주도적인 세력으로 성장할 수 없던 지역이라 할 수 있다. 그리고 이러한 배경에 따라 형성된 보스니아내 크리스트교 교회들의 모호한 정체성은 '보스니아 교회(Crkva Bosanska)'등으로 불리며, 양대 크리스트교 국가들의 공공의 적으로 내몰리는 결과를 불러왔으며, 종교, 문화적 고립을 낳게 하였다.[205]

중세 왕국 당시, 가톨릭, 정교, 보스니아 교회 등으로 나눠진 보스니아 내 종교들은 종교적 신념에 따른 성장, 발전보다는, 험준한 지형에 따른 지역적 폐쇄성과 지배 민족 종교의 영향에 따라 선택, 구분되었다고 볼 수 있다. 중세 왕국 당시 가톨릭은 보스니아의 서부와 북부지역에 확대되어 있었고, 코트로마니치 이후론 도시를 중심으로 중부 보스니아에까지 그 세력을 뻗치게 된다. 반면 정교는 훔 지역을 기반으로 세르비아와 국경지대인 남부와 동부에 주로 퍼져있었다. 그리고 보스니아 교회는 중부와 헤르체고비나 지방의 네레트바 강을 따라 그 기반을 형성하고 있었다. 하지만 강력한 가톨릭 혹은 정교로 무장된 이웃 국가들과는 달리, 보스니아 내 민족들은 빈번한 외세 침략에 따른 지배 계층의 변동과 제대로 된 교육이 부족한 성직자들로 인해 주변 크리스트교 민족들로부터 이교도 일파라는 여러 오해와 강력한 견제를 받아야만 했었다.

특히, 애매모호한 교리와 예배의식을 지녔던 중세 보스니아교회는 주변 크리스트교 국가들에겐 주요 척결 대상이었다고 할 수 있다. 이를 둘러싼 대표적 논쟁들은 여러 중세 문헌들과 보스니아 지역에 남아있는 스테차크라고 하는 중세 묘비에 관한 해석의 차이에서 비롯된 것으로 보인다.[206] 우선 안드리치(Ivo Andrić)를 비롯한 구유고슬라비아의 많은 학자들, 그리고 오볼렌스키(Dmitri Obolensky)와 싱글톤 등의 학자들은 보스니아 교회를 이원론적이거나 신 마니교(Neo-Manichaeism), 혹은 보고밀교와 파타네

205) 김성환, "보스니아 무슬림의 종족 기원연구," 『동유럽 연구』, Vol. 7, (한국외국어대학교 동유럽발칸연구소, 1998). p. 62.

206) Ibid., p. 63.

리교(Patareni)라 주장하고 이를 이단으로 규정하였다.[207]

하지만 발칸유럽 역사 전문가들인 파인(John V. A. Fine), 핀션(Mark Pinson) 그리고 도니아(Robert J. Donia)등은 성신과 삼위일체, 교회건물, 십자가, 성인예배, 종교예술, 구약성경을 중시라는 여러 증거를 통해 볼 때 기본적으론 보스니아 교회가 가톨릭 이론과 예배 형식을 유지해 왔다고 주장하고 있다. 이들의 주장에 따르자면 보스니아 교회가 이단으로 몰리게 된 배경은 당시 보스니아 지역으로 확대하려는 헝가리와 세르비아의 의도에서 비롯된 것이며, 또한 이러한 양대 크리스트교의 배척과 핍박은 결과적으론 오스만 터키가 보스니아를 지배한 이후로 보스니아인들의 무슬림 개종에 많은 영향을 미쳤다고 할 수 있다.[208]

실제, 로마 교황의 허락 아래 자행된 보스니아로의 헝가리 십자군 파견(1235-1241)은 그 나마 확대되고 있던 보스니아 지역에서의 가톨릭교에 대한 보스니아인들의 반감을 불러왔으며, 결과적으로 가톨릭교회의 쇠락과 제대로 된 교육을 못 받은 성직자들로 인해 비(非)크리스트교 의식들이 보다 확대되었다고 할 수 있다.[209] 하지만, 무엇보다도 보스니아인들이 오스만 터키의 지배 이후 이슬람을 받아들이고 급격하게 무슬림으로 전향하게 된 배경에는 당시 중세 보스니아 왕국의 종교정책에서 기인한다 하겠다. 보스니아 중세 왕국은 보스니아가 지닌 지정학적 위치와 양대 크리스트교간의 복잡한 이해관계로 인하여 어느 한 종교에 대한 추종이 아닌

---

207) 보고밀은 3세기 메소포타미아 지역에서 발생한 마니교(Manichaeism)로부터 13세기 프랑스 남부인 알비(Albi)지방의 알비주의파(Albigenism)까지 그 맥을 같이 하고 있으며, 신마니교로도 불린다. Fred Singleton op. cit., p. 159; Ivan Božić, Sima Ćirković, Milorad Ekmečić and Vladimir Dedijer, op. cit., pp. 77-78; 불가리아에서 발생한 보고밀교는 10세기말 세르비아에 전파되었으나, 네마니치 왕조의 정교회 영향으로 인해 박해를 받았고, 이후 보스니아로 전파되어 내외적인 압력과 불화에도 불구하고 그곳에서 정착하는데 성공함으로써, 오랜 기간 동안 보스니아와 그곳 보스니아인들에게 큰 영향을 미쳤다. 이보 안드리츠 (저), 정근재 (역), 『보스니아 종교 문화사』, (문화과학사, 1998).

208) John V. A. Fine, op. cit., (1994), pp. 5-8.

209) Francine Friedman, *The Bosnian Muslims. Denial of a Nation*, (Boulder: Westview Press, 1996), p. 16.

종교적 관용정책을 추진하였다. 이것은 보스니아의 귀족들과 주민들이 종교적 신앙과 그 충성보다는 각자 이익에 따른 자유로운 종교개종에 별다른 거부감을 지니지 않는 결과로 이어지게 하였다.

보스니아 중세 왕국은 트브르트코 1세 시기 최대 전성기를 맞이하게 되었으며, 이후로 왕국 지배자는 봉신의 의미를 지니고 있던 반의 칭호 대신, 왕을 의미하는 크랄뤼이(Kralj)라는 칭호를 붙일 수 있게 되었다. 실제, 트브르트코 1세는 '세르비아, 보스니아, 달마티아, 크로아티아와 인근 해안도시의 왕(Kralj Srba, Bosne, Dalmacije, Hrvatske i primorja)'으로 불리며 중세왕국의 최대 전성기를 이루게 된다. 하지만, 오스만 터키의 침략은 중세 왕국의 커다란 위기를 가져왔으며, 1451년 오늘날 사라예보인 브르흐보스나(Vrhbosna)가 터키 군에게 점령당하자, 보스니아는 로마교황과 헝가리에게 도움을 요청하는 상황에 처하게 된다. 로마 교황과 헝가리는 지원 조건으로 보스니아 교회의 해체를 요구하였으며, 그 결과 보스니아 교회의 성직자들은 가톨릭으로 강제 개종과 추방이 결정되었다.[210] 하지만, 보스니아 중세 왕국은 1527년까지 저항한 야이쩨(Jajce) 지역을 제외하고, 1465년 왕국 거의 대부분이 터키 지배 하로 넘어가면서 사라지게 되었고, 그 결과 보스니아는 기존의 가톨릭, 정교 문화권과 함께 이슬람교로의 유입으로 인해 오늘날 동유럽내에서 대표적인 종교와 문화의 모자이크 지역이자, 종교적 분쟁 지역으로 남게 된다.

---

210) 15세기에 들어와 오스만 터키 제국의 영토 확장에 따른 충돌과 세르비아의 영토회복 움직임으로 인하여 보스니아의 국경은 계속해서 긴장상태에 놓이게 된다. 1430년대 이후 터키 제국의 빈번한 세르비아 침략으로 세르비아 피난민들이 보스니아에 몰려들었고, 이에 따라 보스니아 내에 정교회 신자들의 숫자가 급증하게 되었다. 김철민, op. cit., (2013), p. 131; 또한 이것은 기존의 가톨릭 외에도 정교도의 확대, 그리고 오스만 터키 지배에 따른 이슬람의 유입으로 인해 오늘날 보스니아가 종교와 문화의 모자이크로 불리게 된 배경중 하나가 되었다고 할 수 있다.

4) 오스만 터키의 보스니아 정복과 이슬람 문화의 유입

오스만 터키의 보스니아 점령은 이후 보스니아내 남슬라브족들에게 드라마틱한 역사적 삶과 문화적 충격을 안겨주었다고 할 수 있다. 오스만 터키는 대내적 행정 구역으로써 보스니아란 역사적 이름과 기존 보스니아 왕국의 영토를 그대로 보존해줌으로써, 보스니아 민족의 정체성 보존에 큰 의미를 안겨주었다고 할 수 있다. 실제, 이러한 정책 결정은 오스만 터키 제국의 발칸 반도내 행정 구역에 걸쳐 거의 유일한 조치였다는 점에서, 오스만 터키가 보스니아의 전략적 중요성을 어떠한 의미로 바라보았는지 확인할 수 있을 것이다. 실제 보스니아 지역은 오스만 터키 지배 하에서 1580년 이래로 '보스니아 에얄레트(Bosnia Eyalet/ Eyalet-i Bosna, 혹은 Bosnia Beylerbeylik/ Bosna Beylerbeyliği)'로 불리며, 터미 지배 하에서 새롭게 만들어진 사라예보를 중심으로 급속하게 발전하게 된다. 하지만, 1683년 제2차 비엔나 전투 실패 이후 오스만 터키의 유럽 원정은 마감되었고, 특히 1699년 맺은 '스렘스키 카를로브찌 조약'을 전후로 계속된 오스트리아와 크리스트교 국가들의 침략으로 수도 사라예보가 불태워졌으며, 그 결과 1703년 터키 제국의 지방 행정 수반인 '파샤(Pasha/ Paša)'의 주거지가 사라예보에서 트라브니크(Travnik)로 이전되는 상황으로까지 이어졌다(1850년 사라예보로 재이전).

실제 아드리아해의 두브로브니크 등 일부 달마티아 지방과 몬테네그로 산악 지대 일부를 제외한 발칸유럽 대부분을 정복하는 데 성공한 오스만 터키는, 셀림 2세(Selim II, 1524-1574, 재위 1566-1574)시기 이후부터 정복 전쟁의 한계에 봉착하게 된다.[211] 특히, 오스만 터키는 종교 전쟁 종결 이

---

211) 셀림 2세는 1571년 사이프러스 섬 등 일부 지중해 연안을 장악하지만, 동년 10월 레판토 해전에서 신성 동맹군과 스페인 그리고 베네치아 연합함대에 대패함에 따라, 해군력을 완전히 상실하게 된다. 이런 가운데, 서유럽 국가들은 1648년 베스트팔렌 조약에 따라 종교전쟁을 종결시키며 육상에서도 오스만 터키 군에 저항할 힘을 구축하게 된다. 실제, 독일 북서부에서 조인된 이 조약은 서유럽의 종교분쟁을 종결시키고 민족국가의 탄생 기틀을 마련했다는 의미를 지니고 있다. 또한 로마 교황의 세력 약화와 함께, 중앙

후 치러진 제 2차 비엔나 전투 실패 이후, 1697년 합스부르크와 폴란드, 러시아, 베네치아 연합군에게 또한 대패함으로써 헝가리에서의 영향력을 완전히 상실하게 된다. 그리고 뒤이어 1699년 맺어진 스렘스키 카를로브찌 조약에 따라 보스니아는 합스부르크 제국과 오스만 터키간의 경계선에 자리하게 되었으며, 서유럽 제국 군대의 침공을 막는 최후 방어선으로서의 그 중요성이 확대된다.

앞서 설명처럼, 중세 보스니아의 가톨릭, 정교 그리고 보스니아 교회는 여러 역사적, 지정학적 이유들로 인해 주변 국가들에 비해 체계적인 종교의식과 종교적 정체성을 지니지 못하고 있었다. 로마 가톨릭에서 정식으로 인정하고 있던 보스니아 주변의 가톨릭 교구들은 크로아티아 내륙으로 헝가리와 접해있는 슬라보니아, 혹은 아드리아 해 두브로브니크에 위치해 있었다. 이들 지역은 당시 보스니아와 지리적으로 단절된 곳으로 이들의 체계적인 교육 노하우와 목소리가 보스니아로 거의 반영되지 못하고 있었다. 따라서 보스니아의 가톨릭 신도들에 대한 영향력을 행사하기 힘들었고, 그 역할 또한 미비하였다. 보스니아내 정교 또한 강력한 후원세력인 세르비아와 비잔틴 제국이 오스만 터키에 의해 위협을 받고, 점령됨에 따라 지역 내에서 역할 자체가 무의미한 상태였다. 보스니아 교회는 상황이 더 심각하여 주변 크리스트교 민족들에게 이교도로 몰리고 있었으며, 특히 오스만 터키의 위협 속에 헝가리와 로마 가톨릭의 주문에 따라 보스니아 중세 왕국의 지원마저 단절되자 15세기 중엽 이후로 거의 소멸될 위기에 처해있었다. 보스니아의 상당 수 민족들은 그들의 생애 동안 자신들이 믿고 있다 간주하는 종교 성직자들을 거의 보지 못하였고, 그 결과 종교 무관심이 확대되었다고 할 수 있다.[212] 이것은 오스만 터키 지배와 이슬람 확산에 따라 보스니아내 민족들이 터키의 지배를 받게 된 주변 타 민족들에 비해, 종교를 쉽게 버리고 현실적 지원이 확실한 이슬

집중 국가 탄생 배경이 되게 된다.

212) John V. A. Fine, op. cit., (1994), p. 13.

람을 선택하게 되었는지에 대한 해답이 될 수 있을 것이다.

보스니아내 크리스트교 남슬라브인들이 무슬림으로 대규모 개종하는데 있어 또 다른 중요 요인은 이들 개종자들이 자신들의 이득과 실리를 찾아 개종을 추진하였다는 점이다. 귀족들은 과거 왕국 하에서 자신들이 누려왔던 기득권을 계속 유지하기 위해, 또 일반 평민들은 오스만 터키가 이슬람 개종자들에게 제안한 세금혜택과 관리 임용 등 여러 사회적인 특혜를 얻기 위해 이슬람으로 개종하였다. 이에 따라 보스니아는 이웃 정교 국가들과 달리 인종적으로는 남슬라브인이지만 종교적으로는 이슬람을 믿는 무슬림 지배 계층을 지니게 되었다. 크리스트교에서 이슬람으로 개종한 이들 보스니아 무슬림들은 오스만 터키의 어느 지역의 개종자들보다도 이슬람에 대해 적극적이었고, 토지와 재산에 대한 집착이 무척 강하였다. 실제, 험준한 산악지대가 대부분인 보스니아는 경작지가 매우 협소하였으며, 따라서 보스니아 내 귀족들은 다른 어느 지역들의 귀족들보다도 자신들의 토지에 대한 애착이 매우 강하였고, 이를 소유하기 위한 권력유지에 매우 집착하였다고 볼 수 있다.

이보 안드리치는 이에 대해, '기존 보스니아 왕국의 귀족들이 1528년 보스니아 최후의 방어 요새였던 야이쩨가 함락된 이후 가속화된 오스만 터키의 이슬람화(Islamizacija) 정책에 호응해 무슬림으로 개종하여 이전의 토지와 권력을 계속 지킬 것인가?' 혹은 '이전의 종교와 사라져 버린 왕국에 대한 믿음과 충성을 지킴으로써 아무 재산과 권력도 없는 크리스트교 농민계급으로 전락할 것인가?'라는 기로에서 대부분이 전자의 선택을 선호하였다고 말하고 있다.[213] 이러한 배경에는 무라드 1세(Murad I, ?-1389, 재위 1362-1389) 이후 오스만 터키가 초기 발칸유럽을 공략하면서 채택한 정복 방식에서 비롯된다고 볼 수 있다. 1360년 오스만 터키의 술탄의 자리에 오른 무라드 1세는 1361년 아드리아노플을 점령해 새로운 수도로 삼은 이후, 유럽원정에 더욱 더 적극적인 노력을 기울였다. 무라드 1

213) 이보 안드리치 저. 정근재 역, op. cit, pp. 43-50.

세는 1364년 로마 교황이 주도하였던 십자군들을 마리짜 강에서 격파하고, 1366년엔 불가리아의 대부분을 장악한 후 발칸유럽에서의 지배권을 더욱 확립시켜 나가게 된다. 1389년 6월 코소보 전투에서 세르비아 군을 중심으로 한 10만 크리스트교 연합군을 패퇴시키며 사망하였던 무라드 1세는 문화와 종교적으로 상이점을 보였던 발칸유럽을 점령해 가면서 직접 통치 방식보다는 유사시에 군대와 물자 지원을 조건으로 기존 군주를 인정해주는 간접 통치방식을 채택하였다. 이는 적은 비용으로 필요한 물자와 정복을 위한 군사력 양성을 충당할 수 있다는 장점과 더불어, 정복 이후 따르는 피지배 세력들의 끈질긴 저항도 피할 수 있다는 이점을 안고 있었다. 이처럼 이슬람으로 전향한 혹은 그에 복종하는 기존 군주의 생명과 재산을 보장해주고, 정복 지의 문화와 전통을 인정해주는 무라드 1세의 통치 방식은 이후 16세기 발칸유럽을 완전히 복속하기 이전까지 오스만 터키의 기본 정책으로 정착되게 된다.

오스만 터키의 보스니아 지배는 실제 정치, 사회, 경세 등 여러 면에서 많은 변화와 영향들을 남기게 된다. 오스만 터키의 보스니아 지배는 무엇보다도 우선 기존의 종교분포에 일대 변화를 가져다주었다. 오스만 터키는 민족에 따라서 사람들을 분류하지 않았다. 즉, 그들은 자신들이 지배하게 된 세르비아, 크로아티아 그리고 보스니아 내 민족 등을 단지 종교적 집단만으로 구분해 놓았고, 이 당시 기록 또한 단지 종교에 따라 그 당시 사람들을 분류해 기록하고 있음을 확인할 수 있다. 이러한 기록을 근거로 살펴볼 때 보스니아 중세왕국에 의존하던 보스니아 교회는 왕국의 소멸로 인해 존립기반이 크게 흔들렸고, 미약한 조직과 신앙 속에서 유지해오던 가톨릭과 정교 등 크리스트교 세력들도 그 세력과 활동이 이전보다 훨씬 더 위축되게 되었음을 확인할 수 있다. 이에 반하여 새로운 지배세력으로 부상한 오스만 터키의 종교정책에 따라 이슬람교로 개종한 무슬림들의 세력과 영향력이 계속해서 확대되게 된다. 오스만 터키 초기 보스니아 내에서 이슬람화의 배경은 소아시아 지역으로부터 이슬람교를 신봉하는 터키인들의 이주와 다른 오스만 터키 지배지역으로부터 온 무슬림들의 보스니아 정착에 따라 형성된 것이었지만, 이들 대다수는 보스니아에 정착하게 되면서 이 지역의 언어인 세르비아어 혹은 크로아티아어를 습득하게 되었으며, 점차 슬라브화 되어 갔다. 오스만 터키가 보스니아를 정복할 당시 상당수의 보스니아내 크리스트교인들은 아직은 오스만 터키 하로 들어가지 않은 크로아티아 내륙지역과 아드리아 해의 달마티아 지역으로 달아났고, 이들이 떠난 자리는 곧 이어 새로 이주해 들어온 이슬람교도들과 오스만의 지배를 벗어나 고향을 떠나야 했던 세르비아 정교도인들의 차지가 되었다.

이와 함께, 상대적으로 정교도 인들의 증가도 눈에 띄는 데, 그 배경에는 이 시기 세르비아 본토로부터 세르비아 정교도 인들의 이주와 함께, 가톨릭이나 보스니아 교회를 믿는 신도들이 오스만 터키 지배 하에서 상대적으로 박해를 덜 받는 그리고 자신들의 크리스트교 신앙을 조금이라도 더 유지하고자 했던 이유에서 찾아볼 수가 있을 것이다.[214] 실제로 정교는 오스만 터키가 가톨릭에 비해 장려했던 크리스트교 집단이었고, 따라서 크리스트교인들이 가톨릭보다 정교를 선택했을 경우 본인들에게 더 나은 이익을 안겨주었다. 정교도인들의 정신적 지주 역할을 했던 콘스탄티노플 교회의 대주교와 그 사제들은 오스만 터키의 지배 하에서 정교도 인들에게 영향력을 행사하며 오스만 터키 지도자들과 대화를 통해 서로간의 이익을 추구할 수 있었다. 반면, 가톨릭의 정신적 지주인 로마 교황은 오스만 터키의 제국 밖에 거주하고 있었고, 오스만 터키를 공격하는 주된 적들의 단결의 구심체 역할을 하고 있었다. 로마 교황은 오스만 터키에 대항해 1443과 1444년에 걸쳐 바르나 십자군을 일으켰으며[215],

---

214) Ibid., p. 14.

215) 1437년 오스만 터키는 1428년에 유럽으로 더 이상 진격하지 않겠다는 헝가리와의 약속을 깨고 세르비아와 헝가리를 침공하였다. 이에 대해 당시 로마교황인 유게니우스 4세(Eugenius IV 1383-1447, 재위 1431-1447)의 제창아래 헝가리군, 세르비아군, 알바니아군 그리고 왈라키아군을 중심으로 바르나 십자군이 결성되어 1444년 비잔틴 지역인 바르나 강에서 무라드 2세(Murad II, 1404-1451, 재위 1421-1444, 1446-

이후에도 계속해서 오스만 터키를 유럽 내에서 몰아내기 위한 십자군을 구성하기 위한 의지를 감추지 않았었다. 이에 따라 오스만 터키 지배하의 보스니아를 기록한 여러 문서들을 통해 오스만 터키의 가톨릭에 대한 박해 그리고 상대적으로 정교에 대한 편애를 곳곳에서 확인할 수가 있다. 실제, 오스만 터키는 보스니아를 점령한 직후 이전의 가톨릭교회 건물들을 정교 교회가 인수하는 것을 묵인해 주거나, 기존의 가톨릭교회에 대한 수리나 증축을 허가해주지 않음으로써 보스니아 내에서 자연스럽게 가톨릭 세력의 약화를 유도하고자 했다. 또한 보스니아 내에서 가톨릭 교도들은 오스만 터키에 대한 과세 외에도 정교 교회에 대한 과세를 내야 하는 이중과세의 고통을 감내해야만 했다. 따라서 크리스트교 신앙을 지키고 과중한 세금으로부터 벗어나기를 원했었던 상당수 가톨릭교도들의 정교로의 전향이 확산되게 되었다.[216)]

오스만 터키 지배 하에서 비(非)무슬림들은 무슬림들과의 사회적 신분과 지위의 격차 외에도 의복이나 상호간의 관계 그리고 경제적인 면에 있어 여러 불이익을 감수해야만 했었다. 비무슬림들은 허락 없이 자신들의 교회를 고치거나 증축할 수도 없었고, 모든 면에 있어 무슬림들에게 우선권을 양보해야 했다. 또한 폭이 넓은 혁대, 의복과 신발 등을 무슬림과 같이해서는 안 된다는 의복 착용에 있어서의 차별을 비롯해 여러 사회적, 경제적 제약과 어려움을 감수해야만 했다. 이에 반해, 오스만 터키의 지배기간 동안 보스니아의 무슬림들은 오스만 터키의 중앙과 지방에서 충실한 공무원으로 또는 제국의 영토를 지키고 확대하는 군사적 역할을 충실히 수행하였다. 이러한 보스니아 내 무슬림들은 비무슬림인을 무슬림으로 개종시켜 제국 팽창에 활용했던 오스만 터키의 독특한 제도로 인해

1451)가 이끄는 오스만 터키 군과 전투를 벌이게 된다. 그러나 이 전투에서 크리스트교 연합군은 무참히 패배하였다. 이후 크리스트교 세력이 오스만 터키 군을 유럽에서 몰아낼 수 있으리라는 확신은 유럽에서 사라지게 되었으며 이와 함께 비잔틴 제국과 발칸 유럽내 크리스트교 민족들에 대한 서유럽 크리스트교 국가들의 지원과 재건 노력 또한 사라지게 된다.

216) Ibid., p. 15.

더욱 더 그 수가 증대되었다. 그 대표적인 제도로는 8세에서 12세사이의 크리스트교 아이들을 강제로 데려다 이슬람교로 전향시킨 후, 능력에 따라 오스만 제국내 공무원과 술탄의 직속부대로 편입시킨 데브쉬르메 제도를 들 수 있다.[217] 이 제도는 이전 오스만 터키가 소아시아를 거쳐 세력을 확장할 즈음, 전투 후 얻게 된 총독 전리품의 1/5가운데 우수한 인적자원을 선발하여 술탄 친위 보병부대인 야니차르를 창설한데서 비롯되었다. 이 부대의 창설배경은 오스만 터키의 구조적인 문제점과 그 맥락을 같이하고 있다. 당시 술탄의 권한은 제국내 모든 영토에 그 영향을 끼치지 못하였고, 속주의 총독이 그 권한을 대행하고 있었다. 따라서 총독들의 반란 가능성이 다분히 내재되어 있었다. 야니차르의 창설은 총독들의 권력 약화와 반란 방지를 목적으로 설립되어, 점차 술탄에게만 충성하는 직속부대로 발전되게 된다. 하지만 이 부대는 실제 운영에 있어 전술적인 교육부재와 적군의 의도에 따른 모반가능성이 높았던 관계로, 1385년을 기점으로 데브쉬르메 제도로 보완되게 되었다. 이 제도는 오스만 터키가 1453년 비잔틴 제국의 수도인 콘스탄티노플을 점령한 이후 특히 활발해졌으며, 면접에 통과한 이들은 소아시아의 아나톨리아지역에 보내져 약 7년 동안 이슬람 언어와 문화 그리고 양식을 습득한 후 당시 오스만 터키의 수도인 짜리그라드로 보내져 군사훈련을 습득하고 의무적으로 이슬람교로 개종해야 했다.[218] 하지만 대부분의 야니챠르들은 이슬람교 개종에도 불구하고 터키인 혹은 자유 이슬람교도들이 아니었던 관계로 일련의 피해의식을 지니고 살아야 했었고, 또한 종교개종으로 인해 고향의 크리스트교 민족들에게도 배척당하였으며, 따라서 이들은 술탄에 대한 충성을 통해 신분과 생명을 보장받는데 주력해야만 했다.

오스만 터키의 독특한 제도인 이러한 데브쉬르메 제도는 오스만 터키가 크리스트교인들의 두뇌와 인력에 기초하여 제국을 유지하였다는 측면

217) Fred Singleton, op. cit., pp. 37-38.

218) 김성진, 『발칸분쟁사』, (우리문학사, 1996), pp. 32-33.

에서 매우 흥미로운 요소를 지니고 있다고 할 수 있다. 오스만 터키는 출신에 있어 크리스트교인이었던 이들을 제국을 유지하는 주요 군사, 행정 분야에서 활용하는 대신에, 터키인을 포함 자유 이슬람교도들은 사법, 종교 그리고 교육 기구에 전념하도록 하였다. 오스만 터키에서 이슬람으로 전향한 크리스트교 출신들에 대한 대우와 지위는 당시 서유럽에서의 기준으로 볼 때 매우 좋은 편이었다. 우선 이들은 술탄을 비롯해 자신의 지배자에 대한 충성을 약속할 경우, 매우 폭 넓은 자유권과 신분 상승을 약속 받을 수 있었으며, 따라서 비록 기록들 가운데서서 서로 상이한 점이 발견되곤 있지만 대체로 오스만 터키 내 일부 크리스트교 부모들은 자신의 아들이 출세하기 위한 중요 수단으로써 데브쉬르메 제도를 활용하기를 원했던 것으로 보인다. 이러한 제도에 대해 당시 자료들은 극단적으로 묘사하고 있는 데, 일부 크리스트교 부모들은 아이의 징집을 막기 위해 아이를 자해하거나, 일찍 조혼시키기도 했다. 하지만 일부는 아들의 출세를 위해 좋은 기회라는 점을 들어 무슬림 관료들에게 아이를 직극 추천하기도 했다. 아무튼 이 제도를 통해 볼 때 이슬람의 오스만 터키 제국이 크리스트교인들의 두뇌와 인력에 기초해 제국을 팽창시켜 나갔다는 것은 역사의 아이러니라 할 수 있다.

실제 통계자료에 따르더라도 오스만 터키가 실제 이들 비이슬람 교도들을 매우 중요시 여겼다는 점을 확인하게 되는 데, 오스만 터키의 전성기라 할 수 있는 1453년부터 1623년까지 술탄 바로 아래 직위에 해당하는 대(大)베지르를 역임 하였던 47명 가운데 5명만이 터키인 출신이었고, 나머지 42명은 모두 이민족 출신이었다는 점에서도 확인할 수 있다. 그 나머지 42명의 출신을 살펴볼 경우, 11명은 알바니아인, 11명은 보스니아 출신을 포함해 남슬라브인, 6명은 그리스인, 그리고 나머지는 이태리인, 조르지아인, 아르메니안등 여러 비터키인들로 구성되어 있었다.[219] 페르디난드 쉐빌에 따르자면 15세기 당시 오스만 군대의 상당수는 비(非)정규군 형

219) 이정희, op. cit., pp. 131-132.

태를 띠고 있었으나, 상비군으로 야니챠르와 스파히를 두고 있었다. 전자는 보병부대로써 1만 2천여 명에서 1만 4천여 명에 달하였으며, 여러 전투에서 훌륭한 전과를 세워 서유럽 제국 군대들에게 두려움의 대상이 되었다. 반면 후자는 기병부대로써 1만 여명에서 1만 2천여 명으로 구성되었으며, 한 명의 스파히가 4명의 기수와 함께 조직되어 전투에 참가하였다. 오스만 터키의 전체 보병과 기병의 수는 6-7만 명 선으로 당시 서구의 웬만한 정규군보다 훨씬 더 많은 수로 구성되어 있었다. 특히 주로 크리스트교 용병으로 구성된 야니차르들은 15-16세기에 걸쳐 무라드 2세 시기에 들어와 제국 내 중요성에 비추어 수적으로 매우 크게 성장하였으며, 이후 이들은 제국의 운명에 중요한 영향을 끼치게 된다.[220]

데브쉬르메 제도에 의해 끌려 온 크리스트교 아이들 중 보스니아와 관련된 중요 인물로는 세르비아와 접경을 이루고 있는 비쉐그라드 출신인 메흐메드 파샤 소콜로비치(Mehmed-Paša Sokolović 1505/1506-1579, 대베지르 1565-1579)를 들 수 있다. 그는 야니차르 출신으로 전쟁터에서 여러 차례의 놀라운 전공을 세워 술탄 바로 밑의 최고 행정 관료인 대 베지르 직위에까지 임명되게 된다. 그는 후에 노벨 문학상 수상작인 이보 안드리치 작품 '드리나 강의 다리'의 소재가 되었던 드리나 강의 다리를 그의 고향인 비쉐그라드에 건설하여 세르비아와 보스니아 지역 간의 연결과 강을 경계로 서로 떨어져 살았던 정교도 세르비아인과 보스니아 무슬림간의 교류에 많은 도움을 주기도 했다. 또한 그는 1557년 세르비아 정교회의 총 본산지였던 페치 대교구(Pećka patrijaršija - 코소보에 위치)의 지위를 오스만 터키 지배 이전 상태로 격상시켜 주었다. 이후 소콜로비치는 새로 재건된 페치 대교구 수장으로 그의 형제인 마카리예(Makarije)를 임명하고, 이어 그 직위를 계속해 두 명의 조카(안토니예, Antonije, 게라심, Gerasim)가 잇게 하였다.[221] 이러한 조치들은 비록 제국의 효율적인 지방통치와 종교정책을

220) Ferdinand Schevill, op. cit., p. 186, pp. 229-230.

221) Robert J. Donia and John V. A. Fine, op. cit., p. 47.

위한 전략에서 출발하였음에도 불구하고, 일정부분에 있어 세르비아와 보스니아내 정교도인간의 교류와 종교적 구심체 부활에 도움을 주게 된다.[222]

오스만 터키의 보스니아 지배는 보스니아 내부에 여러 가지 변화와 그에 따른 결과를 가져왔다. 위에서 언급했듯이 우선 오스만 터키는 '민족성(nationality)'보다는 '종교(religion)'에 의해 제국 내 주민들을 구분하여 지배하였다. 그러한 증거로는 당시 오스만 터키의 기록들이 이들 보스니아 인을 단지 종교에 따라 구분하고 기록하였음을 보았을 때 확인할 수 있다. 이에 따라 보스니아 내 슬라브인들은 세르비아인, 크로아티아인 또는 보스니아 인으로 불리기보다는, 자신이 속한 종교집단에 따라 무슬림, 정교도 그리고 가톨릭교도 혹은 보스니아 교회 교도 등으로 불렸으며 구분되어졌다.[223] 오스만 터키는 자신들과 경계를 이루고 적대상태에 있던 서구의 가톨릭 세력을 의식하여 제국 내에선 가톨릭보다 정교에 더 우호적인 태도를 보여 주었다. 그러한 이유에는 정교의 총 본산지였던 콘스탄티노플이 오스만 터키 제국의 수도였던 까닭도 있었다.

오스만 터키는 보스니아 지배 초기 가톨릭이나 정교 등 교회의 어떠한 증설과 보수도 허락지 않았으며, 이를 요청하는 것조차 불허하였다. 16세기 말에 들어와서야 이러한 강압정책은 다소 완화되게 된다. 그럼에도 불구하고 이러한 완화 조치는 정교에만 해당하는 것이었다. 보스니아 내 가톨릭교회의 증축이나 개축은 물론 보수조차도 오스만 터키의 심한 간섭과 방해를 받아야만 했다. 따라서 오스만 터키 제국 지배 기간 동안 상당수의 많은 가톨릭교회들이 정교 교회나 이슬람 사원으로 탈바꿈되거나 사라져야만 했으며, 더불어 그 숫자만큼의 가톨릭교도들이 그나마 종교적으로 유사성을 느꼈던 정교로 개종하거나, 경제적 혹은 신분 상승의 욕구를 가지고 이슬람으로 개종하게 된다. 보스니아 교회는 오스만 터키

222) Ivan Božić, Sima Ćirković, Milorad Ekmečić and Vladimir Dedijer, op. cit., p. 33

223) John V. A. Fine, op. cit., p. 12.

의 지배동안 완전히 사라지게 되었다. 반면 오스만 터키의 특혜 속에 경제, 혹은 신분상승의 욕구 혹은 출산율 증가 등 여러 자연스러운 이유들로 인해 이슬람교를 믿는 무슬림들의 숫자는 오랜 시기를 거치며 계속된 증가세를 보여 18세기 말에는 이미 보스니아의 주요 민족으로 등장하게 되었다. 하지만 이러한 종교에 따른 구분과 신분차이의 증대는 오스만 터키 지배하에 있던 보스니아인들 사이에 일련의 종교간 분열과 반목을 낳았다. 그리고 이러한 종교에 따른 분열과 반목은 이후 400여 년에 걸친 오스만 터키의 보스니아 지배와 더불어 더욱 더 확대, 심화되게 된다. 20세기 말 일어났던 인종청소의 대명사인 보스니아 분쟁 또한 이러한 역사적 배경에서 비롯된 민족들 간 종교분쟁의 주요 요인 중 하나라고 볼 수 있다.

오스만 터키의 보스니아 지배는 남슬라브 민족들의 종교간 경계선, 다시 말해 오늘날 슬로베니아와 크로아티아 등이 속한 가톨릭 문화권과 오스만 터키의 지배하에 들어갔던 세르비아, 몬테네그로, 마케도니아 그리고 보스니아 등 이슬람, 정교 문화권간의 분리를 더욱더 명확히 하여주었다. 이러한 경계선과 분리는 오랫동안 양 지역 간의 교류를 차단시키는 결과를 가져왔고, 이후 19세기 민족주의 시대 추진되던 남슬라브 민족들 간의 통합운동에도 상당한 진통과 어려움을 안겨주게 된다. 또한 오스만 터키의 보스니아 지배는 서유럽과 발칸유럽 사이의 문화, 경제교류의 차단을 낳았고, 결과적으로 18세기 산업 혁명을 겪었던 서유럽 지역에 비해 이러한 경험이 차단당한 오스만 터키의 지배지역이 후진지역으로 전락하게 되는 결과를 초래하기도 했다. 1699년 스렘스키 카를로브찌 조약에 따라 보스니아와 크로아티아 사이를 주요 경계로 서유럽의 합스부르크 제국과 오스만 터키 제국간의 경계가 더욱 더 분명해졌다. 따라서 슬라보니아 지방을 포함해 현재의 크로아티아, 슬로베니아와 달마티아 상당 지역, 세르비아의 보이보디나 지역은 합스부르크 제국 지배하에 그리고 보스니아-헤르체고비나, 세르비아, 몬테네그로, 마케도니아등 대부분의 발칸지역은 오스만 터키 지배 하로 들어가게 된다. 보스니아를 경계로 양 지역 간에 설치된 인위적인 정치 분리 선은 이후 양 지역 간 문화, 경제적 교류 차단과 심화를 불러왔고, 로마제국의 분리이후 증대되어 오던 양 지역 남슬라브 민족 간의 차이점과 이해 차이를 더욱 확대시키는 결과를 낳았다.

이와 함께 오스만 터키의 보스니아 지배와 1699년 오스만 터키가 합스부르크 제국과 체결한 스렘스키 카를로브찌 조약은 크로아티아의 크라이나(Krajina) 지역과 동·서 슬라보니아(Istočna, Zapadna Slavonija) 지역에 상당수 세르비아인들을 잔존하게 하는 결과를 낳음으로써 사회주의 체제붕괴이후 전개된 유고슬라비아 내전과 보스니아 내전에 많은 영향을 미치게 하였다. 오스만 터키 제국과의 스렘스키 카를로브찌 조약을 전후로 합스부르크 제국은 오스만 터키와의 싸움으로 황폐해진 국경지역을 개간할 정착촌 건설과 병력 증강의 필요성을 느끼고 있었다. 따라서 합스부르크 제국은 세르비아 중세 왕국의 패망이후 오스만 터키의 공격을 피해 도망쳐 왔던 세르비아인 들을 한데 모아 이 조약에 따른 경계선 즉, 사바 강과 다뉴브 강 그리고 우나 강을 따라 세르비아인 정착촌을 건설해 주게 된다. 그리고 통상 이 경계선은 세르비아인들에게 있어 '전선'을 의미하는 '보이나 그라니짜'로 불리고 있으며, 이들 경계선에 정착해 거주하였던 세르비아인들에겐 '국경 수비대'란 의미를 지닌 '그라니차르'란 별칭이 붙게 된다. 이러한 대규모 정착촌은 현재의 크로아티아와 보스니아의 국경선, 그리고 세르비아 본토와 보이보디나 국경선을 따라 넓게 건설되었고, 합스부르크 제국은 이들 정착촌에 들어 온 세르비아인 에게 종교적 자유와 더불어 토지 제공, 세금 혜택 그리고 폭 넓은 자치권을 허용해 주었다. 이러한 혜택 대신 합스부르크 제국은 이들 정착민들에게 오스만 터키로부터 공격과 침투에 대비한 국경 수비대로서의 역할 임무를 부여하게 된다.

이러한 적대적 대치상황을 고려해 오스만 터키는 보스니아 무슬림에게 다른 지역의 무슬림에 비해 보다 높은 상대적 자율권과 세금 감면 등의 혜택을 보장해 주었다. 보스니아 역사 전문가인 오브렌 블라고예비치

(Obren Blagojević)에 따르자면 17세기에 있었던 제 2차 비엔나 전투에서의 패배는 오스만 터키 중앙정부의 보스니아 지방에 대한 세력 약화와 더불어, 오히려 보스니아 지방 귀족들과 토호세력이 중앙 정부보다 더 강화되는 결과를 낳았다"고 분석하고 있다. 또한 그는 "이러한 보스니아 등 지방 무슬림들의 세력 강화가 셀림 3세 시기를 비롯한 일련의 개혁조치들에 대항해 지방 무슬림 지주들이 대규모의 반란을 추진할 수 있었던 배경을 형성하여 주었다"라고 언급하고 있다.[224] 즉, 보스니아에 대한 오스만 터키의 특혜는 점차 이 지역 무슬림들의 독자적 세력 증대를 낳았고, 18세기 중엽이후 서유럽에 비해 날로 약화되어가던 국력을 만회하고자 실시하였던 마흐무드 1세, 셀림 3세 그리고 마흐무드 2세 등의 여러 개혁조치들이 이들 지방 무슬림 지주들의 저항으로 실패하게 된 배경을 제공했다고 볼 수 있다.

오스만 터키 개혁 정책의 연이은 실패 속에, 서유럽 제국들에 비해 터키 제국은 정치, 경제, 군사적인 면에서 점차 그 세력이 약화되어 갔고, 중앙 권력의 통제가 느슨해지는 가운데 보스니아, 불가리아, 세르비아 등 발칸유럽 지역에선 지방 무슬림 지주들과 토호들의 크리스트교 농노들에 대한 착취가 학대되게 되었다. 이러한 점은 결과적으로 크리스트교 농노들의 거센 저항을 낳게 하였으며, 19세기 민족주의 사상의 유입과 러시아와 오스트리아 등 발칸유럽의 진출을 도모하고 있던 주변 강대국들의 개입과 더불어, 점차 터키로부터의 독립 운동 및 민족주의 운동으로 변모하게 되었다.

5) 정리하기

우리에게 동유럽은 가톨릭, 정교, 프로테스탄트 그리고 이슬람교가 혼

---

224) Obren Blagojević, op. cit., pp. 21-22.

재된 종교와 문화권을 형성하고 있다. 이중 발칸 유럽의 한 가운데 보스니아는 이슬람 문화와 그 특징을 배변하고 있는 지역이기도 하다. 이와 함께 역사적, 지정학적 요인에 따라 보스니아는 고대 이래로 동로마와 서로마 제국의 분기선, 로마교회(가톨릭)와 콘스탄티노플 교회(정교)의 분기점 그리고 중세 시대 이후로는 서구 제국을 대표하는 합스부르크, 오스트리아 제국과 유럽내 동양 제국을 상징하던 오스만 터키 제국 간의 십자로에 자리해 왔었다. 이러한 역사적 배경은 오늘날 보스니아가 이슬람을 신봉하는 보스니아 무슬림, 정교도인 세르비아아인 그리고 가톨릭을 신념으로 하는 크로아티아인 등 여러 민족들의 종교와 문화의 모자이크가 되게 되는 주요 배경을 형성케 하였다.

유럽 내에서 대표적인 종교와 문화의 모자이크 지역인 보스니아가 국제 사회와 학계의 주목을 받게 된 계기는 안타깝게도 20세기말 이 지역에서 발생한 종교, 문화 간 구분에 따른 민족 분쟁을 통해서였다고 할 수 있다. 이후로, 국내외 학계에선 보스니아의 사회, 문화적인 중요성 및 이 지역이 종교와 문화의 모자이크가 된 역사적 배경에 대해 관심을 가지기 시작하였다. 19세기 민족주의가 도래하기 이전에 이미 보스니아가 이러한 모자이크로 형성될 수 있었던 역사적 배경에는 크게 세 가지의 역사적 배경을 지니고 있다. 그 첫 번째는 동, 서 로마 제국의 분기점이자 동, 서 교회의 분할 선에 보스니아가 자리함으로써 로마 교회(가톨릭)와 콘스탄티노플 교회(정교)의 세력 각축장이 되어야 했다는 점이다. 두 번째로는 보스니아 중세 왕국 당시 이러한 분기점, 분할 선에 자리한 이유로 보스니아의 크리스트교인들이 제대로 된 크리스트교 교육이 부재했음은 물론 크리스트교 정파들의 세력 각축장이 됨에 따라, 로마 교황청과 헝가리 중세 왕국에 의해 자생적으로 형성된 보스니아 교회의 이교도화가 진행되었고, 결과적으로 이들 중 상당수는 오스만 터키의 보스이나 지배 이후 무슬림으로 전향해 이 지역 내 보스니아 무슬림의 역사적 기원이 되게 되었다는 것이다. 마지막 세 번째로는 오스만 터키의 400여 년간의 지배 속에 보스니아인들 중 상당수는 무슬림으로 전향하였고, 이슬람 문화와 종교를 자연스럽게 받아들였다는 점이다.

그리고 민족주의 시대인 19세기, 서유럽을 거쳐 발칸유럽에 전해진 민족주의는 기존의 단순한 종교집단에 불과하였던 보스니아인들을 정치적, 민족적 집단으로 발전시키는데 일조하게 된다. 당시 서구 제국하의 남슬라브족들인 슬로베니아인과 크로아티아인 등은 가톨릭으로 자신의 종교적 정체성을 확대시켜갔던 반면, 세르비아인과 불가리아인, 마케도니아인등 오스만 터키 제국하의 남슬라브족들은 독립 정교회를 다시 복원함으로써 자신들의 민족 정체성을 점차 구축해 가려고 하였다. 하지만 보스니아 내 민족들은 이러한 동, 서 제국 갈등의 분기점에 위치해 있었고, 이러한 이유로 어느 민족도 종교에 바탕을 둔 민족정체성 강요를 받아들이기 힘들었었다. 특히, 1878년 이후 실질적으로 보스니아를 병합한 가톨릭 국가인 오스트리아 제국의 종교적 관용 정책은 보스니아 내 무슬림들의 민족성 유지와 정체성 수립을 가능케 하였다고 볼 수 있다. 이것은 19세기 민족주의 당시 오스만 터키 지배로부터 벗어나게 된 발칸유럽의 민족들이 가장 먼저 무슬림과 터키인들에 대한 박해 및 이슬람 문화적 요소 제거를 위해 힘씀에 따라 이들 지역에서 상당 부분 무슬림들이 사라진 것과는 대조적인 결과를 낳았다고 할 수 있다.

실제, 19세기 민족주의 시대의 도래를 전후로, 오스만 터키의 중앙으로부터의 개혁 정책들이 실패로 돌아간 후, 지방 무슬림 지주 및 관리들의 크리스트교 농도들에 대한 착취의 가중은 크리스트교 농노들의 봉기를 불러왔으며, 이것은 훗날 민족주의 이념과 결합됨으로써 터키로부터의 독립 운동으로 확산되게 되는 데, 이 당시 보스니아의 민족들은 그러한 민족주의 운동의 한가운데에 자리해 있었다고 할 수 있다. 특히, 1878년 이후로 오스트리아는 주변 남슬라브 족들로부터 보스니아 내로 세르비아니즘과 일리리아니즘 등 남슬라브 민족주의들이 확산되는 것을 방지하고자 했다. 이에 따라 오스트리아는 기존의 기득권 유지는 물론 그 동안 단순한 종교집단(이슬람, 정교, 가톨릭)에 불과하였던 보스니아 내 각 구성체들을 각각의 민족 집단(보스니아 무슬림, 세르비아인, 크로아티아인)으로 발전시키는데 일조 하는 정책을 단행하게 된 것이다. 19세기말 이러한 오스트리아의 지배 정책에 따라 보스니아 내 제 민족들은 제 각각 자신들의 고유한 문화적 전통을 유지할 수 있었고, 보스니아의 무슬림 또한 세르비아인 크로아티아인들로부터 배척되지 않은 채 자신들의 민족 정체성을 구축할 수가 있었다. 이처럼, 다양한 종교 집단으로 구성되어 있던 보스니아에서의 민족주의 여파는 다른 어느 지역에서보다도 더 커다란 파장을 불러일으켰다고 볼 수 있으며, 이에 따른 역사적 배경은 오늘날까지 보스니아가 발칸유럽에서도 대표적인 종교와 문화의 모자이크 지역으로 형성되는 기초를 마련했다고 할 수 있다. 더불어, 오늘날 다양한 종교와 문화의 모자이크 지역으로서 그리고 동양과 서양 문화의 접합 점으로써 보스니아가 문명 간, 문화 간의 조화로움을 다시 구축할 수 있을지에 대한 희망 섞인 바람을 던지게 하는 배경이 된다 하겠다.

참고문헌

1. 국내문헌

- 권혁재, “코소보(Kosovo)분쟁에 관하여”, 『동유럽연구』, Vol. 7, 한국외국어대학교 동유럽발칸연구소, 1998, 1-26.
- _____, “부크 카라지치(Vuk Karadžić)와 세르비아의 언어적 민족주의 연구”, 『동유럽 발칸학』 Vol. 4, No. 1, 한국동유럽발칸학회, 2002, 33-56.
- 기번, 에드워드 저, 배은숙 역, 『로마제국 쇠망사』, 도서출판 두리미디어, 2010.
- 김성진, 『발칸분쟁사: 유고슬라비아 내전의 역사』, 우리 문학사, 1997.
- 김성환, “보스니아 무슬림의 종족 기원연구,” 『동유럽 연구』, Vol. 7, 한국외국어대학교 동유럽발칸연구소, 1998, 53-72.
- _____, “구유고지역의 언어상황과 민족주의”, 『동유럽발칸학』 창간호, 한국동유럽발칸학회, 1999. 5-28.
- _____, “유고슬라비아주의와 언어문제”, 『동유럽 연구』, Vol. 10, No. 1, 한국외국어대학교 동유럽발칸연구소, 2001, 105-124.
- 김철민, “티토의 민족정책: 유고슬라비즘(Yugoslavism/ Jugoslavizam)의 적용과 실패”, 『동유럽 연구』, Vol. 6, 한국외국어대학교 동유럽발칸연구소, 1997, 157-179.
- _____, “보스니아 분쟁에 대한 배경과 서구의 대응전략: 벤스-오웬안과 데이턴 합의안의 비교”, 『국제지역연구』, Vol. 2, No. 4, 한국외국어대학교 외국학종합연구센터, 1998, 151-185.
- _____, “제 2차 세계대전과 유고슬라비아: 유고슬라비즘과 세르비아니즘의 충돌”, 『동유럽 연구』, Vol. 8, 한국외국어대학교 동유럽발칸연구소, 1999a, 21-48.

- _____, “마케도니아 민족갈등에 관한 연구”, 『동유럽 발칸학』, 창간호, 한국동유럽발칸학회, 1999b, 303-326.
- _____, “보스니아 무슬림의 형성배경과 민족 정체성 확립에 관한 연구”, 『국제지역연구』 Vol. 3, No. 4, 한국외국어대학교 외국학종합연구센터, 1999c, 115-143.
- _____, “코소보 민족갈등에 관한 연구: 세르비아니즘(Serbianism) 확대와 저항이라는 관점에서”, 『동유럽 발칸학』, Vol. 2, No. 1, 한국동유럽발칸학회, 2000a, 195-219.
- _____, “티토하의 유고슬라비아에 관한 연구(1): 코민포름 분쟁의(1948)의 배경과 그 영향”, 『동유럽연구』, Vol. 9. 한국외국어대학교 외국학 종합연구센터 동유럽·발칸연구소, 2000b, 199-225.
- _____, “제 1차 세계대전과 유고슬라비아: 세르비아니즘의 구축, 확대, 발전 그리고 저항이라는 관점에서”, 『동유럽 연구』, Vol. 10, No. 1, 한국외국어대학교 동유럽발칸연구소, 2001, 203-235.
- _____, 19세기 민족주의 시대와 크로아티아”, 『동유럽연구』, Vol. 11, No. 2, 한국외국어대학교 동유럽·발칸연구소, 2002a, 269-296.
- _____, “세르비아 근대왕국의 수립과 발전에 관한 연구”, 『동유럽연구』, Vol. 11, No. 1, 한국외국어대학교 동유럽발칸연구소, 2002b, 211-238.
- _____, “세르비아 민족의 기원과 민족 정체성에 관한 연구”, 『동유럽발칸학』, Vol. 5, No. 1, 한국동유럽발칸학회, 2003, 311-343.
- _____, 『보스니아 역사: 무슬림을 중심으로』, 한국외국어대학교 출판부, 2005.
- _____, “합스부르크 제국하의 크로아티아에 관한 연구: 16-18세기”, 『동유럽발칸학』, Vol. 8, No. 1, 한국동유럽발칸학회, 2006, 271-297.
- _____, “오스트리아-헝가리 이중제국 수립과 크로아티아 민족주의: 1867-1878”, 『동유럽발칸학』, Vol. 11, No. 1, 한국동유럽발칸학회, 2009, 263-291.
- _____, “슬로베니아 민족의 기원과 역사적 특징에 관한 연구: 남슬라브족의 정착부터 합스부르크 제국 지배 시기까지”, 『동유럽연구』, Vol. 24, 한국외국어대학교 동유럽발칸연구소, 2010, 255-277.

- _____, 『역사와 인물로 동유럽 들여다보기』, HUFS Books, 2011a.
- _____, "합스부르크 제국의 영향과 크로아티아의 문화적 자기 이해", 『동유럽연구』, Vol. 25, 한국외국어대학교 동유럽발칸연구소, 2011b, 151-178.
- _____, 『문화와 사회로 발칸유럽 들여다보기』, HUFS Books, 2013.
- 김철민, 김원회, 『또 하나의 유럽, 발칸유럽을 읽는 키워드』, 한국외국어대학교 출판부, 2009.
- 나이, 조지프 저, 양준희 역『국제분쟁의 이해: 이론과 역사』, 한울아카데미, 2000.
- 들루슈, 프레데리크 편, 윤승준 역, 『새 유럽의 역사』, 도서출판 까치, 1995.
- 바타코비치, 두샨 저, 정근재 역, 『세르비아 역사』, 선인출판사, 2001.
- 안드리츠, 이보 저, 정근재 역, 『보스니아 종교 문화사』, 문화과학사, 1998.
- 암스트롱, 카렌 저, 장병옥 역, 『이슬람』, 서울: 을유 문화사, 2003.
- 이상협 외, 『합스부르크 제국의 다원성과 복잡성』, 다해, 2011.
- 이정희, 『동유럽사』, 대한교과서 주식회사, 2005.
- 임영상, 황영삼 공편, 『소련과 동유럽의 종교와 민족주의』, 한국외국어대학교 출판부, 1996.
- 앤더슨, 베네딕트 저, 윤형숙 역, 『민족주의의 기원과 전파』, 나남, 1993.
- 정은숙, 『21세기 유엔 평화유지활동: 코소보 사례를 중심으로』, 세종연구소, 2003.

2. 외국문헌 A. - 현지어 문헌

- Biber, Dušan, *Tito-Churchil: strogo tajno, Beograd*: Arhiv Jugoslavije/Zagreb: Globus, 1981.
- Bilandžić, Dušan and Radovan Vukadinović, *Osnovne društvene promjene u Jugoslaviji i svijetu. 1945-1973*, Zagreb: školska knjiga, 1973.
- Blagojević, Miloš, "On the National Identity of the Serbs in the Middle

Ages", Radovan Samardžićand Milan Duškov eds. *Serbs in European Civilization*, Serbian Academy of Sciences and Arts; Institute for Balkan Studies, 1993, 20-31.

- Blagojević, Obren, *Ekonomska misao u Bosni i Hercegovini*. Beograd: Srpska akademija nauka i umetnosti, 1993.
- Bogetić, Dragan, "Sraradnja Jugoslavije sa zapadnim zemljama 1953.-1954.", *Istorija 20*. Veka, Beograd: Institut za savremenu istoriju, 1995.
- Božić, Ivan, Sima Ćirković, Milorad Ekmečićand Vladimir Dedijer, *Istorija Jugoslavije*, Beograd: Prosveta, 1973.
- Budak, Neven, *Prva stoljeća Hrvatske*, Zagreb: Hrvatska sveučilišna naklada, 1994.
- Ćirković, Sima, *Istorija srednjovekovne bosanske države*, Beograd, 1964.
- Ćirković, Sima and Ivan Božić, "O Jednom shvatanju i jednoj kritici istorije Crne Gore", *Jugoslovenski istorijski časopis I-II*, 1977, 107-128.
- Dabinović, Antun et al., *Hrvatska povijest*, Split: Naklada Bošković, 2002.
- Daničić, Đura, *Istorija srpskog naroda*, Beograd: Državna štamparija, 1976.
- Dašić, Miomir, "O Jugoslovenskoj ideji u Crnoj Gori do stvaranja Jugoslavenske države 1918", Djordje O, Pljevićed, *Jugoslovenska država 1918-1998*, Beograd: Institut za savremenu istoriju, 1999, 457-489.
- Davidović, Marina ur., *Balkanski ugovorni odnosi 1876-1996 Vol. I*, Beograd: JP službeni list SRJ, 1999.
- Dimić, Ljubodrag, *Srbi i Jugoslavija: Prostor, društvo, politika*, Beograd: Stubovi kulture, 1998.
- Ferjančić, *B. ed, Vizantijski izvori za istoriju naroda Jugoslavije II*, Beograd, 1959.
- Gaćeša, Nikola L., "Agrarne reforme i Kolonizacije u Jugoslaviji", Đorđe O. Piljevićur., *Jugoslovenska država 1918-1998: Zbornik radova sa naučnog*

skupa, Beograd: Institut za savremenu istoriju, 1999.

- Isaković, Zlatko, "Međunarodni položaj Makedonije", Momir Stojković& Ana Damian eds., *Savremeni procesi i odnosi na balkanu*, Beograd: Gorograf, 1997, 377-390.
- Ivkov, Boško et al., *Vojvodina*, Novi Sad: Biblioteke Matice Srpske, 2006.
- Jović, Momir & Kosta Radić, *Srpske zemlje i vladari*, Beograd: Rodi "Vuk Karadžić", 1989.
- Katičić, Radislav, *Uz početke hrvtskih početaka*, Split: književni krug, 1993.
- Kim, Čol-Min, *Jugoslavija i Korejski rat*, Beograd: Univerzitet Beograda, 2002.
- Kočović, Bogoljub, *Žrtve Drugog svetskog rata u Jugoslaviji*, London, 1985.
- *Komisija za Međunarodne odnose i veze CK SKJ*, fond br. 507. faks br. II/7; III; III/43.
- Komatina, Milija, *Crna Gora i srpsko pitanje*, Beograd: Zavet, 1999.
- Kos, Janko et al., *Zbornik Brižinski sponeniki*, Ljubljana: Inštitut za Slovensko Literaturo in Literarne Vedi-SAZU, 1996.
- Macan, Trpimir, *Povijest Hrvatskog naroda*, Zagreb: Školska knjiga/ Nakladni zavod Matice Hrvatske, 1992.
- Marković, Predrag, *Beograd između Istoka i Zapada 1948-1965*, Beograd: Službeni list SRJ, 1996.
- Mihaljčić, Rade, *Istorija Jugoslavije*, Beograd: Zavod za udžbenike i nastavna sredstva, 1993.
- Novaković, Stojan, Kosovo: *srpske narodne pesme o boju na Kosovu*, Beograd: Vukova Zadužbina, 1995.
- Nušić, Branislab Đ., *Kosovo: opis zemlje i naroda*, Beograd: Prosveta, 1986.
- Pavličević, Dragutin, *Hrvati i Istočno pitanje*, Zagreb: Golden marketing-Tehnička knjiga, 2007.

- Petković, Ranko, Miroslav Petrović& Momir Stojković, "Ustav Republike Makedonije", *Novi ustavi na tlu bivše Jugoslavije*, Beograd: Službeni glasnik, 1995, 127-157.
- Petković, Ranko, *Jedan Vek odnosa Jugoslavije i SAD*, Beograd: *Vojnoizdavački* inovinski centar, 1992.
- Petković, Ranko, "Međunarodni položaj i spoljna politika balkanskih zemalja", Momir Stojković& Ana Damian eds *Savremeni procesi i odnosi na balkanu*, Beograd: Gorograf, 1997, 277-292.
- Petranović, Branko, *AVNOJ i Revolucija*, Beograd: Prosveta, 1983.
- ______________, *Istorija Jugoslavije 1918-1988. knj. III*, Beograd: Nolit, 1988.
- ______________, *Jugoslavija na razmeđu(1945-1950)*, Podgorica: Crnogorska akademija nauka i umetsnosti, 1998.
- Petranović, Branko & Momčilo Zečević, *Jugoslavija 1918/1988: tematska zbirka dokumenata*, Beograd: Rad, 1988.
- *Predsedništvo Vlade FNRJ međunarodni odnosi (1945.-1952.)*, fond br. 50. faks br. 44.
- *Pregled istorije jugoslovenskih naroda I deo (od 1849. godine do 1959. godine)*, Beograd: Zavod za Izdavanje Udžbenika *Socijalističke* Republike Srbije, 1960.
- *Prezidijum Narodne skupštine FNRJ*, fond br. 15. faks br. 16.
- Radaković, Milovan, "Novi susedi savezne Republike Jugoslavije", Momir Stojković& Ana Damian eds., *Savremeni procesi i odnosi na balkanu*, Beograd: Gorograf, 1997, 317-332.
- *Službeni list Demokratske Federativne Jugoslavije*, broj 40. 12. aprila 1945.
- Stančić, Nikša, *Hrvatska nacija i nacionalizam u 19. i 20. stoljeću*, Zagreb: Barbat, 2002.

- Stanojević, Stanje, *Istorija srpskoga naroda*, Beograd: Izdavačka knjižarnica napredak, 1996.
- Steindorff, Ludwig, *Povijest Hrvatske: od srednijeg vijeka do danas*, Zagreb: Naklada Jesenski I Turk/ Institut društvenih znanosti Ivo Pilar, 2006.
- Stojković, Momir ed., *Balkanski ugovorni odnosi, 1876-1996*, I, Beograd: JP Službenilist SRJ, 1999.
- Šanjek, Franjo, *Crkva i Kršćanstvo u Hrvata, srednji vijek*, Zagreb: Kršćanska sadašnjost, 1993.
- ____________, *Povijest Hrvata: srednji vijek*, Zagreb: Školska knjiga, 2003.
- Šisler, Slavko eds., *Gradovi i općine Republike Hrvatske*, Zagreb: Mato Lovrak, 2004.
- Tomašević, Nebojša, *Tito, ilustrovana biografija*, Beograd: Jugoslovenska revija, 1980.
- Valentić, Mirko and Lovorka Čoralićeds., *Povijest Hrvata: od kraja 15. stoljeća do kraja Prvog svjetskog rata*, Zagreb: Školska knjiga, 2003.
- Vojvodić, Mihailo, *Srbija i Balkansko pitanje (1875-1914)*, Novi Sad: Matica Srpska, 2000.
- *Zgodovina Slovencev*, ljubljana: Cankarjeva založba, 1979.
- Димић, Љубодраг, *Срби и Југославија: Простор, друштво, политика*, Београд: Стубови културе, 1998.
- Петковић, Ранко, *XX век на Балкану: Берсај, Јалта, Дејтон*, Београд: Новинско-издавачка установа слижбени лист СРЈ, 1996.
- Ранке, Леополд, *СРПСКА РЕВОЛУЦИЈА*, Београд: српска књижевна задруга, 1991.

3. 외국문헌 B - 영문 문헌

- Altmann, Franz-Lothar, "Ex-Yugoslavia's neighbours: who wants what?", *The World Today*, Vol. 8, No. 9, 1992, 163-165.
- Anderson, Benedict, *Imagined Communities: Reflections on the Origin and Spread of Nationalism*, London: Verso, 1983.
- Armour, Ian D., *A History of Eastern Europe, 1740-1918*, New York: Hodder Arnold, 2006.
- Babuna, Aydin, "The Emergence of the First Muslim Party in Bosnia-Hercegovina", *East European Quarterly*, Vol. 30, No. 2, June, 1996, 131-151.
- Banac, Ivo, *National Question in Yugoslavia: Origins, History, Politics*, New York: Cornell Univ. Press, 1984.
- ________, "Bosnian Muslims: From Religious Community to Socialist Nationhood and Postcommunist Statehood 1918-1992", Mark Pinson ed., *The Muslims of Bosnia-Hercegovina*, Cambridge: Harvard Univ. Press, 1994, 129-153.
- Benderly, Jill and Evan Kraft eds., *Independent Slovenia: Origins, Movements, Prospects*, New York: St. Martin's press, 1994.
- Breuilly, John, *Nationalism and State*, Manchester: Manchester Univ. Press, 1985.
- Brown, Keith, *The Past in Question: Modern Macedonia and the Uncertainties of Nation*, Princeton: Princeton Univ. Press, 2003.
- Brunner, Georg, *Nationality Problems and Minority Conflicts in Eastern Europe*, Gütersloh: Bertelsmann Foundation Publishers, 1996.
- Bugajski, Janusz, *Ethnic Politics in Eastern Europe*, New York and London: M.E, Sharpe, 1995.

- Costa, Nicholas J., "A Balkan Danse Macabre", *East European Quarterly*, Vol. 27, No. 4, 1993, 479-487.
- Cox, John K., Slovenia: *Evolving loyalties*, London and New York: Routledge, 2005.
- Curtis, Glenn E. ed., *Yugoslavia: a country study*, Washington, D.C.: Federal Research Division, Library of Congress, 1992.
- Despalatović, Elinor Murray, "The Illyrian Solution to the Problem of a Modern National Identity for the Croats", *Balkanistica* 1, 1974, 75-94.
- Donia, Robert J. and John V.A. Fine, *Bosnia and Hercegovina: A Tradition Betrayed*, New York: Columbia Univ. Press, 1994.
- Dvornik, Francis, *The Slavs: Their Early History and Civilization*, Boston: American Academy of Arts and Sciences, 1959.
- Evans, R.J.W., *Austria, Hungary and the Habsburgs: Central Europe c. 1683-1867*, Oxford: Oxford University Press, 2006.
- Fine, John V.A., *The Bosnian Church: A New Interpretation*, New York and London: Columbia Univ. Press, 1975.
- ____________, *The Late Medieval Balkans*, Ann Arbor: The University of Michigan Press, 1994.
- ____________, "The Medieval and Ottoman Roots of Modern Bosnian Society", Mark Pinson ed. *The Muslims of Bosnia-Hercegovina*. Cambridge: Harvard Univ. Press, 1994, 1-21.
- Fink-Hafner, Danica and John R. Robbins eds., *Making a New nation: The Formation of Slovenia*, Sydney: Dartmouth, 1994.
- Floudas, Demetrius Andreas, "A Name for a Conflict or a conflict for a Name: an Analysis of Greece's Dispute with FYROM", *Journal of Political Military Sociology*, Vol. 24, No. 2, 1996, 285-321.
- Friedman, Francine, *The Bosnian Muslims. Denial of a Nation*, Boulder:

Westview Press, 1996.

- Goldstein, Ivo, *Croatia, a History*, London: Hurst & Company, 1999.
- Gounaris, Basil G., "Social Cleavages and National Awakening in the Ottoman Macedonia", *East European Quarterly*, Vol. 29, No. 4, 1996, 409-426.
- Gow, James & Cathie Carmichael, *Slovenia and the Slovenes: A Small State and the New Europe*, London : Hurst & Company, 2000.
- Granda, Stane and Barbar Satej eds., *Slovenija 1848-1998*, Ljubljana: Zveza Zgodovinskih Društev Slovenije, 1998.
- Greenfeld, Lian, *Nationalism: Five Roads to Modernity*, Cambridge: Havard Univ., 1993.
- Harris, Marshall Freeman, "Macedonia: The Next Domino?", *The National Interest*, Vol. 55, 1999, 42-46.
- Kann, Robert A. and Zdeněk V. David, *The Peoples of the Eastern Habsburg Lands, 1526-1918*, Seattle and London: University of Washington Press, 1984.
- Khan, Mujeeb R, "Bosnia-Hercegovina and the Crisis of the Post-Cold War International System", *East European Political and Socieities*, Vol. 9, No. 3, 1995, 459-498.
- Kohn, Hans, *The Idea of Nationalism: A Study in its Origins and Background*, New York: Macmillan, 1961.
- Kyrou, Alexandros K., "Castle-building in the Balkans: American Aspirations in Southeastern Europe since the Dissolution of Yugoslavia", *Journal of Politics and Military Sociology*, Vol. 24, No. 2, 1996, 253-271.
- Lampe, John R., *Yugoslavia as History*, Cambridge: Cambridge University Press, 1996.
- Larrabee, F. Stephan, "Russia and the Balkans: Old themes and New

Challenges", Vladimir Baranovsky ed., *Russia and Europe: The Emerging Security Agenda*, Oxford: Oxford Univ. Press, 1997, 389-402.

- Magaš, Branka, *Croatia Through History*, London, San Francisco, Beirut: SAQI, 2007.
- Malcom, Noel, *Bosnia: A Short History*, London: Macmillan, 1994.
- Malcom, Noel, *Kosovo: A Short History*. New York: New York Univ. Press, 1998.
- Mccarthy, Justin, "Ottoman Bosnia 1800 to 1878", Mark Pinson ed., *The Muslims of Bosnia-Hercegovina*, Cambridge: Harvard Univ. Press, 1994, 54-83.
- Nicol, Donald M., "Justian I and His Successors: AD. 527-610", Philip Whitting ed. *Byzantium: an introduction*, Oxford: Basil Blackwell, 1981, 15-38.
- Perry, Duncan M., "Macedonia", *Southeastern Europe*, Vol. 3, No. 16, 1994, 83-86.
- Petrovich, Michael Boro, *A History of Modern Serbia 1804-1918 Vol. I*, New York and London: Harcourt Brace Jovanovich, 1976.
- Pinson, Mark ed., *The Muslims of Bosnia-Hercegovina*, Cambridge: Harvard Univ. Press, 1994.
- Plut-Pregelj, Leopoldina and Carole Rogel, *Historical Dictionary of Slovenia*, Plymouth, UK: The Scarecrow Press, Inc., 2007.
- Preveden, Francis R., *A History of the Croatian Peoples I*, New York: Philosophical Library, 1955.
- __________________, *A History of the Croatian Peoples II*, New York: Philosophical Library, 1959.
- Pribichevich, Stoyan, *Macedonia: Its People and History*, Harisburg: Pensylvania State Univ. Press, 1984.

- Ramet, Pedro, *Nationalism and Federalism in Yugoslavia 1963-1983*, Indiana: Indiana Univ. Press, 1984.
- ___________, *Cross and Commssar: The Politics of Religion in Eastern Europe and the USSR*, Bloomington and Indianapolis: Indiana Univ. Press, 1987.
- ______________, *Religion and Nationalism in Soviet and East European Politics*, Durham: Duke Univ. Press, 1989.
- Rogel, Carole, "In the Beginning: The Slovene from the Seventh Century to 1945", Jill Benderly and Evan Kraft eds., *Independent Slovenia: Origins, Movements*, Prospects, New York: St. Martin's press, 1994, 1-21.
- Rudić, Vujadin and Milomir Stepić, "Ethnic Changes in the Raška Region", Dušanka Hadži-Jovančić, ed., *The Serbian Question in Balkans*, Beograd: Faculty of Geography University of Belgrade, 1995, 227-240.
- Schevill, Ferdinand, *The History of the Balkan Peninsula*, New York: Arno Press and The New York Times, 1971.
- Singleton, Fred, *Twentieth-Century Yugoslavia*, New York: Columbia Univ. Press, 1976.
- ____________, *A Short History of the Yugoslav Peoples*, Cambridge: Cambridge Univ. Press, 1985.
- Smith, Anthony D., *Theories of Nationalism*, London: A Torchbook Library, 1971.
- Sugar, Peter F. & Ivo J. Lederer eds., *Nationalism in Eastern Europe*, Seattle & London: Univ. of Washington Press, 1994.
- Tanner, Marcus, *Croatia: A Nation Forced in War*, New Haven and London: Yale University Press, 1997.
- Terzić, Slavenko, "The Right to Self-Determination and the Serbian Question", Dušanka Hadži-Jovančić. ed., *The Serbian Question in*

Balkans, Beograd: Faculty of Geography, Univ. of Belgrade, 1995, 39-48.

• ______________, "The Serbs and the Macedonian Question", Dušanka Hadži-Jovančićed, *The Serbian Question in Balkans*, Beograd: Faculty of Geography, Univ. of Belgrade, 1995, 63-82.

• Velimirović, Miloš, "Serbia's Cultural Legacy: the Middle Ages", Alex N. Dragniched, *Serbia's Historical Heritage*, New York/ Boulder: Columbia University Press/ East European Monographs, 1994, 1-15.

• Vladovich, Simon, *Croatia: The Making of a Nation, Oklahoma*: Vladovich International Publishing, 1995.

• Vlasto, A. P., *The Entry of the Slavs into Christendom*, Cambridge: University Press, 1970.

• Zarkovic, Milica, *Economic Decline and Nationalism in the Balkans*, New York: St. Martin,s Press, 1994.

• Zavalani, T., "Albanian Nationalism", Peter F. Sugar and Ivo John Lederev ed., *Nationalism in Eastern Europe*, Seattle and London: Univ. of Washington Press, 1994, 55-92.

• Zimmeramnn, Warren, "The Demons of Kosovo", *The National Interest*, Vol. 52, Sum., 1998, 3-11.

4. 인터넷 문헌

- 또 하나의 유럽, 발칸 http://san.hufs.ac.kr/~balkan
- 세르비아-몬테네그로 일간지, 보르바 http://www.borba.co.yu
- 몬테네그로 역사 http://www.montenet.org/history
- 몬테네그로 개요 http://www.montenet.org/glance
- '라디오, 텔레비전 세르비아'국영 방송국 http://www.rts.co.yu
- 코소보 UN 임시 행정임무 사이트 http://www.unmikonline.org
- 몬테네그로 관광 http://www.visit-montenegro.com
- 알바니아 역사 http://www.albania.com
- 코소보 현황 http://www.kosovo.com
- OSCE 코소보 담당부서 http://www.osce.org/kosovo/elections
- 코소보 현황 http://www.sok-kosovo.org
- UNMIK 코소보 http://www.unmikonline.org
- 발칸 유럽 정세 http://www.balkanpeace.org
- 로마 제국의 황제들 http://emperors-clothes.com/news
- 마케도니아 정부 http://www.gov.mk
- 마케도니아 http//lacutas.tripod.com/macedonia
- 세르비아 내무부 http://www.mup.sr.gov.yu
- 마케도니아 내전 http://www.spectrezine.org/war/Macedonia
- 보스니아 내전 현황 http://www.intl-crisis-group.org/projects/bosnia
- 위키피디아, "Sremski Karlovci" http://en.wikipedia.org/wiki/Sremski_Karlovci
- EULEX 코소보 http://www.eulex-kosovo.eu

색 인

E

I

N

S

ㄱ

ㄴ

ㄷ

ㄹ

ㅌ

ㅍ

ㅎ

종교와 문화의 모자이크, 발칸

역사적 함의와 진실

초판 인쇄 2014년 5월 12일
초판 발행 2014년 5월 20일

지은이 김 철 민
발행인 김 인 철
발행처 한국외국어대학교 출판부
130-791 서울특별시 동대문구 이문로 107
전화 02)2173-2495~7
팩스 02)2173-3363
홈페이지 http://press.hufs.ac.kr
전자우편 press@hufs.ac.kr
출판등록 제6-6호(1969. 4. 30)
디자인 · 편집 (주)이환디앤비 02)2254-4301
인쇄 · 제본 네오프린텍(주) 02)718-3111

ISBN 978-89-7464-920-3 93920 정가 20,000원

*잘못된 책은 교환하여 드립니다.

HUEBOOKS는 한국외국어대학교출판부의 인문학도서 Sub Brand이다. 한국외대의 영문명인 HUFS, 사람을 위하는 Humanism, 교육의 Education, 색조의 Hue의 다의적인 뜻으로 해석할 수 있으며, 인문학도서 출판에 대한 의지가 담겨있다.